21 世纪经管核心课程规划教材

U0890753

证券投资理论与实务

（第二版）

张炳达　李　琦　主　编
黄侃梅　郭淑娟　副主编

上海财经大学出版社

图书在版编目(CIP)数据

证券投资理论与实务/张炳达,李琦主编．—2版．—上海：上海财经大学出版社，2022.7
(21世纪经管核心课程规划教材)
ISBN 978-7-5642-3895-7/F·3895

Ⅰ.证… Ⅱ.①张… ②李… Ⅲ.证券投资-教材 Ⅳ.①F830.91

中国版本图书馆CIP数据核字(2021)第220818号

□ 责任编辑 李成军
□ 封面设计 张克瑶

证券投资理论与实务
(第二版)

张炳达 李 琦 主 编
黄侃梅 郭淑娟 副主编

上海财经大学出版社出版发行
(上海市中山北一路369号 邮编200083)
网 址：http://www.sufep.com
电子邮箱：webmaster @ sufep.com
全国新华书店经销
上海新文印刷厂有限公司印刷装订
2022年7月第2版 2022年7月第1次印刷

787mm×1092mm 1/16 22.25印张 570千字
印数：4 901—7 900 定价：59.00元

前言

资本市场在中国经济中已由早先的“小池塘”成长为如今的“辽阔海洋”。2021 年，资本市场已经发生了天翻地覆的变化。2021 年 2 月 26 日，证监会发布《公司债券发行与交易管理办法》，取消信用评级强制性规定，为债券发行注册制提供了制度基础，同时也加强事中事后监管。为完善科创板、创业板试点注册制下并购重组审核机制，切实发挥并购重组提升上市公司质量的功能作用，2021 年 6 月 22 日，科创板、创业板优化重组审核机制，有效提高审核效率，释放市场活力。2021 年 11 月 15 日，北交所正式开市，81 只股票集体亮相，我国证券交易所正式由两大证券交易所变为三大证券交易所。2021 年 12 月 8 日至 10 日，中央经济工作会议提出“全面实行股票发行注册制”，我国股票发行制度将由核准制、注册制并存稳步向全面注册制时代推进。

从某种程度上说，我们已经进入了证券化的时代——证券投资产品不断丰富和创新，证券市场迅猛发展，我们在工作和生活中都已经离不开证券。因此，学习和了解证券投资的基本知识与基本原理，并结合实际进行证券投资的分析和操作，已成为一项必备的基本技能。

我们很欣喜地看到越来越多的院校开始重视证券投资这门课程，并且认识到这门课程应该从经院学派的象牙塔中走出来，走到实战中去。然而，在金融教材十分丰富的今天，一本理 论基础与具体实务相结合的证券投资分析教材并不多。客观地说，证券投资分析是一门学习 者功利期望值很高的课程，但一些教材存在理论性太强、学生难以接受，实用性不足、学生觉得无用的弊端。本书旨在为学生学习证券投资理论与实务提供一本易学、易懂、实用、适用的教材。本书内容翔实丰富、简单易懂、囊括了诸多新观点与新内容且颇具可操作性，既可用作高等院校金融学和经济管理类相关专业的教材，也可用作证券从业人员和证券市场投资者的参考读物。

本书系统介绍了证券市场基础知识、证券投资分析，以及证券交易的基本方法。全书共分四篇十四章。第一篇证券市场从第一章到第六章，主要介绍证券基本概念、基本工具，包括股票、债券、证券投资基金、金融衍生工具，以及证券市场运行、证券中介机构等证券市场的一般性基础知识和证券市场监管的原则、目标与方式。第二篇证券投资从第七章到第九章，从基本面分析、技术分析和证券投资管理三个角度探讨证券投资基本手段、方法和技巧，基本面分析主要介绍证券投资的宏观经济分析、行业分析、公司分析；技术分析主要介绍技术分析基本理论和主要技术指标；投资管理主要介绍传统和现代证券投资组合管理理论及证券投资的风险管理。第三篇证券发行从第十章到第十二章，介绍了融资方式及选择，债券和股票的发行与承销方法及程序。第四篇证券交易为第十三章和第十四章，分别介绍证券交易代码、证券指数，以及股票、债券、基金、金融期货和金融期权的交易方式和具体步骤。

全书借鉴了国内外金融证券领域的最新研究成果，在参考了许多专家学者的著述和论文的同时，注重探讨证券领域的热点问题，并力保与中国证券市场的发展进程同步。我们按照《中华人民共和国证券法》（2020 年 3 月 1 日施行）的最新要求修订，参考了最新版证券从业资格统编教材《金融市场基础知识》和《证券市场法律法规》，修订最多的章节是第五章、第十一章和第十二章。其中，第五章第五节“权证及可转换债券”改为“权证及期权类衍生产品”，第十一章“股票发行”新增加了四节，分别是第四节“创业板首次公开发行股票的发行条件和注册程序”，第五节“科创板首次公开发行股票的发行条件和注册程序”，第六节“北交所发行股票的发行条件和注册程序”，第七节“股票退市制度”。第十二章“债券发行”原第四节内容全部删除，改为“非金融企业债务融资工具的发行”，第五节“证券公司债券发行”新增“可转债的发行”的内容，改为“证券公司债券与可转债的发行”。除此之外，两个章节的其他小节标题及内容都做了一定的调整。其余的章节标题没做调整，但内容根据最新证券市场情况进行了补充与修订。然作者资历与经验有限，疏漏和不足之处在所难免，真诚希望各位同行及读者批评指正。

另外，为了方便教师的教学，上海财经大学出版社备有教师教学用的课件。如有需要，请致电或 E - mail 联系。联系人：李成军，电话：021 - 65904706，E - mail：littlelcj2@163. com。

编 者

2022 年 3 月

目　录

第一篇　证券市场

第二篇　证券投资

第三篇　证券发行

第一篇　证券市场

第一章　证券市场概述

学习目标

> 通过本章学习，理解证券市场在金融市场中所处的地位和关系，理解证券与证券市场的基本概念、基本分类，熟悉证券市场参与者的类别和功能，了解国内外证券市场的发展历程。

证券是各类记载并代表一定权利的法律凭证，用以证明持有人有权依其所持凭证记载的内容而取得相应的权益。证券市场是证券发行和交易的场所。广义的证券市场是指一切以证券为对象的交易关系的总和。从经济学的角度可以将证券市场定义为：通过自由竞争的方式，根据供需关系来决定有价证券价格的一种交易机制。证券市场是市场体系的重要组成部分，证券市场不仅反映和调节货币资金的运动，而且对整个经济的运行有着非常重要的影响。

第一节　证券与证券市场

证券与证券市场是商品经济发展的必然产物，它们的存在，已经成为现代市场经济发展的重要标志。

一、金融市场

证券市场是金融市场的重要组成部分之一。金融市场是指资金供应者和资金需求者双方通过信用工具交易而融通资金的市场，是实现货币借贷和资金融通、办理各种票据和开展有价证券交易的市场。

那么，什么是金融？简言之，金融就是资金融通。资金融通，简称融资，是指在经济运行过程中，资金供求双方运用各种金融工具调节资金盈余的活动，是所有金融交易活动的总称。

金融市场体系包括货币市场、资本市场、外汇市场、黄金市场和保险市场等。外汇市场是指经营外币和以外币计价的票据等有价证券买卖的市场。黄金市场是集中进行黄金买卖和金币兑换的市场。保险市场是以商品形式向人们提供各种类别的保险的市场。一般根据金融市场上交易工具的期限，把金融市场分为货币市场和资本市场两大类。货币市场是融通短期资金的市场，包括同业拆借市场、回购协议市场、商业票据市场、银行承兑汇票市场、短期政府债券市场、大面额可转让存单市场。资本市场是融通长期资金的市场，包括中长期信贷市场和证券市场。中长期信贷市场是金融机构与工商企业之间的贷款市场，证券市场是通过证券的发行与交易融资的市场，包括债券市场、股票市场、衍生品市场、融资租赁市场等。证券市场是本书要介绍的主体。

二、证券

从广义上说，证券是记载并证明持有人对其所持有的财物或利益拥有一定权利的法律凭证。从狭义上说，证券是为了证明某项权利或设定某项权利而制作的书面凭证。证券可以采用纸面形式或证券监管机构规定的其他形式。

(一)有价证券与无价证券

证券可划分为有价证券和无价证券。

有价证券是标有票面金额、可流通的、用于证明持有人对所持的特定财产或利益拥有所有权或债权的凭证。此类证券本身并无价值，但是因为其代表一定的财产权利，持有人可凭此证券取得利益和收入，如取得商品、货币、股息、利息等收入，所以称为有价证券。

无价证券是广义上的证券，它也是用于证明对某种财物或利益拥有一定权利的凭证，如存单、存款证明等。但是，无价证券只是一种单纯的证明凭证，在一般情况下，不能通过流通转让来增加持有人的收益。

(二)有价证券分类

有价证券也有广义和狭义之分，狭义有价证券单指资本证券，广义的有价证券，按照有价证券在经济运行中所体现的内容来划分，包括商品证券、货币证券和资本证券。

1. 商品证券

商品证券是证明持有人对某种商品或货物拥有所有权或使用权的凭证，如提单、运货单等。

2. 货币证券

货币证券是证明持有人对某种货币拥有索取权的凭证，包括两大类：商业证券(如商业汇票和商业本票等)和银行证券(银行汇票、银行本票和支票)。

3. 资本证券

资本证券是证明持有人对所持有的投资资本拥有收入请求权的凭证，如股票、债券、认股权证等。资本证券是有价证券的主要形式。

本书所提及和探讨的有价证券均属于资本证券范畴，资本证券的种类繁多，按照不同标准又可分为如下几类：

(1)按照证券发行主体来分，可分为政府证券、政府机构证券和公司(企业)证券。

(2)按照证券所代表的权利性质来分，可分为股票、债券和其他证券三类，其他证券又包括基金、金融期权、金融期货、可转换证券、权证等。

(3)按照募集方式来分，可分为公募证券和私募证券。

(4)按照是否在证券交易所挂牌上市来分，可分为上市证券和非上市证券。

三、证券市场

证券市场是有价证券发行和交易的场所。

(一)证券市场构成

1. 纵向构成

按证券进入市场的纵向关系形成的结构，可把证券市场划分为发行市场和交易市场。其中，发行市场又称一级市场或初级市场，简言之，就是发行和出售新证券的市场。交易市场又称二级市场或次级市场，是流通和转让已发行证券的市场。

2. 横向构成

按照证券品种的横向并列结构，可把证券市场分为股票市场、债券市场、基金市场、衍生品市场等。股票市场是股票发行和流通的场所，股票市场的发行人为股份有限公司，交易对象为股票。债券市场是债券发行和交易的场所，债券的发行人是中央政府、地方政府、金融机构、企业等。基金市场是基金发行和交易的场所，而衍生品市场是金融期权、金融期货、权证等衍生品发行和交易的场所。

(二)证券市场功能

1. 筹资—投资功能

一方面，证券市场为资金需求者提供发行证券筹集资金的途径，这为筹集功能；另一方面，证券市场又为资金供给者(资金盈余者)提供投资证券获取收益的途径，这为投资功能。筹资和投资功能相互对应，缺一不可。

2. 定价功能

作为资本证券，证券是资本的表现形式，证券的价格代表资本的价格，筹资—投资功能是通过资本需求和供给来实现的，供求双方共同作用，高收益的资本需求大，相应证券价格高，低收益资本所对应证券价格低，在证券市场这样的供求关系作用下形成证券价格，为资本提供合理的定价机制。

3. 资本配置功能

一方面，定价功能显示了证券市场供求关系和定价机制，而正是因为高收益资本需求大，筹资能力强，使得资本流入收益高(即效益好)、报酬率高、发展潜力大的企业，企业通过追加资本投入，形成更高的产能；而另一方面，收益低、效率低下的企业因不受市场偏爱，筹资能力低下而让位于高收益企业。如此一来，资本得到最合理的配置。

第二节　证券市场参与者

证券市场参与者包括发行证券的证券发行人，投资证券的证券投资人，为证券发行、投资和交易提供服务的证券市场中介机构，自律性组织，以及证券监管机构。

一、证券发行人

证券发行是把证券向投资者销售的行为。证券发行人是为筹集资金而发行证券的发行主体，包括公司(企业)、政府和政府机构、金融机构。

(一)公司(企业)

企业是证券市场的主要发行者。企业可以通过发行股票和债券来筹集资金，满足经营活动对资金的需求。在我国，随着社会主义市场经济的发展，企业越来越多地以股份有限公司和有限责任公司的形式出现，其发行的股票和债券则被称为公司股票和公司债券。只有股份有限公司才能发行股票，筹集的资本为自有资本。有限责任公司和股份有限公司均可发行债券，筹集的资本为借入资本。

（二）政府和政府机构

政府（包括中央政府和地方政府，以及政府直属机构）发行证券的品种仅限于债券，用于弥补财政赤字、周转资金、建设国家重大基础设施等。中央政府为弥补财政赤字或者筹措国民经济建设所需的资金发行国债，地方政府为当地的公共事业建设发行地方政府债券。政府发行债券已经成为政府财政收入的一个稳定来源。

（三）金融机构

金融机构包括银行金融机构和非银行金融机构。银行金融机构主要是商业银行和政策性银行，我国两大政策性银行是中国进出口银行和中国农业发展银行；非银行金融机构包括证券公司、保险公司、信托投资公司等。金融机构作为证券发行者的目的有两个：一是以发行金融债券的形式筹集资金，增加负债，扩大资产业务；二是其本身为股份有限公司，发行股票筹集资本，开展经营活动。金融机构发行的债券称为金融债券，股份制金融机构发行的股票为普通的公司股票。

二、证券投资人

证券投资人是投资证券的法人与自然人。法人投资者被称为机构投资者，自然人被称为个人投资者。

（一）机构投资者

广义上，机构投资者是指用自有资金或从公众手中筹集的资金专门从事有价证券投资活动的法人机构。狭义上，以有价证券投资收益为其重要收入来源的证券公司、投资公司、保险公司、各种福利基金、养老基金及金融财团等为机构投资者。我国机构投资者包括政府机构、金融机构、企业和事业法人及各类基金。

1. 政府机构

政府机构可以通过购买政府债券、金融债券投资于证券市场。作为宏观调控的手段之一，其主要方式有：中央银行采取“公开市场”操作，通过买卖政府债券或金融债券调整市场上货币供应量来进行宏观调控；国有资产管理部门通过持有国有股来实现国有资产保值；国家控股实现支配和优化配置社会资源等。

2. 金融机构

金融机构包括银行及非银行金融机构。非银行金融机构包括证券经营机构、保险公司及其他经营机构。其中，证券经营机构是证券市场上最活跃的投资者。银行金融机构包括商业银行、城市信用合作社、农村信用合作社和政策性银行等。保险公司是目前全球最大的机构投资者。另外，信托投资公司、企业集团财务公司、金融租赁公司也可在监管机构许可范围内从事证券投资。

3. 企业和事业法人

企业可以利用自有的、积累的资金或暂时不用的闲置资金从事证券投资，包括参股和控股其他企业，以及通过自营或委托机构从事证券投资获取收益。事业法人可以利用自有资金和可支配的预算外资金从事证券投资。

4. 各类基金

基金包括证券投资基金、社保基金、企业年金和社会公益基金。

证券投资基金是指一种利益共享、风险共担的集合证券投资方式，即通过发行基金单位，集中投资者的资金，由基金托管人托管，由基金管理人管理和运用资金，投资股票、债券等金融工具。

社保基金有两层含义:社会保障基金和社会保险基金。社会保障基金是指全国社会保障基金理事会负责管理的由国有股减持划入资金及股权资产、中央财政拨入资金、经国务院批准以其他方式筹集的资金及其投资收益形成的由中央政府集中的社保基金。社会保险基金是指由养老基金、医疗基金、失业基金、工伤基金、生育基金五项组成的社保基金。

企业年金是指企业及其职工在依法参加基本养老保险的基础上,自愿建立的补充养老保险制度。它是多层次养老保险体系的组成部分,由国家宏观指导、企业内部决策执行。

社会公益基金是指将收益用于指定社会公益事业的基金,包括福利基金、教育发展基金等。

除此之外,合格的境外机构投资者(QFII)、合格的境内机构投资者(QDII)以及主权财富基金也属于机构投资者。

各类机构投资者的资金来源、投资目的和投资方向各不相同,一般都具有资金量大、收集和分析信息的能力强、注重投资的安全性、可通过有效的资产组合以分散投资风险、对市场影响大等特点。

(二)个人投资者

个人投资者是指从事证券投资的社会自然人,是证券市场最广泛的投资者。个人投资者的主要投资目的是追求盈利,谋求资本的保值和增值,所以十分重视本金的安全和资产的流动性。

三、证券中介机构

证券中介机构是为证券发行、投资和交易提供服务的中介机构,包括证券公司、证券投资咨询公司、财务顾问机构、会计师事务所、律师事务所、资产评估机构、信用评级机构和证券金融公司。

(一)证券公司

证券公司是经国务院监督管理机构批准从事证券经营业务的有限责任公司或股份有限公司。证券公司的主要业务有:

1. 证券承销和保荐业务

证券承销是指证券公司代理证券发行人发行证券。承销方式包括代销和包销。代销是指承销结束后,证券公司将未出售的证券全部退还发行人;包销是指证券公司将未出售的证券全部自行购入。

证券保荐是指保荐人对发行人发行证券进行推荐和辅导,并核实公司发行文件中所载资料是否真实、准确、完整,协助发行人建立严格的信息披露制度,承担风险防范责任。

2. 证券经纪业务

证券经纪业务又称代理买卖证券业务,是指证券公司接受客户委托、代理客户买卖有价证券的行为。证券公司在办理经纪业务时,必须备置统一的证券买卖委托书,供委托人使用。不论是否成交,委托记录都应保存于证券公司。成交的委托,应当根据委托书的正确名称、买卖数量、出价方式、价格幅度和规则买卖并如实记录,将买卖成交报告单交予客户。

3. 证券自营业务

证券自营业务是指证券公司作为投资者,买卖证券、赚取差价并承担相应风险的行为。证券自营业务有利于活跃证券市场和维护证券交易的连续性,但因其获取信息便利,会出现利用内幕消息交易的行径,因此大多数国家对证券公司自营业务有严格的规定。

4. 证券投资咨询和财务顾问业务

证券投资咨询业务是指证券公司对证券市场或个别证券进行分析、预测,对投资做出分析评价,为投资者提供分析、建议服务。

证券财务顾问业务是指证券公司提供与证券交易和投资活动相关的咨询、建议、策划等业务。例如,为上市公司提供资产重组、重大投资、关联交易、收购兼并等咨询服务。

5. 证券资产管理业务

证券资产管理业务是指证券公司根据有关法律、法规和投资委托人的委托,签订资产管理合同,委托人将资产委托给具有专业知识和投资经验的证券公司从事理财活动,以取得收益最大化。证券资产管理业务对整个证券市场发展有一定的稳定作用。

6. 融资融券业务

融资融券不仅包括证券公司对投资者的融资、融券,也包括金融机构对证券公司的融资、融券。而通常意义上的融资融券,是指证券公司为投资者提供融资和融券交易。证券公司融资融券业务是指客户向证券公司借款购买证券或借进证券出售的一种交易行为。证券公司为出借资金与证券而收取担保物。证券公司开展融资融券业务须经中国证券监督管理委员会(下称"中国证监会")批准。

7. 其他业务

其他业务包括证券做市交易业务、证券公司中间介绍业务,私募投资基金业务和另类投资业务。

(二)证券服务机构

证券服务机构是指依法设立的从事证券服务业务的法人机构,主要包括证券投资咨询公司、财务顾问机构、会计师事务所、资产评估机构、律师事务所、证券信用评级机构、证券金融公司等。

四、自律性组织

(一)证券交易场所

证券交易场所包括证券交易所和其他交易场所。

证券交易所又称场内交易市场,是依据国家有关法律,经政府证券主管机关批准设立的集中进行证券交易的有形场所。证券交易所的组织形式有公司制和会员制两种。国际上主要的证券交易所有纽约证券交易所、伦敦证券交易所、东京证券交易所等。我国内地(大陆)有三个证券交易所,分别是上海证券交易所、深圳证券交易所和北京证券交易所。

其他交易场所又称场外交易市场,是指证券交易所以外的证券交易场所。

证券交易所的主要功能包括:

(1)提供证券交易场所。证券交易所为证券交易各方提供交易设施(如通信系统、电脑设备等)和服务(如办理证券的结算和过户等),使证券交易各方能迅速、便捷地完成各项证券交易活动。这种证券的集中交易有利于保持证券的流通性,提高资金的配置效率。

(2)制定交易规则。交易规则包括上市退市规则、报价竞价规则、信息披露规则以及交割结算规则等。不同交易所的主要区别关键在于交易规则的差异,同一交易所也可能采用多种交易规则,从而形成细分市场,如纳斯达克按照不同的上市条件细分为全球精选市场、全球市场和资本市场。

(3)维护交易秩序。交易规则的完成需要交易所维护交易秩序的配合。因此,交易所成为监管各种违反公平原则及交易规则的行为，使交易公平、有序进行的条件之一。

(4)提供交易信息。证券交易所提供各类信息，包括上市公司的信息和证券交易信息。交易所对上市公司信息的提供负有督促和适当审查的责任，对交易行情有即时公布的义务。

(二)证券登记结算公司

证券登记结算公司是为证券交易提供集中登记、存管与结算服务，不以营利为目的的法人。

证券登记结算公司的主要业务有：

(1)证券账户、结算账户的设立和管理。投资者投资证券之前应该在证券登记结算公司提交有关开户资料。通常，证券公司等开户代理机构可代理证券登记结算公司为投资者开立证券账户。另外，证券登记结算公司为证券公司开立结算账户，证券公司为投资者直接开立资金结算账户。

(2)证券的存管与过户。证券登记结算公司通过电子数据划转方式完成投资的过户。

(3)证券持有人名册登记及权益登记。证券登记结算公司为证券发行人提供证券持有人名册并记载持有人必要信息。

(4)集中进行上市证券交易的证券和资金结算及相关管理。其中，结算包括清算和交收。

(5)为发行人派发证券权益。证券登记结算公司受发行人的委托，向证券持有人派发红利、股息、利息等证券权益。

(6)办理与上述业务有关的查询、咨询、信息和培训服务。

(7)国务院证券监督管理机构批准的其他业务。

(三)证券业协会

证券业协会是证券行业的自律性组织，是社会团体法人。证券业协会应当履行协助证券监督管理机构组织会员执行有关法律，维护会员的合法权益，为会员提供信息服务，制定规则，组织培训和开展业务交流，调解纠纷，就证券业的发展开展研究，监督检查会员行为，以及证券监督管理机构赋予的其他职责。

(四)证券投资者保护基金公司

2005年8月30日，证券投资者保护基金公司在国家工商总局注册成立，由国务院出资，财政部一次性拨付注册资金63亿元。证券投资者保护基金公司是负责保护基金筹集、管理和使用，不以营利为目的的国有独资公司，由中国证监会管理。

五、证券监管机构

证券监管机构在我国是指中国证监会及其派出机构，是国务院直属的证券管理监督机构，依法集中统一监管证券市场。其主要职责是：负责行业性法规的起草，负责监督有关法律法规的执行，负责保护投资者的合法权益，对全国的证券发行、证券交易、中介机构的行为等依法实施全面监管，维持公平而有秩序的证券市场。

第三节　证券市场发展历史

一、世界证券市场发展历史

证券市场是社会大生产的产物之一，也是商品经济和市场经济发展到一定阶段的必然结果。人类进入市场经济之后，单纯依靠自我积累和借贷资本已无法满足社会化大生产的资金需求，于是一种新的企业融资制度应运而生，这就是股份制。最早的股份公司应该起源于17世纪初，当时在英国和荷兰首先出现了一批较为明显地具有现代股份公司特征的海外贸易公司，他们募集股份资本，设立最高权力机构——股东大会，并实行按股分红、按股承担有限责任的分配制度，而且允许转让股份，这应该算世界上最早的股份公司了；19世纪中期，美国也开始出现类似形式的公司和银行；进入19世纪后半叶时，在以钢铁、煤炭、机器制造业为中心的重工业部门已开始普遍采用这种先进的企业融资制度。可以说，正是这种全新的企业融资方式奠定了全球证券市场发展的基础。

从世界范围看，证券市场的发展大致可以划分为以下四个阶段。

（一）萌芽阶段

早在资本主义发展初期的原始积累阶段，西欧就出现了证券的发行和交易。15世纪意大利出现商业票据买卖。1602年，在荷兰的阿姆斯特丹出现了世界上第一家股票交易所。1773年，在伦敦柴思胡同的乔纳森咖啡馆，股票商们正式成立了英国第一家证券交易所，即现在伦敦证券交易所的前身。1790年出现美国第一家证券交易所——费城证券交易所。1792年，24名纽约经纪人在纽约华尔街的一棵梧桐树下订立《梧桐树协定》，也就是现在纽约证券交易所的前身(1973年汤迪咖啡馆在华尔街成立，梧桐树下的露天证券市场进入室内的咖啡馆。1817年，华尔街汤迪咖啡馆的证券交易经纪人通过章程，成立“纽约证券交易会”，1863年更名为“纽约证券交易所”)。

（二）自由放任的发展阶段

从17世纪初到20世纪20年代，证券发行量迅速增加，1891—1900年间世界有价证券的发行金额为1 004亿法郎，20世纪的前30年，发行量则分别达到了1 978亿法郎、3 000亿法郎和6 000亿法郎。同时，证券结构也出现了变化，股票和公司债券分别取代了公债和国库券，占据了主要地位。

但是，由于缺乏对证券发行和交易的管理，整个证券市场处于自由放任的状态。各种证券市场和交易所良莠不齐，时有证券欺诈和市场操纵以及市场投机行为。1929年，资本主义国家发生了严重的金融危机，直接表现形式就是各国证券市场的全面暴跌，导致世界证券市场的动荡，证券价格剧烈波动，证券经营机构数量锐减。

（三）规范发展阶段

从20世纪30年代到60年代末，欧美与日本经济的恢复促进了世界证券市场的恢复和发展，证券交易开始复苏。同时，市场危机促使各国政府开始全面制定法律，证券发行和交易活动进入规范发展阶段。例如，美国陆续颁布《1933年证券法》《1934年证券交易法》等一系列证券法律，并成立专门的证券管理机构——证券交易委员会。

但是，由于金融危机的阴影仍在，资本危机与通货膨胀的压力使得多数国家加强了对资本的管制，因而此阶段证券市场发展缓慢。

（四）快速发展阶段

20世纪70年代以来，证券市场快速发展。随着发达国家经济规模化和集约化程度的提高、发展中国家经济的兴起以及现代科技的进步，证券市场作为资本市场核心及金融市场重要组成部分的地位由此确立。反映证券市场容量的“证券化率”指标(证券市值/GDP)快速提高。整个金融部门证券化趋势明显。

二、中国证券市场发展历史

（一）产生和萌芽阶段

证券在中国的历史，可以追溯到春秋战国时期，当时王侯对平民放债，形成了最早的债券。之后伴随着商业的发展，出现飞钱、会票、当票等商业票据。明末清初，在一些投资大、收益高的行业，如上海沙船业，云南、广东矿冶业等，已经开始采用"招商集资，合股经营"的经营组织形式。这种组织形式明显地具有资本主义的股份制特征。真正现代意义的证券出现，是在19世纪40年代末。鸦片战争后，广州、厦门、福州、宁波、上海五口相继对外开埠通商，有价证券及其交易跟随着最先进入的外国洋行在中国出现。19世纪70年代末，清政府洋务派兴办工业，股份制企业出现，股票、债券市场因此产生。1872年成立的轮船招商局是我国第一家股份制企业。1917年，北洋政府颁布《证券交易所法》，并批准上海证券交易所开设证券经营业务。1918年，北平证券交易所成立，这是中国人自己创办的第一家证券交易所。之后，出现了上海证券物品交易所、上海华商证券交易所、青岛市物品证券交易所、天津市企业交易所等。

（二）探索阶段

从新中国成立至改革开放前，新中国证券市场的发展经过了一个曲折的探索阶段。

1949年6月1日，天津证券交易所成立，标志着中国当代证券市场的正式启动。1950年2月1日，北京证券交易所成立。然而，1952年后，天津证券交易所和北京证券交易所经营萎缩并亏损。1958年以后，证券市场受到摒弃。1959—1978年，全国性公债停止发放（省、市、自治区必要时发行地方建设公债除外）。直到改革开放后，中国当代证券市场才得以逐步恢复。

（三）起步和快速发展阶段

改革开放后中国证券市场进入起步阶段。1981年财政部首次发行国库券，揭开新时期中国证券市场新发展的序幕。尤其是1990年12月和1991年7月上海证券交易所和深圳证券交易所正式运营，标志着中国证券集中交易市场的形成，中国证券市场进入快速发展阶段。

（四）完善和深入发展阶段

1992年10月，国务院证券委员会及中国证监会宣布成立，标志着全国证券市场进入统一监管阶段。1993年，国务院先后颁布《股票发行和交易管理暂行条例》《企业债券管理条例》。1993年以后股票试点扩大，B股、H股开始发行，债券市场品种增加，证券机构种类和数量迅速增长。1998年，将国务院证券委员会并入中国证监会，中国证监会作为国务院直属事业单位，与其派出机构形成统一的监管体系。1999年7月1日，《中华人民共和国证券法》（下称《证券法》）正式实施，奠定了我国证券市场基本的法律框架，中国证券市场的法制建设进入新的历史发展阶段。

2004年1月31日，国务院颁布《关于推进资本市场改革开放和稳定发展的若干意见》，2004年8月和2005年12月，《证券法》经历两次修订，夯实了中国证券市场发展的法律基础。2004年5月，深圳证券交易所主板市场内设立中小企业板，上海证券交易所和深圳证券交易所分别推出交易型开放式指数基金（ETF）和上市开放式基金（LOF）。2005年证监会颁布《关于上市公司股权分置改革试点有关问题的通知》，2006—2007年迎来自证券市场成立以来最壮观的牛市。

2006年9月8日，中国金融期货交易所成立，对中国资本市场体系产生了划时代的重大历史意义。

2009年10月30日，中国创业板正式上市。

2014年11月10日，中国证监会、中国香港证券及期货事务监察委员会决定批准正式启动沪港股票交易互联互通机制试点。2014年11月7日，沪伦通正式开通。2016年12月5日，深港通正式开通。

2019年6月17日，沪伦通正式启动。中国证监会和英国金融行为监管局当日发布了沪伦通联合公告，原则上批准了上交所和伦交所开展沪伦通，双方监管机构将就沪伦通跨境证券监管执法开展合作。

2019年6月13日，上海交易所下的科创板正式启动，并将开始试点注册制。

2020年6月15日，创业板注册制开始落地，深交所开始受理创业板在审企业的IPO申请，2020年8月24日，创业板改革并试点注册制正式实施。

2020年10月9日国务院印发《关于进一步提高上市公司质量的意见》，提出将“全面推行、分步实施证券发行注册制，支持优质企业上市”。

2021年9月3日，北京证券交易所（简称“北交所”）注册成立，这是经国务院批准设立的中国第一家公司制证券交易所，受中国证监会监督管理。2021年9月10日，北京证券交易所官方网站上线试运行。11月15日，北交所在北京市西城区金融街金阳大厦正式开市。

小　结

本章小结

1. 证券是为了证明某项权利或设定某项权利而制作的书面凭证，是证明持有人对所持有的投资资本拥有收入请求权的凭证，如股票、债券、认股权证等。

2. 证券市场是金融市场的重要成分之一，是有价证券发行和交易的场所，是通过证券的发行与交易融资的市场，包括债券市场、股票市场、衍生品市场等。

3. 证券市场参与者包括发行证券的证券发行人，投资证券的证券投资人，为证券发行、投资和交易提供服务的证券市场中介机构、自律性组织，以及证券监管机构。

知识结构图

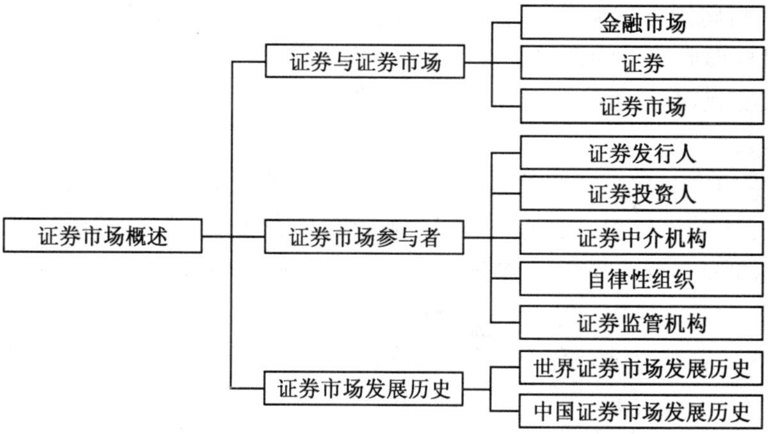

习题

一、选择题

1. 有价证券是________的一种形式。
A. 真实资本　B. 虚拟资本　C. 货币资本　D. 商品资本

2. 证券业协会和证券交易所属于________。
A. 政府机构　B. 政府在证券业的分支机构
C. 自律性组织　D. 监管机构

3. 证券业协会是________。
A. 社会团体法人　B. 财产团体法人
C. 具有独立的证券监管权的组织　D. 营利性组织

4. 按照证券品种的横向并列结构，可把证券市场分为股票市场、债券市场、基金市场和________等。
A. 发行市场　B. 交易市场　C. 货币市场　D. 金融衍生品市场

5. 证券市场功能不包括________。
A. 筹资—投资功能　B. 定价功能
C. 资本配置功能　D. 投机功能

6. 我国两大政策性银行是中国进出口银行和________。
A. 中国人民银行　B. 中国银行
C. 建设银行　D. 中国农业发展银行

7. 提货单表明了持有人有权得到该提货单所标明物品的权利，说明提货单是一种________。
A. 有价证券　B. 商品证券　C. 货币证券　D. 资本证券

8. 狭义的证券是指________。
A. 商品证券　B. 货币证券　C. 资本证券　D. 现金证券

9. 证券登记结算公司性质上属于________。
A. 证券服务机构　B. 证券经营机构　C. 证券管理机构　D. 自律性组织

10. 证券市场对现代市场经济产生着多方面的影响，其基本经济功能主要有________。
A. 筹资、定价、资本配置　B. 筹资、定价、收益
C. 收益、监督、资本配置　D. 监督、定价、资本配置

二、思考题

1. 简述中国证券市场的发展历史。
2. 什么是证券？什么是证券市场？
3. 有价证券分为哪些种类？
4. 简述证券市场的构成。
5. 证券市场参与者包括哪些？

第二章　股　票

学习目标

通过本章学习，了解股份有限公司的基本概念、设立、组织机构、股份和财务会计；熟悉股票的不同类型及含义；理解股票价格与价值；掌握影响股票价格的宏观、中观和微观因素。

股票是股份有限公司在筹集资本时向出资人发行的股份凭证，代表着其持有者（股东）对股份公司的所有权。这种所有权是一种综合权利，如参加股东大会、投票表决、参与公司的重大决策、收取股息或分享红利等。

第一节　股份与股票

一、股份

股份是股份公司均分其资本的基本计量单位，对股东而言，股份表示其在公司资本中所占的投资份额。

股份包括三层含义：(1)股份是股份公司一定量的资本额的代表；(2)股份是股东的出资份额及其股东权的体现；(3)股份是计算股份公司资本的最小单位，不能再继续分割。

股份有四个特征：股份是一定价值的反映，股份有限公司将其资本划分为股份，且每一股的金额相等；股份具有平等性，同种类的股票每一股享有同等权利；每一个单一股份不可再分；股份可以转让。

二、股票

股票是一种有价证券，是股份有限公司签发的，证明持有人所持股份的凭证。

股票是一种资本证券，是持有人投入股份公司资本份额的证券化。

股票代表着其持有者（即股东）对股份公司的所有权。这种所有权不是物权，也并非债权，而是一种综合权利。表现为：股东依法享有参加股东大会、投票表决、参与公司的重大决策、收取股息或分享红利等。

股票是一种虚拟资本，股份公司通过发行股票所筹集的资金是用于经营的真实资本，而股票独立于真实资本，是一种虚拟资本。

股票是一种要式证券，要式指的是必须规定某种形式方可成立，非要式指的是没有特定形式，可由双方当事人自行决定。根据公司法的相关规定，如果缺少规定的要件，股票就没有法律效力。

股票是一种证权证券。证券可以分为设权证券和证权证券。设权证券指的是证券所代表的权利本身不存在，而是随着证券的制作而产生，权利的发生以证券的存在为依托。证权证券指的是证券是权利的一种物化的表现而非前提条件，是权利的载体，权利本身已经存在。股票所代表的股东权利，其发行是以股份的存在为条件的，只是把已经存在的股东权利表现为证券的形式，股票并没有创造权利。

以上是股票的性质，另外，股票的特征可以归为以下几点：

(1)收益性。股票的收益性来自两个方面。第一，股东凭其持有的股票，有权从公司领取股息或红利，获取投资的收益。股息或红利的大小，主要取决于公司的盈利水平和公司的盈利分配政策。第二，股票投资者可以获得价差收入或实现资产增值。通过低价买入和高价卖出股票，投资者可以赚取价差利润。以A股的贵州茅台(600519)为例，如果以2009年68.33元的开盘价计，2019年茅台股价超过1200元，10年涨幅已经超过17倍。在通货膨胀时，股票价格会随着公司原有资产重置价格上升而上涨，从而避免了资产贬值。股票通常被视为在高通货膨胀期间优先选择的投资对象。

(2)风险性。股票在交易市场上作为交易对象，同商品一样，有自己的市场行情和市场价格。由于股票价格要受到诸如公司经营状况、供求关系、银行利率、大众心理等多种因素的影响，其波动有很大的不确定性。正是这种不确定性，有可能使股票投资者遭受损失。价格波动的不确定性越大，投资风险越大。因此，股票是一种高风险的金融产品。例如，2019年3月，波音737 MAX 8型客机全球停飞，2020年疫情暴发，导致巅峰时期市值超过3 000亿美元的波音，只余下不足1 000亿美元，市值蒸发约合人民币15 000亿元，近乎跌掉一个工商银行(601398)或贵州茅台(600519)。

(3)流通性。股票的流通性是指股票在不同投资者之间交易。流通性通常以可流通的股票数量、股票成交量以及股价对交易量的敏感程度来衡量。可流通股数越多，成交量越大，价格对成交量越不敏感(价格不会随着成交量一同变化)，股票的流通性就越好，反之就越差。股票的流通，使投资者可以在市场上卖出所持有的股票，取得现金。通过股票的流通和股价的变动，可以看出人们对于相关行业和上市公司的发展前景与盈利潜力的判断。那些在流通市场上吸引大量投资者、股价不断上涨的行业和公司，可以通过增发股票，不断吸收大量资本进入生产经营活动，收到了优化资源配置的效果。

(4)参与性。股东有权出席股东大会，选举公司董事会，并参与公司重大决策。股票持有者的投资意愿和享有的经济利益，通常是通过行使股东参与权来实现的。股东参与公司决策的权利大小，取决于其所持有的股份的多少。

(5)永久性。股票所代表的权利的有效性是没有期限的，和公司的续存期间相联系，两者并存。因而，股东与股份有限公司之间具有比较稳定的经济关系，股票代表了股东的永久性投资。股东可以通过转让股票出让股东身份，但是股东不能够退股。

三、股票和股份的关系

股票是股份的表现形式，股票和股份是形式与内容的关系。《中华人民共和国公司法》(下称《公司法》)第125条明确规定:"公司的股份采取股票的形式。股票是公司签发的证明股票所持股份的凭证。"可见,股份与股票相互依存,紧密相连,股票不能离开公司股份而存在。然而,两者又有所差别,表现在,股份的表现形式是股份证书。股票根据股份所代表的资本额,将股东的出资份额和股东权予以记载,以供社会公众认购和交易转让。持有了股票就意味着占有了股份有限公司的股份,取得了股东资格,可以行使股东权。

第二节 股份有限公司

我国《公司法》规定,股份有限公司是指其全部资本分为等额股份,股东以其所持股份为限对公司承担责任,公司以其全部资产对公司的债务承担责任的企业法人。

一、股份有限公司的设立

(一)设立方式

根据《公司法》第77条,股份有限公司的设立可以采取发起设立和募集设立两种。发起设立是指由发起人认购公司发行的全部股份而设立公司。募集设立是指由发起人认购公司应发行股份的一部分,其余部分向社会公开募集或者向特定募集对象募集而设立公司。

(二)设立条件

《公司法》第78条规定,设立股份有限公司,应有2人以上200人以下的发起人。其中必须有半数以上的发起人在中国境内有住所。发起设立的股份有限公司,在发起人认购的股份缴足前,不得向他人募集股份。公司章程应当载明的事项有:公司名称和住所,公司经营范围,公司设立方式,公司股份总数、每股金额和注册资本等内容。

二、股份有限公司的组织机构

(一)股东大会

股东大会由全体股东所组成。股东大会是公司的最高权力机构和议事机构。公司的一切重大事项均由股东大会做出决议。股东大会的职权主要有:听取和审核董事会、监事会以及审计员的报告;负责任免董事、监察人或审计员以及清算人;确定公司盈余的分配和股息红利;缔结变更或解除关于转让或出租公司营业或财产以及受让他人营业或财产的契约;做出增减资本、变更公司章程、解散或合并公司的决策。

(二)董事会

董事会由两个以上的董事组成。它是公司对内执行业务、对外代表公司的常设理事机构,向股东大会负责。董事会的职权主要有:代表公司对各种业务事项做出意见表示或决策,以及组织实施和执行这些决策;除股东大会决议的事项外,公司日常业务活动中的具体事项,均由董事会决定。

(三)监事会

监事会对董事会执行的业务活动实行监督。它是公司的常设机构,由股东大会从股东中选任,不得由董事或经理兼任。监事会的职权主要有:列席董事会会议,监督董事会的活动,定期和随时听取董事会的报告,阻止董事会违反法律和章程的行为;随时调查公司业务和财务情况,查阅账簿和其他文件;审核公司的结算表册和清算时的清算表册;召集股东大会;代表公司与董事交涉或对董事起诉。

三、股份有限公司的财务会计

公司应当按规定建立本公司的财务会计制度。公司应当在每一个会计年度结束时编制会计报告,并经会计师事务所审计。上市公司还应当在每一会计年度结束之日起4个月内向中国证监会和证券交易所报送年度财务会计报告,在每一会计年度前6个月结束之日起2个月内向中国证监会派出机构和证券交易所报送半年度会计报告。

股份有限公司应当按照规则分配可供分配的利润。公司分配当年税后利润时,在弥补以前年度亏损后,应当提取利润的10%列入公司法定公积金,公司法定公积金累计额已为公司注册资本50%以上的,可不再提取。提取法定公积金后方可提取任意公积金,提取法定公积金和任意公积金后的税后利润,公司按照股东持有的股份比例分配。

四、股份有限公司与有限责任公司的区别

有限责任公司是指由50人以下股东共同出资,每个股东以其所认缴的出资额对公司承担有限责任,公司以其全部资产对其债务承担责任的企业法人。

有限责任公司和股份有限公司都是公司制企业,公司股东都对公司债务承担有限责任。

股份有限公司和有限责任公司的区别主要有以下四点:

(1)有限责任公司由2个以上50个以下股东共同出资设立,只能由发起人集资,不能向社会公开募集资金;股份有限公司由2人以上200人以下为发起人,股东没有人数限制,全部资本分为等额股份,可以采用发起或募集方式设立。

(2)有限责任公司每个股东以其所认缴的出资额对公司承担有限责任;股份有限公司每个股东以其认购的股份为限对公司承担责任。

(3)股份有限公司的股东转让的股份比较自由,而有限责任公司股份的转让有非常严格的要求。

(4)股份有限公司需按照要求公开财务状况,而有限责任公司可以不公告,按期交给各股东即可。

有限责任公司和股份有限公司可以相互变更,按照《公司法》的规定办理。

五、公司合并、分立、增资、减资、解散清算及破产清算

(一)公司合并

公司合并是指两个或两个以上的公司依照《公司法》规定的条件和程序,通过订立合并协议,共同组成一个公司的法律行为。公司的合并可分为吸收合并和新设合并两种形式。吸收合并又称存续合并,它是指通过将一个或一个以上的公司并入另一个公司的方式而进行公司合并的一种法律行为。并入的公司解散,其法人资格消失。接受合并的公司继续存在,并办理变更登记手续。新设合并是指两个或两个以上的公司以消灭各自的法人资格为前提而合并组成一个公司的法律行为。其合并结果是,原有公司的法人资格均告消灭。新组建公司办理设立登记手续取得法人资格。

(二)公司分立

公司分立是指一个公司依照《公司法》有关规定,通过股东大会决议分成两个或两个以上的公司。

公司分立有新设分立和派生分立两种形式。新设分立是指将原公司法律主体资格消灭而

新设两个及以上的具有法人资格的公司。派生分立是指原公司法律主体仍存在，但将其部分业务划出去另设一个新公司。派生分立方式，本公司继续存在但注册资本减少。原股东在本公司、新公司的股权比例可以不变。在实践中，总公司为了实现资产扩张，降低投资风险，往往把其分公司改组成具有法人资格的全资子公司。此时总公司亦转化为母公司。母公司仅以其投资额为限对新设子公司债务负有限责任。

（三）公司增资

增资是指公司为扩大经营规模、拓展业务、提高公司的资信程度，依法增加注册资本金的行为。公司资本实际上需要随着公司经营活动的发展变化而发生变化。公司发展前景看好，资本的需求量必然加大，这时就需要调整。应依法定程序增加资本。增资的方法有邀请出资和按原出资比例增加出资额两种。邀请出资是指改变原出资比例，邀请出资的对象，可以是原股东，也可以是股东以外的人。而按原出资比例增加出资额不改变出资比例，增资后，各股东出资比例保持不变，这种方法只能用于在原股东范围内增资。

（四）公司减资

减资是指公司资本过剩或亏损严重，根据经营业务的实际情况，依法减少注册资本金的行为。减资的方法也有两种：一是减少出资总额，同时改变原出资比例；二是以不改变出资比例为前提，减少各股东出资。减资后，各股东出资比例保持不变。有发还和合并两种做法：发还，即将已缴足的出资一部分返还给股东；合并，即在公司亏损时，依出资比例减少每一股东出资，以抵消应弥补的资本亏损。减资一般要具备一定的条件：一是原有公司资本过多，形成资本过剩，再保持资本不变，就会导致资本在公司中的闲置和浪费，也增加了分红的负担；二是公司严重亏损，资本总额与其实有资产悬殊，公司资本已失去应有的证明公司资信状况的法律意义。

（五）公司解散清算

解散清算是企业因经营期满，或者因经营方面的其他原因致使企业不宜或者不能继续经营时，自愿或被迫宣告解散而清算。

公司解散清算程序为：

（1）成立清算组。

（2）清算组接管公司。清算组成立后，在清算期间依法可行使下列职权：清理公司财产，分别编制资产负债表和财产清单；通知、公告债权人；处理与清算有关的公司未了结的业务；清缴所欠税款以及清算过程中产生的税款；清理债权、债务；处理公司清偿债务后的剩余财产；代表公司参与民事诉讼活动。

（3）公司财产分配。清算组在清理公司财产、编制资产负债表和财产清单后，应当制定清算方案，并报股东会、股东大会或者人民法院确认。公司财产在分别支付清算费用、职工的工资、社会保险费用和法定补偿金，缴纳所欠税款，清偿公司债务后的剩余财产，有限责任公司按照股东的出资比例分配，股份有限公司按照股东持有的股份比例分配。清算期间，公司存续，但不得开展与清算无关的经营活动。公司财产在未依照前款规定清偿前，不得分配给股东。

（4）清算终结，公司注销。

（六）公司破产清算

破产清算是指企业因严重亏损，资不抵债，被依法宣告破产而清算。其程序为：成立清算组；通知债权人申报债权；召开债权人会议；确认破产财产；确认破产债权；拨付破产费用；破产清算的结束。

破产财产在优先拨付破产费用后，按照下列顺序清偿：

(1)破产企业所欠职工工资和劳动保险费用。

(2)破产企业所欠税款。

(3)破产债权。破产财产不足以清偿同一顺序的清偿要求的，按照比例分配。

六、公司利润分配

(一)公司盈利分配顺序

公司盈利后的分配顺序为：缴纳所得税；提取净利润的10%列入公司法定公积金，公司法定公积金累计已达公司注册资本50%以上的可不再提取。公司法定公积金不足以弥补以前年度亏损的，在提取法定公积金前应用当年利润弥补亏损；经股东大会决议，可提取任意公积金；按照股东持有的股份比例分配(注意：公司持有的本公司股份不得分配)。

(二)上市公司利润分配的形式

1. 现金红利

现金红利是以现金的形式分配利润。

2. 送股、转增股

送股是公司不以现金形式回报股东，而采用送红股的办法。转增股是指公司提取资本公积金增加股本。凡是在股权登记日持有送股或转增股的股票的投资者都享有送股权或转增股权。送股和转增股都将通过证券交易所的系统，自动计入投资者账户，等到上市之日，投资者即可交易该部分股票。

3. 配股与转配股

(1)配股。即公司根据公司发展的需要，依据法律规定和相应的程序向投资者进一步筹措资金的行为。上市公司股票在二级市场的股价定位对配股价有较大影响，配股资金投资项目的大小也对配股价高低产生影响。

(2)转配股。转配股是国家股股东或法人股股东将公司的配股权转让，社会公众须通过购买配股权证的形式得到转配股。这种转让是有偿的，一般须付给国家、法人股东每股0.1～0.2元的转让费。按照中国证监会的规定，转配股部分暂时不能上市流通。

转配股比例与认购一般的配股一样，只需在营业部办理认购手续，或通过电话委托等方式即可。投资者在决定自己是否购买转配股时，主要是看该公司是否具有好的发展前景，在以后能否给股东带来较高的回报。

(三)股利发放

由于股票可以自由买卖，因此公司股东是经常变化的，公司为了确定哪些人有资格领取股利，必须在发放股利之前确定有关的日期。

股利宣布日是公司宣布分派股利的当天，同时也要决定股权登记日和付息日。

股权登记日也称作除息日或过户截止日，这个日期在宣布发放股利以后的一定期限以内。凡在股权登记日之前购买并办理完过户手续的股东，即在册股东，都有权获得最近一次股利；凡在股权登记日之后或之前购买但尚未办妥过户手续的股东，即非在册股东，都无权领取最近一次股利。

股利发放日也称为付息日，即实际支付股利的日期。

(四)除息除权价

股份有限公司每年分派给股东股利时，要确定除息日或除权日。在除息日或除权日之前购买的股票，因都有资格获得股利，我们称为含息股票和含权股票，从除息日或除权日开始后购买的股票因没有资格获得股利，我们称为除息股票或除权股票。可见，除息除权前后的股票尽管面值相同，但其含有的价值已不一样。

$$除息价=除息日前一天收盘价-每股现金股息额$$

$$送股除权价=原股数\times\frac{原价-股息}{原股数+送股数}$$

$$配股除权价=\frac{原股数\times(原价-股息)+配股数\times配股价}{原股数+配股数}$$

$$送股配股除权除息价=\frac{原股数\times(原价-股息)+配股数\times配股价}{原股数+送股数+配股数}$$

其中，原价是除息除权日前一天原股票收盘价。

另外，在分红配股的时候，常常会出现零碎股的情况。沪市对每一个股东应得的零碎股进行大小排列，从大至小依次送股，送完为止。若零碎股大小相同，由电脑随机抽签决定。深市的规定是：零碎股不派发给投资者，记入深圳证券登记结算公司的风险账户。

第三节　股票类型

股票按照不同的分类方法，可以划分为多种类型。

一、普通股和优先股

按照股东所享有的权利，可以将股票分为普通股和优先股。

（一）普通股

普通股是股份公司资本构成中最普通、最基本的，持有者享有股东基本权利和义务，股利随企业利润变动而变动的股份。普通股是标准的股票。普通股的基本特点是其投资收益不是在购买时约定，而是事后根据股票发行公司的经营业绩来确定。若公司的经营业绩好，普通股的收益就高；反之，若经营业绩差，普通股的收益就低。

普通股股东享有的基本权利和义务如下：

1. 普通股股东权利

普通股享有的基本权利包括公司重大决策参与权、公司资产收益和剩余资产分配权、优先认购新股权、请求召开临时股东大会的权利等。

2. 普通股股东义务

股东应当遵守法律、行政法规和公司章程，依法行使股东权利，不得滥用股东权利损害公司和其他股东的利益；不得滥用公司法人独立地位和股东有限责任损害公司债权人利益。公司控制股东、实际控制人、董事、监事、高级管理人员不得利用其关联关系损害公司利益。

（二）优先股

优先股是一种特殊的，持有者享有的股东权利和义务分别具有一定优先性和限制条件，股息率固定的股份。优先股持有者的股东权利受到一定限制，但是其在公司盈余和剩余财产分配上比普通股享有优先权。

优先股的优先权主要表现在两个方面：首先，优先股享有固定的股息，不随公司业绩好坏而波动，并且可以先于普通股股东领取股息；其次，当公司破产进行财产清算时，优先股股东对公司剩余财产有先于普通股股东的要求权。

与普通股相比较，优先股票有如下四方面的特点：股息率固定；股息分派优先；剩余资产分配优先；一般无表决权。因此，对于股份公司而言，优先股的存在具有重要的意义，可以筹集到长期稳定的公司股份；因股息率固定，可以减少股份公司的股息负担；因优先股没有表决权，可避免公司经营决策权的分散和改变。

优先股按照不同的分类方式，又可以分为：

(1)累积优先股和非累积优先股。累积优先股是历年股息累计发放的优先股票。在某个营业年度内，若公司所获的盈利不足以分派规定股利，可待以后年度一起支付。非累积优先股是指股息当年结清、不能累计发放的优先股。其股息分派以每个营业年度为界，当年结清，如果本年度公司所获的盈利不足以分派规定股利，所欠部分公司不会给予累积计算，也不会在之后的年度补发。一般对投资者来说，累积优先股比非累积优先股具有更大的优越性。

(2)参与优先股与非参与优先股。当企业利润增大，除享受既定比率的利息外，还可以和普通股共同参与利润分配的优先股，称为“参与优先股”。除了既定股息外，无权参与利润分配的优先股，称为“非参与优先股”。一般来讲，非参与优先股是一般意义上的优先股，优先权体现在分配顺序上。

(3)可转换优先股与不可转换优先股。可转换优先股是指允许优先股持有人在特定条件下把优先股转换成为其他种类的股票，可以是转换成普通股，或者将一种优先股转换成另一种优先股。反之，不可转换优先股没有转换股票种类的权利。

(4)可赎回优先股与不可赎回优先股。可赎回优先股是指允许发行该股票的公司在发行一段时期之后按特定的赎回价格收回的优先股。不可赎回优先股发行后不能够收回。

(5)固定股息率优先股与浮动股息率优先股。股息率优先股存续期内不做调整的，被称为固定股息率优先股；而根据约定的计算方法调整的，被称为浮动股息率优先股。

(6)强制分红优先股与非强制分红优先股。公司可以在章程中规定，有可分配税后利润时必须向优先股股东分配利润的，是强制分红优先股，否则为非强制分红优先股。

二、记名股票和无记名股票

按照是否记载股东姓名，可以将股票分为记名股票和无记名股票。

(一)记名股票

记名股票是指在股票票面和股东名册上记载股东姓名的股票。我国《公司法》规定，公司发行的股票可分为记名股票和无记名股票。股份有限公司向发起人、法人发行的股票应当为记名股票，并应当记载该发起人、法人的名称或姓名，不得另立户名或者以代表人姓名登记。公司发行记名股票的，应当置备股东名册，记载股东姓名或者名称、住所，以及各股东所持股份数、各股东所持股票的编号、各股东取得股份的日期。

(二)无记名股票

无记名股票也称不记名股票，是指在股票票面和股东名册上均不记载股东姓名的股票。

三、有面额股票和无面额股票

按照在股票票面上是否标明金额，股票可分为有面额股票和无面额股票。

(一)有面额股票

有面额股票是指在股票票面上记载一定金额的股票。此金额称为票面金额、票面价值或股票面值。票面金额为资本金额除以股份数。我国《公司法》规定，股份有限公司的资本划分为股份，每一股的金额相等。

有面额股票明确代表了每一股股票所代表的股权比例，并为股票确定发行价格提供了依据。我国《公司法》规定股票的发行价格可以超过票面金额或等于票面金额，但不可低于票面金额。

（二）无面额股票

无面额股票也称为比例股票或份额股票，是指在票面上不记载股票面额，只记载它在公司总股本中所占比例的股票。由于没有票面金额，发行价不受票面金额限制，因而无面额股票的发行比较自由，也更便于分割股票。

无面额股票的价值随着股份公司净资产和期末预期未来收益的增减而相应增减。公司净资产和预期未来收益增加，则每股价值上升；反之，则每股价值下降。目前，世界上多数国家不发行无面额股票，我国也不发行无面额股票。

第四节　我国股票种类

除去一般的股票分类，按照投资主体的性质不同，我国的股票还分为国家股、法人股、社会公众股和外资股等。

一、国家股

国家股是指有权代表国家投资部门或机构以国有资产向公司投资形成的股份，包括现有国有资产折算成的股份。例如，原全民所有制企业改组为股份公司时，其资产也折算成国家股；又如，国家投资新建的股份公司，也构成了国家股。国家股由国务院授权部门或机构持有，或根据国务院决定，由地方人民政府授权部门或机构持有。

我国大部分股份制企业都是由原国有大中型企业改制而来的，因此，国有股在公司股中占有较大的比重。

二、法人股

法人股是指企业法人或具有法人资格的事业单位和社会团体以其依法可支配的资产投入公司形成的股份。

具有法人资格的国有企业、事业及其他单位以其依法占用的法人资产向独立于自己的股份公司出资形成或依法定程序取得的股份，称为国有法人股。国有法人股属于国有股权。

三、社会公众股

社会公众股是指社会公众依法以其拥有的财产投入公司时所形成的可上市流通的股份。我国《证券法》规定，社会募集公司申请股票上市的条件之一是：向社会公开发行的股票达到公司股份总数的25％以上；公司股本总额超过人民币4亿元的，向社会公开发行股份的比例为10％以上。

四、外资股

外资股指的是股份公司向外国和我国香港、澳门、台湾地区投资者发行的股票。这是我国股份公司吸收外资的一种方式。

按照上市区域可分为境内上市外资股和境外上市外资股：

(1)境内上市外资股。境内上市外资股是指股份有限公司向境外投资者募集并在我国境内上市的股份。这类股票在上海证券交易所、深圳证券交易所上市，称为B股。B股以人民币标明股票面值，以外币认购买卖。

(2)境外上市外资股。境外上市外资股是指股份有限公司向境外投资者募集并在境外上市的股份。采取记名股票形式，以人民币标明面值，以外币认购。境外上市外资股主要有H股、N股、L股、S股等。H股指注册地在内地、上市地在我国香港的外资股。而在纽约、伦敦、新加坡上市的外资股分别称为N股、L股、S股。

五、特殊类别

(一)ST股票

ST(Special Treatment)指的是需要做特别处理的股票，之所以出现需要特别处理的情况，是因为其财务状况出现了以下问题：

(1)连续两个会计年度的净利润均为负值。

(2)上市公司最近一个会计年度经审计的每股净资产低于股票票面价值。

(3)注册会计师对最近一个会计年度的财务报告出具无法表示意见或者否定意见的审计报告。

(4)最近一个会计年度经审计的股东权益，扣除注册会计师、有关部门不予确认的部分，低于注册资本。

(5)最近一份经审计的财务报告，对上年度利润进行调整，导致连续两个会计年度亏损。

(6)经交易所或者中国证监会认定为财务状况异常的。

对于应该做特别处理的股票，其交易应该遵循如下的准则：

(1)股票报价日涨跌幅限制为5%。

(2)股票名称前加“ST”。

(3)上市公司的中期报告需要审计。

(4)显示行情时，不得将特别处理股票的每日行情与其他股票的每日行情混合刊登，要在报刊上另设专栏刊登特别处理股票的每日行情。

若上市公司最近年度财务状况恢复正常，审计结果表明财务状况异常的六种情况已经消除了，并且满足如下条件：主营业务正常运行；扣除非经常损益后的净利润为正值条件的，公司在收到最近年度审计报告起2个工作日内向交易所报告并提交年度报告，同时向交易所申请撤销特别处理。

(二)*ST股票

*ST股票代表有退市风险的股票，其财务状况的情形如下：

(1)最近两年经审计的财务报告连续亏损。

(2)财务会计报告因存在重大会计差错或者虚假报告，公司主动改正或中国证监会责令改正，对以前年度财务会计报告进行追溯调整，导致最近两年连续亏损的。

(3)财务会计年度报告因存在重大差错或虚假记载，中国证监会责令其改正，在规定期限内未对虚假财务会计报告进行改正的。

(4)在法定期限内未依法披露年度财务报告或半年度财务报告的。

(5)股票处于恢复上市交易日至其恢复上市后第一个年度报告披露日期间的公司。

(6)交易所认定的其他情形。

以上 ST 股、*ST 股只针对上交所、深交所主板、中小企业板核准制股票，对于注册制股票不适用。

上交所科创板没有 ST 规定，只有 *ST 规定，上交所风险管理提示板交易以及相关法律规定不适用。根据《上海证券交易所科创板股票上市规则(2020 年 12 月修订)》12.1.2 条规定，上市公司股票被实施退市风险警示的，在公司股票简称前冠以“*ST”字样，以区别于其他股票。

根据《深圳证券交易所创业板交易特别规定》(2020 年 8 月 24 日施行)，创业板风险警示股票(ST、*ST 股)和普通创业板股票一样，涨跌幅限制按 20%实施。

北交所股票有退市风险的同样被冠以 *ST，达到退市的可以退市，退市分为主动退市与强制退市。但北交所退市公司符合重新上市条件的，可以申请重新上市。科创板、创业板的“上市公司股票被终止上市的，不得申请重新上市”。

(三)其他特殊名称股票

1. 分红类

XR 表示该股已除权，购买这样的股票后将不再享有分红的权利。

DR 表示除权除息，购买这样的股票后将不再享有送股派息的权利。

XD 表示股票除息，购买这样的股票后将不再享有派息的权利。

2. 新股或股改类

N，新股上市首日的名称前都会加一个字母 N(New)。

S*ST，指公司经营连续三年亏损，进行退市预警和还没有完成股改的股票。

SST，指公司经营连续两年亏损，进行特别处理和还没有完成股改的股票。

S，还没有进行或完成股改的股票。

NST，经过重组或股改重新恢复上市的 ST 股。

3. 其他类

蓝筹股：表示一些业绩优良、财务实力强大的大公司发行的，红利稳定且优厚，股价呈上涨趋势，普遍受到投资者欢迎的股票。

成长股：发行成长股的公司正处在上升阶段，其销售额和收益额都在上涨，且速度快于整个国家及其行业的增长速度。股价稳步上升，投资者有望从中获得较高的利益。

收入股：受老年人及一些法人团体欢迎的当前收益较丰的股票。

周期性股：收益周期波动的股票，如钢铁、机器制造、建材等行业的股票。

防守性股：与周期性股恰恰相反，在商业条件恶化时，其收益比其他股票优厚，并且较为稳定，如水、电等公用事业的股票。

投机性股：变化快、幅度大、前景很不确定的股票。

第五节　股票收益

股票收益，即股票投资的收益，是指投资者从购入股票开始到出售股票为止整个持有期间的收入，主要包括股息、资本利得和公积金转增股本三部分。

一、股息

股息是指股票持有者依据所持股票从发行公司分取的盈利。股份有限公司在会计年度结算后，通常将一部分净利润作为股息分配给股东。其中，优先股股东按照规定的固定股息率优先取得固定股息，普通股股东则根据余下的利润分取股息。股东在取得固定的股息以后又从股份有限公司领取的收益，称为红利。由此可见，红利是股东在公司按规定股息率分派后所取得的剩余利润。但在概念的使用上，人们对股息和红利并未予以严格的区分。

股息的来源是公司的税后利润。公司从营业收入中扣减各项成本和费用支出、应偿还的债务及应缴纳的税金后，余下的即为税后利润。税后利润通常按以下程序分配：如果有未弥补亏损，首先用于弥补亏损；按《公司法》规定提取法定公积金；如果有优先股，按固定股息率对优先股股东分配；经股东大会同意，提取任意公积金；剩余部分按股东持有的股份比例分配给普通股股东。可见，税后净利润是公司分配股息的基础和最高限额，但因要做必要的公积金的扣除，公司实际分配的股息总是少于税后净利润。

股息作为股东的投资收益，用以股份为单位的货币金额表示，但股息的具体形式可以有多种。

(一)现金股息

现金股息是以货币形式支付的股息和红利，是最普通、最基本的股息形式。分派现金股息，既可以满足股东预期的现金收益目的，又有助于提高股票的市场价格，以吸引更多的投资者。在公司留存收益和现金足够的情况下，现金股息分发的多少取决于董事会对影响公司发展的诸多因素的权衡，并要兼顾公司和股东两者的利益。一般来说，股东更偏重于目前利益，希望得到比其他投资形式更高的投资收益；董事会更偏重于公司的财务状况和长远发展，希望保留足够的现金扩大投资或用于其他用途。但是由于股息的高低会直接影响公司股票的市价，而股价的涨跌又关系到公司本身信誉的高低及筹资能力的大小，因此，董事会在权衡公司的长远利益和股东的近期利益后会制定出较为合理的现金股息发放政策。

(二)股票股息

股票股息是以股票的方式派发的股息，通常由公司用新增发的股票或一部分库存股票作为股息代替现金分派给股东。股票股息原则上是按公司现有股东持有股份的比例分配的，采用增发普通股并发放给普通股股东的形式，实际上是将当年的留存收益资本化。也就是说，股票股息是股东权益账户中不同项目之间的转移，对公司的资产、负债、股东权益总额毫无影响，对得到股票股息的股东在公司中所占权益的份额也不会产生影响，仅仅是股东持有的股票数比原来多了。发放股票股息既可以使公司保留现金，解决公司发展对现金的需要，又使公司股票数量增加，股价下降，有利于股票的流通。股东持有股票股息在大多数西方国家可免征所得税，出售增加的股票又可转化为现实的货币，有利于股东实现投资收益，因而是兼顾公司利益和股东利益的两全之策。

(三)财产股息

财产股息是公司用现金以外的其他财产向股东分派股息。最常见的是公司持有的其他公司或子公司的股票、债券，也可以是实物。分派财产股息，可减少现金支出，满足公司对现金的需要，有利于公司的发展。在现金不足时，用公司产品以优惠价格充作股息，可扩大其产品销路。当公司需要对其他公司控股时，可有意将持有的其他公司的股票作为股息，采用内部转移方式分派给股东，以继续维持控股公司的地位。

(四)负债股息

负债股息是公司通过建立一种负债，用债券或应付票据作为股息分派给股东。这些债券或应付票据既是公司支付的股息，也可满足股东的获利需要。负债股息一般是在已宣布发放股息但又面临现金不足、难以支付的情况下不得已而采取的权宜之计，董事会往往更愿意推迟股息发放日期。

(五)建业股息

建业股息又称建设股息，是指经营铁路、港口、水电、机场等业务的股份公司，由于其建设周期长，不可能在短期内开展业务并获得盈利，为了筹集所需资金，在公司章程中明确规定并获得批准后，公司可以将一部分股本作为股息派发给股东。建业股息不同于其他股息，它不是来自公司的盈利，而是对公司未来盈利的预分，实质上是一种负债分配，也是无盈利无股息原则的一个例外。建业股息的发放有严格的法律限制，在公司开业后，应在分配盈余前抵扣或逐年抵扣冲销，以补足资本金。

二、资本利得

上市股票具有流动性，投资者可以在股票交易市场上出售持有的股票收回投资，赚取盈利，也可以利用股票价格的波动低买高卖来赚取差价收入。股票买入价与卖出价之间的差额就是资本利得，或称资本损益。资本利得可正可负，当股票卖出价大于买入价时，资本利得为正，此时可称为资本收益；当卖出价小于买入价时，资本利得为负，此时可称为资本损失。由于上市公司的经营业绩是决定股票价格的重要因素，因此，资本损益的取得主要取决于股份公司的经营业绩和股票市场的价格变化，同时与投资者的投资心态、投资经验及投资技巧也有很大关系。

三、公积金转增股本

公积金转增股本也采取送股的形式，但送股的资金不是来自当年可分配盈利，而是来自公司提取的公积金。公司的公积金来源有以下几项：一是股票溢价发行时，超过股票面值的溢价部分，列入公司的资本公积金；二是依据我国《公司法》的规定，每年从税后利润中按比例提存部分法定公积金；三是股东大会决议后提取的任意公积金；四是公司经过若干年经营以后资产重估增值部分；五是公司从外部取得的赠与资产，如从政府部门、国外部门及其他公司等得到的赠与资产。我国《公司法》规定，公司分配当年税后利润时，应当提取利润的10%作为公司法定公积金。公司法定公积金累计额为公司注册资本50%以上的，可以不再提取。公司的法定公积金不足以弥补以前年度亏损的，在提取法定公积金之前，应当先用当年利润弥补亏损。公司从税后利润中提取法定公积金后，经股东大会决议，可以从税后利润中提取任意公积金。股份有限公司以超过股票票面金额的发行价格发行股份所得的溢价款以及国务院财政部门规定列入资本公积金的其他收入，应当列为资本公积金。公司的公积金用于弥补公司亏损、扩大公司生产经营或者转为公司资本。但是资本公积金不得用于弥补公司亏损。股东大会决议将公积金转为资本时，按股东原有股份比例派送红股或增加每股面值。但法定公积金转为资本时，所留成的该项公积金不得少于转增前公司注册资本的25%。

第六节 股票价值与价格

一、股票的价值

股票价值可分为股票票面价值、账面价值、清算价值和内在价值。

(一)票面价值

票面价值又称票面金额或股票面值,简称面值,即在股票票面上标明的金额,代表了每一股份占总股份的比例。我国《公司法》规定股票的发行价格可以超过票面价值或等于票面价值,但不可低于票面价值。如果发行价等于票面价值,为"平价发行",发行股票募集的资金等于股本总和;如果发行价高于票面价值,为"溢价"发行,超过票面价值的发行价格所发行的股份所得的资金,即溢价款,列入公司资本公积金。

(二)账面价值

账面价值又称股票净值或每股净资产,是每股股票所代表的实际资产的价值,为公司净资产除以已发行在外的普通股的股数。在盈利水平相同的条件下,账面价值越高,股票的收益就越高,股票就越有投资价值。因而,股票账面价值是股票投资分析的重要指标之一。

(三)清算价值

清算价值是公司清算时每一股所代表的实际价值。当清算公司实际出售价款与财务报表上的账面价值一致时,每一股份的清算价值与账面价值(每股净资产)一致。然而,由于在公司清算时,往往会被迫压低价格出售,因此大多数公司的实际清算价值往往低于账面价值。

(四)内在价值

内在价值又称理论价值,是股票未来收益的现值。股票内在价值决定股票的市场价格,而市场价格又围绕着股票的内在价值上下波动。由于未来收益及市场利率的不确定性,通过计算现值而得出的内在价值是实际内在价值的估算值。

二、股票的价格

(一)市场价格

股票市场可分为发行市场和流通市场,因而股票的市场价格也就被分为发行价格和流通价格。

股票的发行价格是指在一级市场上发行股票的公司与证券承销商议定的价格。一般而言,股票发行价格的确定有三种情况:一是股票的票面价值;二是股票的发行价格以股票在流通市场上的价格为基准确定;三是股票的发行价格在股票面值与市场流通价格之间。在国际市场上确定股票发行价格的参考公式为:

股票发行价格=市盈率还原值×40%+股息还原率×20%+每股净值×20%+预计当年股息与一年期存款利率还原值×20%

这个公式全面地考虑了影响股票发行价格的若干因素,如利率、股息、流通市场的股票价格等,值得借鉴。

然而,股票在二级市场(流通市场)上的价格,才是完全意义上的股票市场价格,一般称为股票市价或股票行市。股票市价表现为开盘价、收盘价、最高价、最低价等形式。其中收盘价最重要,是分析股市行情时采用的基本数据。

（二）理论价格

股票及其他有价证券的理论价格是根据现值理论而来的。现值理论的观点是，人们之所以愿意购买股票和其他证券，是因为它能够为持有人带来预期收益，因此，收益决定了未来收益的大小。未来收益可称为终值，将终值按照必要收益率折算成当前的价值就是现值，也即人们为了得到未来收益而当前愿意付出的代价。因此，股票的理论价格是以一定的必要收益率计算出未来收入的现值：

股票理论价格＝预期收益/必要收益率

三、影响股票价格的因素

股票的市场价格由股票的价值所决定，但是在供求关系背后，也同时受许多其他因素的影响。一般来说，影响股票市场价格的因素主要有宏观因素、中观因素和微观因素。

（一）宏观因素

1. 经济周期因素

社会经济的运行总是表现为扩张与收缩相互交叠的循环往复过程。每个经济周期一般经过复苏、高涨、衰退、萧条四个过程，经济周期对股票市场的影响非常明显，决定了股价的长期走势。

在一般情况下，经济复苏伴随着股价的回升；经济高涨，则股价上涨；经济衰退，则股价下跌；经济萧条，则股价低迷。股价的变动通常先于经济变动，所以，当经济衰退之前，高涨后期时，股价已经率先下跌了；同样，在经济萧条后期，复苏之前，股价已经提前上涨。因而，股价又成了经济周期变动的信号。

2. 货币政策

货币政策包括存款准备金政策、再贴现政策和公开市场业务。中央银行采用货币政策控制货币供应量，从而实现经济目标。

存款准备金是指金融机构为保证客户提取存款和资金清算需要而准备的在中央银行的存款，中央银行要求的存款准备金占其存款总额的比例就是存款准备金率。存款准备金政策是指中央银行对商业银行等存款货币机构的存款规定存款准备金率，强制性地要求商业银行等货币存款机构按规定比例上缴存款准备金，中央银行通过调整法定存款准备金以增加或减少商业银行的超额准备，从而影响货币供应量的一种政策措施。提高存款准备金率，市场货币供应量减少，市场资金紧张，则股价下降；反之，则股价上升。

贴现是指票据持票人在票据到期之前为获取现款而向银行贴付一定利息的票据转让。再贴现是指商业银行或其他金融机构将贴现所获得的未到期票据，向中央银行转让。再贴现意味着中央银行向商业银行贷款，从而增加了货币投放，直接增加货币供应量。再贴现率是商业银行将其贴现的未到期票据向中央银行申请再贴现时的预扣利率。中央银行提高再贴现率，一方面，使商业银行得到的中央银行的贷款减少，市场资金紧张；另一方面，由于再贴现率是基准利率，再贴现率提高使得市场利率随之提高，导致股价下跌。

公开市场业务是指中央银行通过在公开市场上买卖有价证券，增加或减少准备金调节信用规模、货币供给量和利率，以调节和实现金融活动。中央银行出售证券，收紧银根，减少了市场上货币供应量，股价下跌。

3. 财政政策

财政政策是指国家根据政治、经济及社会发展的目标，通过财政支出与税收政策来调节总需求。财政政策包括国家预算、税收、财政投资、财政补贴、财政信用等。

财政政策从三个角度影响股价：

第一，扩大财政赤字，发行国债筹集资金，增加财政支出，刺激经济发展；通过增加财政盈余，降低财政赤字，减少财政支出，抑制经济增长，影响股价。

第二，提高税率对企业利润和股息有负面影响；降低税率会增加企业税后利润和股息。

第三，增加或减少国债发行而改变证券供应量和资金需求，影响股价。

4. 政治因素

一国的政局稳定与否直接影响股价。一般而言，政局稳定，则股票市场稳定运行；相反，政局不稳，则引起股票市场价格下跌。除此之外，战争、国家重要领导人员更换、重大经济政策出台、罢工、主要产油国的动乱等也会对股票市场有重大影响。

5. 区域因素

区域经济发展状况、区域对外交通与信息沟通的便利程度、区域内的投资活跃程度不同会导致不同区域内股票价格存在差异，相同产业不同区域的股价会出现较大差异。经济发展较快、交通便利、信息化程度高的地区，投资活跃，股票投资有较好的预期；相反，经济发展迟缓、交通不便、信息闭塞的地区，股票价格相对平淡。例如，全国人大常委会 2021 年 6 月授权上海市人大制定浦东新区法规的信息宣布后，引发上海市浦东新区板块活跃上涨。

（二）中观因素

中观因素主要指行业（或产业）因素。

产业有广义和狭义之分。广义上看，产业指国民经济的各行各业。从生产到流通、服务以至文化、教育，大到部门，小到行业都可以称为产业。从狭义上看，由于工业在产业发展中占有特殊位置，经济发展和工业化过程密切相关，产业有时指工业部门。产业经济学中研究的产业是广义的产业，泛指国民经济的各行各业。产业的概念是介于微观经济细胞（企业和家庭消费者）与宏观经济单位（国民经济）之间的若干“集合”。我国国家统计局将产业分为三大类，分别是第一产业（农业）、第二产业（工业）和第三产业（服务业）。

行业指的是按生产同类产品或具有相同工艺过程或提供同类劳动服务划分的经济活动类别，如饮食行业、服装行业、机械行业等。每一产业下又划分为多个行业。《国民经济行业分类》将行业划分为 20 个门类，包括农林牧渔业，采矿业，制造业，电力、燃气及水的生产和供应业，建筑业，交通运输、仓储和邮政业，信息传输、计算机服务和软件业，批发和零售业，住宿和餐饮业，金融业，房地产业，租赁和商务服务业，科学研究、技术服务和地质勘查业，水利、环境和公共设施管理业，居民服务和其他服务业，教育、卫生、社会保障和社会福利业，文化、体育和娱乐业，公共管理和社会组织。

不同行业的公司其股票价格的变动各不相同。每个行业都要经历成长到衰退的发展演变过程，这个过程称为行业的生命周期。行业的生命周期可分为幼稚期、成长期、成熟期和衰退期。处于不同发展阶段的产业在经营状况及发展前景方面有较大差异，这会反映在股票价格上。成长期产业股票价格呈上升趋势，衰落期行业股票价格则呈现下降趋势。成长期行业一般能够保持领先于整体经济的扩张速度，并带动其他成熟行业的增长，因而股价增长较快，但是成长期行业也具有高风险的特点。成熟期行业出现了买方市场，其成长速度会大幅降低甚至会停止成长，但是由于技术创新、产业政策、经济全球化等各种原因，现实中某些行业进入成熟期之后也可能会迎来新的高速增长机遇，从而带来股价上涨。

另外，根据行业景气周期与国民经济周期的关系，可将行业分为增长型行业、周期型行业和防御型行业。增长型行业景气周期变化与国民经济整体的周期变化及其振幅并不密切相关;周期型行业的景气周期变化与经济周期密切相关。防御型行业的产品需求相对稳定,需求弹性小,其经营状况在经济周期的上升与下降阶段都很稳定。

行业总是处于周期性运动中,股价伴随着行业的景气周期相应地变化,但一般来说行业股价的波动超前于行业的景气变化,行业股价变化是永恒的,并且行业股价的变化常常放大行业景气变化的幅度。

(三)微观因素

微观因素主要有公司经营状况、市场因素、心理因素。

1. 公司经营状况

公司经营状况被称为股价的基石。一般而言,公司经营状况好,则股价上升;反之,公司经营状况差,则股价下跌。公司经营状况的好坏又体现在公司资产净值、盈利水平、公司派息政策、股票分割、公司增资或减资、销售收入、原材料价格变化、主要经营者更替、公司改组或合并等方面。

2. 市场因素

影响股票市场价格的各种股票市场操作会直接影响股票价格。包括看涨与看跌、买空与卖空、追涨与杀跌、获利平仓与解套等,也包括市场中存在的分仓、串谋、轮炒等违法违规操纵股票市场的操作行为。一般而言,如果股票市场的做多行为多于做空行为,则股票价格上涨;反之,如果做空行为占上风,则股票价格趋于下跌。

3. 心理因素

投资者心理变化会影响股票价格。大多数投资者的乐观情绪会放大市场利好消息,进一步促进股价上升;而大多数投资者的悲观心理会放大利空消息,忽视利好消息,导致股票被大量抛售,股价进一步下跌。另外,盲目追涨杀跌也会大大增加股价的波动幅度。

在影响股票市场价格的以上因素中,宏观因素及微观因素中的公司因素主要是通过影响股票发行主体(即公司)的经营状况和发展前景影响股票市场价格,它们在股票市场之外,因而被称为基本面因素。基本面因素的变动形成了股票市场价格变动的主要利多题材和利空依据。市场因素则主要是通过投资者的买卖操作影响股票市场价格,它存在于股票市场内部,与基本因素没有直接的关联,因而被称为技术因素。技术因素是技术分析的对象。

资料卡　连花清瘟推动以岭药业股票暴涨

2020 年 4 月 14 日,因收到国家药监局批复,连花清瘟适用新冠肺炎,以岭药业股价午后涨停,创上市以来最高价,报 31.32 元/股。

近日,以岭药业股价已获多个涨停,由于股价涨幅大,以岭药业今年已经发布了 5 份股票交易异常波动公告,其中提到,在《新型冠状病毒感染的肺炎诊疗方案(试行第四版)》中,公司的连花清瘟胶囊/颗粒被列为医学观察期推荐用药,还披露了该产品在不同地区和国家获得上市许可的情况。

Choice 金融终端数据显示,从 4 月 3 日起,以岭药业的股价便连续上涨,近日更是连续涨停,截至 4 月 14 日收盘,以岭药业当前股价为 31.32 元/股。从 4 月 3 日到 4 月 14 日,7 个交易日里,以岭药业的总市值累计增长约 130.84 亿元。

3 月 31 日,以岭药业发布业绩预告称,2020 年第一季度,预计归属于上市公司股东的净利润为 43 255.16 万元～46 138.84 万元,比上年同期增长 50%～60%。

对此,以岭药业解释道,2020 年一季度连花清瘟产品营业收入较去年同期大幅增长。

据了解，2019年前三季度，以岭药业的连花清瘟产品实现营业收入14.15亿元，占公司营业收入的32.54%。

——资料来源：新浪新闻，http://news.sina.com.cn/c/2020-04-14/doc-iircuyvh7785613.shtml，2020年4月14日。

资料卡　股神：沃伦·巴菲特(Warren Buffett)

沃伦·巴菲特是有史以来最伟大的投资家，他依靠股票、外汇市场的投资，成为世界上数一数二的富翁。他倡导的价值投资理论风靡世界。价值投资并不复杂，巴菲特曾将其归结为三点：把股票看成许多微型的商业单元，把市场波动看作你的朋友而非敌人(利润有时候来自对朋友的愚忠)，购买股票的价格应低于你所能承受的价位。“从短期来看，市场是投票计算器。但从长期看，它是称重器”——事实上，掌握这些理念并不困难，但很少有人能像巴菲特一样数十年如一日地坚持下去。巴菲特似乎从不试图通过股票赚钱，他购买股票的基础是：假设次日关闭股市，或在五年之内不再重新开放。在价值投资理论看来，一旦看到市场波动而认为有利可图，投资就变成了投机，没有什么比赌博心态更影响投资。

巴菲特投资“金”定律

1. 利用市场的愚蠢，进行有规律的投资。买价决定报酬率的高低，即使是长线投资也是如此。利润的复合增长与交易费用、避税使投资人受益无穷。

2. 不要在意某家公司来年可赚多少，只要在意其未来5～10年能赚多少。

3. 只投资未来收益确定性高的企业。

4. 通货膨胀是投资者最大的敌人。

5. 价值型与成长型的投资理念是相通的。价值是一项投资未来现金流量的折现值；而成长只是用来决定价值的预测过程。

6. 投资人财务上的成功与他对投资企业的了解程度成正比。

7.“安全边际”从两个方面协助你的投资。首先是缓冲可能的价格风险；其次是可获得相对高的权益报酬率。

8. 拥有一只股票，期待它在下个星期就上涨，是十分愚蠢的。

9. 即使美联储主席偷偷告诉我未来两年的货币政策，我也不会为之改变我的任何投资行为。

10. 不理会股市的涨跌，不担心经济情势的变化，不相信任何预测，不接受任何内幕消息，只注意两点：(1)买什么股票；(2)买入价格。

巴菲特股市不败的六大要素

1. 赚钱而不要赔钱。

2. 别被收益蒙骗。

3. 要看未来。

4. 坚持投资能对竞争者构成巨大“屏障”的公司。

5. 要赌就赌大的。

6. 要有耐心等待。

巴菲特理财——“三要三不要”

1. 要投资那些始终把股东利益放在首位的企业。

2. 要投资资源垄断型行业。

3. 要投资易了解、前景看好的企业。

4. 不要贪婪。

5. 不要跟风。

6. 不要投机。

小 结

本章小结

1. 股份有限公司是指其全部资本分为等额股份，股东以其所持股份为限对公司承担责任，公司以其全部资产对公司的债务承担责任的企业法人。

2. 普通股是股份公司资本构成中最普通、最基本的，持有者享有股东基本权利和义务，股利随企业利润变动而变动的股份。优先股是一种特殊的、持有者享有的股东权利和义务分别具有一定优先性和限制条件、股息率固定的股份。

3. 记名股票是在股票票面和股东名册上记载股东姓名的股票。无记名股票也称不记名股票，是在股票票面和股东名册上均不记载股东姓名的股票。

4. 有面额股票是在股票票面上记载一定金额的股票。无面额股票也称比例股票或份额股票，是在票面上不记载股票面额，只记载它在公司总股本中所占比例的股票。

5. 国家股是有权代表国家投资部门或机构以国有资产向公司投资形成的股份。法人股是指企业法人或具有法人资格的事业单位和社会团体以其依法可支配的资产投入公司形成的股份。社会公众股是社会公众依法以其拥有的财产投入公司时所形成的可上市流通股的股份。外资股指的是股份公司向外国和我国香港、澳门、台湾地区投资者发行的股票。境内上市外资股就是指股份有限公司向境外投资者募集并在我国境内上市的股份，境外上市外资股是指股份有限公司向境外投资者募集并在境外上市的股份。

6. 股票投资的收益有股息收入、资本利得和公积金转增收益三部分。股息是指股票持有者依据所持股票从发行公司分取的盈利。股息的具体形式有现金股息、股票股息、财产股息、负债股息、建业股息等。

7. 股票价值可分为股票票面价值、账面价值、清算价值和内在价值。票面价值又称票面金额或股票面值，简称为面值，即在股票票面上标明的金额。账面价值又称股票净值或每股净资产，是每股股票所代表的实际资产的价值，为公司净资产除以已发行在外的普通股的股数。清算价值是公司清算时每一股所代表的实际价值。

8. 股票的价格分为市场价格和理论价格。股票的市场价格即股票在股票市场上买卖的价格，又称股票行市。股票的理论价格是以一定的必要收益率计算出的未来收入的现值，股票理论价格＝预期收益/必要收益率。

9. 影响股票价格的因素包括宏观的经济周期因素、货币政策、财政政策、政治因素、区域因素等；中观的行业和产业因素；微观的公司经营状况、市场因素、心理因素等。经济周期一般经过复苏、高涨、衰退、萧条四个过程。货币政策包括存款准备金制度、再贴现政策和公开市场业务。财政政策指国家根据政治、经济及社会发展的目标，通过财政支出与税收政策来调节总需求。财政政策包括国家预算、税收、财政投资、财政补贴、财政信用等。

知识结构图

- 股票
  - 股份与股票
    - 股份
    - 股票
    - 股票和股份的关系
  - 股份有限公司
    - 股份有限公司的设立
    - 股份有限公司的组织机构
    - 股份有限公司的财务会计
    - 股份有限公司与有限责任公司的区别
    - 公司合并、分立、增资、减资、解散清算及破产清算
    - 公司利润分配
  - 股票类型
    - 普通股和优先股
    - 记名股票和无记名股票
    - 有面额股票和无面额股票
  - 我国股票种类
    - 国家股
    - 法人股
    - 社会公众股
    - 外资股
    - 特殊类别
  - 股票收益
    - 股息
    - 资本利得
    - 公积金转增股本
  - 股票价值与价格
    - 股票的价值
    - 股票的价格
    - 影响股票价格的因素

习　题

一、选择题

1. 每股股票所代表的实际资产的价值是股票的________。

A. 票面价值　　B. 账面价值　　C. 清算价值　　D. 内在价值

2. 股份有限公司的最高权力机构是________。

A. 股东大会　　B. 董事会　　C. 监事会　　D. 财务

3. 股票实质上代表了股东对股份公司的________。

A. 产权　　B. 债权　　C. 物权　　D. 所有权

4. ________属于境内上市外资股。

A. H 股　　B. A 股　　C. B 股　　D. S 股

5. 优先股的特征有________。

A. 一般无表决权　　B. 股息分派优先

C. 股息率固定　　D. 剩余资产分配优先

6. 我国《公司法》规定，股票发行价格可以________。

A. 与票面金额无关　　B. 等于票面金额

C. 高于票面金额　　D. 低于票面金额

7. 股票与股份的关系是________的关系。

A. 形式与内容　　B. 内容与形式　　C. 公司和股东　　D. 并列

8. 公司盈利后的分配顺序为________。

A. 缴纳所得税→提取法定公积金→提取任意公积金→按照股东持有的股份比例分配

B. 提取法定公积金→提取任意公积金→缴纳所得税→按照股东持有的股份比例分配

C. 缴纳所得税→按照股东持有的股份比例分配→提取法定公积金→提取任意公积金

D. 缴纳所得税→提取任意公积金→提取法定公积金→按照股东持有的股份比例分配

9. 企业法人或具有法人资格的事业单位和社会团体以其依法可支配的资产投入公司形成的股份称为________。

A. 国家股　　B. 外资股　　C. 法人股　　D. 社会公众股

10. 以股票的方式派发的股息称为________。

A. 分红　　B. 派息　　C. 股票股息　　D. 现金股息

二、思考题

1. 简述股票的定义及性质。
2. 简述股票的种类。
3. 股票的收益和风险来源主要有哪些？
4. 影响股票价格的因素有哪些？
5. 股票的收益来源主要有哪些？

第三章 债 券

学习目标

通过本章学习，了解债券的基本概念和特征；了解债券种类；熟悉国债、金融债券、公司债券的基本内容；掌握债券的价值与价格。

第一节 债券概述

债券是指国家政府、金融机构、企业等经济主体为筹措资金，向投资者发行，承诺按规定利率支付利息并按约定条件偿还本金的债权债务凭证。

债券属于有价证券，能够反映和代表一定价值。债券的面值是债券投资者投入资金的量化表现。债券投资者可按期取得利息，并且，债券持有人享有债券所代表的权利；债券是一种虚拟资本，而非真实资本，其本质是证明债权债务关系的证书；债券是债权的体现，不同于财产支配权和资产所有权。

一、债券的性质

债券具有以下几个基本性质：

(1)债券属于有价证券。一方面，债券反映和代表一定的价值。债券本身有一定的面值，通常它是债券投资者投入资金的量化表现。同时，持有债券可按期取得利息，利息也是债券投资者收益的价值表现。另一方面，债券与其代表的权利联系在一起，拥有债券也就拥有了债券所代表的权利，转让债券也就将债券代表的权利一并转移。

(2)债券是一种虚拟资本。尽管债券有面值，代表了一定的财产价值，但它只是一种虚拟资本，而非真实资本。因为债券的本质是证明债权债务关系的证书，在债权债务关系建立时所投入的资金已被债务人占用，因此，债券是实际运用的真实资本的证书。债券的流动并不意味着它所代表的实际资本也同样流动，且债券是独立于实际资本的。

(3)债券是债权的表现。债券代表债券投资者的权利，这种权利不是直接支配财产，也不以资产所有权表现，而是一种债权。拥有债券的人是债权人，债权人不同于财产所有人。以公司为例，在某种意义上，财产所有人可以视作公司的内部构成分子，而债权人是与公司相对立的。债权人除了按期取得本息外，对债务人不能做其他任何干预。

二、债券的票面要素

债券是一种证明债权债务关系的凭证，具有一定格式的票面形式。一般而言，债券票面上标明的内容要素有：票面价值、债券到期期限、票面利率和发行人名称。

（一）票面价值

票面价值是债券发行人承诺在债券到期日偿还持有人的金额。票面价值内容包括币种和票面金额。一般而言，在本国发行的债券以本国货币为面值计量单位，而在国际市场上发行债券一般以发行地所在国货币或者国际通用货币作为计量标准。票面金额的大小不同，适于不同投资者；面值小，使得购买者多而广泛；面值大，能得到大额投资者投资。

（二）债券到期期限

债券到期期限是从债券发行日到偿清本息之日止的时间。债券期限从几个月到几年不等，分为短期债券、中期债券和长期债券。

（三）票面利率

票面利率也称名义利率，是债券利息与债券票面价值的比率，通常年利率用百分比表示。利率有单利、复利和贴现利率等多种形式。债券票面利率不同于市场利率。它受市场利率的影响，当市场利率较高时，债券的票面利率相应也较高，这是因为，如果市场利率高，投资债券的机会成本就大，投资人会选择投资其他的资产。当市场利率较低，则债券发行人会采取较低的票面利率发行债券。票面利率除受市场利率影响之外，还受债券期限和筹资者资信的影响。期限长的债券流动性差，风险较大，只有制定较高的票面利率获取更多的利息收益来平衡风险因素，而期限短的债券则往往票面利率较低。同样，资信高的筹资者发行的债券风险小，相应的票面利率可以较低；而高利率是对低资信高风险的补偿。

（四）发行人名称

发行人名称即需要表明债券的债务主体，为债权人到期追回本金和利息提供依据。

上述四个要素是债券票面的基本要素，但在发行时并不一定全部在票面上印制出来，例如，在很多情况下，债券发行者是以公告或条例形式向社会公布债券的期限和利率。此外，一些债券还包含有其他要素，如还本付息方式。

三、债券的特征

债券作为一种重要的融资手段和金融工具，具有偿还性、流通性、安全性、收益性的特征。

(1)偿还性。偿还期限规定了发行人必须按约定条件偿还本金并支付利息。

(2)流通性。流通性说明债券可以在流通市场上自由转让。债券的流动性一般仅次于储蓄存款。

(3)安全性。安全性表现在债券固定的利率，不与企业盈利挂钩，收益稳定，风险较小。

(4)收益性。收益性表现在两个方面：一是债券持有人可以定期从债券发行者那里获得固定的债券利息。债券的利率通常高于存款利率。债券的收益率并不完全等同于债券的票面利率，而主要取决于债券的买卖价格。二是利用债券价格的变动，买卖转让债券可赚取差额。

四、债券与其他投资方式的联系与区别

（一）债券和股票的区别

股票是股份公司发给投资者作为投资入股的所有权凭证，购买股票者就成为公司股东，股

东凭此取得相应的权益，并承担公司相应的责任与风险。由此可看出，债券与股票同为有价证券，是一种虚拟资本，是经济运行中实际运用的真实资本的证书，都起到了募集社会资金、将闲散资金转化为生产和建设资金的作用。同时，股票和债券都可以在市场上流通，投资者通过投资股票和债券都可获得相应的收益。虽然同为有价证券，但是债券与股票的区别极为明显。主要体现在以下方面：

(1)筹资的性质不同。债券的发行主体可以是政府、金融机构或企业(公司)；股票发行主体只能是股份有限公司。债券是一种债权债务关系证书，反映发行者与投资者之间的资金借贷关系，投资者是债权人，发行债券所筹集的资金列入发行者的负债；而股票是一种所有权证书，反映股票持有人与其所投资的企业之间的所有权关系，投资者是公司的股东，发行股票所筹措的资金列入公司的资本(资产)。由于筹资性质不同，投资者享有的权利不同。债券投资者不能参与发行单位的经营管理活动，只能到期要求发行者还本付息；股票持有人作为公司的股东，有权参加股东大会，参与公司的经营管理活动和利润分配，但不能从公司资本中收回本金，不能退股。

(2)存续时限不同。债券作为一种投资是有时间性的，从债券的要素看，它是事先确定期限的有价证券，到一定期限后就要偿还。股票是没有期限的有价证券，企业无须偿还，投资者只能转让，不能退股。如果企业发生破产，并且债务已优先得到偿还，根据资产清算的结果投资者可能得到一部分补偿。相反，只要发行股票的公司不破产清算，股票就永远不会到期偿还。

(3)收益来源不同。债券投资者从发行者手中得到的收益是利息收入，债券利息固定，属于公司的成本费用支出，计入公司运作中的财务成本。在买卖债券时，投资者还可能得到资本收益。由于大多数债券在发行时就会定好在什么时间以多高的利率支付利息或者偿还本金，因此投资者在买入这些债券的同时，往往就能够准确地知道，自己持有到期后未来收到现金的时间和数量。相反，卖出这些债券的投资者也会清楚地了解，由于卖出债券而放弃的未来现金收入。股票投资者作为公司股东，有权参与公司利润分配，得到股息、红利，股息和红利是公司利润的一部分。在股票市场上买卖股票时，投资者还可能得到资本收益。事实上，股票投资者中很大一部分投资的目的并不是着眼于得到股息和红利收入，而是为了得到买卖股票的价差收入，即资本收益。而且，股票投资的最大特点就是其价格和股息的不确定性，这也是股票投资的魅力之一。股息取决于股份公司的获利情况，这是投资者所无法控制的。而且就算公司获得盈利，是否分配也需要召开股东大会来决定，未知因素很多，因此股票价格波动比较频繁。

(4)价值的回归性不同。债券投资的价值回归性，是指债券在到期时其价值往往是相对固定的，不会随市场的变化而波动。例如，贴现债券的到期价值必然等于债券面值；而到期一次还本付息债券的到期价值必然等于面值加上应收利息。但是股票的投资价值依赖于市场对相关股份公司前景的预期或判断，其价格在很大程度上取决于公司的成长性，而不是其股息分配情况。我们经常可以看到，股息支付情况较好的公司的市盈率较低。而且从理论上讲，一只股票的价格可以是0到正无穷大之间的任意值。

股票投资的价格计算基于市盈率和该只股票的每股收益，而债券投资的价格计算则是基于该只债券的未来各期现金流以及相对应的贴现率。

资料卡 2020年抗疫特别国债

2020年抗疫特别国债是为应对新冠肺炎疫情影响，由中央财政统一发行的特殊国债，不计入财政赤字，纳入国债余额限额，全部转给地方，主要用于公共卫生等基础设施建设和抗疫相关支出，并带有一定财力补助的性质。

2020年3月27日，中央政治局会议明确发行特别国债。6月15日财政部发布通知明确，为筹集财政资金，统筹推进疫情防控和经济社会发展，决定发行2020年抗疫特别国债（一期）和2020年抗疫特别国债（二期）。6月16日决定发行2020年抗疫特别国债（三期）。7月3日决定发行2020年抗疫特别国债（四期）。

2020年6月18日，财政部采取市场化方式，公开招标发行首批1 000亿元抗疫特别国债。截至2020年7月30日，2020年抗疫特别国债实现发行总额1万亿元。

（5）风险性不同。无论是债券还是股票，都有一系列的风险控制措施，如发行时都要符合规定的条件，都要经过严格的审批，证券上市后要定期并及时发布有关公司经营和其他方面重大情况的信息，接受投资者监督。但是债券和股票作为两种不同性质的有价证券，其投资风险差别是很明显的。主要原因有两个：一是债券投资资金作为公司的债务，其本金和利息收入有保障。企业必须按照规定的条件和期限还本付息。债券利息作为企业的成本，其偿付在股票的股息、红利之前；利息数额事先已经确定，企业无权擅自变更。一般情况下，债券的还本付息不受企业经营状况和盈利数额的影响，即使企业发生破产清算，债务的清偿也先于股票。股票投资者作为公司股东，其股息和红利属于公司的利润。因此，股息与红利的多少事先无法确定，其数额不仅直接取决于公司经营状况和盈利情况，而且取决于公司的分配政策。二是债券和股票在二级市场上的价格同样会受各种因素的影响，但两者波动的程度不同。一般来说，债券由于其偿还期限固定，最终收益固定，因此其市场价格相对稳定。股票价格的波动比债券要剧烈得多，其价格对各种“消息”极度敏感。不仅公司的经营状况直接引起股价的波动，而且宏观经济形势、市场供求状况、国际国内形势的变化，甚至一些“小道消息”也能引发股市的大起大落，因此，股票市场价格涨落频繁，变动幅度大。

（二）债券与储蓄的关系

1. 债券与储蓄的相同之处

（1）债券与储蓄都体现了一种债权债务关系。储蓄是居民将货币的使用权暂时让渡给银行或其他金融机构的信用行为，资金的让渡者是债权人，而银行或其他金融机构是债务人。债券投资则是投资者将资金的使用权暂时让渡给债券发行人的信用行为，债券发行人即债务人是政府、金融机构或企业。

（2）到期后都要归还本金。债券和储蓄存款（活期存款除外）都有规定的期限，到期后归还本金。

（3）都能够获得预期利息收益。债券和储蓄存款都可事先确定适用利率或计算方法，到期后取得规定的利息收入。

2. 债券投资与储蓄存款的区别

（1）安全性不同。债券投资的债务人是政府、金融机构和企业，而储蓄存款债务人是银行和其他金融机构。债务人的不同使两者的安全性存在差异。从整体上看，储蓄存款安全性高于债券。我国银行信用程度很高，有国家和中国人民银行严格的监管及自身的风险防范预警机制，银行倒闭的风险极小，所以，银行存款是安全、可靠的一种资金增值方式。债券的安全性与其发行主体有密切关系。一般来说，政府债券因为其发行人是政府，以财政作担保，所以其安全性最高。金融债券的发行基础是银行信用，其安全性与储蓄存款基本相同。而企业债券发行者为各类企业，数量众多而不同企业的资金实力、经营状况不同，其安全性相对较差，投资者要承担因企业亏损、破产而不能及时或按规定条件还本付息的风险。

(2)期限不同。储蓄存款的期限通常较短，定期存款期限最长为5年，而债券虽也有1年内的短期债券，但多数期限较长，有的达几十年。我国近年来债券发行比较频繁，品种多样，长、中、短期相结合，适应投资者不同期限的投资需要。

(3)流动性不同。流动性即投资工具在短期内不受损失地变为现金的能力。活期存款流动性非常强，随时可以到银行转化为现金；但定期存款则缺乏流动性，储户若急需现金将未到期的定期存款提前支取时，不管需要多少，全部存款只能一次性支取，并按照活期存款利率计息。存款越多，期限越长，利息的损失越大。债券具有较强的流动性。债券投资者若急需现金，可以根据需要的多少将手中持有的债券在市场上转让，转让价格为市场价格，债券按规定利率和已持有期限应计而尚未支取的利息收入已包含在市场价格之中。当然，债券的流动性依赖于一个比较完善、成熟和发达的债券市场，也与债券本身的质量相关。一般而言，国债具有非常强的流动性，金融债券和上市公司债券流动性也较强。

(4)收益性不同。储蓄存款的收益是利息收入。2021年6月21日，市场利率定价自律机制优化了存款利率自律上限的确定方式，将原来由存款基准利率一定倍数形成的存款利率自律上限改为在存款基准利率基础上加上一定基点确定。因此，存款利率的波动幅度相对较小。债券投资收益的构成相对复杂一些。债券投资收益最基本的部分是利息收入，但买卖债券时由于价格的变化还可能得到资本收益。债券的实际利率一般高于同期限的定期存款利率。这里存在两方面的原因：一是债券融资和银行存款在资金循环中的位置不同。债券融资是资金的最终使用者向最初的资金供应者融资，中间不经过任何环节，节省了融资成本；而银行存款属于间接融资，资金存入银行以后，必须由银行发放贷款，资金才能到达最终使用者手中，所以资金最初供应者与最终使用者之间存在银行这一中间环节。在债券融资的情况下，资金最终使用产生的利润由使用者和资金提供者两家分割；而间接融资的情况下，资金最终使用产生的利润由资金使用者、银行和资金最初提供者三家分割，银行的存贷款利差一般为3%～4%。上述原因使债券的实际利率高于同期限的存款利率成为可能。二是，从市场配置资源的一般要求来说，投资的风险越大，要求的报酬率越高。企业债券的投资风险高于银行存款，因此其投资报酬率(即利率)也要高于银行存款。

第二节 债券的种类

债券按照不同的分类标准，构成了相对较完整的债券体系。

一、政府债券、金融债券和公司债券

按照发行主体不同，可将债券分为政府债券、金融债券和公司债券。

(一)政府债券

政府债券是由政府机构发行的，承诺在一定时期支付利息和到期还本的债务凭证。政府债券可分为中央政府债券和地方政府债券。其中，中央政府债券又称国债。政府债券发行的

目的是用以解决公共设施、重点建设项目的资金需要以及用于弥补财政赤字。由于发行主体是政府，因而，政府机构的风险较小。

政府债券作为以政府机构为发行主体的债券，具有安全性高、流通性高、收益稳定、免税待遇的特征。

国债是中央政府根据信用原则，以承担还本付息责任为前提而发行的债务凭证。

按照偿还期限，国债可分为短期国债、中期国债和长期国债。短期国债是1年或1年以内的国债，发行短期国债一般是为了弥补临时收支差额；中期国债是偿还期限在1年以上10年以内的国债，发行中期国债是为了弥补赤字或用于投资；长期国债是偿还期限在10年或10年以上的国债，发行长期国债是政府投资资金的来源之一。

按照资金用途，国债可分为赤字国债、建设国债、战争国债和特种国债。赤字国债是用于弥补政府预算赤字的国债；建设国债是用于建设项目发行的国债；战争国债是专门用于弥补战争费用的国债；特种国债是为实施某种特殊政策而发行的国债。

按照是否可以流通，国债可分为流通国债和非流通国债。流通国债是可以在市场上流通的国债，可以自由认购、转让，不记名；非流通国债是不可以在流通市场上交易的国债，不可以自由转让、可记名或不记名。

按照发行本位，国债分为实物国债和货币国债。实物国债是专指具有实物票券的债券，是以某种商品实物为本位而发行的国债。货币国债是以某种货币为本位发行的国债，其中，本币国债是以本国货币为面值发行，外币国债是以外国货币为面值发行。当今绝大多数国家已不再发行实物债券。

（二）金融债券

金融债券是由银行和非银行金融机构发行，约定在一定期限内还本付息的有价证券。发行金融债券的目的是用于改变本身的资产负债结构。债券是金融机构的主动负债，相对于被动负债的存款，拥有较大的自主利用权和灵活性。

我国主要的金融债券品种如下：

1. 中央银行票据

银行票据指由银行签发或由银行承担付款义务的票据。主要包括银行本票、银行汇票、银行签发的支票等。2020年8月13日，中国人民银行通过中国香港金融管理局债务工具中央结算系统（CMU）债券投标平台，招标发行2020年第七期和第八期中央银行票据。第七期中央银行票据期限3个月（91天），为固定利率附息债券，到期还本付息，发行量为人民币200亿元。

资料卡　央行票据

央行票据即中央银行票据，是中央银行为调节商业银行超额准备金而向商业银行发行的短期债务凭证，其实质是中央银行债券。之所以称“中央银行票据”，是为了突出其短期性特点（从已发行的央行票据来看，期限最短的为3个月，最长的也只有1年）。但央行票据与金融市场各发债主体发行的债券具有根本的区别：各发债主体发行的债券是一种筹集资金的手段，其目的是为了筹集资金，即增加可用资金；而央行票据是中央银行调节基础货币的一项货币政策工具，目的是减少商业银行可贷资金量。商业银行在支付认购央行票据的款项后，其直接结果就是可贷资金量的减少。

2. 政策性银行金融债券

政策性银行金融债券是政策性银行发行的，承诺在一定期限还本付息的有价证券。1999年之后我国金融债券的发行主体集中于政策性银行。政策性银行指由政府创立、参股或保证的，不以盈利为目，专门为贯彻、配合政府社会经济政策，在特定的业务领域内直接或间接地从事政策性融资活动，充当政府发展经济、促进社会进步、进行宏观经济管理工具的金融机构。我国两大政策性银行为：中国农业发展银行和中国进出口银行。

3. 商业银行债券

商业银行债券除普通的金融债券外，还包括商业银行次级债券和资本补充债券。

商业银行次级债券指商业银行发行的、本金和利息的清偿顺序位于其他负债之后，先于股权资本的债券。2020年下半年后，我国商业银行利用发行二级资本债券补充资本仍热度不减。随着浦发银行7月末完成2020年一期二级资本债券发行，商业银行在7月份发行规模合计高达415亿元。

根据中国人民银行2018年第3号公告，银行业金融机构可发行资本补充债券。资本补充债券是指银行业金融机构为满足资本监管要求而发行的、对特定触发事件下债券偿付事宜做出约定的金融债券，包括但不限于无固定期限资本债券和二级资本债券。中国人民银行2006年第11号公告(关于商业银行发行混合资本债券)同时废止。

4. 证券公司债券

证券公司债券是依法发行的，约定在一定期限还本付息的有价证券，包括证券公司普通债券、证券公司短期融资券、证券公司次级债。国泰君安证券公司、长城证券公司、中信证券公司等先后发行过债券。

5. 保险公司次级债券

保险公司次级债券指保险公司经批准定向募集的，期限在5年以上(含5年)、本金和利息的清偿顺序位于保单责任和其他负债之后，先于保险公司股权资本的保险公司债务。其中，保险公司次级债务的清偿只有在确保偿还次级债务本息后偿付能力充足率不低于100%的前提下才能取得。中国银保监会依法对保险公司次级定期债务的定向募集、转让、还本付息和信息披露行为进行监督管理。

6. 财务公司债券

财务公司债券是财务公司发行的，约定在一定期限还本付息的有价证券。财务公司是指以加强企业集团资金集中管理和提高企业集团资金使用效率为目的，为企业集团成员单位提供财务管理服务的非银行金融机构。

7. 金融租赁公司和汽车金融公司的金融债券

符合条件的金融租赁公司和汽车金融公司可以在银行间债券市场发行和交易金融债券。

(三)公司债券

公司债券是由股份公司发行的、约定在一定期限还本付息的有价证券。有些国家允许非股份制企业发行债券，因而本书将公司债券和非股份制企业发行的债券合在一起，称为公司债券。公司债券的目的是为了满足经营的需要。在我国，企业债券不等于公司债券。广义的企业债券包括公司债券、狭义的企业债券和银行间市场发行的非金融企业债务融资工具。狭义的企业债券是我国存在的一种特殊法律规定的债券形式。

公司债券的类型主要有信用公司债券、不动产抵押公司债券、保证公司债券、收益公司债券、可转换公司债券、附认股权证的公司债券、可交换公司债券等。

1. 信用公司债券

信用公司债券是以公司信誉作担保发行的债券。它不以公司任何资产作担保，因此属于无担保债券。

2. 不动产抵押公司债券

不动产抵押公司债券是以公司不动产（如房屋、土地等）作抵押而发行的债券，属于抵押债券。

3. 保证公司债券

保证公司债券是以发行人以外的第三者作为还本付息担保人的债券，属于担保债券。此时担保人一般为信誉良好的机构，如政府、信誉好的银行或发行人的母公司等。

4. 收益公司债券

收益公司债券是清偿顺序先于股票，利息支付以公司盈利为前提的债券。

5. 可转换公司债券

可转换公司债券是发行人依法发行，在一定期限内依据约定的条件可以转换成股份的公司债券。可转换公司债券具有债权投资和股权投资的双重优势。可转换公司债券应在发行条款中规定转换期限和转换价格。

6. 附认股权证的公司债券

附认股权证的公司债券是公司发行的，附有认购该公司股票权利的债券。附认股权证的公司债券的购买者可以按照预先规定的条件（认购价格、认购比例、认购期间）在公司发行股票时享有优先购买权。按照附认股权和债券本身能否分开来划分，可分为两种类型：一种是可分离交易的附认股权证公司债券；另一种是非分离型附认股权证公司债券。按照行使认股权的方式，可分为现金汇入型与抵缴型。

7. 可交换公司债券

可交换公司债券是指上市公司的股东依法发行、在一定期限内依据约定的条件可以交换成该股东所持有的上市公司股份的公司债券。

二、零息债券、附息债券、息票累积债券和浮动利率债券

根据债券在发行条款中是否规定在约定期限向债券持有人支付利息，可将债券分为零息债券、附息债券、息票累积债券和浮动利率债券。

（1）零息债券是未约定支付利息的债券，一般低于面值发行，到期按面值支付本息，又叫贴现债券。

（2）附息债券是约定定期支付利息的债券，通常是半年或一年支付一次利息，附息债券又分固定利率债券和浮动利率债券。

（3）息票累积债券是约定到期一次性获得本息的债券，在此期间不支付利息。

（4）浮动利率债券是在最低票面利率基础上参照预先确定的某一基准利率予以定期调整的债券。

三、实物债券、凭证式债券、记账式债券和储蓄债券（电子式）

按照债券的票面形态可将债券分为实物债券、凭证式债券、记账式债券和储蓄债券（电子式）。

（1）实物债券是具有标准格式实物券面的债券。一般在其券面上印有债券面额、债券利

率、债券期限、债券发行人全称、还本付息方式等各种债券票面要素。不记名、不挂失、可上市流通。

(2)凭证式债券是债权人认购债券的一种收款凭证,而不是债券发行人制定的标准格式的债券。我国 1994 年开始发行凭证式国债,通过各银行储蓄网点和财政部门服务部面向社会发行,债券上没有票面金额,而是根据认购人的认购额填写实际缴纳金额,是一种国家储蓄债,可记名、挂失,不可上市流通。持有期提前支取,按持有天数支付利息。2017 年起,凭证式债券统一更名为储蓄债券(凭证式)。

(3)记账式债券是没有实物形态的票券,利用账户通过电脑系统完成债券发行、交易及兑付的全过程,我国 1994 年开始发行记账式债券。其可记名、挂失,可上市流通、安全性高。

(4)储蓄债券(电子式)。电子式储蓄债是指财政部在境内发行,以电子方式记录债权的不可流通人民币债券,于 2006 年 6 月推出。储蓄债券(电子式)具有以下几个特点:针对个人投资者,不向机构投资者发行,同时设立了单个账户单期购买上限;不可流通并采用实名制;采用电子方式记录债权;收益安全稳定,由财政部发行并负责还本付息,票面利率在发行时就已确定,免缴利息税,适合低风险偏好的投资者;手续简化,省去了兑付手续;付息方式较为多样;鼓励持有到期。

四、国内债券和国际债券

(一)国内债券

国内债券是在国内证券市场上以本国货币为债券面值,向国内投资者发行的债券。

(二)国际债券

国际债券是一国政府及其所属机构、银行及其他金融机构、工商企业及国际组织在国际证券市场上以外国货币为面值、向外国投资者发行的债券。国际债券的发行和交易可用于平衡发行国的国际收支,也可用于为发行国政府或企业引入资金从事开发和生产。

国际债券与国内债券相比,有其特殊性,表现在国际债券的资金来源广、发行规模大;存在汇率风险和有国家的主权保障。

按照发行债券所用货币与发行地点的不同,国际债券可分为外国债券、欧洲债券和亚洲债券。

1. 外国债券

外国债券是指借款人在其本国以外的某一个国家发行的、以发行地所在国的货币为面值的债券。外国债券是传统的国际金融市场的业务,已存在几个世纪,它的发行必须经发行地所在国政府批准,并受该国金融法令的管辖。

在美国发行的外国债券称为扬基债券,它是非美国发行人在美国债券市场发行的吸收美元资金的债券。

在日本发行的外国债券称为武士债券,它是由非日本发行人在日本债券市场发行的以日元为面值的债券。

国际多边机构在中国发行的以人民币为面值的债券称为“熊猫债券”。

非英国借款人在英国市场上发行的英镑债券叫作猛犬债券,因斗牛犬是英国的一个标志而得名。

2. 欧洲债券

欧洲债券是借款人在本国境外发行的、不以发行地所在国货币为面值的债券。也就是指借款人在债券票面货币发行国以外的国家或在该国的离岸国际金融市场发行的债券。债券发行人、债券发行地和债券面值所使用货币属于不同的国家，因此又称为无国籍债券。

龙债券是指在除日本以外的亚洲地区发行的以非亚洲国家和地区货币为面值的债券。

3. 亚洲债券

亚洲债券是指在亚洲地区发行和交易的、以亚洲国家货币为面值的债券。亚洲债券市场即亚洲债券发行、交易和流通的市场，是以亚洲地区为主的区域性债券市场。

资料卡　我国绿色金融体系中的明星产品——绿色债券

绿色债券是指募集资金主要用于支持节能减排技术改造、绿色城镇化、能源清洁高效利用、新能源开发利用、循环经济发展、水资源节约和非常规水资源开发利用、污染防治、生态农林业、节能环保产业、低碳产业、生态文明先行示范实验、低碳试点示范等绿色循环低碳发展项目的企业债券。

1. 绿色债券已为再生资源融资新途径

近年来，我国绿色债券发行量在全球一直名列前茅，其中 2019 年的发行量位居全球首位。绿色债券已成为我国绿色金融体系中的明星产品，各类创新层出不穷，市场发展潜力巨大。随着全球各个国家为治理气候变化做出积极行动，绿色债券越来越受投资者和债券发行人欢迎。绿色债券带来了一系列好处：第一，它为绿色企业提供了新的融资渠道；第二，解决银行负债端期限错配的问题；第三，银行可以有新的业务增长点。第四，降低融资成本。

为充分发挥绿色金融的积极作用，助力实现碳达峰、碳中和目标，中国人民银行、国家发改委、证监会还联合发布了《绿色债券支持项目目录(2021 年版)》。新版绿债目录的发布，统一了债券标准，推进了绿色金融标准化进程；接轨国际标准，提升了中国话语权；同时改善了绿色债券市场业态，促进了良性健康发展。

2. 全球首单基于中欧《可持续金融共同分类目录》的绿色债券成功发行

中国建设银行澳门分行 5 亿美元 3 年期浮息绿色债券于 2021 年 12 月 13 日成功发行，这是全球首笔基于中欧《可持续金融共同分类目录——减缓气候变化》(以下简称《共同分类目录》)的绿色债券。

中国建设银行澳门分行本次发行的绿色债券募集资金主要支持可再生能源及清洁交通项目。经中节能衡准认证，本次发行的绿色债券符合《共同分类目录》及《气候投融资项目分类指南》(T/CSTE 0061-2021)。本次绿色债券的成功发行，是《共同分类目录》在全球债券市场的首次应用，为该目录的使用及推广提供了重要的实践基础，是国内金融机构积极推动跨境气候投融资活动、拓宽碳中和项目融资渠道的有力举措。

《国务院关于印发 2030 年前碳达峰行动方案的通知》指出，完善绿色金融评价机制，建立健全绿色金融标准体系。大力发展绿色贷款、绿色股权、绿色债券、绿色保险、绿色基金等金融工具，鼓励开发性政策性金融机构按照市场化法治化原则为碳达峰行动提供长期稳定融资支持。拓展绿色债券市场的深度和广度，支持符合条件的绿色企业上市融资、挂牌融资和再融资等。

——资料来源：根据网站资料编辑合成。

第三节　债券投资收益

债券的投资收益来自三个方面：一是债券的利息收益。利息收益在债券发行时就已决定，除了保值贴补债券和浮动利率债券，债券的利息收入不会改变，投资者在购买债券前就可得知。二是资本利得。资本利得受债券市场价格变动的影响。三是再投资收益。再投资收益受以周期性利息收入再投资时市场收益率变化的影响。由于资本利得和再投资收益具有不确定性，投资者在做投资决策时计算的到期收益和到期收益率只是预期的收益和收益率，只有当投资期结束时才能计算实际收益和实际到期收益率。

一、债息

债券的利息收益取决于债券的票面利率和付息方式。债券的票面利率是指1年的利息占票面金额的比率。票面利率的高低直接影响债券发行人的筹资成本和投资者的投资收益，一般是由债券发行人根据债券本身的性质和对市场条件的分析决定的。通常，首先要考虑投资者的接受程度。发行人往往是参照了其他相似条件债券的利率水平后，在多数投资者能够接受的限度内，以最低利率来发行债券。其次，债券的信用级别是影响债券票面利率的重要因素。再次，利息的支付方式和计息方式也是决定票面利率要考虑的因素。最后还要考虑证券主管部门的管理和指导。债券的票面利率确定后，在债券的有效期限内，无论市场上发生什么变化，发行人都必须按确定的票面利率向债券持有人支付利息。

债券的付息方式是指发行人在债券的有效期间内，何时或分几次向债券持有者支付利息。付息方式既影响债券发行人的筹资成本，也影响投资者的投资收益。一般把债券利息的支付分为一次性付息和分期付息两大类。分期付息债券又称附息债券或息票债券，是在债券到期以前按约定的日期分次按票面利率支付利息，到期再偿还债券本金。分次付息一般分按年付息、半年付息和按季付息三种方式。对投资者来说，在票面利率相同的条件下，分次付息可获取利息再投资收益，或享有每年获得现金利息便于支配的流动性好处。

二、资本利得

债券投资的资本利得是指债券买入价与卖出价或买入价与到期偿还额之间的差额。同股票的资本利得一样，债券的资本利得可正可负：当卖出价或偿还额大于买入价时，资本利得为正，此时可称为资本收益；当卖出价或偿还额小于买入价时，资本利得为负，此时可称为资本损失。投资者可以在债券到期时将持有的债券兑现，或是利用债券市场价格的变动低买高卖从中取得资本收益，当然，也有可能遭受资本损失。

三、再投资收益

再投资收益是投资债券所获现金流量再投资的利息收入。对于附息债券而言，投资期间的现金流是定期支付的利息，再投资收益是将定期所获得的利息再投资而得到的利息收入。

对于投资附息债券的投资者来说，只有将债券持有至到期日，并且各期利息都能按照到期收益率再投资，才能实现投资债券时预期的收益率。反之，如果未来的再投资收益率低于购买债券时预期的到期收益率，则投资者将面临再投资风险。

决定再投资收益的主要因素是债券的偿还期限、息票收入和市场利率的变化。在给定债券息票利率和到期收益率的情况下，债券的期限越长，再投资收益对债券总收益的影响越大，再投资风险越大。在给定偿还期限和到期收益率的情况下，债券的息票利率越高，再投资收益对债券总收益的影响越大。当市场利率变化时，再投资收益率可能大于或小于到期收益率，使投资总收益发生相应变化。但是，对于无息票债券而言，由于投资期间并无利息收入，因而也不存在再投资风险，持有无息票债券直至到期所得到的收益就等于预期的到期收益。

第四节 债券价值与价格

债券的价值表现形式有两种：一是债券价格；二是债券收益率。

一、债券价格

债券的价格可分为发行价格与交易价格两类。

(一)发行价格

债券的发行价格是指在发行市场上，投资者在购买债券时实际支付的价格。通常有三种不同情况：一是按面值发行、面值收回，其间按期支付利息；二是按面值发行，按本息相加额到期一次偿还，我国目前发行债券大多数是这种形式；三是以低于面值的价格发行，到期按面值偿还，面值与发行价之间的差额，即为债券利息。

(二)交易价格

交易价格是债券在二级市场上买卖的价格。债券发行后交易价格的高低，取决于公众对该债券的评价、市场利率以及人们对通货膨胀率的预期等。一般而言，债券交易价格与到期收益率成反比。也就是说，债券交易价格越高，从二级市场上买入债券的投资者所得到的实际收益率越低；反之亦然。

不论票面利率与到期收益率的差别有多大，离债券到期日越远，其价格的变动则越大；实行固定票面利率的债券价格与市场利率及通货膨胀率呈反方向变化，但实行保值贴补的债券例外。

二、债券收益率

(一)债券到期收益率

到期收益，是指将债券持有到偿还期所获得的收益，包括到期的全部利息(和资本利得)。

债券到期收益率是指买入债券后持有至期满得到的收益与购买债券成本或者说买入债券的实际价格的比例。

1. 短期债券到期收益率

对处于最后付息周期的附息债券、贴现债券和剩余流通期限在一年以内(含一年)的到期一次还本付息债券，到期收益率计算公式为：

$$\text{到期收益率}=\frac{\text{到期本息和}-\text{债券买入价}}{\text{债券买入价}\times\text{剩余到期年限}}\times 100\%$$

2. 长期债券到期收益率

长期债券到期收益率采取复利计算方式(相当于求内部收益率)，其计算公式为：

$$PV=\frac{I}{(1+Y)^1}+\frac{I}{(1+Y)^2}+\ldots+\frac{I}{(1+Y)^t}+\frac{M}{(1+Y)^t}$$

其中：Y 为到期收益率；PV 为债券买入价；M 为债券面值；t 为剩余的付息年数；I 为当期债券票面年利息。

（二）当前收益率

当前收益率是指债券年利息收入与买入债券的实际价格的比率，公式表示为：

$$Y=\frac{I}{P}\times 100\%$$

其中，Y 表示收益率，I 表示年利息收入，P 表示债券价格。

当前收益率表示每单位投资能获得的年利息收益。

（三）持有期收益率

持有期收益率表示买入债券到卖出债券所获的年平均收益，此收益包括利息和资本利得。

$$Y=\frac{I+(P_1-P_0)/N}{P_0}\times 100\%$$

其中，I 表示年利息收入，P_1 为卖出价，P_0 为买入价，N 为持有年限。

三、影响债券投资价值的因素

（一）内部因素

（1）期限。一般而言，债券的期限越长，其市场变动的可能性就越大，其价格的易变性也就越大。

（2）票面利率。债券的票面利率越低，债券价格的易变性也就越大。在市场利率提高的时候，票面利率较低的债券的价格下降较快。但是，当市场利率下降时，它们增值的潜力也较大。

（3）提前赎回规定。提前赎回条款是债券发行人所拥有的一种选择权，它答应债券发行人在债券发行一段时间以后，按约定的赎回价格在债券到期前部分或全部偿还债务。这种规定在财务上对发行人是有利的，因为发行人可以发行较低利率的债券取代那些利率较高的被赎回的债券，从而降低融资成本。而对于投资者来说，他的再投资机会受到限制，再投资利率也较低，这种风险是要补偿的。因此，具有较高提前赎回可能性的债券应具有较高的票面利率，也应具有较高的到期收益率，其内在价值也就较低。

（4）税收待遇。一般而言，免税债券的到期收益率比类似的应纳税债券的到期收益率低。此外，税收还以其他方式影响债券的价格和收益率。例如，任何一种按折扣方式出售的低利率附息债券提供的收益有两种形式：息票利息和资本收益。在美国，这两种收入都被当作普通收入征税，但是对于后者的征税可以推迟到债券出售或到期时。这种推迟就表明大额折价债券具有一定的税收利益。在其他条件相同的情况下，这种债券的税前收益率必然略低于高利附息债券，也就是说，低利附息债券比高利附息债券的内在价值要高。

（5）流通性。流通性是指债券可以迅速出售而不会发生实际价格损失的能力。假如某种债券按市价卖出很困难，持有者会因该债券的流通性差而遭受损失，这种损失包括较高的交易成本以及资本损失，这种风险也必须在债券的定价中得到补偿。因此，流通性好的债券与流通性差的债券相比，具有较高的内在价值。

（6）发债主体的信用。发债主体的信用是指债券发行人按期履行合约规定的义务、足额支付利息和本金的可靠性程度，又称信用风险或违约风险。除政府债券以外，一般债券都有信用风险，只不过风险大小有所不同而已。信用越低的债券，投资者要求的到期收益率就越高，债券的内在价值也就越低。

(二)外部因素

(1)基础利率。基础利率一般等于无风险证券利率,是债券定价必须考虑的因素。短期政府债券收益率或银行存款利率可被用作确定基础利率的参照物。政府债券可以看作现实中的无风险债券,它风险最小,收益率也最低。

(2)市场利率。市场利率风险是各种债券都面临的风险。市场总体利率水平上升时,债券收益率水平也应上升,以使债券内在价值降低。反之,在市场总体利率水平下降时,债券的收益率水平也应下降,从而增加债券的内在价值。并且,市场利率风险与债券的期限相关,债券的期限越长,其价格的利率敏感度就越大。

(3)其他因素。如通货膨胀水平、外汇汇率风险等。通货膨胀的存在可能会使投资者从债券投资中实现的收益不足以抵补由于通货膨胀而造成的购买力损失。当投资者投资某种外币债券时,汇率的变化会使投资者的未来本币收入受到贬值损失。这些损失的可能性也都必须在债券的定价中得到体现,使其债券的到期收益率增加,债券的内在价值降低。

小 结

本章小结

1. 债券是指国家政府、金融机构、企业等经济主体为筹措资金,向投资者发行,承诺按规定利率支付利息并按约定条件偿还本金的债权债务凭证。债券具有三个基本性质:债券属于有价证券;债券是一种虚拟资本;债券是债权的表现。债券的票面要素包括票面价值、债券到期期限、票面利率、发行人名称。债券具有偿还性、流通性、安全性、收益性的特征。

2. 债券按照发行主体不同,可将债券分为政府债券、金融债券和公司债券。政府债券是由政府机构发行的,承诺在一定时期支付利息和到期还本的债务凭证。政府债券可分为中央政府债券和地方政府债券。其中,中央政府债券称为国债。金融债券是由银行和非银行金融机构发行,约定在一定期限内还本付息的有价证券。公司债券是由股份公司发行的、约定在一定期限还本付息的有价证券。

3. 根据债券在发行条款中是否规定在约定期限向债券持有人支付利息,可将债券分为零息债券、附息债券、息票累计债券和浮动利率债券。零息债券是未约定支付利息的债券。附息债券是约定定期支付利息的债券。息票累积债券是约定到期一次性获得本息的债券。浮动利率债券是在最低票面利率基础上参照预先确定的某一基准利率定期调整的债券。

4. 按照债券的票面形态可将债券分为实物债券、凭证式债券、记账式债券和储蓄债券(电子式)。实物债券是具有标准格式实物券面的债券。凭证式债券是债权人认购债券的一种收款凭证,而不是债券发行人制定的标准格式的债券。记账式债券是没有实物形态的票券,利用账户通过电脑系统完成债券发行、交易及兑付的全过程。我国 1994 年开始发行记账式债券。储蓄债券(电子式)是指财政部在境内发行,以电子方式记录债权的不可流通人民币债券,于 2006 年 6 月推出。

5. 国际债券可分为外国债券、欧洲债券和亚洲债券。外国债券是指借款人在其本国以外的某一个国家发行的、以发行地所在国的货币为面值的债券。欧洲债券是借款人在本国境外发行的、不以发行地所在国货币为面值的债券。也就是指借款人在债券票面货币发行国以外的国家或在该国的离岸国际金融市场发行的债券。亚洲债券是指在亚洲地区发行和交易的,以亚洲国家货币为面值的债券。

6. 债券价值体现在债券价格和债券收益率上。债券的发行价格是指在发行市场上,投资者在购买债券时实际支付的价格。交易价格是债券在二级市场上买卖的价格。债券到期收益率是指买入债券后持有至期满得到的收益,包括利息收入和资本损益与买入债券的实际价格之比率。

7. 债券的投资收益包括债息收益、资本利得和再投资收益。

8. 影响债券投资价值的因素包括内在因素和外在因素。内部因素包括期限、票面利率、提前赎回规定、税收待遇、流通性和发行主体信用等级。外部因素包括基础利率、市场利率及其他因素（如通货膨胀水平、外汇汇率风险等）。

知识结构图

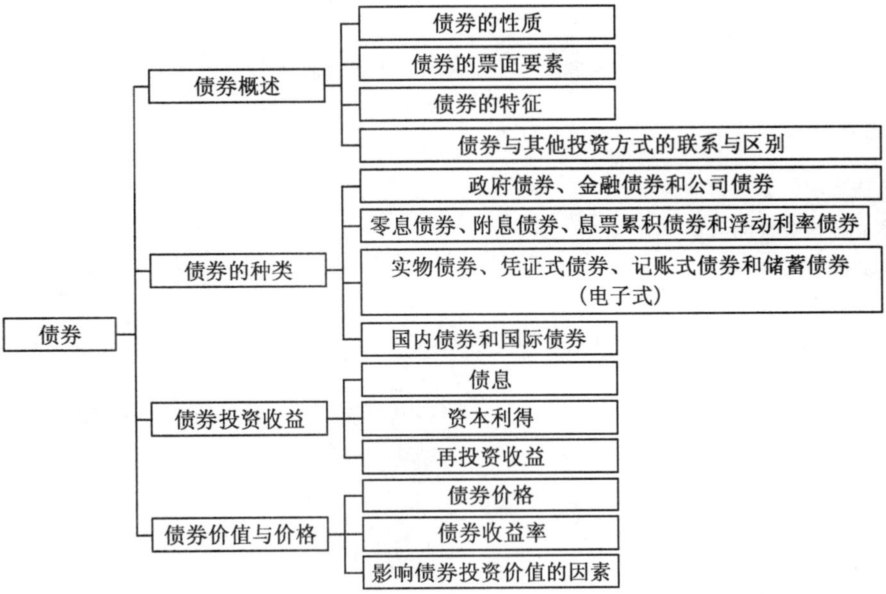

习 题

一、选择题

1. 债券票面的基本要素不包括________。

A. 票面价值　B. 期限　C. 票面利率　D. 持有人名称

2. 我国的金融债券包括________。

A. 政策性金融债券　B. 商业银行次级债券

C. 证券公司债券　D. 证券公司短期融资债券

3. 公司债券的种类包括________。

A. 信用公司债券　B. 不动产抵押公司债券

C. 保证公司债券　D. 证券公司债券

4. 长期国债是指偿还期限在________的国债。

A. 8 年或以上　B. 10 年或以上　C. 15 年或以上　D. 20 年或以上

5. 按照发行主体的不同，债券可以分为________。

A. 城市债券　B. 金融债券　C. 农村债券　D. 公司债券

E. 政府债券

6. 国际债券的种类有________。

A. 全球债券　B. 本国债券　C. 美国债券　D. 外国债券

E. 欧洲债券

7. 债券投资与储蓄存款的区别有________。

A. 安全性不同　　B. 期限不同　　C. 流动性不同　　D. 收益性不同

8. ________不属于公司债券。

A. 信用公司债券　　B. 不动产抵押公司债券

C. 保证公司债券　　D. 证券公司债券

9. 按照债券的票面形态可将债券分为实物债券、凭证式债券、________和储蓄债券(电子式)。

A. 货币债券　　B. 记账式债券　　C. 有面额债券　　D. 记名债券

10. 债券的投资收益来自________。

A. 利息收益　　B. 资本利得　　C. 再投资收益　　D. 分红收益

二、思考题

1. 简述债券的定义和特征。
2. 简述债券与股票的区别。
3. 债券的种类有哪些?
4. 债券收益来自哪些方面?
5. 影响债券投资价值的因素有哪些?

第四章　证券投资基金

学习目标

通过本章学习，了解证券投资基金基本概念；了解证券投资基金当事人及其各自权利和义务；了解基金与股票和债券的区别；了解证券投资基金分类；熟悉基金的估值与费用的相关概念与计算。

第一节　证券投资基金概述

一、证券投资基金基本概念

证券投资基金是指通过公开发售基金份额，将众多投资者的资金集中起来，形成独立财产，由基金托管人托管，基金管理人管理和运用资金，以投资组合的方式进行证券投资的一种利益共享、风险共担的集合投资方式。

证券投资基金通过发行基金份额的方式募集资金，个人投资者或机构投资者通过购买一定数量的基金份额参与基金投资。基金所募集的资金在法律上具有独立性，由选定的基金托管人保管，并委托基金管理人进行股票、债券的分散化组合投资。基金投资者是基金的所有者。基金投资收益在扣除由基金承担的费用后的盈余全部归基金投资者所有，并依据各个投资者所购买的基金份额的多少在投资者之间分配。

二、证券投资基金当事人

证券投资基金当事人包括基金管理人、基金托管人和基金投资者。每只基金都会订立基金合同，详细约定基金管理人、基金托管人和基金投资者的权利与义务。

(一)证券投资基金管理人

基金管理人是负责基金发起设立与经营管理的专业性机构。基金管理公司通常由证券公司、信托投资公司或其他机构发起设立，具有独立法人地位。根据我国《基金法》的规定，基金管理人只能由依法设立的基金管理公司担任。

基金管理人的主要业务是发起设立和管理基金。其主要职责就是按照基金合同的约定，负责基金资产的投资运作，在有效控制风险的基础上为基金投资者争取最大的投资收益，具体事宜包括:依法募集基金,办理或者委托国务院证券监督管理机构认定的其他机构代为办理基金份额的发售、申购、赎回和登记事宜;办理基金备案手续;对所管理的不同基金财产分别管理、分别记账,进行证券投资;按照基金合同的约定确定基金收益分配方案,及时向基金份额持有人分配收益;进行基金会计核算并编制基金财务会计报告等。基金管理人在基金运行中具有核心作用。

(二)证券投资基金托管人

证券投资基金托管人是监督基金管理人和保管基金资产的机构,又称基金保管人。基金托管人通常由实力雄厚的商业银行或信托投资公司担任。根据我国《基金法》的规定,我国基金托管人只能由依法设立并取得基金托管资格的商业银行担任。

基金托管人的职责主要体现在基金资产保管、基金资金核算、会计复核以及对基金投资运作的监督。具体事宜包括:安全保管基金财产;按照规定开设基金财产的资金账户和证券账户;对所托管的不同基金财产分别设置账户,确保基金财产的完整与独立;保存基金托管业务活动记录、账册、报表和其他相关资料;按照基金合同的约定,根据基金管理人的投资指令,及时办理清算、交割事宜等。

(三)证券投资基金份额持有人

证券投资基金份额持有人即基金投资者,是基金的出资人、基金资产的所有者和基金投资回报的受益人。

基金份额持有人的基本权利包括对基金收益的享有权、对基金份额的转让权和在一定程度上对基金经营决策的参与权。其具体权利包括:分享基金财产收益;参与分配清算后的剩余基金财产;依法转让或者申请赎回其持有的基金份额;按照规定要求召开基金份额持有人大会;对基金份额持有人大会审议事项行使表决权;查阅或者复制公开披露的基金信息资料;对基金管理人、基金托管人、基金份额发售机构损害其合法权益的行为依法提起诉讼等。

基金份额持有人的基本义务有遵守基金契约、缴纳基金认购款项及规定的费用、承担基金亏损或终止的有限责任等。

基金持有人组成基金持有人大会,持有人大会是公司型基金与契约型基金的最高权力机构。基金持有人大会由全体基金单位持有人或委托代表参加,主要讨论有关基金持有人利益的重大事项,如修改基金契约、终止基金、更换基金托管人、更换基金管理人、延长基金期限、变更基金类型以及召集人认为要提交基金持有人大会讨论的其他事项。基金持有人大会由基金管理人召集,基金管理人未按规定召集或者不能召集时,由基金托管人或者代表10%以上基金份额的持有人召集。

三、证券投资基金特征

(一)集合理财、专业管理

基金将众多投资者的资金集中起来,委托基金管理人集中投资,表现出一种集合理财的特点。汇集众多投资者的闲散资金,积少成多,有利于发挥资金的规模效益,降低投资成本。基金由基金管理人进行集中的投资管理和运作。他们拥有专业投资技能和丰富的投资经验,具有专门人员研究分析,加之强大的信息网络,能够更好地全方位地动态跟踪与深入分析证券市场。中小投资者将资金交给基金管理人管理,也能享受到专业化的投资管理服务,避免盲目投资所带来的失误。

（二）组合投资、分散风险

在投资活动中存在风险，为降低投资风险，一些国家的法律通常规定基金必须以组合投资的方式投资运作，从而使"组合投资、分散风险"成为基金的一大特色。中小投资者由于资金量小，一般无法通过购买数量众多的股票分散投资风险。而基金由于资金雄厚，在法律规定的范围内科学组合，分散投资于多种证券，降低每个投资者面临的风险。

（三）独立托管、保障安全

证券投资基金由基金管理人负责投资操作，而本身并不参与基金财产的保管，基金资产的保管由独立于基金管理人的基金托管人负责，相互制约、相互监督，可为投资者的利益提供重要保障。

四、证券投资基金与股票、债券的区别

（一）反映的关系不同

股票反映的是所有权关系，债券反映的是债券债务关系，而证券投资基金反映的是信托关系。

（二）资金投向不同

股票和债券是融资工具，其融资主要投向实业，是一种直接投资方式，而证券投资基金是信托工具，其集资主要投向有价证券，是一种间接投资方式。

（三）风险与收益水平不同

股票的收益不确定性强，其收益取决于发行公司的经营效益，有较大风险。债券的收益取决于债券利率，利率一般事先确定，投资风险较小。证券投资基金采取组合投资，能够在一定程度上分散风险，使得风险可能小于股票，收益可能高于债券。

（四）投资回收方式不同

股票没有到期日，股票投资者不能退股，只能在二级市场出售。债券一般有规定的偿还期，期满时持有人得到债务人的还本付息。开放式基金的投资者可以按资产净值赎回基金单位，封闭式基金的投资者在基金存续期内不得赎回基金单位，如果想变现，就只能在交易所或者柜台市场上出售，但存续期满投资者可以得到投资本金的退让。

第二节　证券投资基金类型

按照不同的分类方式，证券投资基金有多种类型。

一、契约型基金和公司型基金

按照基金的组织形式不同，可将基金分为契约型基金和公司型基金。

（一）契约型基金

契约型基金又称单位信托基金，是指将投资者、管理人、托管人三者作为信托关系的当事人，三者通过签订信托契约的形式发行受益凭证而设立的一种基金。契约型基金不订立公司章程，不设董事会，而是通过契约规范三方当事人的行为。

（二）公司型基金

公司型基金是指依据基金公司章程设立，在法律上具有独立法人地位的股份投资公司。公司型基金本身为一家股份有限公司，公司通过发行股票或受益凭证的方式筹集资金。投资

者购买了该家公司的股票，以基金持有人的身份成为该公司的股东，凭股份取得股息或红利、分享投资所获得的收益。公司型基金有公司章程和董事会。

二、封闭式基金和开放式基金

按照基金运作方式的不同，可将基金分为封闭式基金和开放式基金。

(一)封闭式基金

封闭式基金是指经核准的基金份额总额在基金合同期限内固定不变，基金份额可以在依法设立的证券交易所交易，但基金份额持有人不能申请赎回的基金。

(二)开放式基金

开放式基金是指基金份额总额不固定，基金份额可以在基金合同约定的时间和场所申购或赎回的基金。

(三)封闭式基金和开放式基金的区别

封闭式基金和开放式基金的区别第一体现在期限上，封闭式基金有固定的续存期，通常在5年以上，一般为10～15年，存续期是从基金成立之日到终止的时间；开放式基金没有固定期限，投资者可以随时向基金管理人赎回基金。

第二，两者的交易方式不同，封闭式基金在封闭期内不可赎回，只能通过证券交易场所出售给其他投资人；而开放式基金可以申请赎回，绝大多数开放式基金不能够上市交易。

第三，封闭式基金的发行规模是固定的，在封闭期内不能增发和赎回；而开放式基金的投资者可以随时申购和赎回，基金规模可以变化。

第四，基金单位的买卖价格形成方式不同。封闭式基金可以在交易所上市，所以其买卖价格受市场供求关系影响较大；而开放式基金的买卖价格是以基金单位的资产净值为基础计算的，可直接反映基金单位资产净值的高低。另外，在基金的买卖费用方面，购买封闭式基金要在价格之外付出一定比例的证券交易税和手续费；而开放式基金的投资者需缴纳的是认购费或赎回费。一般而言，买卖封闭式基金的费用高于开放式基金。

第五，基金份额资产净值公布的时间不同。封闭式基金一般一周或以上公布一次，而开放式基金在每个交易日会连续公布资产净值。

第六，基金的投资策略不同。封闭式基金份额的规模在封闭期内不变，所以可将资金全部用于投资，基金管理公司便可以制定长期的、有计划的投资策略，取得长期经营绩效。而开放式基金则必须保留一部分现金以应对随时赎回的可能，因此不能完全用于长期投资，要保持一定的流动性，一般只能投资于变现能力强、流动性高的资产。

三、债券基金、股票基金、混合基金、货币市场基金和指数基金

按照投资标的，可将基金分为债券基金、股票基金、混合基金、货币市场基金和指数基金。

(一)债券基金

债券基金是指以债券为主要投资对象的证券投资基金(即80%以上基金资产投资于债券)，尤其以国债基金较为常见。国债基金受市场利率影响，市场利率上调，国债基金的收益将下降。但是国债年利率相对较固定，所以国债基金风险较低。

(二)股票基金

股票基金是以股票为主要投资对象的证券投资基金(即80%以上基金资产投资于股票)。股票基金投资于不同的股票组合，是股票市场上主要的机构投资者。

(三)混合基金

混合基金是指同时投资于股票、债券和货币市场等工具,没有明确投资方向的基金。其风险低于股票基金,预期收益则高于债券基金。混合基金根据资产投资比例及其投资策略再分为偏股型基金(股票配置比例50%～70%,债券比例在20%～40%)、偏债型基金(与偏股型基金正好相反)、平衡型基金(股票、债券比例比较平均,在40%～60%)和灵活配置型基金(股债比例按市场状况调整)等。

(四)货币市场基金

货币市场基金是以货币市场工具为主要投资对象的证券投资基金。其投资的货币市场工具包括银行短期存款、国库券、公司短期债券、银行承兑票据及商业票据等。货币市场基金资本安全性较高、流动性强、收益较高。

(五)指数基金

指数基金是一种以拟合目标指数、跟踪目标指数变化为原则,实现与市场同步成长的证券投资基金。指数基金的投资采取拟合目标指数收益率的投资策略,分散投资于目标指数的成分股,力求股票组合的收益率拟合该目标指数所代表的资本市场的平均收益率,能够有效避免非系统风险,从长期来看,其投资业绩优于其他基金。

四、成长型基金、收入型基金和平衡型基金

按照不同的投资目标,可将证券投资基金分为成长型基金、收入型基金和平衡型基金。

(一)成长型基金

成长型基金以追求基金资产的长期增值为目的。通常投资于信誉良好、有成长性公司的股票,包括稳健成长型和积极成长型两种。

(二)收入型基金

收入型基金以获取当期最大收入为目的,通常投资于可带来现金收入的有价证券,包括固定收入型基金和股票收入型基金。固定收入型基金主要投资于债券和优先股,收益较高但成长性略差;股票收入型基金成长性较高。

(三)平衡型基金

平衡型基金在以收入为目的和以资本增值为目的中寻求平衡。一般将25%～50%的资产投资于债券和优先股,其余资产投资于普通股,取得适当的利息收益的同时,也获得普通股的升值收益。

五、ETF

ETF的中文全称是交易型开放式指数基金,是一种在交易所上市的、基金份额可变动的一种基金,是传统的封闭式基金和开放式基金相结合的新型基金,它结合了两者的特点,一方面和封闭式基金一样可上市交易,另一方面又像开放式基金一样申购与赎回,但是,申购和赎回的资金是一篮子股票而不是现金。ETF管理的资产是一篮子股票组合,这一组合中的股票种类与某一特定指数,如上证50指数,包含的成分股票相同,每只股票的数量与该指数的成分股构成比例一致,ETF交易价格取决于它拥有的一篮子股票的价值,即“单位基金资产净值”。ETF的投资组合通常完全复制标的指数,其净值表现与盯住的特定指数高度一致。例如,上证50ETF的净值表现就与上证50指数的涨跌高度一致。

（一）ETF的性质

首先，ETF是一种混合型的特殊基金，它克服了封闭式基金和开放式基金的缺点，同时集两者的优点于一身。ETF可以跟踪某一特定指数，使用一篮子指数成分股申购、赎回基金份额；ETF可以在交易所上市交易。自从1993年美国推出第一个ETF产品以来，ETF在全球范围内发展迅猛。

其次，ETF在本质上是开放式基金，与现有开放式基金相比有自己的鲜明个性：一是可以在交易所挂牌买卖，投资者可以像交易个股、封闭式基金那样在证券交易所直接买卖ETF份额；二是申购、赎回也有自己的特色，投资者只能用与指数对应的一篮子股票申购或者赎回ETF，而不是现有开放式基金的以现金申购赎回。

（二）ETF的种类

根据投资方法的不同，ETF可分为指数型基金和积极管理型基金，国外绝大多数ETF是指数型基金，目前国内推出的ETF也是指数型基金，如上证50ETF。

根据投资对象的不同，ETF可以分为股票基金和债券基金，其中以股票基金为主。

根据投资区域的不同，ETF可以分为单一国家（或市场）基金和区域性基金，其中以单一国家基金为主。

根据投资风格的不同，ETF可以分为市场基准指数基金、行业指数基金和风格指数基金（如成长型、价值型、大盘、中盘、小盘）等，其中以市场基准指数基金为主。

（四）ETF的优点

（1）分散投资，降低投资风险。例如，投资者购买一个基金单位的华夏—上证50ETF，等于按权重购买了上证50指数的所有股票。

（2）兼具股票和指数基金的特色。对普通投资者而言，ETF也可以像普通股票一样，在被拆分成更小交易单位后，在交易所二级市场买卖。另外，由于是模拟指数，投资者不用主动研究分析，只需被动投资即可。

（3）结合了封闭式与开放式基金的优点。ETF与封闭式基金一样，可以小的“基金单位”形式在交易所买卖；与开放式基金类似，ETF允许投资者连续申购和赎回。但是ETF在赎回的时候，投资者得到的不是现金，而是一篮子股票；同时要求达到一定规模后，才允许申购和赎回。

（4）为投资者提供了当天套利的机会。例如，上证50在一个交易日内出现大幅波动，当日盘中涨幅一度超过5%，而收市却平收甚至下跌。对于普通的开放式指数基金的投资者而言，当日盘中涨幅再大都没有意义，赎回价只能根据收盘价计算。而ETF的特点就可以帮助投资者抓住盘中上涨的机会，由于交易所每15秒钟显示一次净值估值（IOPV），这个净值估值即时反映了指数涨跌带来基金净值的变化，ETF二级市场价格随净值估值的变化而变化，因此，当盘中指数上涨时投资者可在二级市场及时抛出ETF，获取指数当日盘中上涨带来的收益。

（五）其他ETF基金

（1）ETF联接基金。ETF联接基金是指将其绝大部分基金财产（通常90%以上）投资于跟踪同一标的指数的ETF基金，也就是说是投资于ETF基金的基金，密切跟踪标的指数表现，追求跟踪偏离度和跟踪误差最小化，采用开放式运作方式的基金。

（2）黄金ETF。黄金ETF基金是指绝大部分基金财产以黄金为基础资产投资，紧密跟踪黄金价格，并在证券交易所上市的开放式基金。

（3）商品期货ETF。商品期货ETF是指以持有经中国证监会依法批准设立的商品期货交易所挂盘交易的商品期货合约为主要策略，以跟踪商品期货价格或价格指数为目标，使用商品期货合约组合或基金合约约定的方式申购、赎回,并在证券交易所上市交易的开放式基金。

六、LOF

LOF的中文全称是上市开放式基金。是一种可以同时在场外市场申购、赎回基金份额,在交易所交易,并通过份额转托管机制将场外市场与场内市场有机地联系在一起的一种新型基金运作方式。

(一)LOF的主要特点

(1)LOF本质上仍是开放式基金,基金份额总额不固定,基金份额可以在基金合同约定的时间和场所申购、赎回。

(2)LOF发售结合了银行等代销机构与交易所交易网络两者的销售优势。银行等代销机构网点仍沿用现行的营业柜台销售方式,交易所交易系统则采用通行的新股上网定价发行方式。

(3)LOF获准在交易所上市交易后,投资者既可以选择在银行等代销机构按当日收市的基金份额净值申购、赎回基金份额,也可以选择在交易所各会员证券营业部按撮合成交价买卖基金份额。

(二)LOF与ETF的区别

LOF和ETF都是上市开放式基金,但两者存在较大差异。

(1)ETF是基于指数的一种被动投资的基金产品,而LOF虽然也采取了开放式基金在交易所上市的方式,但LOF交易方式不仅可以用于被动投资的基金产品,也可以用于积极投资的基金产品。

(2)如果说LOF的套利机制是一个消除封闭式基金折价的良方,ETF则更侧重于套利的盈利空间。ETF可以帮助投资者抓住盘中上涨的机会,因为交易所每15秒钟显示一次净值估值,该净值估值即时反映了指数涨跌带来的基金净值变化,ETF二级市场价格随净值估值的变化而变化。

(3)ETF一级市场是以一篮子股票申购和赎回的,而LOF以现金申购,赎回也是用现金。

七、其他类别基金

(一)避险策略基金

避险策略基金,是指通过一定的避险投资策略运作,同时引入相关保障机制,以在避险策略周期到期时,力求避免基金份额持有人投资本金出现亏损的公开募集证券投资基金。避险策略基金在极端情况下仍然存在本金损失的风险。以前,市场中存在的“保本基金”是“避险策略基金”的前身。

根据《证监会关于避险策略基金的指导意见(2021版)》,相关保障机制包括:

(1)基金管理人与符合条件的保障义务人签订风险买断合同,约定由基金管理人向保障义务人支付费用,保障义务人在避险策略基金到期出现基金份额净值低于基金合同约定的投资本金情形时,负责向基金份额持有人补足差额。

基金管理人不对基金份额持有人承担差额补足责任,保障义务人在向基金份额持有人补足差额后,无权利向基金管理人追偿。

(2)经中国证监会认可的其他保障机制。

（二）分级基金

分级基金（Structured Fund）又叫“结构型基金”，是指在一个投资组合下，通过对基金收益或净资产的分解，形成两级（或多级）风险收益表现有一定差异化基金份额的基金品种。分级基金的主要特点是将基金产品分为两类或多类份额，并分别给予不同的收益分配。分级基金的基础份额被称为母基金份额，预期风险收益较低的子份额被称为A类份额（或优先份额），预期风险收益较高的子份额被称为B份额（或进取份额）。分级基金各个子基金的净值与份额占比的乘积之和等于母基金的净值。例如拆分成两类份额的母基金净值＝A类子基净值×A份额占比％＋B类子基净值×B份额占比％。如果母基金不拆分，其本身就是一个普通的基金。

（三）基金中的基金

基金中的基金（Fund of Funds，FOF）是一种专门投资于其他投资基金的基金。FOF并不直接投资股票或债券，其投资范围仅限于其他基金，通过持有其他证券投资基金而间接持有股票、债券等证券资产，它是结合基金产品创新和销售渠道创新的基金新品种。它与开放式基金最大的区别在于母基金中的基金是以基金为投资标的，而开放式基金是以股票、债券等有价证券为投资标的。它通过专业机构筛选基金，帮助投资者优化基金投资效果。

（四）伞形基金

伞式基金又称系列基金，是指在一个母基金之下再设立若干个子基金，各子基金独立投资决策的基金运作模式。其主要特点是在基金内部可以为投资者提供多种选择，投资者可根据自己的需要转换基金类型（不用支付转换费用），在不增加成本的情况下为投资者提供一定的选择余地。

（五）养老目标基金

养老目标基金，是指一种创新型的公募基金，它以追求养老资产的长期稳健增值为目的，鼓励投资人长期持有，采用成熟的资产配置策略，合理控制投资组合波动风险。根据中国证券监督管理委员会公告〔2018〕2号《养老目标证券投资基金指引（试行）》，养老目标基金应当采用基金中的基金形式或中国证监会认可的其他形式运作。养老目标基金应当采用定期开放的运作方式或设置投资人最短持有期限，与基金的投资策略相匹配。养老目标基金定期开放的封闭运作期或投资人最短持有期限应当不短于1年。

（六）房地产信托投资基金

房地产信托基金（Real Estate Investment Trusts，REITs），源于20世纪60年代，在美国被称为“第四类资产”。它是一种通过发行股份或受益凭证汇集资金，由专门的基金托管机构托管，并委托专门的投资机构进行房地产投资经营管理，将投资综合收益按比例分配给投资者的一种信托基金。其本质是一种房地产证券化产品，可以上市交易。比如，中国香港市场的领展房产基金（00823）、越秀房地产信托（00405）、汇贤产业信托都是比较知名的REITs。

REITs的特点包括：(1)收益主要来源于租金收入和房地产升值；(2)收益的大部分将用于发放分红；(3)REITs长期回报率较高，但能否通过其分散投资风险仍存在争议。

REITs的魅力在于：(1)通过资金的“集合”，为中小投资者提供了投资于利润丰厚的房地产业的机会；(2)专业化的管理人员将募集的资金用于房地产投资组合，分散了房地产投资风险；(3)投资人所拥有的股权可以转让，具有较好的变现性。

2020年7月17日，中国REITs论坛举办“REITs市场的中国道路研讨会暨《中国REITs市场建设》线上首发式”。2021年5月，首批9只公募REITs发行上市，首批项目均为重点区域的国家支持行业。

第三节 基金的估值与费用

一、证券投资基金费用

证券投资基金的费用包括两个方面:一是在基金的运作过程中有必要支付一定的费用,如基金管理费和基金托管费;二是在基金销售过程中发生的由基金投资人自己承担的费用,主要包括认购费、申购费、赎回费和基金转换费。

(一)基金运营费

基金运营费指的是在基金运作过程中所发生的费用,通常是从基金资产中扣除,因此会降低基金净值。主要的基金运营费包括基金管理费、基金托管费。此外,基金费用还包括证券交易费用、基金信息披露费用、基金分红手续费、清算费用等。

1. 基金管理费

资金管理费是从基金资产中提取的,支付给基金管理人的管理报酬,其数额一般按照基金净资产值的一定比例,从基金资产中逐日提取,按月支付,此费用直接从基金资产中支付,不需另向投资者收取。基金管理人是基金资产的管理者和运用者,对基金资产的保值和增值起着决定性的作用。因此,基金管理费收取的比例比其他费用要高。基金管理费是基金管理人的主要收入来源,基金管理人的各项开支不能另外向基金或基金公司摊销,更不能另外向投资者收取。

管理费费率的高低与基金规模成反比。一般而言,基金规模越大,风险越小,基金管理费费率越低;反之,则越高。另外,不同类别以及不同国家的基金管理费费率各不相同。总体而言,基金风险程度越高,基金管理费费率就越高。

目前,我国大部分股票基金的管理费费率为 1.5%,债券基金和指数基金的管理费费率一般为 0.3%~1%,货币市场基金管理费费率一般为 0.15%~0.33%。

2. 基金托管费

基金托管费是基金托管人为基金提供服务而向基金收取的费用。托管费通常按照基金资产净值的一定比例提取,逐日计算并累计,按月支付给托管人,此费用直接从基金资产中支付,不需另向投资者收取。

基金托管费收取的比例与基金种类、基金规模和基金所在地区相关。一般而言,基金规模越大,风险越小,基金托管费费率越低;反之,则越高。新兴市场的托管费收取比例相对要高。一般而言,股票基金托管费高于债券基金及货币市场基金。

目前,我国股票基金按照 0.25%的比例计提基金托管费,指数基金和债券基金一般按照 0.1%~0.25%收取托管费,货币市场基金的托管费费率一般为 0.05%~0.1%。

基金管理费和托管费是管理人和托管人为基金提供服务而收取的报酬,须经基金监管部门认可后在基金契约或基金公司章程中订明,不得任意更改。

(二)基金交易费

基金交易费是指在交易基金时发生的费用,主要包括认购费和申购费、赎回费、转换费、销售服务费等。

1. 认购费和申购费

认购费是指投资者在基金发行募集期内购买基金单位时所缴纳的手续费。目前国内通行的认购费计算方法为：

净认购金额＝认购金额/(1＋认购费率)

认购费用＝认购金额－净认购金额

认购份额＝(净认购金额＋认购资金利息)/基金份额初始面值

我国股票基金的认购费费率通常在1%～1.5%，债券基金的认购费费率通常在1%以下，货币市场基金一般不收取认购费。基金份额的认购通常有前端收费和后端收费两种。

申购费是指投资者在基金存续期间向基金管理人购买基金单位时所支付的手续费。目前国内通行的申购费计算方法为：

净申购金额＝申购金额/(1＋申购费率)

申购费用＝申购金额－净申购金额

净申购份额＝净申购金额/T日基金份额净值

目前股票基金和混合基金的申购费费率通常在1.5%左右，并随申购金额的大小有相应的减让。货币市场基金申购费费率通常为0，债券基金申购费费率一般为0.6%～0.8%。

开放式基金收取认购费和申购费的目的主要用于销售机构的佣金和宣传营销费用等方面的支出。

2. 赎回费

赎回费是指在开放式基金的存续期间，已持有基金单位的投资者向基金管理人卖出基金单位时所支付的手续费。赎回费设计的目的主要是对其他基金持有人安排一种补偿机制，通常赎回费计入基金资产。持有基金时间不同，基金赎回费率也不同。持有时间小于7天的，赎回费费率是赎回金额的1.5%；持有时间在7天以上，但不超过1年的，赎回费费率是0.5%；持有时间在1年以上、2年以下的，赎回费费率是0.25%；持有时间在2年以上的，赎回费费率是0。另外各基金产品赎回费费率也会有差异。

3. 转换费

转换费是指投资者按基金管理人的规定在同一基金管理公司管理的不同开放式基金之间转换投资所需支付的费用。

4. 销售服务费

基金管理人可以从开放式基金财产中计提一定比例的销售服务费，例如我国的货币市场基金，通常申购和赎回费为0。一般从基金财产中计提不高于0.25%的销售服务费，用于基金的持续销售和为基金份额持有人提供服务。

二、证券投资基金估值

证券投资基金的资产估值是指通过计算、评估基金资产和负债的价值来确定基金资金净值和基金份额。

(一)基金资产净值与基金份额净值

基金总资产是指基金拥有的所有资产(包括股票、债券、银行存款和其他投资等)的价值总和。

基金总负债是指基金运作及融资时所形成的负债，包括应付给他人的各项费用、应付资金利息等。

基金资产净值是指在某一时点上，基金资产总值扣除基金负债总值的差额，该差额是基金单位持有人的权益。

基金份额是指发行在外的基金单位的总量。

基金份额净值是某一时点上，每份基金份额实际代表的价值，又称单位基金资产净值。

具体计算公式如下：

基金资产净值＝基金资产总值－基金负债总值

基金份额净值＝基金资产净值/基金总份额

基金资产净值是衡量基金业绩的主要指标，也是基金份额交易价格和内在价值的计算依据。

（二）基金资产估值要素

基金份额净值是开放式基金申购、赎回的计算基础，因此具有重要的意义。在为基金估值时，需要考虑估值频率、交易价格的公允性、估值方法的一般性及公开性三个方面。

1. 估值频率

估值频率即考察基金估值的时间间隔。一般而言，开放式基金的估值时间与申购、赎回时间一致。我国开放式基金在每个交易日估值，次日公告基金份额净值。封闭式基金也是每个交易日估值，但每周披露一次基金份额净值。基金估值频率由基金组织形式、投资对象等的特点决定。

2. 交易价格的公允性

基金资产净值是基金资产价格，是由基金所投资的股票债券等的价格决定的。而交易价格是由二级市场上的供求关系决定的。基金资产净值与交易价格的差额就是折价率或溢价率。当二级市场交易价格高于基金资产净值时，称为溢价；当二级市场交易价格低于基金资产净值时，称为折价。

当基金投资标的为交易活跃的证券时，对其资产进行估值较为容易。此时，直接采用市场交易价格就可以对标的资产估值。而对投资标的交易不活跃的证券，资产估值要复杂得多。不过，我国在相关法律法规中明确规定了相应的估值方法。

2020 年 8 月 1 日起执行的《公开募集证券投资基金侧袋机制指引（试行）》就是对不活跃证券估值问题的针对性解决方案。侧袋机制，就是将基金投资组合中的特定资产从原有账户分离至一个专门账户进行处置清算，目的在于有效隔离并化解风险，确保投资者得到公平对待，属于流动性风险管理工具。侧袋机制实施期间，原有账户被称为主袋账户，专门账户被称为侧袋账户。特定资产包括：无可参考的活跃市场价格且采用估值技术仍导致公允价值存在重大不确定性的资产；按摊余成本计量且计提资产减值准备仍导致资产价值存在重大不确定性的资产；其他资产价值存在重大不确定性的资产。

3. 估值方法的一致性及公开性

估值方法的一致性是指基金在进行资产估值时均应采用同样的估值方法，遵守同样的估值规则。

在启用和实施侧袋机制过程中，基金管理人应当加强对侧袋机制实施条件和实施影响的充分审慎严格评估，确保拟纳入侧袋账户的资产属于特定资产。基金托管人应当依照法律法规和基金合同约定，加强对侧袋机制启用、特定资产处置和信息披露等方面的复核和监督。不满足中国证监会规定和基金合同约定实施条件的，不得启用侧袋机制。同时，基金管理人应当针对侧袋机制的实施条件、发起部门、决策程序、业务流程等事项，制定清晰的内部制度与明确的授权分工，更新相应系统设置，建立与基金托管人等外部机构的沟通机制，采取有效措施确保侧袋机制实施的及时、有序、透明及公平。

第四节 基金的收益、风险和信息披露

一、基金的收益

基金的收益是指基金在一定期间的经营成果。基金收益主要来自基金收入减去基金费用后的净额、公允价值变动损益等。

(一)基金收益的来源

基金收益的来源主要有股票股利收入、基金的债券利息、资本利得、存款利息收入、买入返售证券收入以及其他收入等。

1. 股票股利收入

基金的股利收益是指购入的股票在持有期从上市公司获得的一种分配收益。股利一般有两种形式,即现金股利和股票股利。现金股利是以现金的形式发放的,股票股利是以送股或者配股的形式发送,不涉及现金收益,所以尽管属于基金收益,但是一般通过在除息日对分配所得的股票进行估值来体现,并不直接计入收入类科目,现金股利则是在除息时直接计入基金收益。

2. 基金的债券利息

基金的债券利息是指投资于各种债券而获得的定期利息收入。

3. 资本利得

资本利得收入即证券买卖差价收入,是基金在证券市场上买卖证券形成的差价收益。一般来说,证券买卖差价在成交时即可确认为收入。

4. 存款利息收入

这部分收益占很小的一部分,指的是基金将资金存入银行或者中国登记结算有限责任公司所获得的利息收入。开放式基金必须随时准备接受基金投资人的赎回申请,因此必须保留部分(至少为5%)现金存在银行。存款利息逐日计提,计入基金收益。

5. 买入返售证券收入

这部分收入是指在国家规定的场所开展融券业务而取得的收入。买入返售证券收入在证券持有期内采用直线法计提收益。

6. 其他收入

除上述收入类型以外的收入,如赎回费扣除基本手续费后的余额、手续费的返还、ETF替代损益、因运用基金资产而带来的成本和费用的节约等。

(二)公允价值变动损益

公允价值变动损益是指基金持有的采用公允价值模式计量的交易性金融资产、交易性金融负债等公允价值变动形成的应计入当期损益的利得或损失,并于估值日对基金资产按公允价值估值时予以确认。

(三)基金的收益分配

1. 基金收益分配方式

基金收益分配采用两种方式:一是现金分配;二是基金份额分配。

2. 基金分配原则

基金分配遵循如下几个原则：

(1)分配比例不得低于基金净收益的 90%；

(2)采取现金方式，每年至少分配 1 次；

(3)当年收益应先弥补上一年度亏损后，才可分配当年收益；

(4)若出现投资亏损，或者虽有收益但基金份额净值低于面值，则不分配收益；

(5)收益分配后基金份额净值不能低于面值；

(6)每份基金份额享有同等分配权。

3. 封闭式基金的收益分配

根据有关法律规定，封闭式基金的收益分配，每年不得少于 1 次，封闭式基金年度收益分配比例不得低于基金年度已实现收益的 90%。封闭式基金当年收益应先弥补上一年的亏损，如当年发生亏损，则不分配收益。封闭式基金只能采用现金分红方式。

4. 开放式基金的收益分配

开放式基金的基金合同应当约定每年基金收益分配的最多次数和基金收益分配的最低比例。实践中，许多基金合同规定每年至少一次。开放式基金当年收益也应弥补上一年的亏损，如当年发生亏损，则不分配收益。分红方式有现金分红和红利再投资转换为基金份额两种。开放式基金的基金份额持有人可以事先选择将所获分配的现金收益，按照基金合同有关基金份额申购的约定转为基金份额；基金份额持有人事先未做出选择的，基金管理人应当支付现金。

5. 货币市场基金的收益分配

《货币市场基金监督管理办法》规定："对于每日按照面值报价的货币市场基金，可以在基金合同中将收益分配的方式约定为红利再投资，并应当每日进行收益分配。"货币市场基金在每日进行利润分配时，当日申购的基金份额自下一个工作日起享有基金收益的分配权益，当日赎回的基金份额自下一个工作日起不享有基金的分配权益。

二、基金投资风险

1. 市场风险

市场风险是基金主要的风险来源。基金将投资者的资金集合起来分散投资，在一定程度上能够消除部分非系统性风险，但是无法消除系统性风险。当基金所投资标的受经济、政治等各种因素的影响而产生波动时，基金净值多半会受到影响，从而给基金投资者带来风险。

2. 管理风险

基金管理人作为专业的投资机构，虽然在投资策略和投资技能上优于普通投资者，但是在市场变动的情况下，不同的基金管理人基金投资管理水平、管理手段和管理技术、职业道德存在差异，会对基金的收益产生影响。

3. 技术风险

技术风险指的是计算机、网络、通信系统等技术保障系统或信息网络支持系统出现异常情况时导致基金日常的申购或者赎回无法按照正常时限完成、注册登记系统瘫痪、核算系统无法按照正常时限显示基金净值、基金投资交易指令无法及时传输等风险。

4. 巨额赎回风险

巨额赎回风险是开放式基金所特有的风险。因市场剧烈波动或者其他原因而出现巨额赎回，并导致基金管理人出现现金支付困难时，基金投资者申请赎回基金份额会遇见部分顺延赎回或暂停赎回的风险。

5. 其他风险

如购买力风险，当通货膨胀率高涨时，物价也跟着水涨船高，货币的购买力随之降低，投资的实质报酬率也相对下降了。又如流动性风险，若买卖受到限制，不能很方便地买卖，使得所投资标的物的变现性变差。

三、基金信息披露

为了加强对基金投资运作的管理，提高基金运作的透明度，保障基金投资人的合法权益，基金必须履行严格的信息披露义务。在我国，基金的信息披露具有强制性，《证券投资基金法》《公开募集证券投资基金信息披露管理办法》(2019 年 9 月施行)及一系列配套法规对基金信息披露的原则、内容、禁止行为等方面做出了明确、严格的规定。

(一)基金信息披露禁止性规定

(1)禁止进行虚假记载、误导性陈述或者重大遗漏

虚假记载是指信息披露义务人将不存在的事实在基金信息披露文件中予以记载的行为；误导性陈述是指使投资者对基金投资行为发生错误判断并产生重大影响的陈述；重大遗漏是指披露中存在应披露而未披露的信息，以至于影响投资者做出正确决策。以上三类行为将扰乱市场正常秩序，侵害投资者合法权益，属于严重的违法犯罪行为。

(2)禁止对证券投资业绩进行预测

对于证券投资基金，其投资范围涉及股票、债券、货币市场工具等金融产品，基金的各类投资标的由于受到发行主体、经营情况、市场涨跌、宏观政策以及基金管理人的操作水平等因素影响，其风险收益变化存在一定的随机性，因此，对基金的证券投资业绩水平进行预测并不科学，应予以禁止。

(3)禁止违规承诺收益或者承担损失

基金是存在一定投资风险的金融产品，投资者应根据自己的收益偏好和风险承受能力，审慎选择基金品种，即所谓“买者自慎”。一般情况下，管理人可以受托管理基金资产，托管人可以受托保管基金资产，但没有人可以替代投资者承担基金投资的盈亏。基金信息披露义务人没有承诺收益的能力，也不存在承担损失的可能。因此，如果基金信息披露中违规承诺收益或承担损失，则将被视为对投资者的诱骗及进行不当竞争。

(4)禁止诋毁其他基金管理人、基金托管人或者基金销售机构

如果基金管理人、基金托管人或者基金销售机构诋毁、攻击其他同行，借以抬高自己，则将被视为违反市场公平原则，扰乱市场秩序，构成一种不当竞争行为。

(5)禁止登载任何自然人、法人或者其他组织的祝贺性、恭维性或推荐性的文字

公开披露的信息具有可靠性、如实反映、客观性和可比性等特征，祝贺性、恭维性获推荐性的文字往往带有主观性，影响公开披露信息的客观性。

(二)基金信息披露的分类

基金信息披露的内容包括以下几项：

(1)基金招募说明书、基金契约、基金托管协议。招募说明书又称公开说明书，是旨在充分披露可能对投资人做出投资判断产生重大影响的一切信息，包括管理人情况、托管人情况、基金销售渠道、申购和赎回的方式及价格、费用种类及比率、基金的投资目标、基金的会计核算原则、收益分配方式等信息的文件。基金契约相当于一份委托理财协议，是指基金管理人、托管

人、投资者为设立投资基金而订立的用以明确基金当事人各方权利与义务关系的书面法律文件。基金契约规范基金各方当事人的地位与责任。管理人对基金财产具有经营管理权；托管人对基金财产具有保管权；投资人则对基金运营收益享有收益权，并承担投资风险。基金托管协议是基金管理人与基金托管人就基金资产托管一事达成的协议书。协议书以合同的形式明确委托人和托管人的责任和权利、义务关系。

(2)基金募集情况。具体可分为首次募集信息披露和存续期募集信息披露。两个阶段的临界点是基金合同生效期。

(3)基金份额上市交易公告书。上市公告书是指上市公司按照证券法规和证券交易所业务规则的要求，在其证券上市前，就其公司自身情况及证券上市的有关事宜，通过证券上市管理机构指定的报刊向社会公众公布的宣传和说明材料。披露上市交易公告书的基金品种主要有封闭式基金、上市开放式基金(LOF)、交易型开放式指数基金(ETF)以及分级基金子份额等。

(4)基金净值公告，包括基金资产净值、基金份额净值。对于封闭式基金，一般至少每周披露一次资产净值和份额净值。对于开放式基金，在开放申购和赎回前，一般至少每周披露一次资产净值和份额净值；在开放申购和赎回后，会披露每个开放日的份额净值和份额累计净值。对货币基金而言，货币基金每日分配收益，份额净值保持 1 元不变，因此货币基金不像一般开放式基金那样披露每个开放日的份额净值，而是需要披露收益公告，包括每万份基金收益和最近 7 日年化收益率。

(5)基金份额申购、赎回价格。不同开放式基金的申购、赎回费率可能不同。即使是同一开放式基金品种，由于买卖金额不同、收费模式不同(如前端收费和后端收费)，也可能适用不同的费率水平。有的基金品种，如货币市场基金是不收取申购和赎回费的。

(6)资产组合季度报告、中期和年度基金报告，统称为基金定期报告。基金管理人应在每个季度结束之日起 15 个工作日内编制完成基金季度报告；在会计年度的上半年结束之日起 2 个月内编制完成基金中期报告；在会计年度结束后 3 个月内经过审计后予以公告基金年度报告。所有的定期报告都要刊登于指定的网站。

(7)临时报告。基金临时信息披露主要指在基金存续期间，当发生重大事件或市场上流传误导性信息，可能引致对基金份额持有人权益或者基金份额价格产生重大影响时，基金信息披露义务人依法对外披露临时报告或澄清公告。基金信息披露义务人应当在重大事件发生之日起 2 日内编制并披露临时报告书。

(8)持有人大会决议。召开基金份额持有人大会的，召集人应当至少提前 30 日在指定报刊和指定网站上公告基金份额持有人大会的召开时间、会议形式、审议事项、议事程序和表决方式等事项。

(9)其他信息。比如基金管理人、基金托管部门的重大人事变动；涉及诉讼等信息。

资料卡　QFII 和 QDII

QFII 是 Qualified Foreign Institutional Investors(合格的境外机构投资者)的简称，QFII 机制是指外国专业投资机构到境内投资的资格认定制度。

QFII 是一国在货币没有实现完全可自由兑换、资本项目尚未开放的情况下，有限度地引进外资、开放资本市场的一项过渡性的制度。这种制度要求外国投资者若要进入一国证券市场，就必须符合一定的条件，得到该国有关部门的审批通过后汇入一定额度的外汇资金，并转换为当地货币，通过严格监管的专门账户投资当地证券市场，包括股息及买卖价差等在内各种资本所得经审核后可转换为外汇汇出，实际上就是对外资有限度地开放本国的证券市场。韩国、中国台湾、印度和巴西等市场的经验表明，在货币未自由兑换时，QFII 不失为一种通过资本市场稳健引进外资的方式。

QFII 制度的实质是一种有创意的资本管制。在这一机制下，任何打算投资境内资本市场的人士必须分别通过合格机构买卖证券，以便政府监管外汇和开展宏观调控，目的是减少资本流动尤其是短期“游资”对国内经济和证券市场的冲击。而通过 QFII 制度，管理层可以对外资进入做出必要的限制和引导，使之与本国的经济发展和证券市场发展相适应，控制外来资本对本国经济独立性的影响，抑制境外投机性游资对本国经济的冲击，推动资本市场国际化，促进资本市场健康发展。

QDII 是 Qualified Domestic Institutional Investors（国内机构投资者赴海外投资资格认定制度）的简称。该制度由中国香港政府部门最早提出，是在外汇管制下内地资本市场对外开放的权宜之计，以允许在资本项目未完全开放的情况下，国内投资者往海外资本市场投资。它是在一国境内设立，经该国有关部门批准从事境外证券市场的股票、债券等有价证券业务的证券投资基金。与 QFII 一样，它也是在货币没有实现完全可自由兑换、资本项目尚未开放的情况下，有限度地允许境内投资者投资境外证券市场的一项过渡性的制度安排。

资料卡　认识风险投资基金

风险投资基金又称创业基金，是当今世界上广泛流行的一种新型投资机构。它以一定的方式吸收机构和个人的资金，投向那些不具备上市资格的中小企业和新兴企业，尤其是高新技术企业。

风险投资基金无须风险企业的资产抵押担保，手续相对简单。它的经营方针是在高风险中追求高收益。风险投资基金多以股份的形式参与投资，其目的就是为了帮助所投资的企业尽快成熟，取得上市资格，从而使资本增值。一旦公司股票上市，风险投资基金就可以通过证券市场转让股权而收回资金，继续投向其他风险企业。

小　结

本章小结

1. 证券投资基金是指通过公开发售基金份额，将众多投资者的资金集中起来，形成独立财产，由基金托管人托管，基金管理人管理和运用资金，以投资组合的方式进行证券投资的一种利益共享、风险共担的集合投资方式。

2. 证券投资基金当事人包括基金管理人、基金托管人和基金投资者。基金管理人是负责基金发起设立与经营管理的专业性机构。证券投资基金托管人是对基金管理人进行监督和保管基金资产的机构，又称基金保管人。我国基金托管人只能由依法设立并取得基金托管资格的商业银行担任。证券投资基金份额持有人即基金投资者,是基金的出资人、基金资产的所有者和基金投资回报的受益人。

3. 证券投资基金特征是集合理财、专业管理、组合投资、分散风险、独立托管、保障安全。

4. 按照基金的组织形式不同,可将基金分为契约型基金和公司型基金。契约型基金又称单位信托基金,是指将投资者、管理人、托管人三者作为信托关系的当事人,三者通过签订信托契约的形式发行受益凭证而设立的一种基金。公司型基金是指依据基金公司章程设立,在法律上具有独立法人地位的股份投资公司。

5. 按照基金运作方式的不同,可将基金分为封闭式基金和开放式基金。封闭式基金是指经核准的基金份额总额在基金合同期限内固定不变,基金份额可以在依法设立的证券交易所交易,但基金份额持有人不能申请赎回的基金。开放式基金是指基金份额总额不固定,基金份额可以在基金合同约定的时间和场所申购或赎回的基金。

6. 按照投资标的可将基金分为债券基金、股票基金、混合基金、货币市场基金和指数基金。

债券基金是指以债券为主要投资对象的证券投资基金。股票基金是以股票为主要投资对象的证券投资基金。混合基金是指同时投资于股票、债券和货币市场等工具,没有明确投资方向的基金。货币市场基金是以货币市场工具为主要投资对象的证券投资基金。指数基金是一种以拟合目标指数、跟踪目标指数变化为原则,实现与市场同步成长的证券投资基金。

7. 按照不同的投资目标,可将证券投资基金分为成长型基金、收入型基金和平衡型基金。成长型基金以追求基金资产的长期增值为目的。收入型基金以获取当期最大收入为目的。平衡型基金在以收入为目的和以资本增值为目的中寻求平衡。

8. ETF 的中文全称是交易型开放式指数基金,是一种在交易所上市的,基金份额可变动的基金。LOF 的中文全称是上市开放式基金,是一种可以同时在场外市场申购、赎回基金份额,在交易所交易,并通过份额转托管机制将场外市场与场内市场有机地联系在一起的新型基金运作方式。

9. 其他类别基金包括避险策略基金、分级基金、基金中的基金(FOF)、伞形基金、养老目标基金、房地产信托投资基金(REITs)等。

10. 证券投资基金的费用包括两个方面:一是在基金的运作过程中,有必要支付一定的费用,如基金管理费和基金托管费,二是在基金销售过程中发生的由基金投资人自己承担的费用,主要包括认购费、申购费、赎回费、基金转换费和销售服务费等。

11. 基金资产净值是指在某一时点上,基金资产总值扣除基金负债总值后的差额,该差额是基金单位持有人的权益。基金份额净值是某一时点上,每份基金份额实际代表的价值,又称单位基金资产净值。

12. 基金收益是指基金在一定会计期间的经营成果。基金收益主要来自基金收入减去基金费用后的净额、公允价值变动损益等。基金收益的来源包括股票股利收入、债券利息、资本利得、存款利息收入、买入返售证券收入以及其他收入。基金收益分配采用现金分配和份额分配两种方式。基金投资风险包括市场风险、管理风险、技术风险、巨额赎回风险及其他风险。基金信息披露的内容包括基金招募说明书、基金合同、基金托管协议;基金募集情况;基金份额上市交易公告书;基金资产净值、基金份额净值;基金份额申购、赎回价格;资产组合季度报告、中期和年度基金报告;临时报告;持有人大会决议;基金管理人、基金托管部门的重大人事变动;涉及诉讼等。

知识结构图

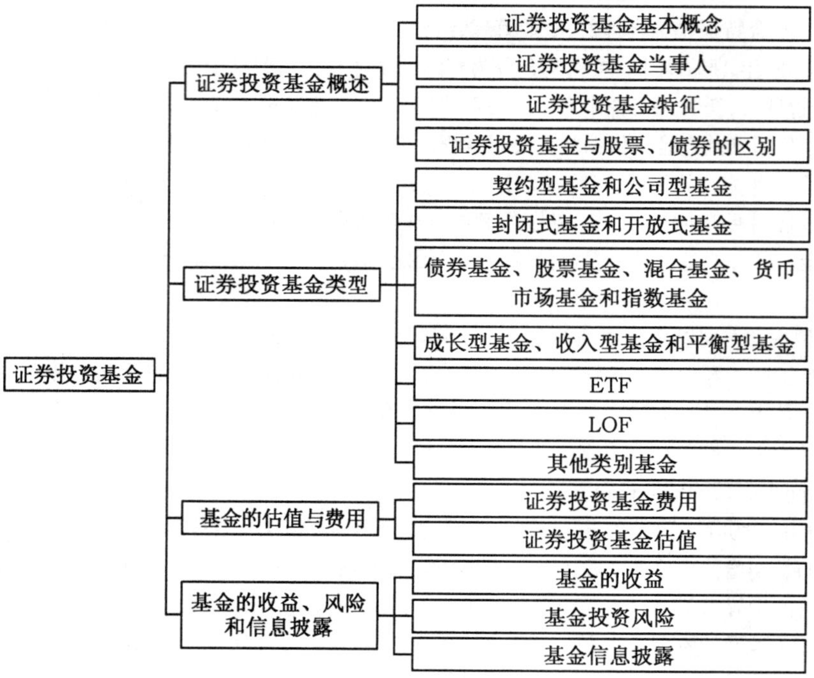

习 题

一、选择题

1. 基金按________分类，可以分为开放式和封闭式。

A. 投资标的　B. 管理人是否固定

C. 单位价值　D. 是否可自由赎回和基金份额是否固定

2. 基金的特点不包括________。

A. 分散风险　B. 专业理财　C. 稳定市场　D. 集合投资

3. 决定基金期限长短的因素主要是________。

A. 发行规模　B. 宏观经济形势

C. 基金本身投资期限的长短　D. 交易方式

4. ________是衡量一只基金经营好坏的主要指标，也是基金单位交易价格的计算依据。

A. 基金规模　B. 基金收益率　C. 基金资产净值　D. 基金赎回率

5. 假定某基金的总资产为 35 亿元，总负债为 5 亿元，基金份额总数为 30 亿份，那么该基金单位净值为________。

A. 1 元/份　B. 1.167 元/份　C. 1.33 元/份　D. 1.2 元/份

6. 契约型基金持有人实际上是________。

A. 经营者　B. 监管者　C. 受益者　D. 受托者

7. 开放式基金的交易价格取决于________。

A. 基金总资产值　B. 基金单位净资产值

C. 供求关系　D. 其他

8. 证券投资基金反映的是________关系。

A. 产权　B. 所有权　C. 债权债务　D. 委托代理

9. 证券投资基金资产的名义持有人是________。

A. 基金投资者　B. 基金管理人　C. 基金托管人　D. 基金监管人

10. 货币市场基金是以________为投资对象的投资基金。

A. 货币市场短期证券　B. 货币市场长期证券

C. 债券　D. 股票期权

二、思考题

1. 简述基金的定义及特征。
2. 简述基金与其他投资工具的区别。
3. 基金的种类包括哪些?
4. 简述基金的当事人及相互关系。
5. 基金费用主要有哪些?

第五章　金融衍生工具

学习目标

> 通过本章学习，了解金融衍生工具基本类别；学习主要的金融衍生工具（如金融远期、金融期货、金融期权等）的基本概念、基本特征以及基本交易方法。

第一节　金融衍生工具概述

金融衍生工具是指建立于基础产品或基础变量之上，且其价格取决于基础金融产品价格或数值的派生金融产品。

其中，基础产品包括现货金融产品，如股票、债券等，也包括衍生产品；基础变量包括利率、汇率、各类价格指数。

一、金融衍生工具特征

（一）跨期交易

金融衍生工具是交易双方通过对利率、汇率、股价等因素变动趋势的预测，约定在未来某一时间按照一定条件交易或选择是否交易的合约。这要求交易双方对利率、汇率、股价等价格因素的未来变动趋势而不是当前状况做出判断。

（二）杠杆性

一般而言，金融衍生工具交易只需支付少量的保证金或权利金就可签订远期大额合约或互换不同的金融工具，实现以小搏大的效果。收益可能成倍放大，同时投资者所承担的风险与损失也会成倍放大。基础工具价格的轻微变动也许就会带来投资者的大盈大亏。

（三）联动性

金融衍生工具的价值与基础产品或基础变量紧密联系，具有联动效应。其联动关系既可以是简单的线性关系，也可能是非线性函数或者分段函数。

（四）高风险性

金融衍生工具的交易后果取决于交易者对基础工具或基础变量未来价格的预测准确程度。基础工具未来价格的不确定性以及金融衍生工具的杠杆效应在一定程度上决定了它具有高风险性。

二、金融衍生工具分类

（一）独立衍生工具和嵌入式衍生工具

根据产品形态，金融衍生工具可分为独立衍生工具和嵌入式衍生工具。

独立衍生工具就是常见的衍生合同。根据我国《企业会计准则第 22 号——金融工具确认和计量》之规定，衍生工具包括远期合同、期货合同、互换和期权，以及具有远期合同、期货合同、互换和期权中一种或一种以上特征的工具。

嵌入式衍生工具是嵌入非衍生工具（即合同），是混合工具的全部或部分现金流量随特定利率、金融工具价格、商品价格、汇率、价格指数、费率指数、信用等级、信用指数或其他类似变量的变动而变动的嵌入工具。嵌入式衍生工具与主合同构成混合工具，如可转换公司债券等。

（二）股权式衍生工具、货币衍生工具、利率衍生工具、信用衍生工具以及其他衍生工具

按照基础工具种类可将金融衍生工具分为股权式衍生工具、货币衍生工具、利率衍生工具、信用衍生工具以及其他衍生工具。

股权式衍生工具是指以股票或股票指数为基础工具的金融衍生工具。例如，股票期货、股票期权、股指期货等。

货币衍生工具是指以各种货币作为基础工具的金融衍生工具。例如，远期外汇合约、货币期货、货币期权等。

利率衍生工具是指以利率或利率载体为基础工具的金融衍生工具。例如，远期利率协议、利率期货、利率期权。

信用衍生工具是指以基础产品蕴含的信用风险或违约风险为基础工具的金融衍生工具。例如，信用互换、信用联结票据等。

其他衍生工具是指除了以上四类衍生工具之外，在非金融变量的基础上开发的金融衍生工具，例如用于管理气温变化风险的天气期货、管理政治风险的政治期货、管理巨灾风险的巨灾衍生产品等。

（三）交易所交易的衍生工具、场外交易市场交易的衍生工具

按照交易场所可以可将金融衍生工具分为交易所交易的衍生工具、场外交易市场（OTC）交易的衍生工具。

交易所交易的衍生工具顾名思义，即在交易所上市交易的衍生工具。如在证券交易所交易的股票期权产品，在期货交易所交易的各类期货合约。

OTC 交易的衍生工具是指不在交易所集中交易，而是通过电话等通信方式、分散的、一对一交易的衍生工具。如金融机构之间或者金融机构和大规模交易者之间的各类互换和信用衍生品交易。

（四）金融远期合约、金融期货、金融期权、金融互换和结构化衍生工具

按照交易方法与特点可将金融衍生工具分为金融远期合约、金融期货、金融期权、金融互换和结构化衍生工具。

金融远期合约又称金融远期、金融远期交易，是指交易双方约定在未来某一特定时间、以某一特定价格买卖某一特定数量和质量基础金融资产的合约。

金融期货是指交易双方在有组织的交易所内以公开竞价方式达成的，在未来某一特定时间、以某一特定价格买卖某一标准数量特定金融工具的协议。

金融期权是指买方向卖方支付一定费用，在约定期限内享有按事先确定的价格向卖方买

进或卖出某一特定金融工具的权利的契约，包括现货期权和期货期权。

金融互换是指两个或两个以上的当事人约定在某一特定时间内定期交换现金流的金融交易，包括货币互换、利率互换、股权互换、信用违约互换等。

结构化金融衍生产品是国际金融衍生品市场的重要组成部分，是运用金融工程结构化的方法，将若干种基础金融商品和金融衍生品相结合设计出的新型金融产品。与之相对应，把以上常见的四种衍生工具称作建构模块工具，它们是最简单和最基础的金融衍生工具。

第二节　金融远期

金融远期合约定义中，事先约定的价格称为“远期价格”，约定的特定交易日称为“交割日”，采用的是一对一的交易方式。

投资者以签订远期合约的方式于将来某一时期以固定的价格购买某种基础金融工具。

一、金融远期功能

（一）规避风险

利率远期协议的买方主要是为了防范利率上升造成其未来实际借款成本过高的风险；协议的卖方主要是为了避免利率下降导致其投资收益或贷款利息的损失。而远期外汇交易的目的主要是为了避免汇率变动的风险。

（二）投机

运用远期合约进行外币投机指的是投机者在预测外汇变动趋势的基础上，利用远期合约谋取利润。

二、金融远期合约特征

远期合约与期货等其他衍生工具比较，具有以下特征：

（1）合约规模与内容按交易者的需要而制定，是非标准化的合约。而期货、期权具有标准化合约。

（2）合约代表了货币或其他商品的现货交付，而期货、期权只需在交割日前反向交易即可平仓了结。远期合约90%以上最终要进行实物交割，因此其投机程度较期货、期权等大大减少。

（3）合约本身具有不可交易性，不像期货、期权那样可买卖合约。远期合约一般由买卖双方直接签订，或通过中间商签约。合约签订后只有与原交易者重新签订合约并且订明撤销原合约，才能冲销原合约。因此，远期合约流动性较小。

（4）合约交易无须交易保证金。金融远期主要在银行间或银行与企业间进行，不存在统一的结算机构，价格无日波动的限制，只受普通合约法和税法的约束，因此无须支付保证金。

第三节　金融期货

金融期货是指以金融工具作为标的物的期货合约，标的物包括外汇、债券、股票指数等。

一、金融期货种类

按照基础工具划分，金融期货主要种类有外汇期货、利率期货和股权类期货三大类。

（一）外汇期货

外汇期货是指协约双方同意在未来某一时期，根据约定价格（汇率）买卖一定标准数量的某种外汇的可转让的标准化协议。外汇期货的币种包括日元、英镑、欧元、瑞士法郎、加拿大元、美元等。外汇期货又称货币期货，其主要交易场所有芝加哥商业交易所国际货币市场分部、中美商品交易所、费城期货交易所等。外汇期货是最早出现的金融期货产品，主要用于规避风险。

（二）利率期货

利率期货是指协议双方同意在约定的未来某个日期按约定条件买卖一定数量的某种信用工具的可转让的标准化协议。利率期货交易的对象有长期国库券、政府住宅抵押证券、中期国债、短期国债等，主要交易场所有芝加哥商业交易所、中美商品交易所等。利率期货的主要目的为规避利率风险。

（三）股权类期货

股权类期货是以单只股票、股票组合或股票价格指数为基础资产的期货合约，包括股票指数期货、单只股票期货和股票组合期货。

股票指数期货是指协议双方同意在将来某一时期按约定的价格买卖股票指数的可转让的标准化合约。最具代表性的股票指数有美国的道琼斯指数和标准普尔 500 指数、英国的《金融时报》工业普通股票指数、中国香港的恒生指数、日本的日经指数等。股票价格指数期货是为了控制股市风险而产生的。

单只股票期货是指协议双方同意在将来某一时期按约定的价格买卖规定数量的股票的可转让的标准化合约。

股票组合期货是指协议双方同意在将来某一时期按约定的价格买卖规定数量的股票组合的可转让的标准化合约。

股权类期货主要交易场所有芝加哥商业交易所、纽约证券交易所、堪萨斯市期货交易所等。

资料卡 股指期货

股票指数期货（Stock Index Futures），简称股指期货或指数期货。股票指数期货是指以股票价格指数作为标的物的金融期货合约。在具体交易时，股票指数期货合约的价值是用指数的点数乘以事先规定的单位金额计算的，如标准普尔指数每点代表 500 美元，中国香港恒生指数每点为 50 港元等。股票指数合约交易一般以 3 月、6 月、9 月、12 月为循环月份，也有全年各月都交易的，通常以最后交易日的收盘指数为准结算。

股票指数期货交易的实质是投资者将其对整个股票市场价格指数的预期风险转移至期货市场的过程，其风险是通过对股市走势持不同判断的投资者的买卖操作相互抵消的。它与股票期货交易一样都属于期货交易，只是股票指数期货交易的对象是股票指数，是以股票指数的变动为标准，以现金结算，交易双方都没有现实的股票，买卖的只是股票指数期货合约，而且在任何时候都可以买进卖出。

1. 股指期货交易与股票交易的不同

（1）股指期货可以进行卖空交易。股票卖空交易的一个先决条件是必须首先从他人手中借到一定数量的股票。国外对于股票卖空交易设有较严格的条件，而指数期货交易则不然。实际上有半数以上的指数期货交易中都包括拥有卖空的交易头寸。对投资者而言,做空机制最富有魅力之处是,当预期未来股市的总体趋势将呈下跌态势时,投资人可以主动出击而非被动等待股市见底,使投资人在下跌的行情中也能有所作为。

(2)交易成本较低。相对现货交易,指数期货交易的成本是相当低的,在国外只有股票交易成本的十分之一左右。指数期货交易的成本包括交易佣金、买卖价差、用于支付保证金(也叫按金)的机会成本和可能的税项。

(3)较高的杠杆比率。较高的杠杆比率也即收取保证金的比例较低。

(4)市场的流动性较高。有研究表明,股票指数期货市场的流动性明显高于股票现货市场。

(5)股指期货实行现金交割方式。股指期货市场虽然是建立在股票市场基础之上的衍生市场,但股指期货以现金交割,即在交割时只计算盈亏而不转移实物,在股指期货合约的交割期投资者完全不必购买或者抛出相应的股票履行合约义务,这就避免了在交割期股票市场出现"挤市"的现象。

2. 股票指数期货合约的避险原理

股票市场上投资人面临两类风险。一类是由于受到特定因素影响的特定股票的市场价格波动,给该股票持有者带来的风险,称为非系统性风险;另一类是在作用于整个市场的因素的影响下,市场上所有股票一起涨跌所带来的市场价格风险,称为系统风险。对于非系统风险,投资者用增加持有股票种数,构造投资组合的方法消除。在长期的股票实践中,人们发现,股票价格指数基本上代表了全市场股票价格变动的趋势和幅度。如果把股票价格指数改造成一种可买卖的商品,就可以利用这种商品的期货合约对全市场保值。利用股票价格指数对股票保值的根本原因在于股票价格指数和整个股票市场价格之间的正相关关系。

——资料来源:MBA 智库百科。

二、金融期货功能

金融期货基本功能包括套期保值、价格发现、投机、套利四大功能。

(一)套期保值

套期保值是通过在现货市场与期货市场建立相反的头寸,锁定未来现金流的交易行为。具体做法是在现货市场和期货市场对同一种类的商品同时进行数量相等但方向相反的买卖活动,即在买进或卖出现货的同时,在期货市场上卖出或买进同等数量的期货,经过一段时间,当价格变动使现货买卖上出现盈亏时,可由期货交易上的亏盈得到抵消或弥补,从而建立一种对冲机制,以使价格风险降低到最低限度。

套期保值分为多头套期保值和空头套期保值两种。多头套期保值是指持有现货空头的交易者担心将来现货价格上涨而买入期货合约,即建立期货多头;空头套期保值是指持有现货多头、交易者担心将来现货价格下跌而卖出期货合约,即建立期货空头。

资料卡　股指期货套期保值策略

1. 卖出股指期货

如果投资者拥有股票，并预测股市会下跌，即可利用卖出股指期货合约套期保值，减少损失。

［例］　某投资机构拥有股票投资组合，价值为120万元，此时深证成分指数期货价格为10 000点，为了避免股市下跌带来损失，该机构卖出一张3个月期的深证成分指数期货合约套期保值。一段时期后，股市下跌，该投资机构拥有的股票投资组合价值下降到108万元，深证成分指数期货价格为9 000点，投资机构买入一张深证成分指数期货合约平仓。因此，

股票市场上损失：12万元

期货市场上盈利：10万元［(10 000－9 000)点×100元/点(假设深证成分指数期货合约乘数为100元，下同)］

该投资机构的最终实际损失：2万元

由该例可见，股指期货合约减少了投资机构单纯投资股票组合的损失。

2. 买入股指期货

如果投资者计划在一段时期之后买入股票，但又预测股市会在近期上涨，即可以通过买入股指期货合约锁定股票未来的买入成本。

［例］　某基金管理公司预计在2个月之后其一机构客户将申购该基金。如果目前以该资金买入一股票投资组合，该组合的价值为95万元，此时深证成分指数期货价格为10 000点。该基金此时买入一张2个月期的深证成分指数期货合约锁定成本。一段时期后，股市上涨，基金计划买入的股票投资组合价值上升到106万元，深证成分指数期货价格为11 500点，投资者卖出深证成分指数期货合约进行平仓。因此，

股票市场上损失：11万元(买入成本比2个月之前高)

期货市场上盈利为15万元［(11 500－10 000)点×100元/点］

投资者最终盈利：4万元

可见，股指期货锁定了投资者一段时期后买入股票的成本。

(二)价格发现

价格发现是指利用市场公开集中竞价交易等交易制度，形成一个反映市场供求关系的市场价格。期货市场将众多影响供求关系的因素集中于交易场所内，通过公开的竞价，形成一个统一的交易价格，价格形成后向世界各地传播并影响供求关系，从而形成新的价格，如此循环，使价格趋于合理。

(三)投机

期货市场交易者利用对未来期货价格走势的预期投机。具体做法是预计价格会上涨而建立期货多头；或预计价格会下跌而建立期货空头。

(四)套利

套利是指利用不同市场或不同形式的同类或相似金融产品的价格差异买卖，赚取差价谋利。套利包括跨期套利、跨市套利和跨商品套利三种情形。跨期套利是套利交易中最普遍的一种，是指利用同一商品不同交割时间正常价格差距出现异常变化时对冲而获利；跨市套利是

指利用不同交易所之间同一期货商品价格差异的套利交易行为；跨商品套利指的是同时买进和卖出相同交割月份两种不同的、但相关联的商品，利用两商品之间的价差获取利益。跨商品套利的两种商品之间具有相互替代性或受同一供求因素制约，如金属之间、农产品之间、金属与能源之间等都可以开展套利交易。

三、金融期货特征

金融期货交易的基本特征可概括为：

(1)金融期货交易标的物为无形的金融商品。

(2)金融期货是标准化合约的交易。作为交易对象的金融商品，其收益率和数量都具有同质性和标准性，如货币币别、交易金额、清算日期、交易时间等都做了标准化规定，唯一不确定的是成交价格。

(3)金融期货交易采取公开竞价方式决定买卖价格。它不仅可以形成高效率的交易市场，而且透明度、可信度高。

(4)金融期货交易实行会员制度。非会员要参与金融期货的交易必须通过会员代理，由于直接交易限于会员之同，而会员同时又是结算会员，缴纳保证金，因而交易的信用风险较小，安全保障程度较高。

(5)金融期货交割期限规格化。一般为 3 个月、6 个月、9 个月或 12 个月，最长为两年，交割期限内的交割时间随交易对象而定。

(6)双向交易。金融期货上涨可以建多仓，下跌可以建空仓。

(7)每日无负债结算。每日交易结束后，按当日结算价对会员和投资者结算所有合约的盈亏、交易保证金及手续费、税金等费用，应收应付的款项实行净额一次划转，相应增加或减少保证金。

四、金融期货交易与现货交易的区别

金融期货是金融现货的衍生品。现货交易是期货交易的基础，金融期货交易是现货交易的延伸和补充。金融期货交易与现货交易的区别为：

(1)交易目的不同。金融现货交易目的是产权转移，而期货交易则是风险转移。

(2)价格决定不同。现货交易一般是通过公开竞价或一对一谈判决定成交价格，这是实时的成交价，而期货交易须集中在交易所以公开拍卖竞价的方式确定成交价格，这个交易价格是对金融现货未来价格的预期。

(3)交易制度不同。现货可长期持有，而期货有期限限制；现货只能先买后卖，而期货交易可以买空卖空，现货交易是足额交易，而期货交易是保证金交易；现货交易不需要每日无负债结算，而期货交易实行逐日盯市制度。

(4)交易对象不同。金融现货交易对象是某一具体形态的金融工具，通常，它是代表一定所有权或债券关系的股票、债券或其他金融工具。而金融期货交易对象是金融期货合约。

(5)结算方式不同。金融现货交易通常是以基础金融工具与货币的转手而结束交易活动，而金融期货交易，仅有极少数的合约到期进行交割交收，绝大多数的期货合约是通过做相反交易实现对冲而平仓的。

五、金融期货交易与金融远期合约交易的区别

金融期货交易与金融远期合约交易的区别为：

(1)场地不同。期货交易须在交易所内集中、公开交易，而远期合约交易较为松散，没有交易所，也没有集中交易地点，交易方式也不集中。

(2)合约标准化程度不同。期货合约使用符合交易所规定的标准化合约，交易商品的品质、数量、到期日、交易时间、交割等级都有严格规定，而远期合约对于交易商品的品质、数量、交割日期等，均由交易双方自行协商，没有固定的规格和标准。

(3)结算制度不同。远期合约交易通常不需缴纳保证金，合约到期后才结算盈亏。而期货交易必须在交易前缴纳一定数额的保证金，并且清算公司逐日结算，若有盈余，可以支取；若出现损失且账面保证金低于维持水平，则必须及时补足保证金。

(4)交割方式不同。期货交割方法有三种：一是对冲或反向操作结束原有头寸，即买卖与原头寸数量相等、方向相反的期货合约；二是采用现金或现货交割；三是实行期货转现货交易，两名交易人承诺彼此交换现货与以该现货为标的的期货合约。而远期交易大多需要实物交割。

(5)交易的参与者范围不同。远期合约的参与者大多是专业化生产商、贸易商和金融机构，而期货交易参与者可以是银行、公司、财务机构、个人等，市场的流动性和效率更高。

(6)违约风险不同。金融期货交易实行保证金制度和每日结算制度，交易者均以交易所(或期货清算公司)为交易对手，基本不用担心交易违约。而远期交易通常不存在上述安排，存在一定的交易对手违约风险。

六、金融期货交易与商品期货交易的区别

金融期货交易与商品期货交易的区别为：

(1)标的物不同。金融期货的标的资产大多没有实物形态，而商品期货交易的对象是具有实物形态的商品。

(2)到期日不同。金融期货合约到期日都是标准化的，一般分为 3 月、6 月、9 月、12 月等。而商品期货合约的到期日往往根据商品特性的不同而不同。

(3)持有成本不同。商品期货合约的持有成本包括贮存成本、运输成本、融资成本等，而金融期货合约则几乎没有运输成本和贮存成本。相反，金融期货的标的物会产生利息，当这些利息超出存放成本时，则产生了持有收益，即负持有成本。

七、中国金融期货交易所与期货合约

1. 中国金融期货交易所

中国金融期货交易所(China Financial Futures Exchange，CFFEX)，是经国务院同意，中国证监会批准，由上海期货交易所、郑州商品交易所、大连商品交易所、上海证券交易所和深圳证券交易所共同发起设立的交易所，于 2006 年 9 月 8 日在上海成立，简称中金所。

中金所的主要职能是：组织安排金融期货等金融衍生品上市交易、结算和交割，制订业务管理规则，实施自律管理，发布市场交易信息，提供技术、场所、设施服务，以及中国证监会许可的其他职能。

中金所实行会员分级结算制度，会员分为结算会员和交易会员。结算会员按照业务范围分为交易结算会员、全面结算会员和特别结算会员。实行会员分级结算制度，形成多层次风险

控制体系，保障市场安全运行。

2010 年 4 月 16 日，中金所正式推出首个股指期货合约沪深 300 股指期货合约，IF1005、IF1006、IF1009、IF1012 合约的挂牌基准价格为 3 399 点。2013 年 9 月 6 日，中金所推出 5 年期国债期货合约。2015 年 3 月 20 日，中金所正式推出了 10 年期国债期货。2015 年 3 月 20 日，中金所推出上证 50、中证 500 股指期货合约 。2018 年 8 月 17 日，2 年期国债期货于中金所上市交易。

2. 期货合约

至 2021 年年底，中金所共有 3 类股指期货合约、3 类国债期货合约(见表 5—1、表 5—2)。

表 5—1　　中国金融期货交易所股指期货合约

合约名称	沪深 300 股指期货合约	中证 500 股指期货合约	上证 50 股指期货合约
合约标的	沪深 300 指数	中证 500 指数	上证 50 指数
合约乘数	每点 300 元	每点 200 元	每点 300 元
报价单位	指数点	指数点	指数点
最小变动价位	0.2 点	0.2 点	0.2 点
合约月份	当月、下月及随后两个季月	当月、下月及随后两个季月	当月、下月及随后两个季月
交易时间	9:30—11:30，13:00—15:00	9:30—11:30，13:00—15:00	9:30—11:30，13:00—15:00
每日价格最大波动限制	上一个交易日结算价的±10%	上一个交易日结算价的±10%	上一个交易日结算价的±10%
最低交易保证金	合约价值的 8%	合约价值的 8%	合约价值的 8%
最后交易日	合约到期月份的第三个星期五，遇国家法定假日顺延	合约到期月份的第三个星期五，遇国家法定假日顺延	合约到期月份的第三个星期五，遇国家法定假日顺延
交割日期	同最后交易日	同最后交易日	同最后交易日
交割方式	现金交割	现金交割	现金交割
交易代码	IF	IC	IH
上市交易所	中国金融期货交易所	中国金融期货交易所	中国金融期货交易所

表 5—2　　中国金融期货交易所国债期货合约

合约名称	2 年期国债期货合约	5 年期国债期货合约	10 年期国债期货合约
合约标的	面值为 200 万元人民币、票面利率为 3% 的名义中短期国债	面值为 100 万元人民币、票面利率为 3% 的名义中期国债	面值为 100 万元人民币、票面利率为 3% 的名义长期国债
可交割国债	发行期限不高于 5 年，合约到期月份首日剩余期限为 1.5～2.25 年的记账式附息国债	发行期限不高于 7 年、合约到期月份首日剩余期限为 4～5.25 年的记账式附息国债	发行期限不高于 10 年、合约到期月份首日剩余期限不低于 6.5 年的记账式附息国债
报价方式	百元净价报价	百元净价报价	百元净价报价
最小变动价位	0.005 元	0.005 元	0.005 元

续表

合约名称	2 年期国债期货合约	5 年期国债期货合约	10 年期国债期货合约
合约月份	最近的三个季月（3 月、6 月、9 月、12 月中的最近三个月循环）	最近的三个季月（3 月、6 月、9 月、12 月中的最近三个月循环）	最近的三个季月（3 月、6 月、9 月、12 月中的最近三个月循环）
交易时间	9:30—11:30，13:00—15:15	09:30—11:30，13:00—15:15	9:30—11:30，13:00—15:15
最后交易日交易时间	9:30—11:30	09:30—11:30	9:30—11:30
每日价格最大波动限制	上一交易日结算价的±0.5%	上一交易日结算价的±1.2%	上一交易日结算价的±2%
最低交易保证金	合约价值的 0.5%	合约价值的 1%	合约价值的 2%
最后交易日	合约到期月份的第二个星期五	合约到期月份的第二个星期五	合约到期月份的第二个星期五
最后交割日	最后交易日后的第三个交易日	最后交易日后的第三个交易日	最后交易日后的第三个交易日
交割方式	实物交割	实物交割	实物交割
交易代码	TS	TF	T
上市交易所	中国金融期货交易所	中国金融期货交易所	中国金融期货交易所

第四节 金融期权

金融期权是指买方向卖方支付一定费用，在约定期限内享有按事先确定的价格向卖方买进或卖出某一特定金融工具的权利的契约。它以金融商品或金融期货合约为标的物，购买者在向出售者支付一定费用后，就获得了能在规定期限内以某一特定价格向出售者买进或卖出一定数量的某种金融商品或金融期货合约的权利。其中，事先约定的价格称为协议价格或执行价格。在这里，我们可将买方称为权利获得方，将卖方称为义务履行方。期权买卖双方关系见图 5—1。

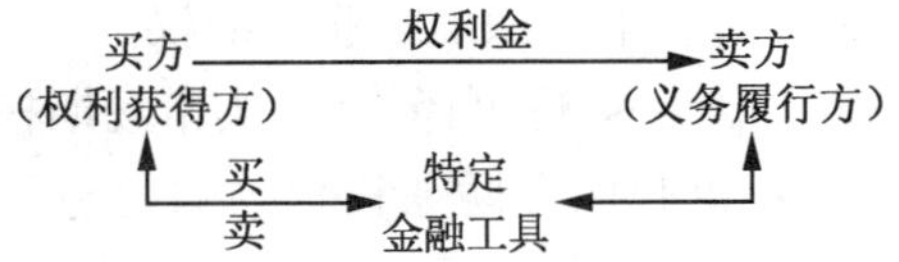

图 5—1 期权买卖双方关系

一、金融期权的种类

（一）买入期权和卖出期权

按照选择权的性质划分，期权可分为买入期权和卖出期权。买入期权又称看涨期权或认购权，是指在协议规定的有效期内，协议持有人有按规定的价格和数量购进某金融工具的权利。卖出期权又称看跌期权或认沽权，是指在协议规定的有效期内，协议持有人有按规定的价格和数量卖出某金融工具的权利。

(二)股权类期权、利率期权、货币期权、期货合约期权和互换期权

按照基础产品的不同,金融期权可分为股权类期权、利率期权、货币期权、期货合约期权和互换期权。股权类期权与股权类期货分类相似,主要包括单只股票期权、股票组合期权和股指期权。单只股票期权是指买方向卖方支付期权费后,在约定期限享有按事先确定的价格买入或卖出一定数量相关股票的权利。股票组合期权是指买方向卖方支付期权费后,在约定期限享有按事先确定的价格买入或卖出特定一揽子股票的权利。股指期权是指买方向卖方支付期权费后,在约定期限享有按事先协定的指数与实际指数结算盈亏的权利。

利率期权是一种与利率变化挂钩的期权,到期时以现金或者与利率相关的合约(如利率期货、利率远期或者政府债券)进行结算。

货币期权又叫外汇期权,它是指合约购买方在向出售方支付一定期权费后,所获得的在未来约定日期或一定时间内,按照规定汇率买进或者卖出一定数量外汇资产的选择权。

期货期权是对期货合约买卖权的交易,包括商品期货期权和金融期货期权。期货期权则是指"期货合约的期权",期货期权合约表示在期权到期日或之前,以协议价格购买或卖出一定数量的特定商品或资产的期货合同。

互换期权合约赋予期权买方在指定的日期或某一指定的日期之前,选择是否按照事先约定的条件进行互换的权利。

(三)欧式期权、美式期权和修正的美式期权

按照合约所规定的履约时间不同,可将金融期权分为欧式期权、美式期权和修正的美式期权。欧式期权是指只能在到期日执行的期权;美式期权是指可以在到期日或到期日之前的任何一个营业日执行的期权;修正的美式期权是指可以在到期日前的一系列规定日期执行的期权,又称百慕大期权或大西洋期权。

(四)场内期权和场外期权

按照交易市场类型的不同,期权可分为场内期权和场外期权。场内期权是在交易所交易期权或交易所上市的期权,也是指在集中性的金融期货市场或金融期权市场所进行的标准化期权。我国场内期权获得突破性进展,经中国证监会批准,上海证券交易所于2015年2月9日上市交易了上证50ETF期权合约品种,该合约标的为上证50交易型开放式指数证券投资基金。2019年12月23日,证监会正式启动扩大股指期权试点工作,并按程序批准上交所、深交所上市沪深300ETF期权,中金所上市沪深300股指期权。

场外期权,一般简称为OTC options,也可译作"店头市场期权"或"柜台式期权"。它是指在非集中性的交易场所进行的非标准化的金融期权合约的交易。在我国,场外期权的交易场所主要是机构间市场或柜台。我国场外期权是2013年开始试点,合约标的主要为以沪深300、中证500、上证50为主的股指,A股个股,黄金现货及部分境外标的。通过场外期权交易,投资者可以实现风险管理、收益管理。

场内期权与场外期权的区别最主要就表现在期权合约是否标准化。

(五)奇异期权

奇异期权(exotic options)也可以称为"新型期权",它是比常规期权(标准的欧式或美式期权)更复杂的衍生证券,这些产品通常是场外交易或嵌入结构而成。比如执行价格不是一个确定的数,而是一段时间内的平均资产价格的期权,或是在期权有效期内如果资产价格超过一定界限,期权就作废。一般来说,奇异期权包括障碍期权、亚式期权、打包期权、回溯期权和复合

期权等。

二、金融期权的功能

金融期权功能与金融期货功能相类似，具有价格发现、套期保值、投机、盈利功能。

1. 价格发现功能

价格发现功能是指在一个公开、公平、高效、竞争的市场中，通过集中竞价形成期权价格的功能。

2. 套期保值功能

利用金融期权套期保值，若价格变化方向对标的资产持仓有利时，套期保值者可通过放弃期权保护利益；若标的资产价格发生不利变动，套期保值者通过行权避免损失。

3. 投机功能

期权市场上的投机者利用对未来价格走势的预期进行投机交易，预计价格上涨的投机者会买入看涨期权，预计价格下跌的投机者会买入看跌期权。

4. 盈利功能

期权的盈利主要是期权的协定价和市价的不一致而带来的收益。盈利功能吸引了众多投资者。

三、金融期权的特征

金融期权的特征与金融期货类似，但它和金融期货相比有一大特征：金融期权是卖卖权利的交换，即金融期权在约定期限内享有按事先确定的价格向卖方买进或卖出某一特定金融工具的权利，但是并没有必须履行买卖的义务。并且，当期权买方行使权利时，卖方必须无条件履行合约规定的义务。

四、金融期权与金融期货的区别

（一）标的物不同

金融期权与金融期货的标的物都是金融商品但不完全相同。可做期货交易的金融商品都可做期权交易。然而，可做期权交易的金融商品却未必能做期货交易。金融期权的标的物多于金融期货的标的物。不少金融期货无法交易的东西均可作为金融期权的标的物，甚至连金融期权合约本身也成了金融期权的标的物，即所谓复合期权。

（二）投资者权利与义务不同

金融期货交易的双方权利与义务对称，任何一方都既有要求对方履约的权利，又有自己履约的义务。而在金融期权中，期权的买方只有权利而没有义务，而期权的卖方只有义务而没有权利。

（三）合约保证不同

金融期货交易双方均需开立保证金账户，并按规定缴纳履约保证金。而在金融期权交易中，只有期权卖方，尤其是无担保期权卖方才需开立保证金账户，并按规定缴纳保证金，以保证其履约的义务。期权买方无须缴纳任何保证金。

（四）结算方式不同

金融期货实行逐日结算制度，期货成交后，交易双方将因价格的变动而发生现金流转，盈利一方的保证金账户余额增加，亏损一方保证金账户余额减少。而金融期权交易只是买卖权利的交换，成交时，期权买方为取得期权合约所赋予的权利，须向期权卖方支付一定的期权费，成交后，除了到期履约外，交易双方不发生任何现金流转。

（五）盈亏特点不同

金融期货交易双方都无权违约也无权要求提前交割或推迟交割，而只能在到期前的任一时间通过反向交易实现对冲或到期交割实物。而在对冲或到期交割前，价格的变动必然使其中一方盈利而另一方亏损，其盈利或亏损的程度决定于价格变动的幅度。因此，从理论上说，金融期货交易中双方潜在的盈利和亏损都是无限的。而在金融期权交易中，理论上期权买方在交易中的潜在亏损是有限的，仅限于所支付的期权费，而可能取得的盈利却是无限的；相反，期权卖方在交易中所取得的盈利是有限的，仅限于所收取的期权费，而可能遭受的损失却是无限的。当然，在现实的期权交易中，由于成交的期权合约事实上很少被执行，因此，期权出售者未必总是处于不利地位。

（六）套期保值的作用与效果不同

金融期权与金融期货都有套期保值功能。但它们的作用与效果各不相同。

利用金融期货套期保值，可以避免价格不利变动造成损失，但同时也失去了若价格有利变动可能获得的利益。而利用金融期权套期保值，若价格发生不利变动，套期保值者可通过执行期权避免损失；若价格发生有利变动，套期保值者又可通过放弃期权获取利益。因而，金融期权交易既可避免价格不利变动造成的损失，又可在一定程度上获取价格有利变动带来的收益。然而在金融期权交易中真正做到既保值又获利也并非易事，这样，将两者搭配起来利用，方可达到最优的目标。

第五节　权证及期权类衍生产品

一、权证

权证，又称“认股证”或“认股权证”，是指基础证券发行人或以外的第三人发行的，约定持有人在规定期间或特定到期日，有权按照约定价格向发行人购买或出售标的证券，或以现金结算方式收取结算差价的有价证券。

权证交易属于一种期权的买卖。与期权一样，权证持有人在支付权利金后获得的是一种权利，而无义务，行使与否由权证持有人自主决定；而权证的发行人在权证持有人按规定提出履约要求之时，有提供履约的义务，不得拒绝。权证交易方式见图 5－2。

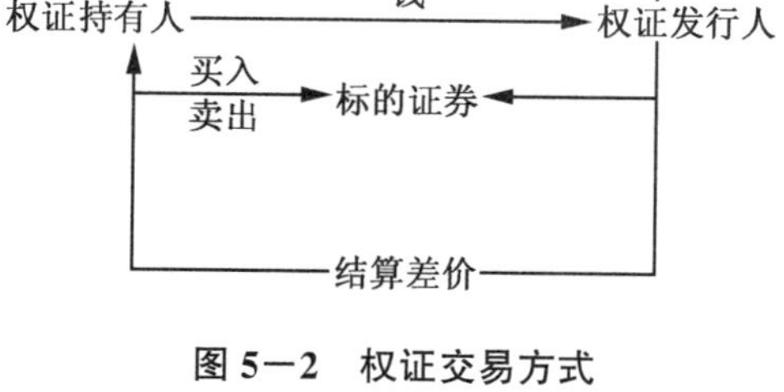

图 5－2　权证交易方式

(一)权证的分类

1. 股权类权证、债券类权证和其他权证

按照基础资产不同来分类,权证可分为股权类权证、债券类权证和其他权证。

2. 认购权证和认沽权证

按持有人权利分类,权证可分为认购权证和认沽权证,认购权证属于对标的资产的买进期权或看涨期权,认沽权证属于对标的资产的卖出期权或看跌期权。

3. 股本权证和备兑权证

按照基础资产的来源分类,权证可分为股本权证和备兑权证,股本权证由基础证券发行人发行,而备兑权证由第三方发行,一般为投资银行或券商发行,其所认兑的股票不是新发行的股票,而是已经在市场上流通的股票。

4. 美式权证、欧式权证、百慕大权证

按照行权时间不同,权证可分为美式权证、欧式权证、百慕大权证等。美式权证的持有人可以在权证到期日前的任一交易日行权;欧式权证的持有人只能在权证到期日当日行权;百慕大权证介于欧式权证和美式权证之间,百慕大权证具有多个行权日或是一段行权期。

5. 平价权证、价内权证和价外权证

按权证的内在价值,可以将权证分为平价权证、价内权证和价外权证,其原理与期权相同。

(二)权证的要素

权证包括发行人、标的、行权价格、存续时间、行权日期、执行方式、行权结算方式、权证价值、行权比例九大要素。

1. 发行人

股权类权证的发行人为标的上市公司,而备兑权证的发行人为标的公司以外的第三方,一般为投资银行或券商。备兑权证发行人往往需要将标的证券存放于独立保管人处,作为其履行责任的担保。

2. 标的

权证标的包括股票、债券、外汇、指数、商品或其他金融工具。

3. 行权价格

行权价格又称履约价格,是发行人发行时约定的,权证持有人向发行人购买或出售标的证券的价格。

4. 存续时间

存续时间指权证的有效期,超过有效期,则权证自动失效,权证的价值也变为零。

5. 行权日期

行权日期即权证持有人行使权利的日期。

6. 执行方式

在美式执行方式下,持有人在到期日以前的任何时间内均可行使认购权;而在欧式执行方式下,持有人只有在到期日当天才可行使认购权。

7. 行权结算方式

行权结算方式包括证券给付方式和现金结算方式两种。证券给付方式指投资者行使认股权利时从发行人处购入标的证券,而现金结算方式指投资者在行使权利时,由发行人向投资者支付行权价格与标的证券结算价格之间的差额。

8. 权证价值

权证价值(或价格)等于内在价值与时间价值之和。内在价值是指权证持有人行权时所能获得的收益。当标的证券的市场价格高于认股价时,内在价值为两者之差;而当标的证券的市场价格低于认股价时,内在价值为零。时间价值是指权证有效期内标的资产价格波动为权证持有人带来收益的可能性所隐含的价值。权证尚没有到期时,标的证券的市场价格有机会高于认股价,此时权证具有市场价值,这种价值就是时间价值。

9. 行权比例

行权比例是指单位权证可购买或出售的标的证券的数量。如 10 张权证换 1 股股票,则行权比例为 0.1。

二、可转换债券

可转换债券是指债券持有人可以在一定时期内按一定比例或价格将债券转换成一定数量的另一种证券的证券。发行公司事先规定债权人可以选择有利时机,按发行时规定的条件把其债券转换成发行公司的等值股票(普通股)。当投资者不确定发行公司的发展潜力及前景时,可先投资于可转换债券,待发行公司经营实绩显著,经营前景乐观,其股票看涨时,则可将债券转换为股票。从某种意义上,可转换债券嵌入了普通股的看涨期权。

可转换债券作为期权类衍生产品,具有如下几个特征和优势:

(1)可转换债券具有双重选择权。一方面,投资者可以执行选择是否转股,并为此承担转债利率较低的机会成本;另一方面,可转换债券发行人拥有是否实施赎回条款的选择权,并为此支付比没有赎回条款的转债更高的利率。这种双重选择权可以使投资者和发行人的风险和收益限定在一定范围内。

(2)可转换债券使投资者获得最低收益权。可转换债券具有股票和债券的双重属性。一方面,可转换债券对投资者来说是"有保证本金的股票"。另一方面,可转换债券又具有债券的特性,即便当它失去转换意义后,作为一种低息债券,仍然有固定的利息收入;这时投资者以债权人的身份,可以获得固定的本金与利息收益。如果实现转换,则可获得出售普通股的收入或获得股息收入。当股价上涨时,投资者可将债券转为股票,享受股价上涨带来的盈利;当股价下跌时,则投资者可不实施转换而享受每年的固定利息收入,待期满时偿还本金。

(3)可转换债券比股票有优先偿还请求权。可转换债券属于次等信用债券,在清偿顺序上,同普通债券、长期负债(银行贷款)等具有同等追索权利,位于一般公司债券之后,处于可转换优先股、优先股和普通股之前。

资料卡 可转换债券与可交换债券之间的区别

可转换债券是一种可以在特定时间、按特定条件转换为普通股的特殊企业债券。可交换债券全称为"可交换他公司股票的债券",是指上市公司股份的持有者通过抵押其持有的股票给托管机构进而发行的公司债券,该债券的持有人在将来的某个时期内,能按照债券发行时约定的条件用持有的债券换取发债人抵押的上市公司股权。

一、相同点

1. 面值相同。都是每张人民币 100 元。

2. 期限相同。都是最低 1 年,最长不超过 6 年。

3. 发行利率较低。发行利率一般都会大幅低于普通公司债券的利率或者同期银行贷款利率。

4. 都规定了转换期和转换比率。

5. 都可约定赎回和回售条款。即当转换(股)价高于或低于标的股票一定幅度后，公司可以赎回，投资者可以回售债券。而可交换债券在实际操作中是否约定，还要看以后的具体募集发行条款，以往发行的可转换债券都约定了这两个条款。

二、不同点

1. 发债主体和偿债主体不同。可交换债券是上市公司的股东；可转换债券是上市公司本身。

2. 发债目的不同。发行可交换债券的目的具有特殊性，通常并不为具体的投资项目，其发债目的包括股权结构调整、投资退出、市值管理、资产流动性管理等；发行可转债用于特定的投资项目。

3. 所换股份的来源不同。可交换债券是发行人持有的其他公司的股份，可转换债券是发行人本身未来发行的新股。

4. 对公司股本的影响不同。可转换债券转股会使发行人的总股本扩大，摊薄每股收益；可交换债券换股不会导致标的公司的总股本发生变化，也无摊薄收益的影响。

5. 抵押担保方式不同。上市公司大股东发行可交换债券要以所持有的用于交换的上市的股票做质押品，除此之外，发行人还可另行为可交换债券提供担保；发行可转换公司债券，要由第三方提供担保，但最近一期末经审计的净资产不低于人民币 15 亿元的公司除外。

6. 转股价的确定方式不同。可交换债券交换为每股股份的价格应当不低于募集说明书公告日前 30 个交易日上市公司股票交易价格平均值的 90%；可转换债券转股价格应不低于募集说明书公告日前 20 个交易日该公司股票交易均价和前一交易日的均价。

7. 转换为股票的期限不同。可交换公司债券自发行结束之日起 12 个月后方可交换为预备交换的股票；可转换公司债券自发行结束之日起 6 个月后即可转换为公司股票，现实中，可转换债券是百慕大式转股，即发行 6 个月后的任何一个交易日即可转股。

8. 转股价的向下修正方式不同。可交换债券没有可以向下修正转换价格的规定；可转换债券可以在满足一定条件时，向下修正转股价。

——资料来源：东奥会计在线，http://practice.dongao.com/csgh/20180619899697.shtml，2022 年 2 月 1 日。

三、附权证的可分离公司债券

刚刚所论述的可转换债券实质是一种含有嵌入式认股权的债券。从理论上说，将内嵌的权证从主体债券中分离出来，与主体债券分别独立交易是可行的。

2006 年 5 月 8 日，中国证监会发布《上市公司证券发行管理办法》，明确规定上市公司可以公开发行认股权和债券分离交易的可转换公司债券，即附权证的可分离公司债券。

附权证的可分离公司债券与一般可转换债券之间存在以下区别：

1. 权利载体不同

可转换债券的权利载体是债券本身，因此，债券持有人即转股权所有人；而附权证债券的权利载体是权证，在可分离交易的情况下，权证持有人可能与债券持有人相分离，债券持有人拥有的是单纯的公司债券，不具有转股权。

2. 行权方式不同

可转换债券持有人在行使权利时，将债券按规定的转换比例转换为上市公司股票，债券将不复存在；而附权证债券发行后，权证持有人将按照权证规定的认股价格以现金认购标的股票，对债券不产生直接影响。

3. 权利内容不同

可转换债券持有人的转股权有效期通常等于债券期限，债券发行条款中可以规定若干修正转股价格的条款；而附权证债券的权证有效期通常不等于债券期限，只有在正股除权除息时才调整行权价格和行权比例。

第六节　其他衍生工具

一、存托凭证

（一）存托凭证概述

存托凭证又称预托凭证、存券收据或存股证，是指在一国证券市场流通的代表外国公司有价证券的可转让凭证。存托凭证属于公司融资业务范畴的金融衍生工具。

存托凭证一般代表公司股票，但有时也代表债券。以股票为例，一国的公司为使其股票在外国流通，将一定数额的股票委托中间机构（通常为银行，称为保管银行或受托银行）保管，由保管银行通知外国的存托银行在当地发行代表该股份的存托凭证，之后，存托凭证便开始在外国证券交易所或柜台市场交易。从投资人的角度来说，存托凭证是由存托银行所签发的几种可转让股票凭证，证明一定数额的某外国公司股票已寄存在该银行在外国的保管机构，而存托凭证持有人实际上是寄存股票的所有人，其拥有的权利与原股票持有人相同。

存托凭证的当事人包括本地的证券发行公司、保管机构，以及国外的存托银行、证券承销商及投资人。

存托凭证于 1927 年由 J. P. 摩根首创，即美国存托凭证（ADR）。美国存托凭证出现后，各国根据各自的情况相继推出了适合本国的存托凭证。比如全球存托凭证（GDR）、国际存托凭证（IDR）。目前我国香港特别行政区和台湾地区推出的存托凭证分别被称为 HDR 和 TDR。我国内地（大陆）推出中国存托凭证（CDR）。

资料卡　全球存托凭证与沪伦通

全球存托凭证亦称“国际存托凭证”，是存托凭证的一种，在全球公开发行，可在两个或更多金融市场上交易的股票或债券。较之在国外发行和上市股票，可克服国外投资者在股票买卖、分红派息、配股及行使其他股东权利等方面的诸多不便。其特点：(1)同时在全球股票市场上发行，一般包括美国 144-A 规则下的不公开发行和在美国以外的国家的公开发行。(2)它适合于“保管信托公司”欧洲清算组织和国际清算组织等清算交割。(3)跨越多个市场交易，并且以各个市场的货币清算。(4)在美国以外的全球存托凭证不能进入美国公开市场上市，但可以按 144-A 规则出售给特定机构投资者。

存托凭证之所以存在并且迅速发展，得益于其以下特征和优势：

(1)存托凭证避开了直接的股票和债券发行的程序与法律要求，手续简单，成本低。

(2)存托凭证市场容量大、筹资能力强，能在短期内筹集到大量的外汇资金，拓宽公司股东基础。

(3)存托凭证与直接投资国外股票相比，具有特别的优势。上市公司发放股利时，存托凭证持有者能及时获得，避免了机构投资者投资外国证券的政策限制等。

(二)美国存托凭证及分类

美国存托凭证是美国商业银行为协助外国证券在美国交易而发行的一种可转让证书。通常代表非美国公司可公开交易的股票和债券。参与美国存托凭证发行与交易的中介机构包括存券银行、托管银行和中央存托公司。

按照基础证券发行人是否参与存托凭证的发行，美国存托凭证分为无担保和有担保的存托凭证。无担保存托凭证目前很少应用，有担保的存托凭证分为一、二、三级公开募集存托凭证和美国 144-A 规则下的私募存托凭证。

一级 ADR 只能在柜台交易市场(OTC)交易，是最简便的在美上市交易方式。美国证券交易委员会(SEC)对一级 ADR 的监管要求很少，不要求发布年报，也不要求遵从美国会计准则(GAAP)。

二级 ADR 要比第一级复杂得多，它要求向美国证券交易委员会(SEC)注册并接受其监管。此外，二级 ADR 必须要定时提供年报(Form 20-F)，并服从美国会计准则。二级 ADR 的好处是可以在证券交易所交易，而不仅限于柜台市场。

三级 ADR 是最高一级的 ADR，美国证券交易委员会对其的监管也最为严格，与对美国本土企业的监管要求基本一致。三级 ADR 的最大好处是可以实现融资功能，而不仅限于在证券交易所交易。为了融资，公司必须提供招股说明书(Form F-1)。此外，这类公司还须满足公开信息披露要求，以 Form 8K 表格的形式向美国证券交易委员会提交。

可见，存托凭证的级别越高，所反映的美国证券交易委员会(SEC)登记要求也越高，对投资者的吸引力也越大。

美国 144-A 规则下的私募存托凭证，它只能通过柜台交易市场(OTC)交易，监管要求更低，只能出售给合格机构投资人。

(三)我国公司在海外发行存托凭证

自 1993 年以来，我国也有公司在境外比如美国发行 ADR，包括一、二、三级存托凭证。一级存托凭证的国内企业主要分两类：一类是含 B 股的国内上市公司，一类主要是在我国香港上市的内地公司。比如：在上海证券交易所上市的轮胎橡胶、氯碱化工、二纺机以及深圳证券交易所上市的深深房，上述 4 家公司发行的都属一级 ADR，仅限于柜台交易市场交易，而无筹资功能。2004 年以前，只有在我国香港上市的中华汽车发行过二级存托凭证；进入 2004 年后，二级存托凭证成为中国网络股进入 NASDAQ 的主要形式。此后，中国华能国际、山东华能则以三级 ADR 形式公开募集并在纽约证交所上市。144-A 规则下的私募存托凭证在柜台交易不利于提高企业知名度，故近年来很少适用这种方式发行。

我国公司发行存托凭证一共分为四个阶段。第一个阶段是1993年至1995年，中国企业在美国发行存托凭证；第二个阶段是1996年至1998年，基础设施类存托凭证渐成为主流；第三个阶段是2000年至2001年，高科技公司及大型国有企业成功在美国主板和二板市场上市；第四个阶段是2002年以来，中国企业存托凭证发行出现分化现象。

（四）中国存托凭证

中国存托凭证是指由存托人签发、以境外证券为基础在中国境内发行、代表境外基础证券权益的证券。

2018年3月30日，国务院批准了中国证监会《关于开展创新境内发行股票或存托凭证试点的若干意见》（以下简称《若干意见》）；2018年6月7日，中国证监会又发布了《存托凭证发行与交易管理办法（试行）》，为CDR的正式推出积极做好制度准备。根据《若干意见》，我国将开展创新企业境内发行存托凭证试点工作。试点企业应当是符合国家战略、掌握核心技术、市场认可度高，属于互联网、大数据、云计算、人工智能、软件和集成电路、高端装备制造、生物医药等高新技术产业和战略性新兴产业，且达到相当规模的创新企业。《若干意见》对支持创新企业境内发行上市做了系统制度安排，主要内容有：一是明确境外注册的红筹企业可以在境内发行股票；而是推出存托凭证这一新的证券品种，并对发行存托凭证的基础制度做出安排；三是进一步优化证券发行条件，解决部分创新企业具有持续盈利能力但可能存在尚未盈利或者未弥补亏损的情形；四是充分考虑部分创新企业存在的VIE架构、投票权差异等特殊的公司治理问题，做出有针对性的安排。

2020年4月30日，证监会发布了《关于创新试点红筹企业在境内上市相关安排的公告》，将已在境外上市且满足特定条件的红筹企业回归A股上市条件由2 000亿元市值降低至200亿元市值，同时对于发行存托凭证的条件做了修改：

（1）红筹企业申请境内发行股票或存托凭证，适用《试点创新企业境内发行股票或存托凭证并上市监管工作实施办法》（证监会公告〔2018〕13号）等规定。其中，已境外上市红筹企业的市值要求调整为符合下列标准之一：

①市值不低于2 000亿元人民币；

②市值200亿元人民币以上，且拥有自主研发、国际领先技术，科技创新能力较强，同行业竞争中处于相对优势地位。

（2）存在协议控制架构的红筹企业申请发行股票，中国证监会受理相关申请后，将征求红筹企业境内实体实际从事业务的国务院行业主管部门和国家发展改革委、商务部意见，依法依规处理。

（3）尚未境外上市红筹企业申请在境内上市，应在申报前就存量股份减持等涉及用汇的事项形成方案，报中国证监会，由中国证监会征求相关主管部门意见。

试点企业在境内发行的存托凭证应在境内证券交易所上市交易。2020年6月12日，科创板“首单CDR”九号机器人有限公司的上市申请获上海证券交易所通过。9月22日晚，证监会发布消息显示，同意九号有限公司（原名九号机器人有限公司，简称“九号智能”）科创板公开发行存托凭证注册。这意味着，九号智能成为第一家通过发行CDR（中国存托凭证）的形式登陆科创板的红筹企业。

（五）“沪伦通”存托凭证业务

1. 沪伦通

沪伦通是指上海证券交易所与伦敦证券交易所互联互通的机制。符合条件的两地上市公司,可以发行存托凭证(DR)并在对方市场上市交易。

沪伦通包括东、西两个业务方向,东向业务、西向业务初始总额度分别为 2 500 亿元、3 000 亿元人民币,额度可以依据情况后续调整。东向业务是指伦交所上市公司在上交所挂牌中国存托凭证(CDR)。西向业务是指上交所 A 股上市公司在伦交所挂牌全球存托凭证(GDR),即由存托人签发、以沪市 A 股为基础在英国发行、代表中国境内基础证券权益的证券。

2018 年 10 月 12 日,证监会正式发布《关于上海证券交易所与伦敦证券交易所互联互通存托凭证业务的监管规定(试行)》,自公布之日起施行。随着上交所配套规则的正式发布,后续沪伦通的正式开通有了制度基础。

2019 年 6 月 17 日上午 8:00,沪伦通在英国伦敦正式启动。中国证监会和英国金融行为监管局 2019 年 6 月 17 日发布沪伦通《联合公告》,原则批准上海证券交易所和伦敦证券交易所开展沪伦通。同日,沪伦通启动仪式在伦敦举行,上交所上市公司华泰证券股份有限公司发行的沪伦通下首只全球存托凭证(GDR)产品在伦交所挂牌交易。2020 年 6 月 17 日,上交所上市公司中国太平洋保险(集团)股份有限公司全球存托凭证(GDR)在伦交所成功上市。

2. 沪伦通和沪深港通的区别

沪深港通即沪港通和深港通。沪港通是指上海证券交易所和香港联合交易所允许两地投资者通过当地证券公司(或经纪商)买卖规定范围内的对方交易所上市的股票,是沪港股票市场交易互联互通机制。沪港通下的股票交易于 2014 年 11 月 17 日正式开通。深港通,是深港股票市场交易互联互通机制的简称,指深圳证券交易所和香港联合交易所有限公司建立技术连接,使内地和香港投资者可以通过当地证券公司或经纪商买卖规定范围内的对方交易所上市的股票。深港通于 2016 年 12 月 5 日正式启动。

从概念上看,沪深港通是两地的投资者互相到对方市场直接买卖股票,投资者跨境而“产品”不跨境。而沪伦通是将对方市场的股票转换成存托凭证(DR)到本地市场挂牌交易,“产品”跨境,但投资者不跨境。

3. 沪伦通交易

2018 年 11 月 2 日,上交所发布《上海证券交易所与伦敦证券交易所互联互通存托凭证上市交易暂行办法》,按照该办法,境外发行人申请中国存托凭证首次在上交所上市,应当符合以下条件:

(1)符合《存托凭证管理办法》《监管规定》规定的中国存托凭证公开发行条件,并经中国证监会核准公开发行中国存托凭证。

(2)发行申请日前 120 个交易日按基础股票收盘价计算的境外发行人平均市值不低于人民币 200 亿元(根据发行申请日前 1 日中国人民银行公布的人民币汇率中间价计算)。

(3)在伦交所上市满 3 年且主板高级上市满 1 年。

(4)申请上市的中国存托凭证数量不少于 5 000 万份且市值不少于人民币 5 亿元。

(5)本所要求的其他条件。

中国存托凭证交易实行投资者适当性管理制度。会员应当制定中国存托凭证投资者适当性管理的相关工作制度,对投资者进行适当性管理。参与中国存托凭证交易的投资者应当符合上海证券交易所规定的适当性管理要求,个人投资者还应当通过会员组织的中国存托凭证投资者适当性综合评估。个人投资者参与中国存托凭证交易,应当符合下列条件:

(1)申请权限开通前 20 个交易日证券账户及资金账户内的资产日均不低于人民币 300 万

元(不包括该投资者通过融资融券交易融入的资金和证券)。

(2)不存在严重的不良诚信记录。

(3)不存在境内法律、上海证券交易所业务规则等规定的禁止或限制参与证券交易的情形。

机构投资者参与中国存托凭证交易,应当符合境内法律及上海证券交易所业务规则的规定。

二、资产证券化

(一)资产证券化的定义,主要种类和优点

资产证券化是指将缺乏流动性的资产,以特定资产组合或特定现金流为支持,转换为在金融市场上可以自由交易的证券的一种融资形式。这些缺乏流动性的产品包括银行贷款、应收账款、房地产等。在资产证券化发行过程中,以资产池为基础的证券称为证券化产品。资产证券化的目的在于将缺乏流动性的资产提前变现,解决流动性风险,改善资产结构,加快资金周转。

狭义的资产证券化是指信贷资产证券化。而广义的资产证券化从不同的角度,可以分为如下几类:

(1)根据基础资产的不同,可将资产证券化分为实体资产证券化、信贷资产证券化、证券资产证券化、现金资产证券化。

实体资产证券化即以实物资产和无形资产为基础发行证券并上市的过程。信贷资产证券化即把缺乏流动性但有未来现金流的信贷资产(如银行的贷款、企业的应收账款等)经过重组形成资产池,并以此为基础发行证券。证券资产证券化即证券资产的再证券化过程,就是将证券或证券组合作为基础资产,再以其产生的现金流或与现金流相关的变量为基础发行证券。现金资产证券化是指现金的持有者通过投资将现金转化成证券的过程。

(2)根据资产化的产品属性,可将资产证券化分为股权类证券化、债券类证券化和混合型证券化。

(3)根据资产证券化的地域分类,可将资产证券化分为境内资产证券化和离岸资产证券化。

境内资产证券化是指融资方通过境内特定目的机构在境内市场融资,离岸资产证券化是指融资方在国际市场上以资产证券化的方式向国外投资者融资。

资产证券化的当事人包括发起人、特定目的机构或特定目的受托人、信用增级机构、信用评级机构、承销人和证券化产品投资者。

资产证券化最早起源于美国。20世纪60年代美国国民抵押协会为了摆脱储蓄存款大量提取所造成的流动性困境,首次公开发行"过手证券",它的推出改变了银行传统的"资金出借者"的角色,使银行同时具有了"资产出售者"的职能。20世纪80年代以来资产证券化的内涵、品种和方式发生了巨大的变化,它不仅作为商业银行解决流动性不足的手段,并成为有效联结金融市场投资者和筹资者、提高社会资源配置效率的有力工具,进而在更重要意义上逐渐成为一种内容丰富的金融理财观念和方式。我国资产证券化起步于20世纪90年代初。

与其他衍生产品一样,资产证券化具有其特殊的优点:

第一,利用金融资产证券化可提高金融机构的资本充足率。

第二,资产证券化能够将缺乏流动性的资产转换为可自由交易的证券,增加资产流动性,改善银行资产与负债结构失衡。

第三，利用金融资产证券化可降低银行固定利率资产的利率风险。

第四，银行可利用金融资产证券化来降低筹资成本。

第五，银行利用金融资产证券化可使贷款人资金成本下降。

(二)资产支持证券概念及分类

在资产证券化过程中发行的以资产池为基础的证券被称为“资产支持证券”。资产支持证券是由受托机构发行的、代表特定目的的信托的信托受益权份额。受托机构以信托财产为限向投资机构承担支付资产支持证券收益的义务。其支付基本来源于支持证券的资产池产生的现金流。项下的资产通常是金融资产，如贷款或信用应收款，根据它们的条款规定，支付是有规律的。资产支持证券支付本金的时间常依赖于涉及资产本金回收的时间，这种本金回收的时间和相应的资产支持证券相关本金支付时间的固有的不可预见性，是资产支持证券区别于其他债券的一个主要特征，是固定收益证券当中的主要品种。可以用作资产支持证券抵押品的资产分为两类：现存的资产或应收款，将来发生的资产或应收款。前者称为“现有资产的证券化”，后者称为“将来现金流的证券化”。

资产支持证券是在西方国家融资证券化、直接化的金融大环境下应运而生的，最早出现在20世纪70年代的美国金融市场，随后被众多成熟市场经济国家接受和采用。据产生现金流的证券化资产的类型不同，资产支持证券可分为住房抵押贷款资产支持证券(MBS)和资产支撑证券化产品(ABS)两大类。其区别在于：前者的基础资产是住房抵押贷款，而后者的基础资产则是除住房抵押贷款以外的其他资产。随着证券化技术的不断发展和证券化市场的不断扩大，ABS的种类也日趋繁多，具体可以细分为以下品种：(1)汽车消费贷款、学生贷款证券化；(2)商用、农用、医用房产抵押贷款证券化；(3)信用卡应收款证券化；(4)贸易应收款证券化；(4)设备租赁费证券化；(5)基础设施收费证券化；(6)门票收入证券化；(7)俱乐部会费收入证券化；(8)保费收入证券化；(9)中小企业贷款支撑证券化；(10)知识产权证券化等。

资料卡　信用违约掉期

信用违约掉期(Credit Default Swap,CDS,又称信用违约互换)是信贷衍生工具之一，合约由两个法人交易，一个称为买方(信贷违约时受保护的一方)，另一个称为卖方(保障买方于信贷违约时的损失)。当买方在有抵押下向第三者(欠债人)贷款，而又担心欠债人违约不还款，就可以向信贷违约掉期合约提供者买一份有关该欠债人的合约/保险。通常这份合约需定时供款，直至欠债人还款完成为止，否则合约失效。倘若欠债人违约不还款(或其他合约指定情况，令人相信欠债人无力或无打算按时还款)，买方可以拿抵押物向卖方索偿，换取应得欠款。卖方所赚取的是倘若欠债人依约还款时的合约金/保险费。

信用违约掉期是1995年由摩根大通首创的由信用卡贷款所衍生出来的一种金融衍生产品，它可以被看作一种金融资产的违约保险。债权人通过这种合同将债务风险出售，合同价格就是保费。购买信用违约保险的一方被称为买方，承担风险的一方被称为卖方。双方约定如果金融资产没有出现违约情况，则买方向卖方定期支付“保险费”，而一旦发生违约，则卖方承担买方的资产损失。承担损失的方法一般有两种：第一种方式是“实物交割”，一旦违约事件发生，卖保险的一方承诺按票面价值全额购买买方的违约金融资产。第二种方式是“现金交割”，违约发生时，卖保险的一方以现金补齐买方的资产损失。信用违约事件是双方均事先认可的事件，其中包括：金融资产的债务方破产清偿、债务方无法按期支付利息、债务方违规招致的债权方要求召回债务本金和要求提前还款、债务重组。一般而言，买保险的主要是大量持有金融资产的银行或其他金融机构，而卖信用违约保险的是保险公司、对冲基金，也包括商业银行和投资银行。合约持有双方都可以自由转让这种保险合约。

小 结

本章小结

1. 金融衍生工具是指建立于基础产品或基础变量之上，且其价格取决于基础金融产品价格或数值的派生金融产品。金融衍生工具具有跨期交易、杠杆性、联动性、高风险性的特征。

2. 根据产品形态，金融衍生工具可分为独立衍生工具和嵌入式衍生工具。按照基础工具种类可将金融衍生工具分为股权式衍生工具、货币衍生工具、利率衍生工具、信用衍生工具以及其他衍生工具。

3. 按照交易场所可以将金融衍生工具分为交易所交易的衍生工具、OTC 交易的衍生工具。按照交易方法与特点可将金融衍生工具分为金融远期合约、金融期货、金融期权、金融互换以及结构化衍生工具。

4. 金融远期合约又称金融远期、金融远期合约、金融远期交易，是指交易双方约定在未来某一特定时间、以事先约定的价格买卖某一特定数量和质量基础金融资产的合约。金融远期具有规避风险和投机等功能。

5. 金融期货是指交易双方在有组织的交易所内以公开竞价方式达成的，在未来某一特定时间、以事先约定的价格买卖某一标准数量特定金融工具的协议。按照基础工具划分，金融期货主要有外汇期货、利率期货和股票指数期货三大类。金融期货基本功能包括套期保值、价格发现、投机、套利。

6. 金融期权是指买方向卖方支付一定费用，在约定期限内享有按事先确定的价格向卖方买进或卖出某一特定金融工具的权利的契约。按照选择权的性质划分，期权可分为买入期权和卖出期权。按照基础产品的不同，金融期权可分为股权类期权、利率期权和货币期权、期货合约期权和互换期权。按照合约所规定的履约时间不同，可将金融期权分为欧式期权、美式期权和修正的美式期权。按照交易市场类型的不同，期权可分为场内期权和场外期权。奇异期权也可以称为“新型期权”，奇异期权包括障碍期权、亚式期权、打包期权、回溯期权和复合期权等。

7. 权证，又称“认股证”或“认股权证”，是指基础证券发行人或以外的第三人发行的，约定持有人在规定期间或特定到期日有权按照约定价格向发行人购买或出售标的证券，或以现金结算方式收取结算差价的有价证券。

8. 可转换债券是指债券持有人可以在一定时期内按一定比例或价格将债券转换成一定数量的另一种证券的证券。股权证的可分离公司债券是认股权和债券可分离交易的可转换公司债券。

9. 存托凭证又称预托凭证、存券收据或存股证，是指在一国证券市场流通的代表外国公司有价证券的可转让凭证。

10. 资产证券化是指将缺乏流动性的资产，以特定资产组合或特定现金流为支持，转换为在金融市场上可以自由交易的证券的一种融资形式。在资产证券化过程中发行的以资产池为基础的证券被称为“资产支持证券”。

知识结构图

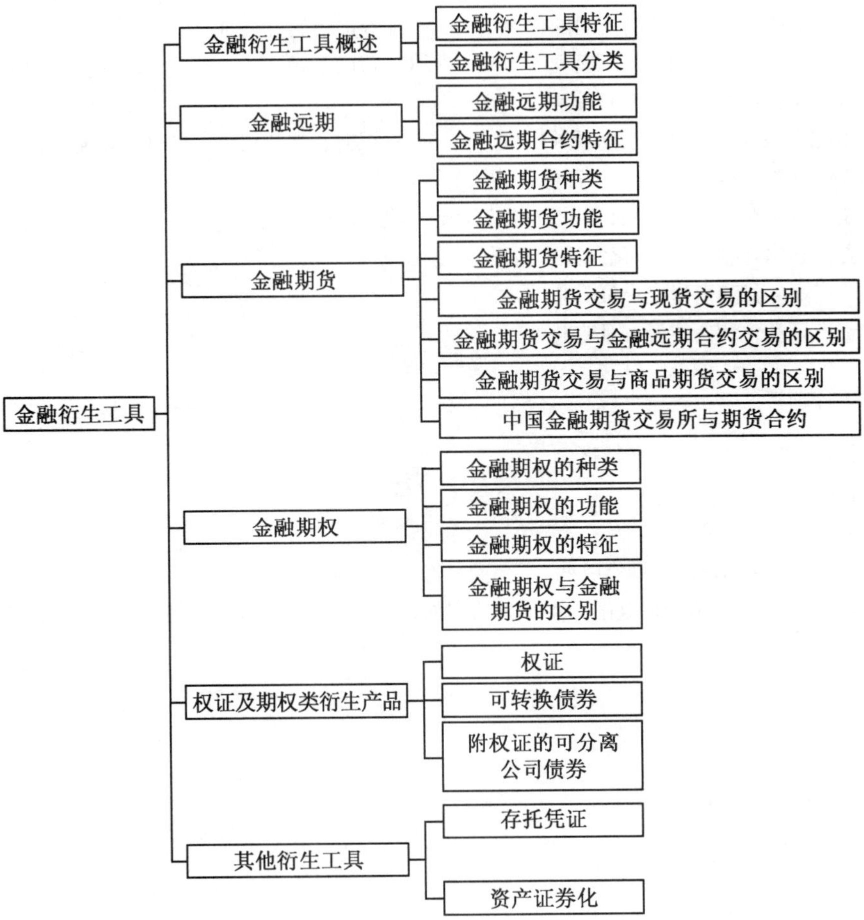

习　题

一、选择题

1. 可在期权到期日或到期日之前的任何一个营业日执行的是________。

A. 欧式期权　　B. 美式期权

C. 修正的美式期权　　D. 大西洋期权

2. 金融期货通过在现货市场与期货市场建立相反的头寸，从而锁定未来现金流的功能称为________。

A. 套期保值功能　　B. 价格发现功能

C. 投机功能　　D. 套利功能

3. ________属于金融期货的交易制度。

A. 集中交易制度　　B. 保证金制度

C. 大户报告制度　　D. T+1 制度

4. 可在期权到期日或到期日之前的任一个营业日执行的期权是________。

A. 欧式期权　　B. 美式期权　　C. 看涨期权　　D. 看跌期权

5. 期权交易中的选择权属于交易中的________。

A. 买方 B. 卖方 C. 双方 D. 第三方

6. 存托凭证指在一国证券市场流通的代表________证券的可转让凭证。

A. 债权 B. 外国公司 C. 跨国公司 D. 基金组合

7. 可转换证券实际上是一种普通股票的________。

A. 长期看涨期权 B. 长期看跌期权 C. 短期看涨期权 D. 短期看跌期权

8. 根据基础资产的不同，可将资产证券化分为________。

A. 实体资产证券化、信贷资产证券化、证券资产证券化、现金资产证券化

B. 股权类证券化、债券类证券化和混合型证券化

C. 境内资产证券化和离岸资产证券化

D. 实体资产证券化和资本资产证券化

二、思考题

1. 简述金融衍生工具的定义和特征。
2. 金融衍生工具种类有哪些？
3. 金融期货的功能有哪些？
4. 金融期货和金融期权的区别有哪些？
5. 结合当前经济形势，请分析金融衍生工具的利弊以及对于全球经济的影响。

第六章　证券市场运行及监督管理

学习目标

通过本章学习，了解证券发行市场概念和功能以及证券交易市场的基本概念和功能；了解证券市场监管的意义、手段、目标；学习证券市场监管的内容和主要监管方式；了解法律监督、行政监管和自律管理相关内容。

证券市场可分为证券发行市场和证券交易市场。证券发行市场是证券发行者为扩充经营、筹集资金，按照一定的法律规定和发行程序，向投资者出售新证券的市场，又称一级市场、初级市场。证券交易市场也称证券流通市场、二级市场、次级市场，是指买卖、转让和流通已经发行的证券的市场。两者相互依存，不可分割。

证券市场的健康有序运行需要对其监管，证券市场监管是指证券管理机关运用法律的、经济的以及必要的行政手段，监督与管理证券的募集、发行、交易等行为以及证券投资中介机构的行为。证券市场监管是一国宏观经济监督体系中不可缺少的组成部分，对证券市场的健康发展意义重大。

第一节　证券发行市场

证券发行市场是一个抽象的市场，其买卖成交活动并不局限于一个固定的场所；它是一个无形的市场，为资金提供者提供了投资机会，为资金使用者提供了获得资金的渠道和手段。

一、证券发行市场功能

（一）筹资融资功能

证券发行市场为资金需求者提供融资渠道和场所，资金需求者可以通过在一级市场上发行股票、债券等筹集资金。发行人一般根据各类证券的期限、预期收益、风险性、发行成本，根据各自的需求和自身条件确定发行何种证券，并根据证券市场上的供求需要和同类证券的市场行情确定发行数量和发行价格。

（二）投资功能

证券发行市场为资金提供者提供投资机会，谋求证券投资收益，实现储蓄向投资转化。投资者可以选择不同的投资工具，寻求获得投资利益的机会。

（三）优化配置功能

证券发行市场促成资金流动的收益导向机制，实现资源优化配置。证券市场通过发行市场使资金流向产业前景好、业绩优良、生产效益高的企业，促进资源优化配置。

二、证券发行市场构成

发行市场一般没有一个有形的特定场所，证券在发行者和投资者之间通过中介机构出售，因此，发行市场主要由证券发行者、证券中介和证券投资者三者构成，此外，还包括证券业协会、证券监督机构等。

（一）证券发行者

证券发行者是资金的需求者和证券的供应者，主要是政府、企业和金融机构。

政府包括中央政府和地方政府。中央政府为弥补财政赤字或者筹措国民经济建设所需的资金发行国债，地方政府为当地的公共事业建设发行地方政府债券。政府发行债券已经成为政府财政收入的一个稳定来源。

企业是证券市场的主要发行者。企业可以通过发行股票和债券筹集资金，满足经营活动对资金的需求。在我国，随着社会主义市场经济的发展，企业越来越多地以股份有限公司和有限责任公司的形式出现，其发行的股票和债券称为公司股票和公司债券。

金融机构包括银行金融机构和非银行金融机构，银行金融机构主要是商业银行和政策性银行。而非银行金融机构包括证券公司、保险公司、信托投资公司等。金融机构作为证券发行者的目的有两个：一是以发行金融债券的形式筹集资金，增加负债，扩大资产业务；二是其本身就是股份有限公司，发行股票是为了筹集资本，开展经营活动。

（二）证券中介

证券中介机构是联系发行人和投资者的专业性中介服务组织，主要包括证券公司、证券登记结算公司、会计师事务所、律师事务所、资产评估事务所等为证券发行与投资服务的中介机构。

1. 证券公司

证券公司是经国务院证券监督管理机构批准从事证券经营业务的有限责任公司或股份有限公司。《证券法》对经营不同证券业务的证券公司规定了不同的注册资本限额。

根据最新《证券法》(2019 年 12 月 28 日修订通过，2020 年 3 月 1 日起施行)的第 120 条与第 121 条规定，经国务院证券监督管理机构批准，证券公司可以经营下列部分或者全部业务：(1)证券经纪；(2)证券投资咨询；(3)与证券交易、证券投资活动有关的财务顾问；(4)证券承销与保荐；(5)证券融资融券；(6)证券做市交易；(7)证券自营；(8)其他证券业务。证券公司经营上述第(1)至第(3)项业务的，注册资本最低限额为人民币 5 000 万元；经营第(4)至第(8)项业务之一的，注册资本最低限额为人民币 1 亿元；经营第(4)至第(8)项业务中两项以上的，注册资本最低限额为人民币 5 亿元。证券公司的注册资本应当是实缴资本。国务院证券监督管理机构根据审慎监管原则和各项业务的风险程度，可以调整注册资本最低限额，但不得少于上述规定的限额。

根据新《证券法》第 118 条，设立证券公司，应当具备下列条件，并经国务院证券监督管理机构批准：

(1)有符合法律、行政法规规定的公司章程；

(2)主要股东及公司的实际控制人具有良好的财务状况和诚信记录，最近 3 年无重大违法违规记录；

(3)有符合《证券法》规定的注册资本；

(4)董事、监事、高级管理人员、从业人员符合《证券法》规定的条件；

(5)有完善的风险管理与内部控制制度；

(6)有合格的经营场所、业务设施和信息技术系统；

(7)法律、行政法规规定的和经国务院批准的国务院证券监督管理机构规定的其他条件。

证券公司必须在其名称中标明证券有限责任公司或者证券股份有限公司字样。

2. 证券登记结算公司

证券登记结算公司是为证券交易提供集中登记、存管与结算服务、不以营利为目的的法人。

根据新《证券法》146条规定，设立证券登记结算机构必须经国务院证券监督管理机构批准。设立证券登记结算机构，应当具备下列条件：

(1)自有资金不少于人民币2亿元；

(2)具有证券登记、存管和结算服务所必需的场所和设施；

(3)国务院证券监督管理机构规定的其他条件。

证券登记结算机构的名称中应当标明证券登记结算字样。证券登记结算采取全国集中统一的运营方式。证券登记结算机构章程、业务规则应当依法制定，并须经国务院证券监督管理机构批准。证券登记结算机构申请解散，应当经国务院证券监督管理机构批准。

证券结算是指证券交易成交之后对买卖证券双方应收或应付的证券和价款计算核定，并转移证券和资金的行为。证券结算包括证券的结算和资金的结算两个方面，在证券交易成交后，卖出方卖出的证券应划转到买入方的账户，同时将买入方买入证券而需要支付的资金划转到卖出方的账户。对实物证券交易的结算，需要清点、鉴别证券，并在买卖双方之间交付，记名证券上所载持有人姓名还须更改。对无纸化证券的交易结算，由证券登记结算机构更改电脑记载的有关数据资料。

(三)证券投资者

证券投资者是资金的供应者和证券的需求者，证券发行市场上的投资者包括个人投资者和机构投资者。

个人投资者是指从事证券投资的社会自然人，是证券市场最广泛的投资者。个人投资者的主要投资目的是追求盈利，谋求资本的保值和增值，所以十分重视本金的安全和资产的流动性。

机构投资者主要是证券公司、商业银行、保险公司、社保基金、证券投资基金、信托投资公司、企业和事业法人及社会团体等。

三、证券发行

(一)证券发行制度

目前，证券发行制度分为核准制与注册制两种。[①]

证券发行核准制又称“准则制”或“实质审查制”，是指发行人发行证券，不仅要公开全部的、可以供投资人判断的材料，还要符合证券发行的实质性条件，证券主管机关有权依照《公司

① 在证券市场发展初期，还有一种发行制度——审批制。审批制是一国在为了稳定和平衡复杂的社会经济关系，采用行政计划的办法分配股票发行的指标和额度，由地方或行业主管部门根据指标推荐企业发行股票的一种发行制度。

法》《证券交易法》的规定，对发行人提出的申请以及有关材料，进行实质性审查，发行人得到批准以后，才可以发行证券。核准制有利于新兴市场的健康发展，适合于证券市场不完善、投资服务机构的道德水准和业务水平不高、投资人缺乏经验与业务水平、缺少对信息判断的能力的地区。这些地区的风险是比较大的。我国证券发行审核制度视证券的种类不同而不同：对股票发行采取核准制，对债券发行采取审批制。

证券发行注册制又称“申报制”或“形式审查制”，是指政府对发行人发行证券，事先不做实质性审查，仅对申请文件进行形式审查，发行者在申报申请文件以后的一定时期以内，若没有被政府否定，即可以发行证券。在证券发行注册制下，证券机关对证券发行不做实质条件的限制。凡是拟发行证券的发行人，必须将依法应当公开的，与所发行证券有关的一切信息和资料，制成法律文件并公之于众，其应对公布资料的真实性、全面性、准确性负责，公布的内容不得含有虚假陈述、重大遗漏或信息误导。2016 年 3 月 1 日，国务院对注册制改革的授权正式实施。2018 年 11 月 5 日，习近平出席首届中国国际进口博览会开幕式并发表主旨演讲，宣布在上海证券交易所设立科创板并试点注册制。2019 年 1 月 30 日，证监会发布《关于在上海证券交易所设立科创板并试点注册制的实施意见》，2019 年 3 月 18 日，科创板发行审核系统正式上线“迎客”。2020 年 3 月 1 日，证监会发布《科创板首次公开发行股票注册管理办法(试行)》，明确规定在科创板试点注册制，上交所负责科创板发行上市审核，中国证监会负责科创板股票发行注册。2020 年 6 月 12 日晚，深交所正式下发创业板注册制改革系列制度规则。2020 年 6 月 16 日，深交所创业板注册制正式落地。2021 年 9 月 3 日北京证券交易所(简称“北交所”)注册成立，同步试点证券发行注册制。“十四五”规划和 2035 年远景目标纲要提出，全面实行股票发行注册制。2021 年 12 月 8—10 日中央经济工作会议提出下一年的重点工作之一是全面推行注册制。

与证券发行相配套的制度还有保荐制度、发审委制度和承销制度。

保荐制度是指有资格的证券公司推荐符合条件的公司公开发行股票和上市，对发行人的申请文件和信息披露资料进行审慎核查，督导发行人规范运作。

发审委全称为发行审核委员会，是由国务院证券监督管理机构的专业人员和所聘请的该机构外的有关专家组成，以投票方式对股票发行申请进行表决，提出审核意见。核准制下，发审委需要对发行申请人进行实质审查。新《证券法》实行后，配合注册制改革，审核环节由中国证监会下设的发审委下放到证券交易所，中国证监会履行监督职能，实现监审分离。

承销制度是指发行人将股票销售业务委托给专门的证券经营机构(承销商)销售的一种制度。

表 6—1 对核准制、注册制以及证券市场早期实行过的审批制进行了比较。

表 6—1

	审批制	核准制	注册制
指标额度	有	无	无
发行上市标准	有	有	有
主要推(保)荐人	政府或行业主管部门	中介机构	中介机构
对发行作实质性判断的主体	中国证监会	证券交易所、中介机构、中国证监会	证券交易所、中介机构

续表

	审批制	核准制	注册制
发行监管性质	中国证监会实质性审核	证券交易所、中介机构和中国证监会分担实质性审核职责	证券交易所、中介机构实质审核,中国证监会形式审核
市场化程度	计划体制	逐步市场化	市场化

资料卡 深交所创业板注册制改革

2020 年 6 月 12 日晚,深交所正式下发创业板注册制改革系列制度规则,这意味着创业板改革正式落地。同时也伴随着创业板股票异常交易监控标准以及交易制度改变。

一、投资者最关心的交易规则类

1. 创业板股票及相关基金产品的涨跌幅限制放宽至 20%。包括跟踪指数成分股仅为创业板股票或其他实行 20%涨跌幅限制股票的指数型 ETF、LOF 或分级基金 B 类份额,以及 80%以上非现金资产投资创业板股票或其他实行 20%涨跌幅限制股票的 LOF 涨跌幅调整为 20%,具体名单由深交所公布。

2. 对于首次公开发行上市的股票,上市后的前五个交易日不设价格涨跌幅限制。买入申报价格不得高于买入基准价格的 102%,5 日后涨跌幅限制比例为 20%。

3. 提高单笔最高申报数量,限价申报单笔最高申报数量调整至 30 万股,市价申报调整至 15 万股。设置单笔数量上限,能够减少哄抬/打压股价以及盘中大额封涨跌停这些异常交易行为,有效抑制股票短期炒作行为。

4. 盘中临时停牌设置 30%、60%两档停牌指标,各停牌 10 分钟,停牌期间可以挂单撤单。

5. 引入盘后定价交易方式,时间为 15:05—15:30,此时成交价为固定收盘价,允许投资者在竞价交易收盘后,按照收盘价买卖股票,也可以从 9:15—11:30、13:00—15:30 申报。收盘后低于收盘价的买单和高于收盘价的卖单均无效(定价委托和竞价交易委托是不同的系统)。

6. 龙虎榜名单规则:当日收盘涨跌超 15%的各前五,当日振幅超 30%的前五,当日换手率超 30%的前五。

7. 开户要求:新开户的需要 2 年交易经验,且 20 日日均账户资产超 10 万元。如果在 2020 年 4 月 28 日前开户,还需补签新版风险提示书,这两种方式均可以在各自券商官网、App 上完成操作。

二、IPO 审核类规则

1. 从发行时间来看,明确发行上市审核和注册程序,深交所审核期限为 2 个月,证监会注册期限为 15 个工作日。同时,针对“小额快速”融资设置简易程序。

2. 修订后的《上市规则》为境内不存在表决权差异的企业设置了三套市值及财务标准,发行人应当至少符合其中之一:

(1)最近两年净利润均为正,且累计净利润不低于 5 000 万元;

(2)预计市值不低于 10 亿元,最近一年净利润为正且营业收入不低于 1 亿元;

(3)预计市值不低于 50 亿元,且最近一年营业收入不低于 3 亿元。其中,第三套标准一年内暂不实施。简单来说未盈利企业上市标准一年内暂不实施。

3. 允许红筹企业和同股不同权企业上市，单独设立两套标准：

(1)一是预计市值不低于100亿元，且最近一年净利润为正；

(2)预计市值不低于50亿元，最近一年净利润为正且营业收入不低于5亿元。具有表决权差异安排的企业上市标准与红筹企业相同。

这其中红筹企业上市条件关于“营业收入快速增长”的标准明确为：最近一年营业收入不低于5亿元的，最近三年营业收入复合增长率在10%以上；最近一年营业收入低于5亿元的，最近三年营业收入复合增长率在20%以上。

4. 设立负面清单，不是所有的企业都能来创业板上市。此次对于创业板的定位，规则给出的答案是围绕“三创四新”，其中对传统行业(如农林牧渔业、房地产、交通运输、仓储和邮政业等)企业，原则上不支持其申报在创业板发行上市，与互联网、大数据、云计算、自动化、人工智能、新能源等新技术、新产业、新业态、新模式深度融合的创新创业企业除外。

三、深交所发布创业板股票标识改革通知

为配合此次注册制改革。深交所亦发布关于创业板股票及存托凭证证券简称及标识的通知。具体包括：

1. 首次公开发行上市股票及存托凭证上市首日证券简称首位字母为“N”；上市后次日至第五日，其证券简称首位字母为“C”。

2. 发行人尚未盈利的，其股票或存托凭证的特别标识为“U”；发行人首次实现盈利的，该特别标识取消。

3. 发行人具有表决权差异安排的，其股票或存托凭证的特别标识为“W”；上市后不再具有表决权差异安排的，该特别标识取消。

4. 发行人具有协议控制架构或者类似特殊安排的，其股票或存托凭证的特别标识为“V”；上市后不再具有相关安排的，该特别标识取消。

四、优化退市制度，增设 * ST、ST 制度

这个制度和主板类似，上市公司出现财务状况或者其他状况异常，导致其股票存在终止上市风险，或者投资者难以判断公司前景，其投资权益可能受到损害的，深交所有权对该公司股票交易实施风险警示。

创业板退市改革充分借鉴了科创板制度，按照注册制理念，取消了暂停上市、恢复上市环节，交易类退市也不再设置退市整理期。同时新增“连续20个交易日市值低于3亿元”的退市指标。

(二)证券发行方式

1. 股票发行方式

股票发行根据不同的分类方法，可以分为若干种。

(1)按照发行对象划分，可分为公开发行与不公开发行。公开发行又称公募，是指事先没有特定的发行对象，向社会广大投资者公开推销股票的方式。公开发行可以采用股份公司自己直接发售的方法，也可以支付一定的发行费用而通过中介机构代理。不公开发行又称私募，是指发行者只对特定的发行对象推销股票的方式。通常在股东配股和私人配股中采用。

(2)按照发行者推销出售股票的方式,可分为直接发行与间接发行。直接发行是指股份公司自己承担股票发行的一切事务和发行风险,直接向认购者推销、出售股票的方式。间接发行是指发行者委托证券发行中介机构出售股票的方式。

(3)按照投资者认购股票时是否缴纳股金划分,可分为有偿增资、无偿增资和搭配增资。有偿增资是指股票购买者按股票的发行价格支付现款,获得股票的一种发行方式。一般公开发行的股票和私募中的股东配股、私人配股都采用此方式。无偿增资是指股票购买者无需向股份公司缴纳现金就可获得股票的发行方式,发行对象只限于原股东,一般在股票派息分红、股票分割和法定公积金或盈余转作资本配股时采用此发行方式,目的主要是增强股东信心和公司信誉或调整资本结构。搭配增资是指股份公司向原股东分摊新股时,仅让股东支付发行价格的一部分,就可获得一定数额股票的方式。

我国股票发行采取三种具体形式:上网定价发行、向二级市场投资者配售、一般投资者上网发行和法人配售结合。具体内容见第十一章。

2. 债券发行方式

债券发行相对简单。按照债券的发行对象,可分为私募发行和公募发行两种方式。私募发行是指面向少数特定的投资者发行债券,一般以少数关系密切的单位和个人为发行对象,不对所有的投资者公开出售。公募发行是指公开向不特定投资者发行债券。公募债券发行者必须向证券管理机关办理发行注册手续。

我国债券的具体发行方式有以下三种:

(1)定向发行。定向发行又称私募发行,即面向少数投资者发行。由债券发行人与机构投资者直接洽谈发行条件等,属于直接发行。

(2)承购包销。承购包销是指发行人与商业银行、证券公司等金融机构组成的承销团通过协商条件签订承购包销合同,由承销团分销待发行证券的发行方式。

(3)招标发行。招标发行是指通过招标方式确定债券承销商和发行条件的发行方式。根据标的物不同,可分为价格招标、收益率招标和缴款期招标;根据中标规则不同,可分为荷兰式招标(即单一价格中标)和美式招标(即多种价格中标)。

(三)证券发行价格

1. 股票发行价格

股票发行价格是指投资者认购新股时实际支付的价格。我国股票发行价格可以等于票面金额,也可以超过票面金额,但不得低于票面金额。以超过票面金额的价格发行股票所得的溢价款项列入发行公司的资本公积金。股票发行采取溢价发行的,发行价格由发行人与承销的证券公司协商确定。

股票发行的定价方式,可以采取协商定价方式,也可以采取一般询价方式、累计投标询价方式、上网竞价方式等。我国《证券发行与承销管理办法》(2018 年 6 月 15 日)第 4 条规定,首次公开发行股票,可以通过向网下投资者询价的方式确定股票发行价格,也可以通过发行人与主承销商自主协商直接定价等其他合法可行的方式确定发行价格。

为了规范上海证券交易所科创板上市公司证券发行与承销行为,上交所于 2020 年 7 月 3 日制定并发布《上海证券交易所科创板上市公司证券发行承销实施细则》并自发布之日起施行。2021 年 9 月 18 日,为进一步优化科创板新股发行承销制度,促进买卖双方博弈更加平衡,引导投资者审慎参与网下发行,上海证券交易所对《上海证券交易所科创板股票发行与承销实施办法》进行了修订,并自发布之日起施行。

2020年6月12日，为了规范创业板上市公司证券发行承销活动，深圳证券交易所制定并发布《深圳证券交易所创业板上市公司证券发行与承销业务实施细则》，并自发布之日起施行。2021年9月18日，为进一步深化新股发行定价机制市场化改革，更好发挥市场化发行机制作用，结合注册制下新股发行承销运行实践，深圳证券交易所修订并发布《深圳证券交易所创业板首次公开发行证券发行与承销业务实施细则(2021年修订)》，自发布之日起施行。同时2020年6月12日发布的《深圳证券交易所创业板首次公开发行证券发行与承销业务实施细则》同时废止。

2021年10月30日，北交所制定并发布了《北京证券交易所证券发行与承销管理细则》，自2021年11月15日起施行。第六条规定，公开发行并上市、上市公司公开发行可以通过发行人和主承销商自主协商直接定价、合格投资者网上竞价或网下询价等方式确定发行价格，发行人和主承销商应当在发行方案中说明本次发行采用的定价方式，并在招股文件和发行公告中披露。

2. 债券发行价格

债券的发行价格是指投资者认购新发行的债券时实际支付的价格。债券的发行价格存在平价发行、折价发行与溢价发行三种情况：平价发行是指债券的发行价格与面值相等；折价发行是指债券以低于面值的价格发行；溢价发行是指债券以高于面值的价格发行。

债券发行的定价通常采用公开招标方式。按照招标标的分类，有价格招标和收益率招标；按价格决定方式分类，有美式招标和荷兰式招标。这样，就存在四种招标情况：

(1)以价格为标的的荷兰式招标，是以募满发行额为止所有投标者的最低中标价格作为最后中标价格，全体中标者的中标价格相同。

(2)以价格为标的的美式招标，是以募满发行额为止中标者各自的投标价格作为各中标者的最终中标价，各中标者的认购价格各不相同。

(3)以收益率为标的的荷兰式招标，是以募满发行额为止的中标者最高收益率作为全体中标者的最终收益率，所有中标者的认购成本相同。

(4)以收益率为标的的美式招标，是以募满发行额为止的中标者所投标的各个价位上的中标收益率作为中标者各自的最终中标收益率，各中标者的认购成本各不相同。

四、证券承销

证券销售方式有自销和承销两种，自销即自己销售，承销即委托他人销售。承销又分包销和代销两种。

(一)代销

证券代销，又称代理发行，是指证券公司代发行人发售证券，在承销期结束时，将未售出的证券全部退还给发行人的承销方式。

(二)包销

证券包销，是指证券公司将发行人的证券按照协议全部购入或者在承销期结束时将售后剩余证券全部自行购入的承销方式。对发行人来说，包销不必承担证券销售不出去的风险，而且可以迅速筹集资金，因而适用于那些资金需求量大、社会知名度低而且缺乏证券发行经验的企业。与代销相比，包销的成本也相应较高。包销又可分为全额包销和余额包销两种形式。

全额包销是指发行人与承销机构签订承购合同，由承销机构按一定价格买下全部证券，并按合同规定的时间将价款一次付给发行公司，然后承销机构以略高的价格向社会公众出售。

在全额包销过程中，承销机构与证券发行人并非委托代理关系，而是买卖关系，即承销机构将证券低价买进然后高价卖出，赚取中间的差价。对发行人来说，采用全额包销方式既能保证如期得到所需要的资金，又无须承担发行过程中价格变动的风险，因此全额包销是西方成熟证券市场中最常见、使用最广泛的方式。

余额包销是指发行人委托承销机构在约定期限内发行证券，到销售截止日期，未售出的余额由承销商按协议价格认购。余额包销实际上是先代理发行，后全额包销，是代销和全额包销的结合。

第二节　证券交易市场

证券交易市场也称证券流通市场、二级市场、次级市场，是指买卖、转让和流通已经发行的证券的市场。

一、证券交易市场功能

(1)证券交易市场为证券持有者提供将证券变现的场所。

(2)证券交易市场是为新的投资者提供投资机会的市场。

(3)证券交易市场为各类有价证券在二级市场上的顺利流通提供条件，有利于形成一个公平合理的价格，并实现货币资本与证券资本的相互转换。

二、证券交易市场形式

证券交易市场有场内交易市场和场外交易市场两种形式。

(一)场内交易市场

场内交易市场是指由证券交易所组织的集中交易，有固定的交易场所和交易活动时间的交易市场。

1. 证券交易所

我国新《证券法》第 37 条规定：“公开发行的证券，应当在依法设立的证券交易所上市交易或者在国务院批准的其他全国性证券交易场所交易。非公开发行的证券，可以在证券交易所、国务院批准的其他全国性证券交易场所、按照国务院规定设立的区域性股权市场转让。”同时，根据新《证券法》96 条规定的定义，证券交易所是为证券集中交易提供场所和设施，组织和监督证券交易，实行自律管理的法人。

证券交易所不仅是买卖双方公开交易的场所，而且为投资者提供多种服务，交易所随时向投资者提供关于在交易所挂牌上市的证券交易情况，如成交价格和数量等；提供发行证券企业公布的财务情况，供投资者参考。交易所制定各种规则，严格管理参加交易的经纪人和自营商，监督证券交易活动，防止操纵市场、内幕交易、欺诈客户等违法犯罪行为的发生。交易所还要不断完善各种制度和设施，以保证正常交易活动持续、高效进行。

2. 证券交易所的组织形式

证券交易所的组织形式可以分为会员制和公司制两种。会员制证券交易所是由会员自愿组成，不以营利为目的的社会法人团体。公司制证券交易所是以股份有限公司为组织形式，以营利为目的的法人团体。我国内地(大陆)有三家证券交易所，分别是上海证券交易所、深圳证券交易所和北京证券交易所，前两家为会员制，第三家是公司制。

凡在证券交易所上市交易的股份公司称为上市公司;符合公开发行条件、但未在证券交易所上市交易的股份公司称为非上市公众公司,非上市公众公司的股票将在柜台市场转手交易。

3. 证券交易所的特征

证券交易所有如下几个特征:有固定的交易场所和时间,参加交易者都是具备会员资格的机构,交易采取经纪制,交易的对象限于合乎一定标准的上市证券,通过公开竞价的方式决定交易价格,集中了证券的交易供求双方,具有较高的成交速度和成交率,实行三公原则,严格管理。

4. 证券交易所的职能

为了适应证券发行注册制改革的需要,做好新《证券法》贯彻实施工作,中国证监会于2020年3月20日发布了修订后的《证券交易所管理办法》。

根据修订后的《证券交易所管理办法》第7条,证券交易所的职能包括:

(1)提供证券交易的场所、设施和服务;

(2)制定和修改证券交易所的业务规则;

(3)依法审核公开发行证券申请;

(4)审核、安排证券上市交易,决定证券终止上市和重新上市;

(5)提供非公开发行证券转让服务;

(6)组织和监督证券交易;

(7)对会员进行监管;

(8) 对证券上市交易公司及相关信息披露义务人进行监管;

(9)对证券服务机构为证券上市、交易等提供服务的行为进行监管;

(10)管理和公布市场信息;

(11)开展投资者教育和保护;

(12)法律、行政法规规定的以及中国证监会许可、授权或者委托的其他职能。

5. 证券交易所的交易原则和交易规则

(1)证券交易所的交易原则

①价格优先原则。价格较高的买入申报优先于价格较低的买入申报,价格较低的卖出申报优先于价格较高的卖出申报。

②时间优先原则。同价位申报,依照申报时序决定优先顺序,即买卖方向、价格相同的,先申报者优先于后申报者。先后顺序按证券交易所交易主机接受申报的时间确定。

(2)证券交易所的交易规则

①交易时间。交易所有严格的交易时间,在规定的时间开始和结束交易。三个交易所的交易时间是一样的,即周一到周五 9:30—11:30,13:00—15:00,周末和节假日休市。

②交易单位。交易所规定每次申报和成交的数量单位,一个单位为一手(即100股),但委托买卖的数量每个交易所有差别。沪深主板:委托买卖的数量通常为100股或者100股的整数倍。卖出股票、基金、权证时,余额不足100股(份)的部分,应当一次性申报卖出。股票、基金、权证交易单笔申报最大数量应当不超过100万股(份),债券交易和债券质押式回购交易单笔申报最大数量应当不超过1万手,债券买断式回购交易单笔申报最大数量应当不超过5万手。上交所科创板:单笔申报数量至少为200股,以1股为单位递增;卖出时余额不足200股的部分,应当一次性申报卖出;单笔限价申报最大数量应当不超过10万股,市价申报最大数量应当不超过5万股。深交所创业板:委托买卖的数量为100股或者100股的整数倍,卖出时,

余额不足 100 股（份）的部分，应当一次性申报卖出；单笔限价申报最大数量应当不超过 30 万股，市价申报最大数量应当不超过 15 万股，盘后定价申报不超过 100 万股。北交所：单笔申报不低于 100 股，以 1 股为单位递增，卖出时，余额不足 100 股（份）的部分，应当一次性申报卖出。

③价位。交易所规定每次报价和成交的最小变动单位。我国 A 股、债券交易和债券买断式回购交易的申报价格最小变动单位为 0.01 元人民币，基金、权证交易为 0.001 元人民币，B 股交易为 0.001 美元，债券质押式回购交易为 0.005 元。

④报价方式。现代证券采用电脑报价方式，交易所规定报价规则。

⑤价格决定。交易所按照连续、公开竞价方式形成证券价格，当卖方和买方在价格和数量上取得一致时，便立即成交并形成价格。我国上海、深圳和北京三大证券交易所的价格决定都采取集合竞价和连续竞价方式。集合竞价是指在规定时间内接受的买卖申报一次性集中撮合的竞价方式。连续竞价是指对买卖申报逐笔连续撮合的竞价方式。证券竞价交易按价格优先、时间优先的原则撮合成交。开盘集合竞价的时间是 9:15—9:25，9:20 后不接受撤单，收盘集合竞价的时间是 14:57—15:00，收盘集合竞价期间不接受撤单，连续竞价的时间是 9:30—11:30，13:00—14:57。

⑥涨跌幅限制。三大交易所的涨跌幅限制都不一样。沪深主板：上市首日，涨跌幅限制比例为±44%，之后股票、基金交易涨跌幅比例为 10%，其中 ST 股票和 *ST 股票价格涨跌幅比例为 5%。上交所科创板与深交所创业板：新股前五个交易日不设涨跌幅，之后股票涨跌幅比例为 20%。北交所：新股前五个交易日不设涨跌幅，次日起竞价交易涨跌幅限制放宽至 30%。股票、基金涨跌幅价格的计算公式为：涨跌幅价格＝前日收盘价×（1±涨跌幅比例）。计算结果按照四舍五入原则取至价格最小变动单位。

⑦盘后固定价格交易。除了竞价交易，上交所科创板、深交所创业板、北交所还有盘后固定价格交易。盘后定价交易是指在股票交易收盘后按照时间优先的原则，以当日收盘价对盘后定价买卖申报逐笔连续撮合的交易方式。申报时间为每个交易所略有不同，但成交时间都为每个交易日的 15:05—15:30。

⑧大宗交易。在交易所市场的证券单笔买卖达到交易所规定的最低限额，可以采取大宗交易方式。三大交易所都有大宗交易方式。以上交所为例，根据《上海证券交易所交易规则》（2020 年第二次修订），上交所大宗交易方式规定如下：A 股单笔买卖申报数量应当不低于 30 万股，或者交易金额不低于 200 万元人民币；B 股单笔买卖申报数量应当不低于 30 万股，或者交易金额不低于 20 万元美元；基金大宗交易的单笔买卖申报数量应当不低于 200 万份，或者交易金额不低于 200 万元；债券及债券回购大宗交易的单笔买卖申报数量应当不低于 1 000 手，或者交易金额不低于 100 万元。再以北交所为例，根据《北京证券交易所规则（试行）》（2021 年 11 月 2 日发布，2021 年 11 月 15 日起施行），股票交易单笔申报数量不低于 10 万股，或者交易金额不低于 100 万元人民币的，可以采用大宗交易方式。大宗交易不纳入即时行情和指数的计算，成交量在大宗交易结束后计入该证券成交总量。

（二）场外交易市场

场外交易市场又称柜台交易或店头交易市场，是证券交易所以外的证券交易市场的总称。场外交易市场没有固定的场所，主要利用电话、传真、计算机网络交易。场外交易市场交易的证券以不在交易所上市的证券为主，在某些情况下也交易在证券交易所上市的证券。

场外交易市场与证券交易所的区别是不采取经纪制。投资者与证券商直接交易。证券商兼具证券自营商和代理商的双重身份。证券商先行垫入资金买进若干证券作为库存，挂牌对外交易，赚取差价。在场外交易市场上，证券采取一对一的交易方式，不存在公开竞价机制，而是买卖双方协商议价。即证券公司对自己所经营的证券同时挂出买入价和卖出价，并无条件地按买入价与卖出价分别买入、卖出相应证券，券商可随时调整所挂的牌价。

场外交易市场具有以下功能：

(1)场外交易市场是证券发行的主要场所。

(2)场外交易市场为政府债券、金融债券、企业债券以及按规定公开发行又不能到二级市场交易的股票提供了流通场所，为投资者提供了兑现的机会。

(3)场外交易市场是证券市场的必要补充。

第三节　证券市场监管概述

证券市场监管，是指证券管理机关运用法律的、经济的以及必要的行政手段，监督与管理证券的募集、发行、交易等行为以及证券投资中介机构的行为。证券市场监管是一国宏观经济监督体系中不可缺少的组成部分，对证券市场的健康发展意义重大。

一、监管的意义

(1)加强证券市场监管是保障广大投资者权益的需要。投资者是证券市场的重要参与者，他们参与证券交易、承担投资风险是以获取收益为前提的。为保护投资者的合法权益，必须坚持“公开、公平、公正”的原则，加强对证券市场的监管。只有这样，才便于投资者充分了解证券发行人的资信、证券的价值和风险状况，从而使投资者能够比较正确地选择投资对象。

(2)加强证券市场监管是维护市场良好秩序的需要。在现有的经济基础和条件下，市场存在蓄意欺诈、垄断行市、操纵交易和哄抬股价等多种弊端。为此，必须监督检查证券市场活动，严厉查处非法证券交易活动，以保护正当交易，维护证券市场的正常秩序。

(3)加强证券市场监管是发展和完善证券市场体系的需要。完善的市场体系能促进证券市场筹资和融资功能的发挥，有利于稳定证券行市，增强社会投资信心，促进资本合理流动，从而推动金融业、商业和其他行业以及社会福利事业的顺利发展。

(4)准确和全面的信息是证券市场参与者做出发行和交易决策的重要依据。发达、高效的证券市场也必定是信息灵敏的市场，它既要有现代化的通信设备系统，又必须有组织严密的科学的信息网络机构；既要有收集、分析、预测和交换信息的制度与技术，又要有与之相适应的、高质量的信息管理人才，而这些都只有通过相关的统一组织管理才能实现。

二、监管的手段、目标和原则

(一)监管手段

(1)法律手段。法律手段是指建立完善的证券法律、法规体系和严格执法。法律手段最具约束力。

(2)经济手段。经济手段是指利用利率政策、公开市场业务、信贷政策、税收等财政政策和货币政策干预证券市场。经济手段较为灵活，但是具有滞后性。

(3)行政手段。行政手段是指通过制定计划、政策等对证券市场进行行政性的干预。行政手段比较直接，但是容易违背市场规律，出现作用未能有效发挥的情况。

（二）监管目标

（1）运用和发挥证券市场机制的积极作用，限制消极作用，保障证券市场的健康发展。

（2）保护投资者利益、保障合法的证券交易活动，监督机构合法经营，防止人为操纵、欺诈等不法行为，维持市场正常秩序。

（3）根据国家宏观经济管理的需要，采用多种方式调控证券市场的交易规模，引导投资方向，支持重点产业，促进国民经济持续、快速、健康发展。

（三）监管原则

1. 依法管理原则

监管必须有法律依据和法律保障，明确划分各方面的权利和义务，保护市场参与者的合法权益。依法管理原则要求有法可依、有法必依。

2. 保护投资者利益原则

保护投资者不仅关系到资本市场的规范和发展，还关系到整个经济体系的稳定发展。投资者只有权益受到保障才会对市场有信心。培育投资者信心是培育证券市场的重要环节，是证券监管机构的重要任务和宗旨。

3. 三公原则，即公开、公正、公平原则

（1）公开。公开原则是指证券的发行、交易的信息要公开披露。证券发行人发行证券时要披露发行人的基本信息、经营、财务、管理等情况，让投资者在了解真实情况的基础上做出决策。发行后，还要按规定定时或及时公开信息。公开信息必须真实、准确、完整，不得有虚假陈述、重大遗漏或者误导性陈述。在公开原则下，证券市场具有充分的透明度。

（2）公平。公平原则是指证券市场的各个参与者在法律上享有平等地位，不受到歧视，在证券交易中有平等的机会，公平参加竞争。

（3）公正。公正原则是在监管中按照统一的规则，立法机构制定体现公平精神的法律法规政策，监管部门公正对待市场参与者，同样保护他们的合法权益，让他们同等享受权利和承担责任，对违法行为要公平处理。

4. 监管和自律相结合原则

在加强监管机构对证券市场监管的同时，也要加强从业者的自我约束、自我教育和自我管理。证券从业者的自我管理是证券市场正常运行的基础。国家管理与自我管理相结合的原则是世界各国证券监管共同奉行的原则。

三、监管制度

1. 行业监管体制

根据《公司法》（2018 年修订）、《证券法》（2019 年 12 月修订）和《证券公司监督管理条例》（2014 年 7 月修订）等相关法律法规规定，目前我国证券业实施的是以中国证监会依法集中统一监督管理为主、中国证券业协会和证券交易所等自律性组织对会员实施自律管理为辅的行业管理体制。

（1）中国证监会的集中统一监管

按照新《证券法》的规定，国务院证券监督管理机构依法对证券市场实行监督管理，维护证券市场秩序，保障其合法运行。经国务院授权，中国证监会及其派出机构依法集中统一监管全国证券期货市场。中国证监会在对证券市场实施监督管理中承担如下主要职能：

①依法制定有关证券市场监督管理的规章、规则，并依法审批、核准、注册办理备案；

②依法监督管理证券的发行、上市、交易、登记、存管、结算；

③依法监督管理证券发行人、上市公司、证券公司、证券投资基金管理公司、证券服务机构、证券交易所、证券登记结算机构的证券业务活动；

④依法制定从事证券业务人员的资格标准和行为准则，并监督实施；

⑤依法监督检查证券发行、上市和交易的信息公开情况；

⑥依法指导和监督证券业协会的活动；

⑦依法监测并防范、处置证券市场风险；

⑧依法开展投资者教育；

⑨依法查处证券违法行为；

⑩法律、行政法规规定的其他职责。

国务院证券监督管理机构可以和其他国家或者地区的证券监督管理机构建立监督管理合作机制，实施跨境监督管理。

(2)证券业协会的自律管理

按照新《证券法》的规定，中国证券业协会是证券业的自律性组织，属于社会团体法人，通过会员大会对证券市场实施自律管理。中国证券业协会的职责为：

①教育和组织会员及其从业人员遵守证券法律、行政法规，组织开展证券行业诚信建设，督促证券行业履行社会责任；

②依法维护会员的合法权益，向证券监督管理机构反映会员的建议和要求；

③督促会员开展投资者教育和保护活动，维护投资者合法权益；

④制定和实施证券行业自律规则，监督、检查会员及其从业人员行为，对违反法律、行政法规、自律规则或者协会章程的，按照规定给予纪律处分或者实施其他自律管理措施；

⑤制定证券行业业务规范，组织从业人员的业务培训；

⑥组织会员就证券行业的发展、运作及有关内容进行研究，收集整理、发布证券相关信息，提供会员服务，组织行业交流，引导行业创新发展；

⑦对会员之间、会员与客户之间发生的证券业务纠纷进行调解；

⑧证券业协会章程规定的其他职责。

(3)证券交易所的自律管理

按照《证券交易所管理办法》的规定，证券交易所是为证券集中交易提供场所和设施，组织和监督证券交易，实行自律管理的法人。证券交易所的主要职责范围包括：

①提供证券交易的场所、设施和服务；

②制定和修改证券交易所的业务规则；

③依法审核公开发行证券申请；

④审核、安排证券上市交易，决定证券终止上市和重新上市；

⑤提供非公开发行证券转让服务；

⑥组织和监督证券交易；

⑦对会员进行监管；

⑧对证券上市交易公司及相关信息披露义务人进行监管；

⑨对证券服务机构为证券上市、交易等提供服务的行为进行监管；

⑩管理和公布市场信息；

⑪开展投资者教育和保护；

⑫法律、行政法规规定的以及中国证监会许可、授权或者委托的其他职能。

2. 行业主要法律法规和政策

为了维护证券市场秩序，规范证券市场的行为，防范证券业务风险，切实地保护证券市场参与者的合法权益，促进证券行业的健康稳定发展，我国已逐步建立起一套较为完整的证券业监管法律法规体系。目前我国证券行业的法律法规和政策分为基本法律法规以及行业规章与规范性文件。基本法律法规主要包括《公司法》《证券法》《证券公司监督管理条例》《证券公司风险处置条例》等；行业规章主要包括中国证监会颁布的部门规章、规范性文件，自律机构制定的规则、准则等，涉及行业管理、公司治理、业务操作和信息披露等诸多方面。

证券公司监管的法律法规及相关政策主要体现在以下三个方面：

(1)市场准入和业务许可

《证券法》《证券公司监督管理条例》《证券公司业务范围审批暂行规定》《外资参股证券公司设立规则》《证券公司设立子公司试行规定》等法律法规，规定了设立证券公司应当具备的条件、证券公司的股东资格、证券公司的业务范围等，并规定设立证券公司必须经国务院证券监督管理机构审查批准，证券公司经营证券业务应经国务院证券监督管理机构批准。未经国务院证券监督管理机构批准，任何单位和个人不得经营证券业务。

(2)证券公司业务监管

《关于加强证券经纪业务管理的规定》《证券经纪人管理暂行规定》《证券公司证券营业部信息技术指引》《证券发行上市保荐业务管理办法》《首次公开发行股票并上市管理办法》《关于进一步加强保荐业务监管有关问题的意见》《中国证监会关于进一步推进新股发行体制改革的意见》《首次公开发行股票时公司股东公开发售股份暂行规定》《首次公开发行股票承销业务规范》《证券公司代销金融产品管理规定》《证券发行与承销管理办法》《上市公司证券发行管理办法》等，对证券公司从事各种业务的资格、程序、责任及处罚措施等都做了相应的规定，是证券公司开展业务的基本规范。

(3)证券公司日常管理

在日常运营方面，《证券公司治理准则》《证券公司风险控制指标管理办法》《证券公司内部控制指引》《关于证券公司综合治理工作方案的通知》《证券公司分类监管规定》《证券公司行政许可审核工作指引第10号——证券公司增资扩股和股权变更》《证券公司分支机构监管规定》等，对证券公司的日常运营，包括分支机构的设立、公司治理、内控制度、财务风险控制指标和日常监督检查等做了严格的规定。

在风险管理方面，《关于进一步加强保荐机构内部控制有关问题的通知》《证券公司风险控制指标管理办法》《证券公司风险控制指标计算标准规定》《关于加强上市证券公司监管的规定》《证券公司风险处置条例》《证券公司缴纳证券投资者保护基金实施办法(试行)》《证券公司和证券投资基金管理公司合规管理办法》等，对证券公司的风险管理和风险防范做出了具体规定。

在从业人员管理方面，《证券公司董事、监事和高级管理人员任职资格监管办法》《证券业从业人员资格管理办法》《证券经纪人管理暂行规定》等对证券公司董事、监事和高级管理人员的任职资格，以及在证券公司从事证券业务的专业人员的从业资格做了详细规定。

在信息披露方面，《关于证券公司信息公示有关事项的通知》《关于证券公司执行〈企业会计准则〉的通知》《证券公司年度报告内容与格式准则》《证券投资基金信息披露管理办法》《关于统一同业拆借市场中证券公司信息披露规范的通知》等规范证券公司的信息披露。

四、监管的内容

（一）对证券发行上市的监管

1. 证券发行全面推行注册制

我国目前在证券发行方面采取三种制度，即对上市公司股票发行实行核准制和注册制，其中沪深主板上市股票实行核准制，上交所科创板、深交所创业板、北交所上市的股票实行注册制；对于债券发行实行审批制，上市公司发行公司债券，需要经过证监会批准。相对来说，实行审批制类似于按计划发行，监管较为严格；而注册制市场化程度更高，更适合较为成熟的证券市场，而核准制介于两者之间，在削弱政府监管审批的同时，加大了证券中介机构的责任。2022 年将全面推行注册制。证券发行注册制以信息披露为核心，将全面增强市场包容性，提升资本市场的资源配置效率，提高资本市场服务实体经济和国家战略的能力，从而维护国家的经济金融安全。

2. 发行上市保荐制度

企业首次公开发行和上市公司再次公开发行证券都需要保荐人和保荐代表人推荐。保荐人向监管部门推荐企业上市前，应当对企业进行持续辅导和尽职调查，并对发行人的信息披露质量和发行人持续经营能力等做出必要的承诺。

3. 信息披露制度

信息披露制度是指上市公司为保障投资者的利益、接受社会公众的监督而依法将其公司财务、经营状况等信息资料向证券管理部门和证券交易所报告，并向社会公开或公告，以便使投资者充分了解情况的制度，也称公示制度或公开披露制度。信息披露制度包括证券发行信息披露制度，以及上市后的持续信息公开等。

信息披露制度有利于投资者判断投资价值，防止滥用信息，有利于监管部门的监督管理，有利于提高证券市场效率，有利于防止证券市场的不正当竞争和幕后交易。

信息披露制度具有强制性和单向性基本特征，还具有全面性、真实性和时效性三个基本要求。全面性要求披露者充分公开可能影响投资者投资决策和判断的有关资料；真实性要求披露者公布的信息应当真实、准确，不得欺骗和误导；而时效性要求信息披露者应当及时披露信息，不得超过法定的披露期限。

新《证券法》在第五章专门规定了信息披露要求，系统完善了信息披露制度。

（二）对证券交易市场的监管

1. 对证券交易所的监管

证券交易所是证券市场的重要参与者，对证券交易所的监管是对证券市场监管的重要组成部分。

我国新《证券法》第 109 条规定："证券交易所应当为组织公平的集中交易提供保障，实时公布证券交易即时行情，并按交易日制作证券市场行情表，予以公布。证券交易即时行情的权益由证券交易所依法享有。未经证券交易所许可，任何单位和个人不得发布证券交易即时行情。"新《证券法》第 112 条规定："证券交易所对证券交易实行实时监控，并按照国务院证券监督管理机构的要求，对异常的交易情况提出报告。证券交易所根据需要，可以按照业务规则对出现重大异常交易情况的证券账户的投资者限制交易，并及时报告国务院证券监督管理机构。"

2. 对操纵市场的监管

操纵市场是指某一组织或个人以获取利益或减少损失为目的，利用资金、持股量以及信息等优势制造证券市场假象、诱导投资者的行为。包括单独或窜谋集中资金和持股优势连续买卖，操纵市场；在自己实际控制的账户之间交易证券，影响证券交易价格和交易量等行为。对于操纵市场行为，应采用事前约束以及事后处罚、赔偿的方式监管。

3. 对内幕交易的监管

内幕交易是指公司董事、监事、经理、主要股东等以获取利益或减少经济损失为目的，利用职务便利，获取发行人未公开的、可以影响证券价格的重要信息，交易有价证券或泄露该信息的行为。

我国新《证券法》第53条规定："证券交易内幕信息的知情人和非法获取内幕信息的人，在内幕信息公开前，不得买卖该公司的证券，或者泄露该信息，或者建议他人买卖该证券。持有或者通过协议、其他安排与他人共同持有公司5%以上股份的自然人、法人、非法人组织收购上市公司的股份，本法另有规定的，适用其规定。内幕交易行为给投资者造成损失的，行为人应当依法承担赔偿责任。"

4. 对虚假陈述或信息误导行为的监管

证券市场虚假陈述或有信息误导行为都是违法的。我国新《证券法》第56条规定："禁止任何单位和个人编造、传播虚假信息或者误导性信息，扰乱证券市场。禁止证券交易场所、证券公司、证券登记结算机构、证券服务机构及其从业人员，证券业协会、证券监督管理机构及其工作人员，在证券交易活动中做出虚假陈述或者信息误导。各种传播媒介传播证券市场信息必须真实、客观，禁止误导。传播媒介及其从事证券市场信息报道的工作人员不得从事与其工作职责发生利益冲突的证券买卖。编造、传播虚假信息或者误导性信息，扰乱证券市场，给投资者造成损失的，应当依法承担赔偿责任。"

（三）对证券经营机构的监管

我国对证券经营机构的监管主要体现在资格管理、业务管理和风险管理上。

资格管理是指证券经营机构准入管理。我国新《证券法》第118条规定，设立证券公司必须经国务院证券监督管理部门审查批准。包括最低资本限额、健全的管理制度、从业人员具有从业资格等。

业务监管是指从事证券业务时应遵循一定的规范，其原则是：信息公开；禁止操纵、欺诈活动；限制内幕交易。包括证券公司办理经纪业务置备统一制定的证券买卖委托凭证；为客户分别开立证券和资金账户，分账管理；证券公司自营业务须使用自有资金或依法筹集的资金，不得将自营账户借给他人使用；禁止扰乱市场的交易活动等。

风险管理是指证券经营机构从事证券业务应当具备风险意识，贯彻稳健经营原则，制定并执行风险管理制度。

（四）对证券投资者的监管

对证券投资者的监管主要是指引导和调节投资者的投资规模和投资方向，防止利用不正当手段操纵或影响证券市场，保证证券市场运行的公平、公正、合理和有序。新《证券法》第59条规定："依法拓宽资金入市渠道，禁止资金违规流入股市。禁止投资者违规利用财政资金、银行信贷资金买卖证券。"

对个人投资者的监管主要体现在投资者身份监管上。相当级别的党政机关干部、现役军人、证券经营机构的从业人员、其他与股票发行或交易相关的知情人、未成年人等不得参与证券买卖。证券投资者不得进行非法买卖。新《证券法》第61条规定："证券交易场所、证券公司、证券登记结算机构、证券服务机构及其从业人员对证券交易中发现的禁止的交易行为，应当及时向证券监督管理机构报告。”

对于机构投资者，各级党组织和国家机关不得购买企业股票，机构投资者不得相互串通，制造虚假供求现象，禁止扰乱市场、操纵市场、诱导他人交易等行为。

新《证券法》第60条规定：“国有独资企业、国有独资企业、国有资本控股公司买卖上市交易的股票，必须遵守国家有关规定。”

新《证券法》还强化了证券交易实名制要求，第58条规定：“任何单位和个人不得违反规定，出借自己的证券账户或者借用他人的证券账户从事证券交易。”

新《证券法》基于我国资本市场以中小投资者为主的投资者结构，在原《证券法》规定的基础上，加强了对中小投资者的倾斜性保护，设置“投资者保护”专章，规定了保护中小投资者的“硬核”措施，例如普通投资者与证券公司纠纷的举证责任倒置制度、股东权利征集制度、上市公司现金分红制度、债券持有人会议和受托管理人制度、先行赔付制度、投资者保护机构支持诉讼制度、以“声明退出制”为核心的特别代表人诉讼（中国特色的证券集体诉讼）制度等。

第四节　证券市场监管方式

证券市场监管方式包括法律监督、行政监管和自律管理三个层次。

一、法律监督

法律监督依靠一系列法律法规的保障和规范。当前我国证券监管法律法规有《证券法》《公司法》《中华人民共和国证券投资基金法》（下称《基金法》）、《证券公司监督管理条例》（下称《监管条例》）和《证券公司风险处置条例》等。

（一）主要法律

1.《证券法》

《证券法》是新中国成立以来第一部按国际惯例、由国家最高立法机构组织而非由政府某个部门组织起草的经济法。《证券法》于1998年12月29日第九届全国人民代表大会常务委员会第六次会议通过，并于1999年7月1日正式实施。自实施以来，《证券法》共经历了三次修正和两次修订。2019年十三届全国人大常委会第十五次会议审议通过了新修订的证券法，于2020年3月1日起施行。新《证券法》共14章，基本保持了现行《证券法》的框架结构。由于落实注册制、删除上市条件等相关规定，条文总数由240条精简为226条，新增信息披露和投资者保护专章。本次修订主要从发行制度、民事赔偿诉讼、提高违法成本等方面，对证券市场基础制度进行了系统完善。

《证券法》包括总则、证券发行、证券交易、上市公司收购、证券交易所、证券公司、证券登记结算机构、证券服务机构、证券业协会、证券监督管理机构、法律责任、附则等。包括了在中国境内股票、公司债券和国务院依法认定的其他证券的发行、监管和监督，旨在保护投资者合法权益、维护证券市场稳定运行以及维护社会经济秩序和社会公共利益。

2.《公司法》

《公司法》于1993年12月29日第八届全国人民代表大会常务委员会第五次会议通过，根据1999年12月25日第九届全国人民代表大会常务委员会第十三次会议《关于修改〈中华人民共和国公司法〉的决定》第一次修正，根据2004年8月28日第十届全国人民代表大会常务委员会第十一次会议《关于修改〈中华人民共和国公司法〉的决定》第二次修正，于2005年10月27日第十届全国人民代表大会常务委员会第十八次会议全面修订，并于2006年1月1日起施行。根据2013年12月28日第十二届全国人民代表大会常务委员会第六次会议《关于修改〈中华人民共和国海洋环境保护法〉等七部法律的决定》第三次修正。根据2018年10月26日第十三届全国人民代表大会常务委员会第六次会议《关于修改〈中华人民共和国公司法〉的决定》第四次修正。

现行《公司法》全文共13章218条。《公司法》由总则，有限责任公司的设立和组织机构，有限责任公司的股权转让，股份有限公司的设立和组织机构，股份有限公司的股份发行和转让，公司董事、监事、高级管理人员的资格和义务，公司债券，公司财务、会计，公司合并、分立、增资、减资，公司解散和清算，外国公司的分支机构，法律责任，附则等组成。《公司法》确立了我国公司的法律地位及其设立、组织、运行、终止等一系列过程的法律准则，旨在保护公司股东和债券人的合法权益，维护社会经济秩序。

3.《基金法》

《基金法》是为规范证券投资基金活动，保护投资人及相关当事人的合法权益，促进证券投资基金和证券市场的健康发展而制定的法律。《基金法》于2003年10月28日第十届全国人民代表大会常务委员会第五次会议通过，并于2004年6月1日起正式实施。2012年12月28日第十一届全国人民代表大会常务委员会第三十次会议修订基金法，并于2013年6月1日起施行。修订后的《基金法》为公开募集基金及非公开募集基金的运作与监管提供了更为全面的法律规范。2015年4月24日，第十二届全国人民代表大会常务委员会第十四次会议《全国人民代表大会常务委员会关于修改〈中华人民共和国港口法〉等七部法律的决定》第六条对《基金法》再次做出修改，删除了其中的第17条。

《基金法》包括总则，基金管理人，基金托管人，基金的公开募集、公开募集基金的基金份额的交易，申购与赎回公开募集基金的投资运作与信息披露，公开募集基金的合同的变更、终止与基金财产清算，公开募集基金的份额持有人权利行使，非公开募集基金、基金服务机构、基金行业协会、监督管理，法律责任，附则共15章。《基金法》规范了证券投资基金的发行、交易、管理、托管等活动，旨在保护基金投资人及相关当事人的合法权益，促进证券投资基金和证券市场的健康发展。

（二）主要法规

1.《监管条例》

为了巩固综合治理取得的成果，落实《证券法》的有关规定，进一步完善证券公司监管的法律法规，使证券公司的运行与监管更加规范，《监管条例》于2008年4月23日公布，并于当年6月1日起施行。旨在加强对证券公司的监督管理，规范证券公司的行为，防范证券公司的风险，保护客户的合法权益和社会公共利益，促进证券业健康发展。2014年7月9日国务院第54次常务会议《国务院关于修改部分行政法规的决定》对《监管条例》的部分内容做了修改，并自公布之日起施行。包括总则、设立与变更、组织机构、业务规则与风险控制、客户资产的保护、监督管理措施、法律责任、附则等。

《监管条例》是为了执行《证券法》《公司法》等法律的规定而制定的行政法规。《监管条例》的立法宗旨包括：加强对证券公司的监督管理；规范证券公司的行为；防范证券公司的风险；保护投资者的合法权益和社会公共利益；促进证券业健康发展。

2.《证券公司风险处置条例》

《证券公司风险处置条例》于2008年4月23日起施行，于2016年2月6日根据《国务院关于修改部分行政法规的决定》修订。其指导思想是：总结近年来证券公司风险处置过程中好的措施和成功经验，立足现实需要，同时考虑将来的发展趋势，进一步健全和完善证券公司市场退出机制，巩固证券公司综合治理的成果，促进证券市场健康稳定发展。其基本原则是：化解证券市场风险，保障证券交易正常运行，促进证券业健康发展；保护投资者合法权益和社会公共利益，维护社会稳定；细化、落实《证券法》《中华人民共和国企业破产法》，完善证券公司市场退出法律制度；严肃市场法纪，惩处违法违规的证券公司和责任人。

《证券公司风险处置条例》规定的主要风险处置措施有停业整顿，托管、接管，行政重组，撤销。

(1)停业整顿。停业整顿是自我整改的一种处置措施。当证券公司风险控制指标不符合规定，在规定期限内未能完成整改时，证监会可以责令其停止部分或者全部业务进行整顿。

(2)托管、接管。托管、接管是无自我整改能力，需要借助外力整顿的一种处置措施。当证券公司治理混乱、管理失控，或者挪用客户资产且不能自行弥补，或者在证券交易结算中多次发生交收违约、交收违约数额较大，或者风险控制指标不符合规定、发生重大财务危机时，证监会按规定程序选择专业机构成立托管组，托管其证券经纪等涉及客户的业务；情节严重的，证监会按规定程序组织专业人员成立接管组，接管该证券公司。

(3)行政重组。行政重组是出现重大风险，但财务信息真实、完整，省级人民政府或者有关方面予以支持，有可行的重组计划的证券公司，向证监会申请行政重组。在停业整顿、托管、接管过程中，符合条件的，证券公司也可以向证监会申请行政重组。行政重组申请需经证监会批准。

(4)撤销。撤销是对经停业整顿、托管、接管或者行政重组在规定期限内仍达不到正常经营条件的证券公司采取的市场退出措施。证券公司违法经营特别严重，不能清偿到期债务，需要动用证券投资者保护基金的，证监会可以直接撤销该证券公司。

3.《期货交易管理条例》

《期货交易管理条例》是为规范期货交易行为，加强对期货交易的监督管理，维护期货市场秩序，防范风险，保护期货交易各方的合法权益和社会公共利益，促进期货市场积极稳妥发展制定的条例。由国务院于2007年3月6日发布实施。根据2012年10月24日国务院令第627号《关于修改〈期货交易管理条例〉的决定》，该条例第一次修订。根据2013年7月18日国务院令第638号《关于废止和修改部分行政法规的决定》，该条例第二次修订。根据2016年2月6日国务院令第666号《关于修改部分行政法规的决定》，该条例第三次修订。根据2017年3月1日《国务院关于修改和废止部分行政法规的决定》，该条例第四次修订。现行《期货交易管理条例》全文共八章86条，涉及期货交易所、期货公司、期货交易基本规则、期货业协会、监督管理、法律责任等内容。从事期货交易活动，应当遵循公开、公平、公正和诚实信用的原则。禁止欺诈、内幕交易和操纵期货交易价格等违法行为。

(三)部门规章

1.《证券发行与承销管理办法》

证券发行与承销管理办法是为规范证券发行与承销行为，保护投资者合法权益，根据《证券法》《公司法》制定的。自2006年9月19日起施行，之后经历了多次修订。最近的一次修订是2018年6月15日根据证监令144号文件《关于修改〈证券发行与承销管理办法〉的决定》而修订的。分总则、定价与配售、证券承销、信息披露、监管和处罚、附则，共6章42条。

重点规范了首次公开发行股票的询价、定价以及股票配售等环节，完善了现行的询价制度。首次公开发行股票达到一定规模的，发行人及其主承销商应当在网下配售和网上发行之间建立回拨机制，根据申购情况调整网下配售和网上发行的比例，从而提高公众投资者的中签率。还加强了对发行人、证券公司、证券服务机构和投资者参与证券发行行为的监管，对各参与主体违反法律、法规等行为，设定了记入诚信档案并公布、一定期间内取消其参与相关业务的资格等监管措施和行政处罚条款。

2.《首次公开发行股票并上市管理办法》

《首次公开发行股票并上市管理办法》自 2006 年 5 月 18 日起施行，之后经历了 2018 年和 2020 年两次修订。它通过加强对发行人独立性的要求，提高发行人的财务指标条件，加大中介机构的核查责任等，强化从市场层面约束发行上市行为。

(1)强化公司独立性。《首次公开发行股票并上市管理办法》在总结以往上市公司监管经验的基础上，对发行人的资产、人员、财务、机构和业务的独立性提出了严格要求。在发行人主体资格方面，要求申请在主板市场上市的发行人，上市前已严格按照股份公司的要求运行一段时间，并有可供投资者分析比较的经营财务数据，以作为投资者判断其投资价值的重要前提。

(2)为创业板上市公司预留空间。《证券法》对发行上市财务指标只有原则性的规定，2020 年之前的《证券法》规定为“具有持续盈利能力，财务状况良好”，2020 年新《证券法》规定为“具有持续经营能力”，放宽了财务指标要求。而《首次公开发行股票并上市管理办法》则对发行人的财务指标从多方面设定了具体的条件。

(3)加大中介机构责任。《首次公开发行股票并上市管理办法》进一步细化和加强了中介机构的审慎核查责任。

(4)实施预先披露制度。预先披露制度的目的在于让投资者能够在公司刊登募集说明书之前提早了解公司情况，及时发现问题，有较充裕的时间做出投资决策。《首次公开发行股票并上市管理办法》对预先披露的时间、地点和内容做出了具体规定。

(5)取消辅导期和增资扩股时限规定。《首次公开发行股票并上市管理办法》取消了辅导 1 年方可申请发行上市的要求。

3.《上市公司证券发行管理办法》

《上市公司证券发行管理办法》自 2006 年 5 月 8 日起施行，分别于 2009 年和 2020 年两次修订。它强化了对股票发行的市场价格约束和投资者约束机制，突出了保护公众投资者权益的要求，拓宽了上市公司的融资方式和融资品种，简化了证券发行审核程序。目前，《上市公司证券发行管理办法》一共有 7 章 76 条。《上市公司证券发行管理办法》和 2020 年 2 月 14 日同步发布的《创业板上市公司证券发行管理暂行办法》以及《上市公司非公开发行股票实施细则》统称“再融资新规”，这是为深化金融供给侧结构性改革，进一步提高直接融资比重，增强金融服务实体经济的能力，提高上市公司质量，而发布的新规，进一步放宽了对主板(中小板)、创业板上市公司定向增发股票的监管要求。

4.《上市公司收购管理办法》

《上市公司收购管理办法》在 A 股上市公司收购和上市公司股东权益变动履行程序和信息披露方面一直起着至关重要的作用。《上市公司收购管理办法》经 2006 年 5 月 17 日中国证券监督管理委员会第 180 次主席办公会议审议通过，分别于 2008 年、2012 年、2014 年和 2020 年修订。

(1)该办法依据新《证券法》针对上市公司收购的最大调整为取消了要约收购义务豁免的

行政许可审批，同步调整了向中国证监会申请要约豁免的相关表述，尤其是原第六章“豁免申请”的相关内容。

(2)增加持股5%以上股东的持股变动达到1%时的信息披露要求。投资者及其一致行动人拥有权益的股份达到一个上市公司已发行股份的5%后，其拥有权益的股份占该上市公司已发行股份的比例每增加或者减少1%，应当在该事实发生的次日通知该上市公司，并予公告。

(3)明确超比例增持的股份在一定期限内不得行使表决权。通过证券交易所的证券交易，投资者及其一致行动人拥有权益的股份达到一个上市公司已发行股份的5%，以及在此之后通过证券交易所的证券交易导致拥有权益的股份比例每增加或者减少5%，投资人均应当履行信息披露义务并遵守限制交易规定。违反前述要求的，在买入后的36个月内，对超比例买入的股份不得行使表决权。

(4)简式权益变动报告书增加披露要求。投资者及其一致行动人不是上市公司的第一大股东或者实际控制人，其拥有权益的股份达到或者超过该公司已发行股份的5%但未达到20%的，应当编制简式权益变动报告书。简式权益变动报告书应当披露增持资金的来源以及在上市公司中拥有权益的股份变动的时间及方式。

(5)延长上市公司收购中收购人所持股份的锁定期。在上市公司收购中，收购人持有的被收购公司的股份，在收购完成后的锁定期由12个月延长至18个月。

修行后的《上市公司收购管理办法》分总则、权益披露、要约收购、协议收购、间接收购、免除发出要约、财务顾问、持续监管、监管措施与法律责任、附则共10章90条。

5.《证券公司融资融券业务管理办法》

《证券公司融资融券业务管理办法》(以下简称《管理办法》)自2006年8月1日起施行。后根据融资融券业务发展实践需要，证监会又于2011年、2015年修订。上海、深圳证券交易所同步发布《融资融券交易实施细则》(以下简称《实施细则》)。《管理办法》及《实施细则》此次主要修订了以下内容：

(1)建立融资融券业务逆周期调节机制。借鉴境外市场经验，在《管理办法》中明确，证监会建立健全融资融券业务的逆周期调节机制，对融资融券业务实施宏观审慎管理。证券交易所根据市场情况动态调整保证金比例、标的证券范围等相关风险控制指标，实施逆周期调节。同时要求证券公司根据市场情况等因素动态调整和差异化控制各项风险控制措施。

(2)合理确定融资融券业务规模。将融资融券业务规模与证券公司净资本规模相匹配，要求业务规模不得超过证券公司净资本的4倍。对于不符合上述规定的证券公司，可维持现有业务规模，但不得再新增融资融券合约。

(3)允许融资融券合约展期。在维持现有融资融券合约期限最长不超过6个月的基础上，允许证券公司根据客户信用状况等因素与客户自主商定展期次数。

(4)优化融资融券客户担保物违约处置标准和方式。取消投资者维持担保比例低于130%应当在2个交易日内追加担保物且追保后维持担保比例应不低于150%的规定，允许证券公司与客户自行商定补充担保物的期限与比例的具体要求，同时不再将强制平仓作为证券公司处置客户担保物的唯一方式，增加风险控制灵活性和弹性。

6.《证券交易所管理办法》

《证券交易所管理办法》自2018年1月1日起施行，2021年10月28日修订。此次修订主要涉及3个方面内容：一是规定公司制证券交易所的组织机构。遵循《证券法》《公司法》的要求，建立股东会、董事会、监事会、总经理的运行机制，形成规范透明的公司治理结构。二是明确和完善有关监管安排。规定证券交易所制定或者修改有关业务规则时，应当由证券交易所理事会或者董事会通过，并报中国证监会批准。规定公司制证券交易所的董事长、副董事长、监事长由证监会提名，分别由董事会、监事会通过。三是明确部分条款的适用安排。对于“证券交易所的收支结余不得分配给会员”以及“席位”等表述，明确其仅适用于会员制证券交易所。明确公司制证券交易所董事、监事及高级管理人员须遵守诚实信用义务、兼职和回避规定等。

7.《证券服务机构从事证券服务业务备案管理规定》

《证券服务机构从事证券服务业务备案管理规定》自 2020 年 7 月 24 日发布，自 2020 年 8 月 24 日起施行。备案规定共 23 条，主要规定了备案机构、备案业务范围、备案时点和备案程序等内容，并另附证券服务机构备案表格。同时，证监会也将通过监管规则适用指引等形式对相关证券服务机构在备案中的程序规范、常见问题等做出说明。

8.《证券期货投资者适当性管理办法》

2017 年 2 月 21 日，《证券期货投资者适当性管理办法》由中国证监会发布，自 2017 年 7 月 1 日起施行。

《证券期货投资者适当性管理办法》共 43 条。针对适当性管理中的实际问题，主要规定了五项制度安排，一是形成了依据多维度指标对投资者进行分类的体系，统一投资者分类标准和管理要求。二是明确了产品分级的底线要求和职责分工，建立层层把关、严控风险的产品分级机制。三是规定了经营机构在适当性管理各个环节应当履行的义务，全面从严规范相关行为。四是突出对于普通投资者的特别保护，向投资者提供有针对性的产品及差别化服务。五是强化了监管职责与法律责任，确保适当性义务落到实处。

二、行政监管

行政监管是指证券管理机关利用行政手段监督和管理证券发行募集、发行、交易等行为以及证券投资中介机构的行为。行政监管基于依法监督原则，保护投资者利益原则，公开、公平、公正原则，以及监督与自律相结合的原则。

(一)监管机构

行政监管由国务院证券监督管理机构负责，包括中国证监会及其派出机构。根据新《证券法》第 168 条规定：“国务院证券监督管理机构依法对证券市场实行监督管理，维护证券市场公开、公平、公正，防范系统性风险，维护投资者合法权益，促进证券市场健康发展。”

1. 中国证监会

中国证监会是国务院直属机构。1992 年 10 月，国务院证券委员会(简称国务院证券委)和中国证监会宣告成立，标志着中国证券市场统一监管体制开始形成。中国证监会是全国证券主管部门，按照国务院授权履行行政监管职能，集中统一管理全国证券市场，维护证券市场运行。

中国证监会设在北京。现设主席 1 名，副主席 4 名，驻证监会纪检监察组组长 1 名；会机关内设 20 个职能部门，1 个稽查总队，3 个中心。

2. 中国证监会派出机构

中国证监会在全国共设立 9 个稽查局，36 个证监局，并在上海、深圳设有证券监管专员办事处，贯彻和执行国家有关法律、法规和方针、政策。

(二)国务院证券监督管理机构的职责和权限

新《证券法》基于法律环境和市场环境的新需求,进一步明确和完善了证券监督管理机构的监管职责定位,新增证券监督管理机构应"维护证券市场公开、公平、公正,防范系统性风险,维护投资者合法权益,促进证券市场健康发展",授权证券监督管理机构负责证券发行申请的注册,同时,新《证券法》丰富了证券监督管理机构的执法措施手段,对依法行政、廉洁执法等提出了更高要求。另外,新《证券法》显著提高了证券违法违规成本。

(1)国务院证券监督管理机构的职责

根据新《证券法》第 169 条,国务院证券监督管理机构在对证券市场实施监督管理中履行下列职责:

①依法制定有关证券市场监督管理的规章、规则,并依法审批、核准、注册,办理备案。

②依法监督管理证券的发行、上市、交易、登记、存管、结算等行为。

③依法监督管理证券发行人、证券公司、证券服务机构、证券交易场所、证券登记结算机构的证券业务活动。

④依法制定从事证券业务人员的行为准则,并监督实施。

⑤依法监督检查证券发行、上市、交易的信息披露。

⑥依法指导和监督证券业协会的自律管理活动。

⑦依法监测并防范、处置证券市场风险。

⑧依法开展投资者教育。

⑨依法查处证券违法行为。

⑩法律、行政法规规定的其他职责。

(2)国务院证券监督管理机构的权限

根据新《证券法》第 170 条,国务院证券监督管理机构依法履行职责,有权采取下列措施:

①现场检查证券发行人、证券公司、证券服务机构、证券交易场所、证券登记结算机构。

②进入涉嫌违法行为发生场所调查取证。

③询问当事人和与被调查事件有关的单位和个人,要求其对与被调查事件有关的事项做出说明;或者要求其按照指定的方式报送与被调查事件有关的文件和资料。

④查阅、复制与被调查事件有关的财产权登记、通信记录等文件和资料。

⑤查阅、复制当事人和与被调查事件有关的单位和个人的证券交易记录、登记过户记录、财务会计资料及其他相关文件和资料;对可能被转移、隐匿或者毁损的文件和资料,可以予以封存、扣押。

⑥查询当事人和与被调查事件有关的单位和个人的资金账户、证券账户、银行账户以及其他具有支付、托管、结算等功能的账户信息,可以复制有关文件和资料;对有证据证明已经或者可能转移或者隐匿违法资金、证券等涉案财产或者隐匿、伪造、毁损重要证据的,经国务院证券监督管理机构主要负责人或者其授权的其他负责人批准,可以冻结或者查封,期限为 6 个月;因特殊原因需要延长的,每次延长期限不得超过 3 个月,冻结、查封期限最长不得超过 2 年。

⑦在调查操纵证券市场、内幕交易等重大证券违法行为时,经国务院证券监督管理机构主要负责人或者其授权的其他负责人批准,可以限制被调查的当事人的证券买卖,但限制的期限不得超过 3 个月;案情复杂的,可以延长 3 个月。

⑧通知出境入境管理机关依法阻止涉嫌违法人员、涉嫌违法单位的主管人员和其他直接责任人员出境。

为防范证券市场风险，维护市场秩序，国务院证券监督管理机构可以采取责令改正、监管谈话、出具警示函等措施。

此外，根据新《证券法》第177条，“国务院证券监督管理机构可以和其他国家或者地区的证券监督管理机构建立监督管理合作机制，实施跨境监督管理。境外证券监督管理机构不得在中华人民共和国境内直接进行调查取证等活动。未经国务院证券监督管理机构和国务院有关主管部门同意，任何单位和个人不得擅自向境外提供与证券业务活动有关的文件和资料”。

三、自律管理

证券市场自律管理主要体现在证券交易所自律管理、证券业协会自律管理和证券从业人员的管理上。

（一）证券交易所自律管理

新《证券法》第96条规定：“证券交易所、国务院批准的其他全国性证券交易场所为证券集中交易提供场所和设施，组织和监督证券交易，实行自律管理，依法登记，取得法人资格。”这就明确了交易所管理市场的自律性质与地位。国际证监会组织所制定的《证券监管的目标和原则》中，将自律管理作为证券监管八大原则之一，指出“监管体制应充分利用自律组织，并根据市场的规模和复杂程度，使自律组织在各自擅长的领域内负起一线监管的责任”，而交易所无疑是证券市场主要的自律管理组织。

我国内地（大陆）三大证券交易所都根据国家相关法律、行政法规、部门规章制定来了本交易所的自律规则，比如：上海证券交易所的《上海证券交易所交易规则》《上海证券交易所科创板上市公司自律监管规则》《上海证券交易所会员管理规则》《上海证券交易所股票上市规则》，深圳证券交易所的《深圳证券交易所交易规则》《深圳证券交易所会员管理规则》《深圳证券交易所创业板交易规则》《深圳证券交易所股票上市规则》，北京证券交易所的《北京证券交易所交易规则（试行）》（2021年）、《北京证券交易所股票上市规则（试行）》（2021年），等等。

（二）证券业协会自律管理

中国证券业协会成立于1991年8月28日，是依据《证券法》和《社会团体登记管理条例》的有关规定设立的具有独立法人地位的、由经营证券业务的金融机构自愿组成的行业自律组织，是非营利性社会团体法人。中国证券业协会的最高权力机构是全体会员组成的会员大会，理事会为其执行机构。中国证券业协会实行会长负责制。中国证券业协会由单位会员构成，包括法定会员、普通会员和特别会员，另设观察员。中国证券业协会接受中国证监会和社会团体登记管理机关中华人民共和国民政部的业务指导和监督管理。2020年9月，中国证监会印发了《关于进一步加强中国证券业协会自律管理职责的意见》（下称《意见》），该《意见》是新《证券法》下中国证券业协会开展自律管理工作的基本遵循。

（1）中国证券业协会根据新《证券法》行使的职责

新《证券法》增加了协会自律管理范围，将法定自律管理对象由会员扩展到从业人员。根据新《证券法》第166条，证券业协会履行下列职责：

①教育和组织会员及其从业人员遵守证券法律、行政法规，组织开展证券行业诚信建设，督促证券行业履行社会责任。

②依法维护会员的合法权益，向证券监督管理机构反映会员的建议和要求。

③督促会员开展投资者教育和保护活动，维护投资者合法权益。

④制定和实施证券行业自律规则，监督、检查会员及其从业人员行为，对违反法律、行政法

规、自律规则或者协会章程的，按照规定给予纪律处分或者实施其他自律管理措施。

⑤制定证券行业业务规范，组织从业人员的业务培训。

⑥组织会员研究证券行业的发展、运作及有关内容，收集整理、发布证券相关信息，提供会员服务，组织行业交流，引导行业创新发展。

⑦调解会员之间、会员与客户之间发生的证券业务纠纷。

(2)中国证券业协会根据行政法规、中国证监会有关要求行使的职责

①制定证券业执业标准和业务规范，对会员及其从业人员进行自律管理。

②负责证券业从业人员资格考试、执业注册。

③负责组织证券公司高级管理人员、保荐代表人及其他特定岗位专业人员的资质测试或胜任能力考试。

④负责对首次公开发行股票网下投资者进行注册和自律管理。

⑤负责非公开发行公司债券事后备案和自律管理。

⑥负责场外证券业务事后备案和自律管理。

⑦行政法规、中国证监会规范性文件规定的其他职责。

(3)中国证券业协会的自律管理职能

根据《中国证券业协会章程》(2021 年修订版)第 7 条，中国证券业协会依据行业规范发展的需要，行使下列自律管理职责：

①推动行业诚信建设，督促会员履行社会责任。

②组织证券从业人员水平考试。

③推动会员开展投资者教育和保护工作，维护投资者合法权益。

④推动会员信息化建设和信息安全保障能力的提高，经政府有关部门批准，开展行业科学技术奖励，组织制订行业技术标准和指引。

⑤组织开展证券业国际交流与合作，代表中国证券业加入相关国际组织，推动相关资质互认。

⑥对会员及会员间开展与证券非公开发行、交易相关业务活动进行自律管理。

⑦其他涉及自律、服务、传导的职责。

(三)证券从业人员管理

对证券从业人员实行资格管理，是国际上的通行做法。我国证券市场发展初期，中国证监会制定了《证券业从业人员资格管理暂行规定》，建立了证券业从业人员资格管理制度。2002 年 12 月中国证监会发布了《证券业从业人员资格管理办法》，规定了证券从业资格取得和执业证书的获得方法，对证券从业人员的监督管理等。而各个修订的《证券法》规定证券从业人员应当具有证券从业资格；因违法行为或者违纪行为被开除的证券交易所、证券登记结算机构、证券服务机构、证券公司的从业人员和被开除的国家机关工作人员，不得招聘为证券公司的从业人员。这些规定使证券业从业人员的资格管理制度上升到法律层面。

2020 年 3 月开始生效的新《证券法》对证券从业人员禁止持有、买卖股票等方面的相关条款，在之前旧版证券法的基础上进行了相关完善。

新《证券法》相关条例明确规定，证券交易场所、证券公司和证券登记结算机构的从业人员，证券监督管理机构的工作人员及其法律、行政法规规定禁止参与股票交易的其他人员，在任期或法定期限内，不得直接或者以化名、借他人名义持有、买卖股票或者其他具有股权性质的证券，也不得收受他人赠送的股票或者其他具有股权性质的证券。任何人在成为前款所列

人员时，其原已持有的股票或者其他具有股权性质的证券，必须依法转让。实施股权激励计划或者员工持股计划的证券公司的从业人员，可按照国务院证券监督管理机构的规定持有、卖出本公司股票或者其他具有股权性质的证券。

另外，相关人员对于违反相关规定，直接或者以化名、借他人名义持有、买卖股票或者其他具有股权性质的证券，没收违法所得，并处以买卖证券等值以下的罚款；属于国家工作人员的，还应当依法给予处分。

对于证券从业人员禁止交易的行为，新《证券法》做了两点完善。一是从过去禁止买卖股票，拓展到股权性质的证券。因为新《证券法》拓宽了证券的涵盖范围，除了股票，还有托管凭证、债券等。二是对股权激励的股票做了专门的规定。因为一些证券公司已经上市，这些证券公司在上市时实施了股权激励，让证券公司的员工持有了本公司的股票。这本身是法律和政策所允许的。

新《证券法》添加和修改完善了证券从业人员不得炒股或者变相炒股的规定，同时比之前更加严格，提高违法违规成本，更好地明确和规范资本市场参与者职能与责任，保护中小投资者利益。

资料卡 证监会公布2020年98家券商最新分级

2020年8月26日，证监会根据《证券公司分类监管规定》，确定了2020年证券公司分类结果。

根据《证券公司分类监管规定》，证券公司分为A(AAA、AA、A)、B(BBB、BB、B)、C(CCC、CC、C)、D、E 5大类11个级别。

其中，国泰君安、华泰证券、银河证券、中信建投、中信证券等15家券商为AA类；暂无AAA类券商；中原证券获评A级；网信证券在98家券商中分类最低，为D类券商。

A、B、C三大类中各级别公司均为正常经营公司，其类别、级别的划分仅反映公司在行业内业务活动与其风险管理能力及合规管理水平相适应的相对水平。D类、E类公司分别为潜在风险可能超过公司可承受范围及因发生重大风险被依法采取风险处置措施的公司。

证券公司分类结果不是对证券公司资信状况及等级的评价，而是证券监管部门根据审慎监管的需要，以证券公司风险管理能力、持续合规状况为基础，结合公司业务发展状况，对证券公司的综合性评价，主要体现的是证券公司治理结构、内部控制、合规管理、风险管理以及风险控制指标等与其业务活动相适应的整体状况。

证监会根据证券公司分类结果对不同类别的证券公司在监管资源分配、现场检查和非现场检查频率等方面实施区别对待的监管政策。分类结果主要供证券监管部门使用，证券公司不得将分类结果用于广告、宣传、营销等商业目的。

——资料来源：央广网，http://hn.cnr.cn/hngbcj_1/20200827/t20200827_525229172.shtml，2020年8月27日。

小　结

本章小结

1. 证券市场根据市场功能划分，可分为证券发行市场和证券交易市场。证券发行市场是发行人发行证券、筹集资金的场所。证券交易市场是买卖已发行证券的场所。

2. 证券发行市场功能有筹资融资功能、投资功能、优化配置功能。发行市场由证券发行者、证券中介和证券投资者、证券业协会等自律组织、证券监督机构等构成。

3. 证券发行制度分为注册制与核准制两种。注册制是指政府对发行人发行证券，事先不做实质性审查，仅对申请文件进行形式审查，发行者在申报申请文件以后的一定时期以内，若没有被政府否定，即可以发行证券。核准制是指发行人发行证券，不仅要公开全部的、可以供投资人判断的材料，还要符合证券发行的实质性条件，证券主管机关有权依照《公司法》《证券交易法》的规定，对发行人提出的申请以及有关材料进行实质性审查，发行人得到批准以后，才可以发行证券。

4. 我国股票发行采取三种具体形式：上网定价发行、向二级市场投资者配售、一般投资者上网发行和法人配售结合。

5. 我国债券的发行方式有三种：定向、承购包销、招标发行。

6. 证券销售方式有自销和承销两种，自销即自己销售，承销即委托他人销售。承销又分为包销和代销两类。代销是指证券公司代发行人发售证券，在承销期结束时，将未售出的证券全部退还给发行人的承销方式。包销是指证券公司将发行人的证券按照协议全部购入或者在承销期结束时将售后剩余证券全部自行购入的承销方式。包销又可分为全额和余额包销。

7. 证券交易市场有场内交易市场和场外交易市场两种形式。场内交易市场是指由证券交易所组织的集中交易，有固定的交易场所和交易活动时间的交易市场。场外交易市场又称柜台交易或店头交易市场，是证券交易所以外的证券交易市场的总称。

8. 证券交易所是为证券集中交易提供场所和设施，组织和监督证券交易，实行自律管理的法人。证券交易所的组织形式可以分为会员制和公司制两种。我国内地（大陆）有三家证券交易所，分别是上海证券交易所和深圳证券交易所、北京证券交易所，前两家为会员制，第三家是公司制。

9. 证券市场监管手段：法律手段、经济手段、行政手段。证券市场监管原则：依法管理原则；保护投资者利益原则；三公原则——公开、公正、公平；监管和自律相结合原则。监管的内容包括：对证券发行上市的监管；对证券交易市场的监管；对证券经营机构的监管；对证券投资者的监管。证券市场监管方式包括法律监督、行政监管和自律管理三个层次。

知识结构图

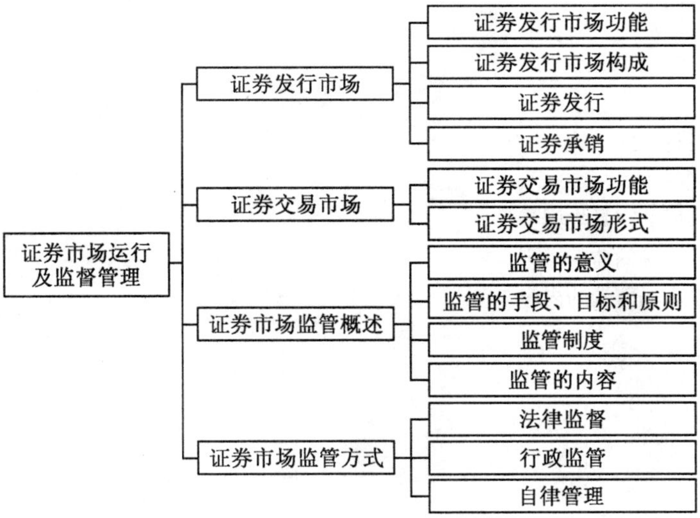

习　题

一、选择题

1. 在证券发行市场上联系发行人和投资者的是________。

A. 证券发行人　　B. 证券投资者　　C. 证券中介机构　　D. 监管部门

2. 场外市场________。

A. 是证券发行的场所

B. 为不能到证券交易所上市的股票提供了交易场所

C. 有利于场内市场的规范化

D. 是国内外市场交流的桥梁

3. ________属于国家法律。

A.《关于首次公开发行股票试行询价制度若干问题的通知》

B.《证券法》

C.《基金法》

D.《证券发行上市保荐制度暂行办法》

4. ________不属于三公原则。

A. 公平　　B. 公正　　C. 公开　　D. 公信

5.《证券法》中的证券经营机构主要是指________。

A. 银行　　B. 证券公司　　C. 保险公司　　D. 财务公司

6. ________不属于证券发行主体。

A. 政府　　B. 企业　　C. 居民　　D. 金融机构

7. ________不是会员制证券交易所设立的机构。

A. 会员大会　　B. 董事会　　C. 理事会　　D. 监察委员会

8. 经纪类证券公司只能从事单一的________。

A. 证券经纪业务　　B. 证券自营业务

C. 证券承销业务　　D. 证券经纪业务和证券自营业务

9. 专门为证券的交易和发行提供集中登记、集中存管、集中结算服务的专门机构，称为________。

A. 中央登记结算公司　　B. 地方登记结算公司

C. 交易所　　D. 交易中心

二、思考题

1. 简述股票的发行方式。
2. 简述债券的发行方式。
3. 简述证券交易所的交易规则。
4. 简述我国证券市场的监管原则。
5. 简述我国证券市场监管的内容。

第二篇　证券投资

第七章　证券投资基本分析

学习目标

基本分析是证券投资的重要分析方法之一。通过本章学习，了解证券投资基本分析主要方法，了解宏观经济分析主要指标、行业分析主要指标以及公司分析的主要要素，能够通过宏观经济形势分析行业和公司状况，对证券的投资价值做出基本的判断。

基本分析是以证券的内在价值为依据，着重于对影响证券价格及其走势的各项因素的分析，预测证券价格未来中长期变化方向的一种分析方法。

基本分析的假设前提是：证券的价格是由其内在价值决定的，价格受政治、经济、心理等诸多因素的影响而频繁变动，很难与价值完全一致，但总是围绕价值上下波动。理性的投资者应根据证券价格与价值的关系进行投资决策。

基本分析主要适用于周期相对比较长的证券价格预测、相对成熟的证券市场以及预测精确度要求不高的领域。

基本分析主要从宏观经济、行业状况以及公司经营状况三个层面展开。

第一节　宏观经济分析

一、宏观经济分析基本指标

证券活动的成败很大程度上取决于宏观经济形势，因为宏观经济形势的好坏直接影响证券价格的走势。在投资活动中，宏观经济分析是最基础的环节，把握宏观经济运行大势以及经济规律的特征，才能准确判断证券市场价格走势。所谓宏观经济是指总量经济活动，即国民经济的总体活动，是指整个国民经济或国民经济总体及其经济活动和运行状态，如总供给与总需求，国民经济的总值及其增长速度，国民经济中的主要比例关系，物价的总水平，劳动就业的总水平与失业率，货币发行的总规模与增长速度，进出口贸易的总规模及其变动等。宏观经济体现了国民经济活动的成果。这一成果可以用几个主要的综合经济指标表示，借以考察国民经济生产、分配和使用的情况，并可用于不同国家和不同时间的对比，以分辨各国经济发展水平的高低和发展速度的快慢等。指标包括国民生产总值、国民收入、通货膨胀、利率、就业率、国际收支、社会商品零售总额等一系列总量指标。

（一）国内生产总值

国内生产总值（简称 GDP），是指在一定时期内一个国家或地区所有常住居民所生产出的全部最终产品和劳务的价值，常被公认为衡量国家经济状况的最佳指标。它不但可反映一个国家的经济表现，更可以反映一国的国力与财富。

其中，常住居民包括居住在本国的本国公民和长期居住在本国但未加入本国国籍的外国居民。

国内生产总值共有四个不同的组成部分，其中包括消费、私人投资、政府支出和净出口额。用公式表示为：

$$GDP=C+I+G+(X-M)$$

其中，C 为消费、I 为私人投资、G 为政府支出、$(X-M)$为净出口额。

国内生产总值通常用来衡量经济增长率，是反映一个国家经济是否具有活力的基本指标。国内生产总值的持续稳定增长是政府追求的目标之一。一国 GDP 大幅增长，反映出该国经济发展蓬勃，国民收入增加，消费能力增强；反之，若一国 GDP 出现负增长，显示该国经济处于衰退状态，消费能力降低。经济发达地区经济发展水平已经很高，因而 GDP 不能够继续保持迅速提高的状态，而经济欠发达地区，经济发展速度往往较高，若出现过高的发展速度，则可能出现通货膨胀。

（二）国民生产总值

国民生产总值（简称 GNP）是指一个国家或地区本国或本地所有居民在一定时期内收入初次分配的最终成果。

国民生产总值与国内生产总值相比，采用的是国民原则，它包括了本国居民在国外取得的收入，但不包括外国居民在本国取得的收入。因而，

$$GNP=GDP+\text{本国居民在国外的收入}-\text{外国居民在本国的收入}$$

（三）失业率

失业率是指失业人口占劳动力人口的比率。劳动力人口是指年龄在 16 岁以上具有劳动能力的人口全体。失业人口一般指有工作意愿而没有工作的劳动力数量。

失业率指标在所有经济指标中被称作“皇冠上的明珠”，它是市场上最敏感的经济指标之一。一般而言，失业率下降，代表整体经济健康发展；失业率上升，代表经济发展放缓衰退，人们收入减少。

（四）通货膨胀

通货膨胀是指因纸币发行量超过商品流通中实际需要的货币量而引起的纸币贬值、物价持续上涨现象。

通货膨胀可以利用一般物价水平上涨幅度衡量，包括零售物价指数、批发物价指数和国民生产总值物价平减指数。零售物价指数反映消费者购买消费品而付出的价格的变动情况；批发物价指数反映一国商品批发价格变动幅度，国民生产总值物价平减指数则是按照当年不变价格计算的国民生产总值与按基年不变价格计算的国民生产总值的比率。其中，零售物价指数使用最为普遍。

从产生原因上划分，可以将通货膨胀分为需求拉动型通货膨胀、成本推进型通货膨胀和结构性通货膨胀。需求拉动型通货膨胀是指总需求超过了总供给而造成物价水平普遍而持续的上涨，即以“过多的货币追求过少的商品”；成本推动型通货膨胀是指由于供给方面成本的提高所引起的价格水平的普遍持续上涨，包括工资推进通货膨胀、利润推进通货膨胀、进出口推动

通货膨胀等情况;结构性通货膨胀是指经济结构因素变动所造成的通货膨胀。

按照通货膨胀的严重程度可将通货膨胀分为温和的通货膨胀、急剧的通货膨胀和恶性通货膨胀。温和的通货膨胀是指通货膨胀率基本保持在 2%～3%,比较稳定的一种通货膨胀;急剧的通货膨胀是指年通货膨胀率在两位数以上的、不稳定、迅速的通货膨胀;恶性通货膨胀是指年通货膨胀率在三位数以上的,而且完全失去控制的通货膨胀。

稳定的小幅度通货膨胀可以刺激经济,但是急剧的通货膨胀会导致经济动荡以及经济衰退。

(五)国际收支

国际收支是一国在一定时期内的全部国际经济交易的系统记录。其中,全部国际经济交易指的是居民与非居民之间的经济交易,包括交换以及转移。

国际收支包括经常项目、资本项目和国际储备项目。经常项目反映一国贸易和劳务往来状况,包括贸易收支、劳务收支、收益和单方面转移;资本项目集中反映一国同国外资金往来的状况,包括长期资本和短期资本;国际储备是指一国货币当局持有的、可随时用于支付外债、弥补国际收支逆差和稳定汇率的对外资产,包括黄金、外汇、特别提款权和在国际货币基金中的储备头寸。

(六)社会消费品零售总额

社会消费品零售总额是指国民经济各行业通过多种商品流通渠道向城乡居民和社会集团供应的消费品总额。它包括对居民的社会消费品零售总额和对社会集团的社会消费品零售总额。社会消费品零售总额可反映零售市场变动情况,反映社会商品购买力的实现程度,反映经济景气程度,反映一定时期内人民物质文化生活水平的提高情况。

(七)利率

利率是指一定时期内利息额同本金的比率。利率是借款人借款的成本,对贷款人而言,利率是贷款人出借资金所获的报酬。

利率是最重要的金融变量之一,几乎所有的金融资产均与利率相关。利率也成为央行实施宏观调控的重要工具之一。

利率的波动反映了市场资金供求的变动状况,经济增长时,货币供不应求,利率上升;经济萧条时,货币供大于求,利率降低。利率公式可表示为:

$$i=I/P$$

其中,i 表示利率,I 表示利息额,P 表示本金。

利率包括存款利率、贷款利率、同业拆借利率、再贴现利率。其中,同业拆借利率和再贴现利率是基准利率,是央行重要货币工具。

贴现是指银行应客户的要求,买进其未到期的票据。再贴现是指中央银行买进商业银行未到期的票据。再贴现率是商业银行将其贴现的未到期票据向中央银行申请再贴现时的预扣利率。再贴现意味着中央银行向商业银行贷款,从而增加了货币投放,直接增加货币供应量。

同业拆借利率是指银行同业之间的短期资金借贷利率,包括拆进利率和拆出利率。拆进利率表示银行愿意借款的利率;拆出利率表示银行愿意贷款的利率。一家银行的拆进(借款)即对应另一家银行的拆出(贷款)。同一家银行的拆进利率总是大于拆出利率,其差额就是银行的营利。

(八)汇率

汇率是指一国货币与另一国货币相互交换的比率,也被称为货币的价格。

汇率有两种标价方法,即直接标价法和间接标价法。直接标价法是以一定单位的外国货币为标准折算成一定数额的本国货币。间接标价法是以一定单位的本国货币折算成一定数额的外国货币。世界上绝大多数国家采用的都是直接标价法，而采用间接标价法的国家主要是英国和美国。

汇率变动综合反映了国际市场商品和货币供求关系。以直接标价法为例，当汇率上升时，本币贬值，一方面，国外本币持有人会抛出本币，另一方面，外国货币相对本国货币购买力增加，导致本国出口增加，国内需求增加和供给减少，即汇率提高，国内总需求扩大；反之，汇率降低，国内总需求缩减。除影响总需求之外，利率还会影响该国的国际收支、利率、进出口、资金流动等。

二、宏观经济运行分析

（一）宏观经济运行周期对证券市场的影响

经济周期也称商业周期，是指经济运行中周期性出现的经济扩张与经济紧缩交替更迭、循环往复的一种现象，经济周期反映了国家总体经济活动的波动。经济周期一般可分为四个阶段：繁荣时期，即经济活动扩张的或向上的阶段；衰退时期，即由繁荣转向萧条的过渡阶段；萧条时期，即经济活动收缩或向下的阶段；复苏时期，即由萧条转为繁荣的过渡阶段（见图 7—1）。

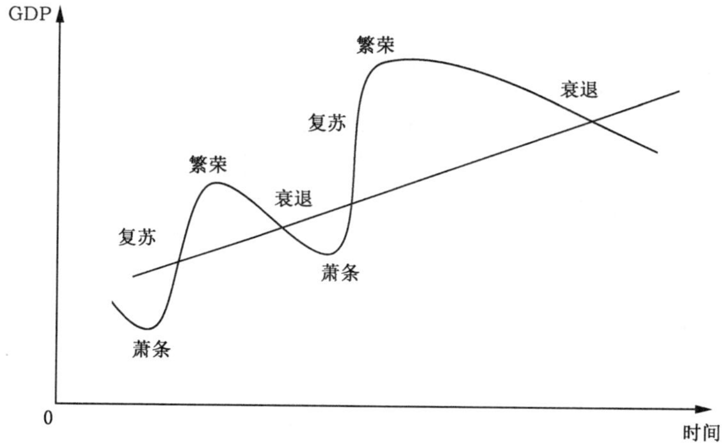

图 7—1 经济周期

在萧条期，经济活动处于最低的水平，生产能力闲置，企业大量亏损，失业人口增加。在市场机制的调节和经济政策的刺激下，经济逐步从萧条缓缓复苏，企业投资开始增加，就业率上升，良好的势头不断延续，加之扩张性的经济政策的促进作用，投资进一步扩大，产量增加，就业率继续上升，人们收入提高，促进了消费，经济开始呈现繁荣的景象，进入繁荣时期。繁荣的景象持续下去，一旦出现通货膨胀，消费能力受阻，投资减少，经济开始衰退。由于产品滞销，价格下跌，投资受阻，生产规模缩减，失业率增加，经济又步入萧条状态。经济又开始另一个周期循环。

企业生产经营状况的好坏，既受企业内部条件的影响，又受外部宏观经济环境和市场环境的影响。在经济繁荣阶段，各行业都迅速发展，新行业、新企业纷纷建立，老企业更新设备、开拓市场，投资规模与生产规模不断扩大，工业产品种类、产量都呈上升趋势。同时，总体市场需求和销售量大大增加。一方面，各企业迅猛扩张，对资金的需求不断加大，信贷规模趋于膨胀，资本借贷量增大，利率上升；另一方面，在对资金的需求扩大的同时，对劳动力的需求也相应扩大，因而失业率下降。企业盈利增长，利润率提高。而在经济衰退阶段，整体经济收缩，各种经济活动都开始衰退，市场需求锐减，产品滞销，各企业被迫缩减投资规模与生产规模，工业产量与销售量急剧减少。随之而来的就是对资金与劳动力需求的相应减少，资本借贷活动收缩，失业率上升。企业利润率普遍下降,甚至出现破产。

因而,经济周期变动对公司经营状况产生巨大影响的同时,也影响着投资者的投资心态、投资方向、投资规模和投资方式。各种行业受经济周期影响程度并不完全相同,有些行业受影响很大,当经济周期处于繁荣时期时,它们随之繁荣,而经济周期转向衰退时它们也随之衰退,如奢侈品、装饰品或一些耐用消费品等;而有些行业受循环的影响则较小,如增长型行业和生活必需品的行业。增长型行业是指由于新技术应用或新产品开发所形成的行业,其产品由于采用了新技术,生产效率高、生产成本低、具有很强的行业增长能力;生活必需品的行业是指饮食业、服装业、医药业及公用事业等产品为人们生活所必需,需求弹性很小的行业。

在经济繁荣时期人们会投资于与经济周期同步繁荣的行业,以分享繁荣期的丰厚利润;而到了衰退时期人们对该行业产品需求减少,因为此时该行业利润也降低了,人们应及时转向那些与经济周期关联少的行业,以降低风险。

另外,证券市场的波动总是先于经济周期的波动,所以,应正确把握当前所处的经济周期,做出正确判断。

资料卡　改革开放以来中国经济周期(1971—2020 年)

中国自 1978 年改革开放以来共经历了四轮经济周期,基本上每轮周期的持续时间在 10 年左右,最后一轮周期的上升期开始于 1999—2000 年,在 2007 年左右到达顶部开始下滑。根据 GDP 增长率,可清晰看出我国各年来的经济增长情况(见图 7—2)。

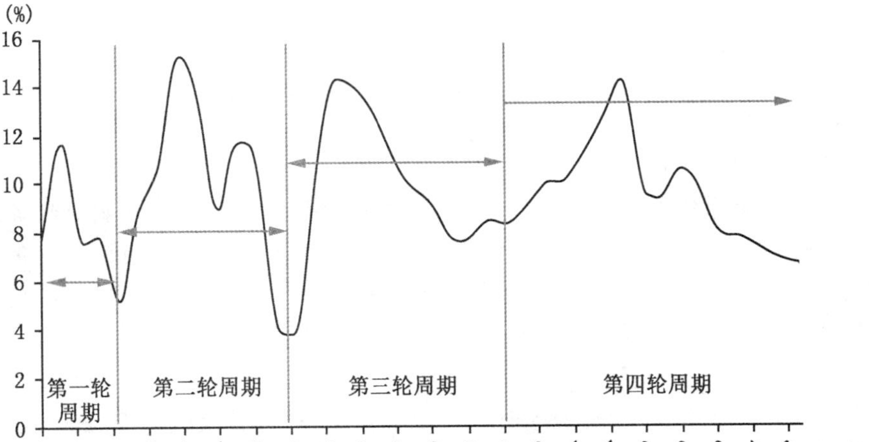

资料来源:中华人民共和国国家统计局。

图 7—2　改革开放以来的 GDP 增速

第一轮周期——截至 1981 年左右

中国自"文革"后,经济开始得到缓慢恢复,GDP 增速逐年提升,到 1978 年改革开放初期,十一届三中全会对整个经济提出"调整、改革、整顿、提高"新的调整措施后,我国经济开始进入调整阶段,之后 GDP 增速开始出现下滑,在 1981 年左右完成了改革开放后的第一轮周期。

第二轮周期——1982—1990 年

中国经济在 1981 年达到低谷后，市场出清导致 GDP 增速开始大幅反弹，当年 GDP 增速达到 9%，到 1984 年达到最大值 15.2%。与此同时，1984 央行发布《信贷资金管理试行办法》，导致社会信用膨胀，货币发行失控。

在此情况下，我国投资规模特别是预算外投资不断膨胀，使得原材料、能源等处于收紧状态，再加之 1986 年国家实行了"双紧"的宏观调控政策，经济增速开始回调，在 1986 年回调到低点。之后由于居民消费的转变，社会消费品零售额急剧增加，到 1988 年增速达到 27.8%，与此同时存款余额增长率仅为 23.7%，最终导致物价涨幅快速上升，国家再次调控，在 1990 年到达顶点，此轮周期结束（见图 7—3）。

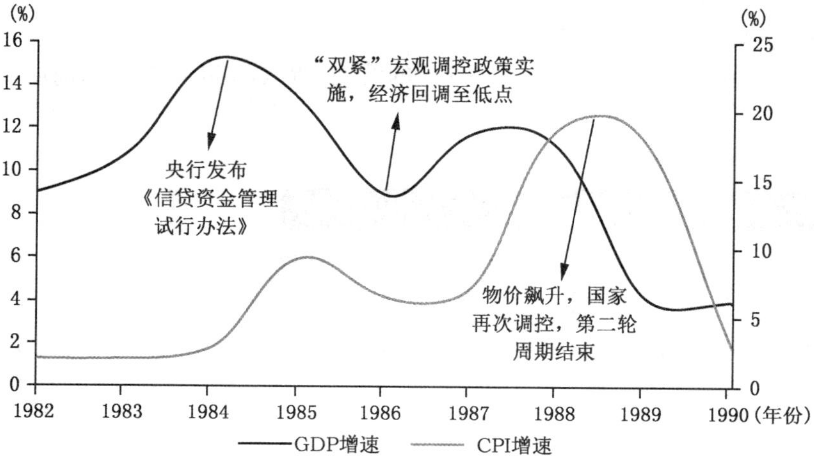

资料来源：中华人民共和国国家统计局。

图 7—3 第二轮经济周期物价水平增速

第三轮周期——1991—2001 年

为了尽快走出低迷的经济环境，1990 年国家开始采取扩大投资刺激经济回升的措施，一年后经济开始在投资的带动下回暖，GDP 增速大幅回升，到 1992 年达到顶点 14.2%，之后开始回落（主要原因是邓小平同志在 1992 年南方谈话后，我国开始全面推进和深化经济体制改革），最终在 2001 年达到最低点，此轮周期结束。

第四轮周期——2002—2019 年

中国经济在 2002 年开始进入新一轮的增长，GDP 增速缓慢回升，2007 年进入顶峰。2008 年由于全球金融危机的爆发，GDP 增速开始下滑。但受益于 2008 年后国家"4 万亿投资计划"的实施，整个周期时间得以延长，GDP 增速出现小幅回升，之后进入漫长的产能收缩，GDP 增速下滑阶段。

第五轮周期——2020 年开始

从 2020 年开始，中国经济进入第五轮周期。

资料来源：《一文看懂中国经济周期的"前世今生"》，https://www.sohu.com/a/165631500_803223，有删改。

（二）宏观经济运行速度对证券市场的影响

宏观经济运行速度主要体现在 GDP 增长速度上。可以说，GDP 是一国经济成就的根本反映，证券市场的波动与GDP波动有一定的密切关系。

当GDP处于持续、稳定和高速增长情况下，社会总需求与总供给协调增长，经济结构合理，此时，企业经营状况不断改善，持续盈利，股价和债券等全面升值；而投资者也形成了良好预期，在收入增加的推动下，投资积极性提高，促进证券市场的发展。

在GDP增长，且出现高通货膨胀率的情况下，即处于失衡的经济高速增长，总需求大于总供给，这是经济形势恶化的征兆，此时经济矛盾开始凸显，企业经营面临困境，居民收入下跌，导致证券市场行情下跌。

在GDP减速增长的情况下，若宏观调控政策有效，则可保持经济的稳定增长，此时，证券市场也会处于平稳阶段；若宏观政策不到位或实效，则证券市场也会出现价格下跌趋势。

在GDP由负增长转为正向增长的情况下，此时经济形势已从恶化转向得到改善，证券市场价格也由下跌转为上升。

在GDP由低速增长转向高速增长的情况下，此时经济结构得到调整，经济瓶颈摆脱制约，新一轮增长行情开始酝酿，证券市场也将酝酿新一轮快速增长。

证券市场波动先于GDP变动，所以，应把握GDP增长趋势，着眼于未来。

（三）宏观经济运行质量对证券市场的影响

GDP的增长要考虑通货膨胀因素，可以说，通货膨胀体现了经济增长以及经济运行的质量。而通货膨胀分析总是与经济增长分析相结合。

温和、稳定的通货膨胀对股价的影响较小。通货膨胀提高了债券的必要收益率，从而引起债券价格下跌。如果通货膨胀在一定的可容忍范围内持续，而经济处于景气（扩张）阶段，产量和就业都持续增长，那么股价也将持续上升。严重的通货膨胀非常危险，可能从两个方面影响证券价格：其一，资金流出证券市场，引起股价和债券价格下跌；其二，经济扭曲和失去效率，企业筹集不到必需的生产资金，同时，原材料、劳务成本等价格飞涨，使企业经营严重受挫，盈利水平下降，甚至倒闭。政府往往不会长期容忍通货膨胀存在，因而必然会使用某些宏观经济政策工具抑制通货膨胀，这些政策必然对经济运行造成影响。通货膨胀时期，并不是所有价格和工资都按同一比率变动，而是相对价格发生变化。这种相对价格变化引致财富和收入的再分配，因而某些公司可能从中获利，而另一些公司可能蒙受损失。通货膨胀不仅产生经济影响，还可能产生社会影响，并影响投资者的心理和预期，从而对股价产生影响。通货膨胀使得各种商品价格具有更大的不确定性，也使得企业未来经营状况具有更大的不确定性，从而增加证券投资的风险。

通货膨胀对企业的微观影响表现为：通货膨胀之初，“税收效应”“负债效应”“存货效应”“波纹效应”有可能刺激股价上涨；但长期严重的通货膨胀，必然恶化经济环境、社会环境，股价将受大环境影响而下跌。

通货紧缩带来的经济负增长，使得股票、债券及房地产等资产价格大幅下降，银行资产状况严重恶化。而经济危机与金融萧条的出现反过来又大大影响了投资者对证券市场走势的信心。

（四）世界金融环境对证券市场的影响

国际金融市场可以分为货币市场、证券市场、外汇市场、衍生品市场、黄金市场等。证券市场仅是国际金融市场的一部分，其他市场的变动会对证券市场产生一定的影响。而随着我国资本市场的进一步开放，国际金融市场或者说世界经济对我国的影响日益增强。如2019年，全球经济阴云笼罩，经济增速逐季降低，全年GDP增长率创金融危机以来最低水平。而2020

年的新冠疫情更是成为主导2020年全球市场的“黑天鹅”事件。受疫情影响，全球经济遭受重挫，供应链中断、需求被抑制，全球市场出现大跌。

首先，国际金融市场动荡通过人民币汇率预期会影响证券市场。汇率上升，本币贬值，本国产品竞争力强，出口型企业将增加收益，因而企业的股票和债券价格将上涨；相反，依赖于进口的企业成本增加，利润受损，股票和债券价格将下跌。同时，汇率上升，本币贬值，将导致资本流出本国，资本的流失将使得本国证券市场需求减少，价格下跌。另外，汇率上升时，本币表示的进口商品价格提高，进而带动国内物价水平上涨，引起通货膨胀。通货膨胀对证券市场的影响须根据当时的经济形势和具体企业以及政策行为分析。为维持汇率稳定，政府可能动用外汇储备，抛售外汇，从而将减少本币的供应量，使得证券市场价格下跌，直到汇率回落、恢复均衡，负面效应可能使证券价格回升。如果政府利用债市与汇市联动操作达到既控制汇率的升势又不减少货币供应量，即抛售外汇，同时回购国债，则将使国债市场价格上扬。同时，即使人民币汇率保持稳定，但由于国际金融市场的动荡，导致周边国家(地区)或其他重要贸易伙伴国家货币的贬值，使人民币汇率相对这些货币的汇率升值，也会影响我国证券市场。

其次，国际金融市场动荡可通过宏观面和政策面间接影响我国证券市场。国际金融市场动荡加大了我国宏观经济增长目标的执行难度，从而在宏观面和政策面上间接影响我国证券市场的发展。国际金融市场动荡导致出口增幅下降、外商直接投资下降，从而影响经济增长率，失业率随之上升，宏观经济环境的恶化导致上市公司业绩下降和投资者信心不足，最终使证券市场下跌。其中，国际金融市场的动荡对外向型上市公司和外贸行业上市公司的业绩影响最大，对其股价的冲击也最大。

资料卡　证券投资分析主要考察的世界经济指标

一、ISM指数

ISM指数(Institute of Supply Management Manufacturing Index)是由美国供应管理协会(Institute for Supply Management，ISM)公布的重要数据，对反映美国经济繁荣度及美元走势均有重要影响。

美国供应管理协会是全球最大、最权威的采购管理、供应管理、物流管理等领域的专业组织。该组织立于1915年，其前身是美国采购管理协会，目前拥有会员45 000多名、179个分会，是全美最受尊崇的专业团体之一。

ISM指数分为供应管理协会制造业指数和供应管理协会非制造业指数两项。

供应管理协会制造业指数由一系列分项指数组成，其中以采购经理人指数最具有代表性。该指数是反映制造业在生产、订单、价格、雇员、交货等各方面综合发展状况的晴雨表，通常以50为临界点，高于50被认为是制造业处于扩张状态，低于50则意味着制造业的萎缩，影响经济增长的步伐。

供应管理协会非制造业指数反映的是美国非制造业商业活动的繁荣程度，当其数值连续位于50以上水平时，表明非制造业活动扩张，价格上升，往往预示着整体经济正处于扩张状态；反之，当其数值连续位于50以下水平时，往往预示着整体经济正处于收缩状态。

二、采购经理人指数

采购经理人指数(Purchase Management Index，PMI)通常都是指美国的采购经理人指数，它是衡量美国制造业的“体检表”，是衡量制造业在生产、新订单、商品价格、存货、雇员、订单交货、新出口订单和进口八个方面状况的指数，是经济先行指标中一项非常重要的附属指标，是美国供应管理协会商业报告中关于制造业的一个主要参数。通常采购经理人指数与金属需求指标密切正相关，因而能被看作金属需求增长率变化的有效指标。

PMI是一项全面的经济指标，概括了美国整体制造业状况、就业及物价表现，是全球最受关注的经济资料之一。除了对整体指数的关注外，采购经理人指数中的支付物价指数及收取物价指数也被视为物价指标的一种，而其中的就业指数常被用来预测失业率及非农业就业人口的表现。同时，PMI是一个对亚洲及中国出口很有预测力的前瞻性指标。PMI已是国际通行的宏观经济监测指标体系，对国家经济活动的监测和预测具有重要作用。采购经理人指数为每月第一个公布的重要数据，加上其所反映的经济状况较为全面，因此市场十分重视数据所反映的具体结果。一般来说，采购经理人指数上升，会带来美元汇价上涨；采购经理人指数下降，会带来美元汇价的下跌。

三、密歇根消费者信心指数

美国密歇根大学的调查研究中心为了研究消费需求对经济周期的影响，首先编制了消费者信心指数，随后欧洲一些国家也先后开始建立和编制消费者信心指数。

每个月第10天(除非当日为周末)公布初步报告，然后在下个月的第一天公布上个月的报告。

消费者信心指数是反映消费者对该国经济信心强弱的指标，是综合反映并量化消费者对当前经济形势评价和对经济前景、收入水平、收入预期以及消费心理状态的主观感受，预测经济走势和消费趋向的一个先行指标。

消费者信心指数由消费者满意指数和消费者预期指数构成。消费者满意指数是指消费者对当前经济生活的评价，消费者预期指数是指消费者对未来经济生活发生变化的预期。消费者的满意指数和预期指数分别由一些二级指标构成。对收入、生活质量、宏观经济、消费支出、就业状况、购买耐用消费品和储蓄的满意程度与未来一年的预期及未来两年在购买住房及装修、购买汽车和未来6个月股市变化的预期等。

长期以来，该数据为消费者态度变化的把握提供了一个有价值的指引，进而可以较好地预测消费行为。另外，与其他同类用途的数据相比，该数据波动性更小，表现得更为稳定。与经济咨商会的消费者信心指数相比，密歇根大学消费者信心指数与消费者支出之间的相关性更为密切。

四、德国IFO商业景气指数

德国IFO商业景气指数(IFO Business Climate Index)由德国经济信息研究所注册协会(IFO)编制，是观察德国经济状况的重要领先指标。IFO1949年成立于慕尼黑，是一家公益性的、独立的经济研究所，被称为德国政府智库之一。

IFO每个月均调查制造业、建筑业及零售业等各产业部门，每次调查所涵盖的企业在7 000家以上，依企业评估目前的处境状况，以及短期内企业的计划及对未来半年的看法而编制指数。

由于IFO商业景气指数为每月公布信息，并且调查了企业对未来的看法，而且涵盖的部门范围广，因此在经济走势预测上的参考性较高。

作为欧元区最大的经济体，德国GDP占欧元区GDP的近1/4。因此，德国IFO调查对欧元区整体经济健康有重要意义。数据向好预示德国经济前景乐观，意味着消费者支出增长以及经济扩张；相反，数据偏低，可能暗示经济放缓。该指标以100作为分水岭，数据离100越远，表明力度越大。

五、领先指数

领先指数也叫综合领先经济指标（Economic Leading Indicator）或先行指标指数（Index of Leading Indicators），是指一系列引导经济循环的相关经济指标和经济变量的加权平均数。它主要用来预测整体经济的转变情况，以及衡量未来数月的经济趋势。它是预测未来经济发展情况最重要的经济指标之一，是各种引导经济循环的经济变量的加权平均数。

领先经济指标比其他单一指标能够提供更多的具体资料，由投资到商业信用等，涵盖了整个经济活动的绝大部分，因此有人认为它能预测未来10个月的经济形势，甚至能正确地预测经济发展和外汇交易市场的拐点。领先经济指标每月公布，如指标较上月有增加，便代表经济增长持续，若能连续上升10个月以上，就表示有通货膨胀及收紧银根的压力，但若出现连续3个月的下跌，甚至出现负增长，则象征经济放缓或衰退。综合领先经济指标上升，显示该国出现经济增长，有利于该国货币表现。如果此指标下降，则显示该国经济有衰退或放缓的迹象，对该国家货币构成不利影响。

领先指数的组成根据经济情况的改变而变更，以更确切地反映经济发展的状况和趋势。组成一般有：个人收入、个人消费支出、全国采购经理指数、耐用品订单、工业生产、设备使用率、零售指数、消费者信贷、新屋开工及建筑许可、建筑支出、消费价格指数、生产价格指数。

资料卡　2020年美股熔断了几次

1. 2020年3月9日，美股历史上第2次熔断

2020年3月9日，美股再次遭遇“黑色星期一”，开盘即暴跌，标准普尔500指数跌幅超7%，触发一级熔断机制，暂停交易15分钟。

2. 2020年3月12日，美股历史上第3次熔断

2020年3月12日21:35，美股触发历史上第三次熔断，当日开盘后，标准普尔500指数跌幅扩大至7%，美股暂停交易15分钟。

3. 2020年3月16日，美股历史上第4次熔断

2020年3月16日上午9:30，美股开盘即暴跌，标准普尔500指数即跌7.47%，再次触发熔断，停盘15分钟。

4. 2020年3月18日，美股历史上第5次熔断

2020年3月18日，美股因标准普尔500指数盘中跌幅超7%，再次触发熔断机制，暂停交易15分钟，美股史上第5次熔断。

总的来说,2020 年美股熔断了 4 次,并且 4 次都是出现在 2020 年 3 月。熔断机制起源于美国,即当股市跌到一定幅度之后,市场自动停止交易一段时间,可能是几分钟,也可能是全天交易就此终止。

三、宏观经济政策分析

(一)财政政策

财政政策是指国家根据一定时期政治、经济、社会发展的任务而制定的一系列方针、政策的总和。财政政策包括国家预算政策、税收政策、国债政策、财政投资政策、财政补贴政策、转移支付政策等。

国家预算政策是指通过预算收支规模及平衡状态的确定、收支结构的安排和调整实现财政政策目标。

税收政策是指通过税种、税率的调节确定和保证国家财政收入,调节社会经济的分配关系。

国债政策是指国家按照有偿信用原则筹集财政资金,调节收入结构和产业结构,强化薄弱行业,促进经济结构合理化。

财政投资政策是指通过国家预算拨款和引导预算外资金的流向、流量,以巩固和壮大经济基础,调节产业结构。

财政补贴政策是指国家根据经济发展规律的客观要求和一定时期的政策需要,通过财政转移的形式直接或间接地对农民、企业、职工和城镇居民实行财政补助,以实现经济稳定协调发展和社会安定。

转移支付政策是指中央财政将一部分财政资金按一定标准拨付给地方财政的制度。

财政政策可分为积极的财政政策(扩张的财政政策)和消极的财政政策(紧缩的财政政策)两种。其对证券市场的影响也不相同。

积极的财政政策主要包括减少税收、扩大财政支出等。

减少税收一方面可刺激企业的投资需求,促进其扩大再生产,另一方面增加了投资者收入,刺激其消费需求和投资需求,促进证券市场价格的上扬。而证券市场的繁荣反过来又会刺激投资需求以及企业扩大再生产,进一步促进证券市场的上涨。

扩大财政支出可扩大总需求,刺激企业投资,扩大就业,从而使得企业扩大生产,盈利增加;另一方面,居民收入增加,增加投资信心和欲望,导致证券市场价格上扬。

另外,减少国债发行规模使债券市场供给减少,更多资金流向股票市场,推动证券市场价格上扬;增加财政补贴,可扩大社会总需求,推动证券市场价格上扬。

消极的财政政策包括压缩财政支出、增加税收,减少财政补贴等,与积极的财政政策对证券市场的影响正好相反。

(二)货币政策

货币政策是指中央银行为实现既定的经济目标运用各种工具调节货币供应量和利率,进而影响宏观经济的方针和措施的总合。货币政策工具包括控制货币发行量、调整再贴现率、公开市场业务、法定存款准备金率、信用管制等。

调整再贴现率,再贴现率是商业银行将其贴现的未到期票据向中央银行申请再贴现时的利率,调整再贴现率可控制和调节信贷规模,从而影响货币供应量。

公开市场业务是指中央银行在金融市场上买卖有价证券控制货币供给和利率的政策行为。

法定存款准备金率是指中央银行规定的商业银行和存款金融机构为保证客户提取存款和资金清算而必须存在中央银行的存款占其存款总额的比率。

信用管制包括直接信用管制和间接信用管制。直接信用管制是指以行政命令或其他方式直接控制金融机构的信用活动，其手段有利率限额、信用配额、信用条件限制等。间接信用管制是指央行通过道义劝告、窗口指导等办法间接影响商业银行等金融机构行为的做法。

货币政策也分为扩张性货币政策和紧缩性货币政策。

扩张性货币政策有降低利率、降低再贴现率、降低存款准备金率、在公开市场大量买进有价证券等。

降低利率降低了公司融资成本，可扩大再生产，增加了公司盈利，促使证券市场价格上扬。利率对证券市场价格影响非常明显，反应也迅速。

降低再贴现率以及降低存款准备金率，都会增强商业银行体系的资金实力，使得货币供应量增加，推动证券价格上涨。

央行大量购进有价证券，货币供应量增加，推动股票市场价格上扬。

紧缩性货币政策则包括提高利率、提高再贴现率、提高存款准备金率、在公开市场大量卖出有价证券等，其对证券市场的作用与紧缩性货币政策相反。

（三）收入政策

收入政策是指国家为实现宏观调控目标和总任务，针对居民收入水平高低、收入差距大小在分配方面制定的原则和方针。收入政策是更高层次的调节功能，它制约财政政策和货币政策的作用方向和力度，同时也要通过财政政策和货币政策实现。

收入政策目标包括收入总量目标和收入结构目标。收入总量目标着眼于近期的宏观经济总量平衡，根据供求不平衡的状况分别选择分配政策和超分配政策；而收入政策的结构目标则着眼于中长期的产业结构优化和经济与社会协调发展，着重处理积累与消费、公共消费与个人消费、各种收入的比例、个人收入差距等关系。

收入政策通过财政政策与货币政策来实现对证券市场的影响。

第二节　行业分析

一、行业的划分

行业是从事相同性质的经济活动的所有单位的集合。行业是指按生产同类产品或具有相同工艺过程或提供同类劳动服务划分的经济活动类别。

行业分析的目的是判断行业未来发展方向，判断行业投资价值和投资风险，为投资决策做出依据。通过界定行业本身所处的发展阶段和其在国民经济中的地位，同时横向比较不同的行业，为最终确定投资对象提供准确的行业背景。

（一）道琼斯分类法

道琼斯分类法是19世纪末为选取在纽约证券交易所上市的有代表性的股票而对各公司的分类。道琼斯分类法将大多数股票分为工业、运输业和公用事业三类，然后选取有代表性的股票。

（二）标准行业分类法

标准行业分类法是联合国经济和社会事务统计局制定的，建议各国采用的《全部经济活动国际标准行业分类》，简称《国际标准行业分类》，把国民经济划分为 10 个门类，对每个门类再划分大类、中类、小类。2008 年 8 月 11 日发布了第四版。10 个门类是：(1)农业、畜牧狩猎业、林业和渔业；(2)采矿业及土石采掘业；(3)制造业；(4)电、煤气和水；(5)建筑业；(6)批发和零售业、饮食和旅馆业；(7)运输、仓储和邮电通信业；(8)金融、保险、房地产和工商服务业；(9)政府、社会和个人服务业；(10)其他。

（三）我国国民经济行业分类

我国国家统计局将产业分为三大类，分别是第一产业（农业）、第二产业（工业）和第三产业（服务业）。

《中华人民共和国国家标准(GB/T4754－2017)》采用线分类法，将社会经济活动划分为门类、大类、中类和小类四级。与此相对应，此编码主要采用层次编码法。门类的编码与大、中、小类的编码方法独立。经过调整，根据第四次修订标准(GB/T4754－2017)，最新的行业分类将行业划分为 20 个门类，97 个大类，473 个中类，1094 个小类。20 个门类如下：

第一产业

A. 农林牧渔业

第二产业

B. 采矿业

C. 制造业

D. 电力、燃气及水的生产和供应业

E. 建筑业

第三产业

F. 交通运输、仓储和邮政业

G. 信息传输、计算机服务和软件业

H. 批发和零售业

I. 住宿和餐饮业

J. 金融业

K. 房地产业

L. 租赁和商务服务业

M. 科学研究、技术服务和地质勘查业

N. 水利、环境和公共设施管理业

O. 居民服务和其他服务业

P. 教育

Q. 卫生、社会保障和社会福利业

R. 文化、体育和娱乐业

S. 公共管理和社会组织

T. 国际组织

（四）我国上市公司行业分类

中国证监会于 2001 年 4 月 4 日公布《上市公司行业分类指引》，以《国民经济行业分类与代码》(国家标准 GB/T4754－94)为主要依据制定而成。《上市公司行业分类指引》将上市公司分为 13 个门类，90 个大类和 288 个中类。

13 个门类分别是：

A. 农林牧渔业

B. 采掘业

C. 制造业

D. 电力、煤气及水的生产和供应业

E. 建筑业

F. 交通运输、仓储业

G. 信息技术业

H. 批发和零售贸易

I. 金融、保险业

J. 房地产业

K. 社会服务业

L. 传播与文化产业

M. 综合类

资料卡　行业和概念板块

概念板块和行业板块不同，概念板块属于不同的行业。

概念股是与业绩股相对而言的。业绩股需要有良好的业绩支撑。概念股则是依靠某一种题材(如资产重组概念、三通概念等)支撑价格。中国概念股就是外资因为看好中国经济成长而对所有在海外上市的中国股票的称呼。

股票板块有四种划分标准：第一种是以上市公司所从事的行业类别划分，比如银行、保险、石油、房地产、钢铁有色等。第二种是以市场炒作的题材划分，叫作概念板块，比如雄安、王亚伟概念等。第三种是风格板块，因为一个特定的共同特点集合起来的板块，比如昨日涨停，就是昨天涨停的股票集合起来的板块。第四种是根据上市公司所在地区划分的地区板块。

二、行业结构分析

现实中各行业的市场结构不同。市场结构即市场竞争或垄断的程度。根据该行业中企业数量的多少、进入限制程度和产品差别，可以将行业分为完全竞争、不完全竞争或垄断竞争、寡头垄断、完全垄断四种。

(一)完全竞争

完全竞争市场是指不受任何阻碍和干扰的市场结构。

完全竞争市场的特点是：市场上有众多经济主体，任何一人都无法通过买卖行为影响市场上的供求关系，也无法影响市场价格，每个人都是市场价格的被动接受者；产品是同质的，任何一生产者的产品都无差别；各种资源都可以完全自由流动而不受任何限制；市场信息是完全的且对称的，生产者和消费者均了解市场情况。

（二）垄断竞争

垄断竞争是指许多厂商生产并出售相近但不同质的商品，既有垄断、又有竞争的市场结构。

垄断竞争市场的特征为：生产者众多，生产资料可以流动；生产的产品种类相同但不同质，存在差异性；企业进出不受限制。

（三）寡头垄断

寡头垄断是指少数卖方占有绝大多数市场份额并处于市场主导地位的市场结构。

寡头垄断市场的特点是：少数生产商控制大多数资源与市场份额；大规模生产，行业进入困难；寡头之间相互影响。

（四）完全垄断

完全垄断是指整个行业的市场供给完全为独家企业所控制的市场结构，可分为政府完全垄断和私人完全垄断。

完全垄断结构的特征是：市场被独家企业所控制，行业进入几乎不可能；产品没有或缺少相近的替代品；垄断者可以自行决定价格和产量。

三、行业生命周期分析

每个行业都要经历一个由成长到衰退的发展演变过程。这个过程便称为行业的生命周期。行业的生命周期可分为四个期：幼稚期、成长期、成熟期、衰退期。

（一）幼稚期

幼稚期初期，行业诞生不久，企业成本和价格较高，市场需求小，随着行业的发展，市场增长率提高，需求增长较快，技术改善，但仍有很大的不确定性，在产品、市场、服务等策略上有很大的余地。在幼稚期末期，行业生产技术成熟，成本降低，市场需求扩大，行业从高风险、低收益转为高风险、高收益的成长期。

（二）成长期

成长期是行业扩大再生产的过程，这一时期的市场增长率高，需求大，技术渐趋定型，产品从单一转向多样，价格下降，竞争者数量增加。这一时期企业利润增加，竞争风险也很大。在成长期后期，由于优胜劣汰的作用，市场上厂商减少，销售增长减缓，进入利润下降的成熟期。

（三）成熟期

成熟期的标志是技术及产品的成熟，这一时期的产品增长和需求增长都开始减缓，技术上已经成熟和稳定，买方市场形成，行业盈利能力下降，新产品和产品的新用途开发更为困难，行业进入壁垒很高，风险也相应降低。

（四）衰退期

衰退期是行业发展的客观必然。这一时期的市场增长率下降，需求下降，产品销售量下降，产品品种及竞争者数目减少，利润水平降低，某些厂商开始转向其他盈利高的行业。从衰退的原因来看，行业衰退可分为绝对衰退和相对衰退。绝对衰退是指行业本身内在的衰退规律起作用引起的规模萎缩、功能衰退、产品老化；相对衰退是指行业因结构性原因或者无形原因引起行业地位和功能发生衰退的状况。

实际投资决策过程中，由于投资资金的来源、资金量、风险偏好程度不同，应当仔细研究公司所处的行业生命周期及行业特征，预测所观察行业的未来业绩。

第三节　公司分析

一、公司行业地位分析

公司的行业地位分析就是判断公司在所在行业中的竞争地位，判断其在行业中的领导力，在价格上的影响力，以及其竞争优势等。

企业的行业地位决定了其盈利能力水平，在行业中的地位和其竞争能力。衡量公司竞争能力的主要指标是产品的市场份额和行业综合排序。

市场份额即市场占有率，指的是一个企业的销售量（或销售额）在市场同类产品中所占的比重。市场份额代表了企业对市场的控制能力。企业市场份额的不断扩大，可以使企业获得某种形式的垄断，在带来垄断利润的同时又能保持一定的竞争优势。

二、公司产品分析

（一）产品优势分析

产品优势体现在成本、技术以及质量优势。

成本优势是指公司产品与其他产品相比由于低成本而获得更高盈利能力的优势。公司依靠低成本，生产并出售与市场其他公司价值相等或相似的产品，则能获得高于行业平均水平的盈利，这样，公司有更大的实力开发新产品，提高产品质量，扩大生产，获得更大的市场份额。

技术优势是指公司比同行业具有更强的技术实力和更新的技术水平。技术优势使得公司能更快地开发新产品，提高产品质量，通过质量降低成本，并对产品进行细分，实行差别化生产。

质量优势是指公司的产品与同行业其他公司相比具有更高的质量。质量优势能够赢得市场口碑，从而取得更大的竞争优势。

（二）产品品牌战略

产品品牌是产品或服务的商标。品牌与其他可以有别于竞争对手的标识、广告等构成公司独特市场形象的无形资产。品牌是产品质量、性能等的综合体现，是产品竞争力的重要因素之一。

三、公司经营能力分析

（一）公司法人治理结构分析

法人治理结构是管理和控制公司的一整套体系，包括法律、文化、制度安排、人力资源管理、收益分配和激励机制、财务制度、内部制度和管理等。现代企业制度最根本点是所有权和经营权的分离，从而需要在所有者和经营者之间形成一种相互制衡的机制，用以管理和控制企业。

合理的公司法人治理结构包括七个方面，分别是：规范的股权结构、有效的股东大会制度、董事会权力合理界定与约束、完善的独立董事制度、监事会独立性和监督责任、优秀的职业经理层以及相关利益者的共同治理。

（二）公司经理层分析

公司经理层的素质在公司决策中起着重要作用，也是公司成功与否的重要因素之一。公司管理层的分析主要考察管理层的专业技术能力、良好道德修养、社会关系协调能力等。

（三）公司经营战略分析

企业经营战略是企业面对竞争为求在行业中长期生存和不断发展而进行的总体性谋划。它是企业战略思想的集中体现。企业经营战略的制定就是，调查分析企业外部环境和内部条件，明确企业在市场竞争中所处的地位，确定企业增强自身经营实力方向的过程。企业经营战略规定企业的经营范围、成长方向和竞争对策，合理调整企业结构和资源分配，促进企业发挥整体效益，推进全面现代化管理。企业经营战略决策直接关系到企业的未来发展。

四、公司财务分析

公司分析包括分析宏观经济政策对公司所处行业的影响，公司在该行业中所处的地位，公司所处的地理环境对公司的影响等一系列复杂的问题。在对公司的一系列分析之中，财务状况分析是最重要，也是最直观的分析角度。

（一）公司主要财务报表

公司财务报表主要包括资产负债表、利润表和现金流量表。

1. 资产负债表

资产负债表是反映企业在某一特定日期财务状况的会计报表，反映了公司的资产负债情况，表明在某一特定日期拥有或控制的经济资源、承担的现有义务和所有者对净资产的要求权。资产负债表利用会计平衡原则，按照账户式反映，左边为资产各项目，右方为负债和所有者权益各项目，资产各项目合计等于负债和所有者权益各项目的合计（见表7－1）。

表7－1　　**资产负债表**

编制单位：××有限公司　　20×8年12月31日　　单位：元

资　产	期末余额	年初余额	负债和所有者权益（或股东权益）	期末余额	年初余额
流动资产：			流动负债：		
货币资金			短期借款		
交易性金融资产			交易性金融负债		
应收票据			应付票据		
应收账款			应付账款		
预付款项			预收款项		
应收利息			应付职工薪酬		
应收股利			应交税费		
其他应收款			应付利息		
存货			应付股利		
一年内到期的非流动资产			其他应付款		
其他流动资产			一年内到期的非流动负债		
流动资产合计			其他流动负债		
非流动资产：			流动负债合计		

续表

资　产	期末余额	年初余额	负债和所有者权益（或股东权益）	期末余额	年初余额
可供出售金融资产			非流动负债：		
持有至到期投资			长期借款		
长期应收款			应付债券		
长期股权投资			长期应付款		
投资性房地产			专项应付款		
固定资产			预计负债		
在建工程			递延所得税负债		
工程物资			其他非流动负债		
固定资产清理			非流动负债合计		
生产性生物资产			负债合计		
油气资产			所有者权益（或股东权益）：		
无形资产			实收资本（或股本）		
开发支出			资本公积		
商誉			减：库存股		
长期待摊费用			盈余公积		
递延所得税资产			未分配利润		
其他非流动资产			所有者权益（或股东权益）合计		
非流动资产合计					
资产总计			负债和所有者权益（或股东权益）总计		

2. 利润表

利润表是反映企业一定期间生产经营成果的会计报表，表明企业运用所拥有的资产获利的能力（见表7－2）。主要反映以下几个方面的内容：

（1）构成主营业务利润的各项要素。主营业务利润从主营业务收入出发，减去为取得主营业务收入而发生的相关费用、租金后得出。

（2）构成营业利润业的各项要素。营业利润在主营业务利润的基础上，加上其他业务利润，减营业费用、管理费用和财务费用后得出。

（3）构成利润总额（或亏损总额）的各项要素。利润总额（或亏损总额）在营业利润的基础上，加（减）投资收益（损失）、补贴收入和营业外收支后得出。

（4）构成净利润（或净亏损）的各项要素。净利润（或净亏损）在利润总额（或亏损总额）的基础上，减去本期记入损益的所得税费用后得出。

表 7—2　　**利润表**

编制单位：××有限公司　　20×8 年 12 月 31 日　　单位：元

项　目	本期金额	上期金额
一、营业收入		
减：营业成本		
营业税金及附加		
销售费用		
管理费用		
财务费用		
资产减值损失		
加：公允价值变动收益（损失以“－”号填列）		
投资收益（损失以“－”号填列）		
其中：对联营企业和合营企业的投资收益		
二、营业利润（亏损以“－”号填列）		
加：营业外收入		
减：营业外支出		
其中：非流动资产处置损失		
三、利润总额（亏损总额以“－”号填列）		
减：所得税费用		
四、净利润（净亏损以“－”号填列）		
五、每股收益：		
（一）基本每股收益		
（二）稀释每股收益		

3. 现金流量表

现金流量表反映了企业一定期间现金的流入和流出，表明企业获得现金和现金等价物的能力，现金流量表也是最能反映公司真实经营状况的财务报表。现金流量表主要分经营活动、投资活动和筹资活动产生的现金流量三个部分（见表 7－3 和表 7－4）。现金流量充足的公司，受资金限制较小，发展上游刃有余，可能面临的风险相对较小，赢利能力较强。

表 7—3　　**现金流量表**

编制单位：××有限公司　　20×8 年 12 月 31 日　　单位：元

项　目	本期金额	上期金额
一、经营活动产生的现金流量：		
销售商品、提供劳务收到的现金		
收到的税费返还		

续表

项　目	本期金额	上期金额
收到其他与经营活动有关的现金		
经营活动现金流入小计		
购买商品、接受劳务支付的现金		
支付给职工以及为职工支付的现金		
支付的各项税费		
支付其他与经营活动有关的现金		
经营活动现金流出小计		
经营活动产生的现金流量净额		
二、投资活动产生的现金流量：		
收回投资收到的现金		
取得投资收益收到的现金		
处置固定资产、无形资产和其他长期资产收回的现金净额		
处置子公司及其他营业单位收到的现金净额		
收到其他与投资活动有关的现金		
投资活动现金流入小计		
购建固定资产、无形资产和其他长期资产支付的现金		
投资支付的现金		
取得子公司及其他营业单位支付的现金净额		
支付其他与投资活动有关的现金		
投资活动现金流出小计		
投资活动产生的现金流量净额		
三、筹资活动产生的现金流量：		
吸收投资收到的现金		
取得借款收到的现金		
收到其他与筹资活动有关的现金		
筹资活动现金流入小计		
偿还债务支付的现金		
分配股利、利润或偿付利息支付的现金		
支付其他与筹资活动有关的现金		
筹资活动现金流出小计		
筹资活动产生的现金流量净额		
四、汇率变动对现金及现金等价物的影响		

续表

项　目	本期金额	上期金额
五、现金及现金等价物净增加额		
加:期初现金及现金等价物余额		
六、期末现金及现金等价物余额		

表 7—4　现金流量表(附表)

编制单位:××有限公司　20×8 年 12 月 31 日　单位:元

补充资料	金　额
1. 将净利润调节为经营活动现金流量:	
净利润	
加:计提的资产减值准备	
固定资产折旧	
无形资产摊销	
长期待摊费用摊销	
待摊费用减少(减:增加)	
预提费用增加(减:减少)	
处置固定资产、无形资产和其他长期资产的损失(减:收益)	
固定资产报废损失	
财务费用	
投资损失(减:收益)	
递延税款贷项(减:借项)	
存货的减少(减:增加)	
经营性应收项目的减少(减:增加)	
经营性应付项目的增加(减:减少)	
其他	
经营活动产生的现金流量净额	
2. 不涉及现金收支的投资和筹资活动:	
债务转为资本	
一年内到期的可转换公司债券	
融资租入固定资产	
3. 现金及现金等价物净增加情况:	
现金的期末余额	
减:现金的期初余额	
加:现金等价物的期末余额	

续表

补充资料	金　额
减:现金等价物的期初余额	
现金及现金等价物净增加额	

企业负责人:　　　　主管会计:　　　　制表:　　　　报出日期:　　年　　月　　日

(二)公司财务报表的分析方法

财务报表分析方法包括比较分析法和因素分析法。比较分析法是指对比两个或多个相关的可比数据,解释财务指标的差异和变动关系,如单个年度的财务比率分析、不同时期的财务报表比较分析,与同行业其他公司之间的财务指标比较分析等;因素分析法是指根据分析指标和影响因素的关系,从数量上确定各因素对财务指标的影响程度。

(三)变现能力分析

变现能力是考察公司短期偿债能力的关键,反映变现能力的财务比率主要有流动比率和速动比率。

流动比率是流动资产除以流动负债的比值。计算公式为:

流动比率=流动资产/流动负债

速动比率是从流动比率中扣除存货,再除以流动负债的比值。计算公式为:

速动比率=(流动资产-存货)/流动负债

一般而言,正常速动比率为1,低于1,可认为短期偿债能力偏低。但不同行业的速动比率往往不相同,某些行业速动比率低于1为正常情况,所以,通常把计算出来的流动比率和速动比率与同行业的其他公司比较,来判断公司的短期偿债能力。

有三种因素会增强公司的变现能力:可动用的银行贷款指标、准备很快变现的长期资产,以及公司偿债能力的声誉。

有两种因素会减弱公司的变现能力:未做记录的可能发生的负债和担保责任引起的负债。

(四)营运能力分析

营运能力反映公司经营管理中利用资金运营的能力,主要包括存货周转率、应收账款周转率、流动资产周转率和总资产周转率等指标。

在流动资产中,存货所占比重较大,存货的流动性将直接影响公司的流动比率。因而需重视对存货的分析。存货周转率是指销售成本除以平均存货的比率。计算公式为:

存货周转率=主营业务成本/平均存货

其中,主营业务成本数据来自利润表,平均存货数据来自资产负债表中“存货”期初数与期末数的平均数。

资金回收速度越快,公司的资金利用效率越高,而且对公司自身的生产也会非常有利。应收账款周转率是销售收入与平均应收账款的比值。计算公式为:

应收账款周转率=主营业务收入/平均应收账款

流动资产周转率是销售收入与全部流动资产的平均余额的比值。计算公式为:

流动资产周转率=主营业务收入/平均流动资产

其中,公式中的平均流动资产是资产负债表中流动资产期初数与期末数的平均数。

总资产周转率是销售收入与平均资产总额的比值。计算公式为:

总资产周转率=主营业务收入/平均资产总额

其中，公式中平均资产总额是资产负债表中资产总计的期初数与期末数的平均数。

（五）长期偿债能力分析

长期偿债能力是指公司偿付到期长期债务的能力，主要通过资产负债率、产权比率、有形资产净值债务率、已获利息倍数、长期债务与营运资金比率等指标来反映。

资产负债率是负债总额除以资产总额的百分比，反映了公司的总体负债情况，可以衡量公司在清算时保护债权人的程度。计算公式为：

$$资产负债率=(负债总额/资产总额)\times 100\%$$

其中，公式中的负债总额包括长期和短期负债，资产总额则是扣除累计折旧后的净额。从投资者的角度看，股东所关心的是全部资本利润率是否会超过借入款项的利率，如果全部资本利润率低于借款利率，那么借款的多余利息要用股东所得到的利润份额弥补，因此，在全部资本利润率高与借款利率时，负债比例越大越好。

产权比例是负债总额与股东权益总额之间的比率。该项指标反映由债权人提供的资本与股东提供的资本的相对关系，反映公司基本财物结构是否稳定。产权比率计算公式为：

$$产权比率=(负债总额/股东权益)\times 100\%$$

产权比率高，是高风险、高报酬的财务结构；反之，产权比率低是低风险、低报酬的财务结构。

有形资产净值债务率是公司负债总额与有形资产净值的百分比。有形资产净值是股东权益减去无形资产净值后的净值。有形资产净值债务率实质上是产权比率的延伸，计算公式为：

$$有形资产净值债务率=负债总额/(股东权益-无形资产净值)\times 100\%$$

已获利息倍数是公司经营业务收益与利息费用的比率，用来衡量偿付借款利息的能力，计算公式为：

$$已获利息倍数=税息前利润/利息费用$$

其中，税息前利润是指利润表中为扣除利息费用和所得税之前的利润，可以用“利润总额加利息费用”测算，利息费用是指本期发生的全部应付利息。

除了以上各种指标之外，还有一些其他的因素影响公司的长期偿债能力，如长期租赁、担保责任，或有项目等。

（六）盈利能力分析

盈利能力即公司赚取利润的能力。在分析盈利能力时应该排除以下的因素：证券买卖等非经常项目，已经或将要停止的项目，重大事故或者会计准则和财务制度变更带来的累积影响等。反映公司盈利能力常用的技术指标有销售净利率、销售毛利率、资产净利率、净资产收益率等。

销售净利率是净利润与销售收入的百分比。该指标反映了每一元销售收入带来的净利润是多少，其计算公式为：

$$销售净利率=净利润/销售收入\times 100\%$$

通过分析销售净利率的升降变动，可以促使公司在扩大销售的同时，注意改进经营管理，提高盈利水平。

销售毛利率是毛利占销售收入的比率，表示的是每一元销售收入扣除销售成本后，有多少钱可以用于各项期间费用和形成盈利，毛利是销售收入与销售成本的差。销售毛利率计算公式为：

$$销售毛利率=(销售收入-销售成本)/销售收入\times 100\%$$

资产净利率是公司净利润与平均资产总额的百分比，反映了公司资产利用的综合效果，指标越高，说明公司对资产利用的效率越高。资产净利率计算公式为：

资产净利率＝净利润/平均资产总额×100%

净资产收益率是净利润与净资产的比率，反映公司所有者权益的投资报酬率，具有很强的综合性。净资产收益率计算公式为：

净资产收益率＝净利润/年末净资产×100%

（七）投资收益分析

投资收益分析指标包括每股收益、市盈率、股利支付率、每股净资产和市净率等。

每股收益是净利润与公司发行在外的普通股总数的比值，是公司财务报表中最基础的一个数据指标，每股收益对公司的股价起决定性作用。分析一家公司每股收益时，可以进行同行业间的比较，判断公司的盈利能力，也可以根据不同时期的比较，确定公司未来的发展潜力。每股收益的计算公式为：

每股收益＝净利润/发行在外的年末普通股总数

市盈率也被称为“本益比”，是每股市价与每股收益的比率。市盈率是根据每股收益计算出来的，是衡量上市公司盈利能力的重要指标，也是反映公司目前股价偏高还是被低估的重要指标。市盈率的计算公式为：

市盈率＝每股市价/每股收益

分析市盈率时需要注意以下问题：不属于同一行业的公司不能比较市盈率；不同行业的市盈率是不一样，传统行业的市盈率普遍较低，成长性公司的市盈率普遍较高；每股收益很小或亏损的时候，公司市盈率会很高，这时候的市盈率不能说明任何问题。

股利支付率是普通股每股股利与每股收益的百分比。该指标反映了公司鼓励分配政策和支付股利的能力，计算公式为：

股利支付率＝每股股利/每股收益×100%

当股利支付率较高时，公司大比例分配的可能性也较大。

每股净资产是年末净资产与发行在外的年末普通股股数的比值。每股净资产也是影响股价的一个非常重要的因素，尤其是对于一些大盘蓝筹股。每股净资产计算公式为：

每股净资产＝年末净资产/发行在外的年末普通股股数

每股净资产在理论上提供了股票的最低价值。

市净率是每股市价与每股净资产的比值。市净率用以评价股票市价相对于每股净资产而言是否被低估，一般用于大盘蓝筹股的估值评价，市净率越低，表明投资价值越高。市净率计算公式为：

市净率＝每股市价/每股净资产

（八）现金流量分析

现金流量分析是最近才发展起来的，其方法体系并不完善，一致性也不充分，但却能够反映出一家公司在经营过程中是否存在资金问题。现金流量分析需要将现金流量表、资产负债表和利润表三者结合起来。现金流量分析包括流动性分析、获取现金能力分析以及财务弹性分析等。

（1）流动性分析。流动性是指公司将资产迅速转变为现金的能力，流动性分析包括现金到期债务比、现金流动负债比以及现金债务总额比等指标。

现金到期债务比是经营现金净流量与本期到期债务的比值，计算出来的数值越高，表明公司偿债能力越强。计算公式为：

现金到期债务比＝经营现金净流量/本期到期债务

现金流动负债比是经营现金净流量与流动负债的比值，数值越高，流动性越强。计算公式为：

现金流动负债比＝经营现金净流量/流动负债

现金债务总额比是经营现金净流量与负债总额的比值，数值越高，公司承担债务能力越强。计算公式为：

现今债务总额比＝经营现金净流量/债务总额

(2)获取现金能力分析。获取现金能力是指经营现金净流入和投入资源的比值，其中，投入资源包括销售收入、总资产、营运资金、净资产和普通股股数等。主要的指标有销售现金比率、每股营业现金净流量、全部资产现金回收率。

销售现金比率＝经营现金净流量/主营业务收入

公式中主营业务收入是指主营业务收入和应向购买者收取的增值税税额，该数值越高越好。

每股营业现金净流量＝经营现金净流量/普通股股数

每股营业现金净流量反映了公司最大分派股利能力，超过此限度，应当借款分红。

全部资产现金回收率＝经营现金净流量/资产总额×100%

全部资产现金回收率反映了公司资产产生现金的能力。

(3)财务弹性分析。财务弹性是公司适应经济环境变化和利用投资机会的能力。财务弹性分析使用经营现金流与支付要求比较，现金流量超过需要，有剩余的现金，公司的发展就会比较自由。财务弹性分析主要用到的指标为现金满足投资比率和现金股利保障倍数。

$$现金满足投资比率=\frac{近5年经营活动现金净流量}{近5年资本支出+存货增加+现金股利}$$

该数值越大，说明资金自给率越高。若现金满足投资比率等于1，说明公司可以利用经营活动获取的现金满足扩充所需资金；若小于1，则说明需要依靠外部融资来补充。

现金股利保障倍数＝每股营业现金净流量/每股现金股利

该数值越大，表明公司支付现金股利能力越强，分红的可能性越大。

资料卡　赣锋锂业2021公司基本面现状分析

2021年7月14日，赣锋锂业发布2021年半年度业绩预告修正公告。报告期内，修正后公司预计实现归母净利润130 000万～160 000万元，同比增长730.75%～922.46%，修正前公司预计实现归母净利润80 000万～120 000万元，同比增长411.23%～666.85%。

2021年7月9日中汽协发布6月汽车产销情况，6月国内新能源汽车实现销售25.6万辆，同比增长139.3%，新能源汽车景气度向上传导，带动锂价上行。2021年二季度电池级氢氧化锂均价8.63万元/吨，较2021年一季度均价6.30万元/吨环比增加36.98%；2021年二季度电池级碳酸锂均价8.90万元/吨，较2021年一季度均价7.44万元/吨环比增加19.62%。报告期内，公司产品售价超预期导致业绩预告高于预期。

景气度上行，优质资产支撑业绩。下游消费乐观预期推动上游锂盐及锂矿需求上涨，布局锂资源的相关公司也得到市场的重视。赣锋持股6.33%的Pilbara公司拥有Pilgangoora钽锂矿开采权。锂行业持续景气的情况下，Pilbara 2021年7月14日的股价为1.56澳元/股，较2021年4月1日股价1.09澳元/股增长43.12%。Pilbara等优质金融资产的公允价值增长增厚公司业绩。

投资建议：预测公司2021—2023年归母净利润为28.53亿元、42.74亿元、56.45亿元，EPS为1.98亿元、2.97亿元、3.93亿元，对应PE为80.5倍、53.7倍、40.7倍，考虑到锂盐价格有望持续上行以及公司行业龙头地位，维持“增持”评级。

——资料来源：根据江西赣锋锂业股份有限公司2021年半年度业绩预告投资研究报告编写。

小结

本章小结

1. 宏观经济分析主要指标是国内生产总值、国民生产总值、失业率、通货膨胀、国际收支、利率、汇率等。从宏观经济运行和宏观经济政策两个角度开展宏观经济分析。宏观经济运行包括运行周期对证券市场的影响，运行速度对经济周期的影响，以及宏观经济运行质量对经济周期的影响；宏观经济政策包括财政政策、货币政策和收入政策。

2. 财政政策是指国家根据一定时期政治、经济、社会发展的任务而制定的一系列方针、政策的总和，包括国家预算政策、税收政策、国债政策、财政投资政策、财政补贴政策、转移支付政策等。货币政策是指中央银行为实现既定的经济目标运用各种工具调节货币供应量和利率，进而影响宏观经济的方针和措施的总合，包括控制货币发行量、调整再贴现率、公开市场业务、法定存款准备金率、信用管制等。收入政策是指国家为实现宏观调控目标和总任务，针对居民收入水平高低、收入差距大小在分配方面制定的原则和方针。

3. 行业分析包括行业结构分析和行业生命周期分析。根据该行业中企业数量的多少、进入限制程度和产品差别，可以将行业分为完全竞争、不完全竞争或垄断竞争、寡头垄断、完全垄断四种。行业的生命周期可分为幼稚期、成长期、成熟期、衰退期。

4. 公司分析包括公司行业地位分析、公司产品分析、公司经营能力分析、公司财务分析。

5. 公司经营能力分析包括公司法人治理结构分析、公司经理层分析、公司经营战略分析。

6. 公司财务报表主要包括资产负债表、利润表和现金流量表。资产负债表是反映企业在某一特定日期财务状况的会计报表，反映了公司的资产负债情况，表明在某一特定日期拥有或控制的经济资源、承担的现有义务和所有者对净资产的要求权。利润表是反映企业一定期间生产经营成果的会计报表，表明企业运用所拥有的资产获利的能力。现金流量表反映了企业一定期间现金的流入和流出，表明企业获得现金和现金等价物的能力，现金流量表也是最能反映公司真实经营状况的财务报表。现金流量表主要有经营活动、投资活动和筹资活动产生的现金流量三个部分。

知识结构图

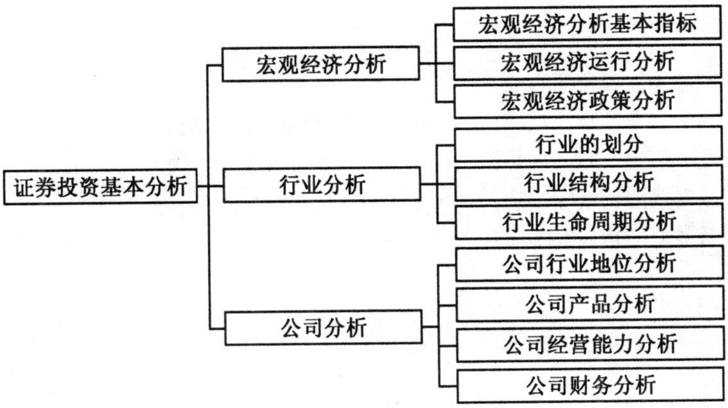

习 题

一、选择题

1. 长期负债与营运资金比率可以用来衡量公司的________。

A. 资本结构　B. 经营效率　C. 财务结构　D. 偿债能力

2. 基本分析的缺点主要有________。

A. 预测的时间跨度相对较长，对短线投资者的指导作用比较弱；同时，预测的精确度相对较低

B. 考虑问题的范围相对较窄

C. 对市场长远的趋势不能进行有益的判断

D. 预测的时间跨度太短

3. ________财政政策将使过热的经济受到控制，证券市场将走弱。

A. 紧缩性　B. 扩张性　C. 中性　D. 弹性

4. 从产生原因上划分，可以将通货膨胀分为需求拉动型通货膨胀、成本推进型通货膨胀和________。

A. 结构性通货膨胀　B. 扩张性通货膨胀

C. 出口拉动型通货膨胀　D. 汇率型通货膨胀

5. 一般来讲，对证券市场呈上升走势最有利的经济条件是________。

A. 持续、稳定、高速的 GDP 增长　B. 高通货膨胀下的 GDP 增长

C. 宏观调控下的 GDP 减速增长　D. 转折性的 GDP 变动

6. 下列不属于财政政策手段的是________。

A. 国家预算　B. 税收　C. 国债　D. 利率

7. 反映企业总资产周转速度的是________。

A. 固定资产周转率　B. 存货周转率

C. 总资产周转率　D. 流动资产周转率

8. 衡量企业资产管理效率的财务比率是________。

A. 负债比率　B. 盈利能力比率

C. 变现能力比率　D. 资产管理比率

9.《国际标准行业分类》将国民经济分为________个门类。

A. 11　B. 10　C. 9　D. 8

10. 周期型行业的运动状态与经济周期的相关性呈现________。

A. 正相关　　B. 负相关　　C. 同步　　D. 滞后性

二、思考题

1. 简述经济周期波动对股价的影响。
2. 简述三种类型的行业的特征，以及如何根据其特征确定投资策略。
3. 如何分析企业的经营业绩和成长性。
4. 简述通货膨胀对股票价格的影响。
5. 反映企业经营效率的指标有哪些？

第八章　证券投资技术分析

学习目标

通过本章学习，了解证券投资技术分析基本流派和基本分析方法，能够运用各项指标判断证券价格短期走势，熟练运用技术指标分析方法。

技术分析是利用数学、统计学工具，通过对市场本身各种数据（如成交量、价格等）的处理和分析，形成图表、公式，并以此预测股价变动趋势的方法。技术分析方法主要有形态分析、趋势分析、量价分析等。

第一节　技术分析概述

一、技术分析的定义及特点

技术分析是证券投资市场中普遍应用的一种分析方法。技术分析是直接从证券市场入手，以证券价格的变动规律为研究对象，结合证券的数量、时间和投资心理等因素的分析，来进行投资选择并获取收益的一种方法。

股价技术分析和基本分析都认为股价由供求关系所决定。基本分析主要是根据对影响供需关系种种因素的分析预测股价走势，而技术分析则是根据股价本身的变化预测股价走势。技术分析的基本观点是：所有股票的实际供需量及其背后起引导作用的种种因素，包括股票市场上每个人对未来的希望、担心、恐惧等，都集中反映在股票的价格和交易量上。

基本分析着重于分析一般经济情况以及各个公司的经营管理状况、行业动态等因素，以此研究股票的价值，衡量股价的高低。而技术分析则是透过图表或技术指标的记录，研究市场过去及现在的行为反应，以推测未来价格的变动趋势。其依据的技术指标的主要内容是由股价、成交量或涨跌指数等数据计算而得的。可见，技术分析只关心证券市场本身的变化，而不考虑会对其产生某种影响的经济、政治等外部因素。

基本分析的目的是为了判断股票目前的价位是否合理并描绘出它长远的发展空间，而技术分析主要是预测短期内股价涨跌的趋势。通过基本分析我们可以了解应购买何种股票，而技术分析则让我们把握具体购买的时机。在时间上，技术分析注重短期分析，在预测旧趋势结束和新趋势开始方面优于基本分析，但在预测较长期趋势方面则不如后者。大多数成功的股票投资者都是把两种方法结合起来加以运用。他们用基本分析估计较长期趋势，而用技术分析判断短期走势和确定买卖的时机。

基本分析与技术分析的异同见表8—1。

表8—1 基本分析与技术分析的异同

角度	基本分析	技术分析
分析角度	着重分析影响股价供求关系的因素	根据股价本身的走势预测趋势
内容	经济形势、行业动态、公司经营状况	证券价格走势、趋势、成交量
目的	判断股票现在的价位是否合理并描绘出它长远的发展空间	预测短期内股价涨跌的趋势

技术分析的基本要素包括价格、成交量、时间和空间。

二、技术分析基本假设

技术分析的理论基于三个基本的假设，如果这三个假设或者说是前提条件不存在，那么技术分析没有任何意义。

（一）市场行为涵盖一切信息

技术分析人员认为影响某种证券价格的任何因素（不管是宏观的或是微观的）都反映在其价格中。研究影响证券价格的因素对普通投资者来说是不可能实现的，即使是经济学家对市场的分析也是不确定的。因此，研究证券的价格就是间接地研究影响证券价格的因素。技术分析人员通过研究价格图表和大量的辅助技术指标，让市场自己揭示它最可能的走势。

（二）价格沿趋势演变并保持趋势

技术分析人员通过经验的总结，认为证券的价格运动是以趋势方式演变的，而且会保持一定的惯性，一段时间内会持续原来的趋势（上涨或下跌），“市场趋势高于一切”等就表达了此假设的含义，所以，技术分析人员热衷于研究价格图表，他们通过对图表、指标的研究，发现趋势即将发展的方向，从而确定买入和卖出股票的时机。

（三）历史会重演

人的心理因素决定了在相同或相似的场合会得到相同的结果，如果在一种方式下取得成功，人们就会在之后遇到相同情况时采取相同的方式决策；如果失败了，则在遇到类似情况时会改变方法，即所谓的“路径依赖”：事物进入某一路径，则可能对这种路径产生依赖。因此，过去的结果往往成为对未来清醒预测的参考，过去的实践被称之为经验总结，技术分析人员注重总结和统计重复出现的情况，以计算其成功和失败的概率，以引导今后的投资。

第二节　技术分析主要理论

一、道氏理论

道氏理论是所有市场技术研究的鼻祖，由美国道琼斯公司的创办人查尔斯·亨利·道创立。道氏理论是一种技术理论，是根据价格模式的研究推测未来价格行为的一种方法。

（一）道氏理论的理论基础

道氏理论有极其重要的三个假设。

1. 人为操作

指数或证券每天、每星期的波动可能受到人为操作，次级折返走势也可能受到这方面有限的影响，比如常见的调整走势，但主要趋势不会受到人为操作。

2. 市场指数会反映每一条信息

每一位对于金融事务有所了解的市场人士，他所有的希望、失望与知识，都会反映在上证指数与深圳指数或其他指数每天的收盘价波动中。因此，市场指数永远会适当地预期未来事件的影响。如果发生火灾、地震、战争等灾难，市场指数也会迅速地评估。

3. 道氏理论是客观化的分析理论

成功利用道氏理论协助投机或投资行为，需要深入研究，并客观判断。市场中有“七损二平一赢”的说法，而其中所谓的“七损”的投资者大多运用的是主观化操作。

（二）道氏理论的基本原理

市场波动有三种趋势：短期、中期和长期趋势。

股票指数与任何市场都有三种趋势：短期、中期和长期趋势，又被称作“日常波动、次级运动和长期趋势”。短期趋势是指每天或持续数天的变动，偶然性很大，无规律可循。中期趋势持续数周至数月，是股价在上升趋势中的回调或反弹，调整幅度一般为原有趋势的 1/3，出现次数为 2～3 次。长期趋势持续数月至数年，一般为 1～4 年，是股价出现长期上涨或下跌的情况，在长期趋势中，若是上升，则形成了多头市场，或称为牛市；若下跌，则形成空头市场，或称为熊市。任何市场中，这三种趋势必然同时存在，彼此的方向可能相反。

1. 长期趋势

长期趋势又称主要走势、空头市场或多头市场，代表的是整体的基本趋势，是道氏理论的核心内容，持续时间为一年乃至于数年之久。长期趋势包括长期上涨趋势和长期下跌趋势。

(1)长期上涨趋势

长期上涨趋势又称牛市，通常包括三个阶段：

第一阶段，市场处于悲观萧条阶段，利空出尽，部分投资者看好证券市场前景，开始买进被悲观者抛售的股票，股价缓缓回升，交易量也缓慢开始增加，但是大部分投资者仍谨慎观望，股票交易不活跃。

第二阶段，股价回升，交易量稳定增长，经济开始好转，前景乐观，大多数投资者都能够获利。

第三阶段，股价上升至某一高峰，投资者争相购买股票，利好因素频出，整个市场处于乐观甚至忘乎所以的状态，市场亢奋，交易量非常大，新股发行增加，市场投机泛滥。

(2)长期下跌趋势

长期下跌趋势又称熊市，也包含三个阶段：

第一阶段，股价到达顶峰阶段，上升趋势基本结束，成交量增长缓慢，股价涨幅日益缩小，投资者参与热情处于顶峰状态，但是盈利开始困难，小部分投资者开始卖出股票以获利。

第二阶段，市场开始出现恐慌阶段，经济前景黯淡，市场氛围紧张，任何不利消息都会即刻引起股价大跌，投资者参与热情急降，成交量大幅减少，股价急剧下跌。

第三阶段，不利消息开始传播，股价继续下跌，但速度减缓，由于股价降低，大多数投资者不愿卖出，也缺乏购买热情，成交低迷，但是随着价格的下跌，股票投资价值出现，一部分投资者开始重新买入股票，进入又一牛市的循环。

在长期趋势中，中期走势也相当重要，被称为是“重要的反弹”或是“次级的修正走势”等。

长期趋势最容易被辨认、归类与了解。中期与短期趋势都属于长期趋势的某一部分，中期趋势与长期趋势的方向可能相同,也可能相反,需谨慎辨别中期趋势的折返与长期趋势改变的区别。短期趋势最难预测。明白中短期趋势在长期趋势中的位置有利于选择买卖时机并获利。

2. 次级折返走势

次级折返走势是一种重要的中期走势,它是与主要趋势相反的重大折返走势,通常是多头市场中重要的下跌走势或是空头市场中重要的上涨走势,持续的时间通常在三个星期至数个月。在这期间折返的幅度为前一次级折返走势结束之后主要走势幅度的33%~66%。

判断出与长期趋势相反的重要中期走势是"道氏理论"中最微妙与困难的一环,需区分次级折返走势与主要走势改变的区别,例如,在多头市场中的初期走势很可能仅是空头市场的次级折返走势,需要谨慎对待。

另外,区分次级折返走势与小型折返走势也同样重要,后者经常出现在主要与次要的走势中。小型折返走势是与中期趋势相反的走势,持续的期间一般不超过10个交易日。它们对于中期与长期趋势几乎无影响。

3. 交易量需要验证趋势

道氏理论认为交易量处于第二位,当股价沿着大趋势变动的时候,交易量也相应发生变化。若大趋势向上,则价格上涨的同时,交易量应相应增加,价格下跌时成交量应该相应不断减少;反之,在大趋势向下的情况下,价格下跌,交易量会随之增加,价格上涨,交易量会随之减少或者说萎缩。

二、艾略特波浪理论

美国证券分析家拉尔夫·纳尔逊·艾略特(Ralph Nelson Elliott)利用道琼斯工业平均指数(Dow Jones Industrial Average,DJIA)作为研究工具,发现不断变化的股价结构性形态反映了自然和谐之美。根据这一发现,他提出了一套相关的市场分析理论,精炼出市场的13种形态,这些形态在市场上重复出现,但是出现的时间间隔及幅度大小并不一定具有再现性。之后他又发现了这些呈结构性形态之图形可以连接起来形成同样形态的更大图形。随后他提出了一系列权威性的演绎法则用来解释市场的行为,并特别强调波动原理的预测价值,这就是久负盛名的艾略特波浪理论,又称波浪理论。

(一)波浪理论的主要思想

波浪理论主要研究三方面的问题:形态、比例和时间。形态指的是价格走势所形成的形态,这是波浪理论存在的基础;比例是价格走势中各个高点和低点所处的相对位置,用黄金分割理论推断;时间是完成某个形态所经历的时间的长短。

艾略特波浪理论认为,不管是多头市场还是空头市场,每个完整循环都会有几个波段。多头市场的一个循环中前五个波段是看涨的,后三个波段是看跌的(见图8-1);而前五个波段中,第1、3、5波段,即奇数波段,是上升的,第2、4、6波段,即偶数波段,是下跌的,第6波段明显看跌,第7波段为反弹整理,第8波段下跌。因此奇数波段基本上在不同程度上是看涨的或反弹,而偶数波段则是看跌或回跌。整个循环呈现的是一上一下的总规律。而从更长的时间看,一个循环的前五个波段构成一个大循环的第一波段,后三个波段构成大循环的第二个波段。整个大循环也由八个波段组成。

在空头市场中,情形则相反,前五个波段是看跌行情,后三个则呈现看涨行情。前五个波段中,又是第1、3、5奇数波段看跌,第2、4偶数波段反弹整理,看涨行情的三段中,则第6、8波

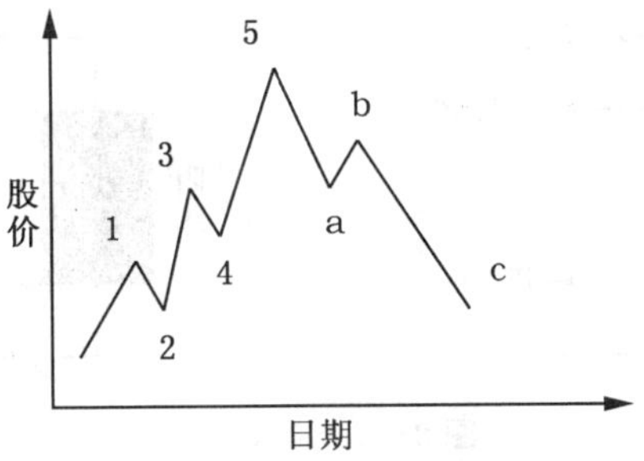

图 8—1 波浪理论多头市场基本结构

段看涨，第 7 波段回跌整理。整个循环依然是一上一下的八个波段。在空头市场，一个循环也构成一个大循环的第一、二个波段，大循环也由八个波段组成。

无论是多头市场还是空头市场，第五波段是最长的，即上升时升幅最大，下降时跌幅最小。

（二）波浪理论要点

艾略特波浪理论内容有 8 个基本的要点：

（1）一个完整的循环包括八个波浪，五上三落。

（2）波浪可合并为高一级的浪，亦可以再分割为低一级的小浪。

（3）跟随主流行走的波浪可以分割为低一级的五个小浪。

（4）第 1、3、5 的 3 个波浪中，第 3 浪不可能是最短的一个波浪，而且经常是最长的一浪，具有爆发性和推动性。

（5）假如三个推动浪中的任何一个浪成为延伸浪，其余两个波浪的运行时间及幅度会趋于一致。

（6）调整浪通常以三个浪的形态运行。

（7）第 4 浪的低点不能低于第 1 浪的高点。

（8）在调整浪中，第 4 浪的低点通常与第 3 浪中的第 4 小浪终点几乎平行。

值得注意的是，波浪理论常用于分析大盘走势或周期性强的板块，但不适用于分析个股。

第三节 技术分析主要方法

一、K 线理论

K 线图源于日本德川幕府时代，被当时日本米市的商人用来记录米市的行情与价格波动，后因其细腻独到的标计方式而被引入股市及期货市场。由于用这种方法绘制出来的图表形状颇似一根根蜡烛，加上这些蜡烛有黑白之分，因而也叫阴阳线图表。通过 K 线图，我们能够把每日或某一周期的市况表现完全记录下来，将一连串的图标集合在一起，就形成了一种特殊区域或特定形态，不同的形态显示出不同意义。

K 线是每日开盘价、收盘价、最高价、最低价用蜡烛形连接起的图形。将某日的最高和最低价垂直地连成一条直线；将某日的开盘价和收盘价连接成一个狭长的长方柱体。当收盘价高于开盘价时为低开高收，用红色表示，或是在柱体上留白，这种柱体就称之为“阳线”，当收盘价低于开盘价时为高开低收，用绿色表示，或在柱体上涂黑，这时柱体称为“阴线”（见图 8—2）。

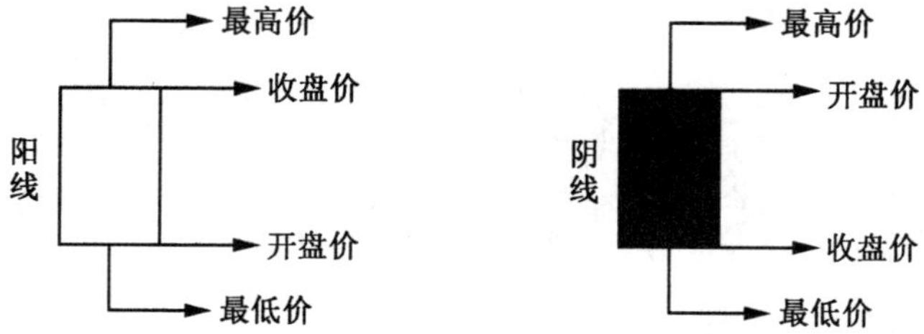

图 8—2　K 线形态

K 线基本形态有如下几种：

1. 光头光脚大阳线

开盘价等于最低价，收盘价等于最高价，股价宽幅波动，光头光脚大阳线（见图 8—3）常出现在脱离底部的初期、回调结束后的再次上涨时，表明多方已经牢固控制盘面，逐浪上攻，步步逼空，涨势强烈。也会出现在高位拉伸阶段，或者在严重超跌的大力反弹中。

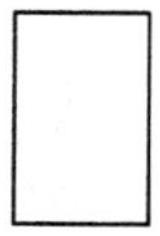

图 8—3　光头光脚大阳线

2. 光头光脚小阳线

开盘价等于最低价，收盘价等于最高价，股价窄幅波动，光头光脚小阳线（见图 8—4）常出现于反弹初期，横盘整理或回调结束时，表明多方力量逐步加强，多方力量略占优势。

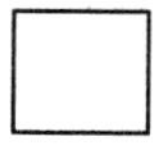

图 8—4　光头光脚小阳线

3. 穿头破脚阳线

股价走出如图 8—5 所示的图形，说明上有压力，下有支撑，但是多方已占据优势展开逐波上攻行情，上影线长，表示上方阻力大；下影线长，表示下方支撑强。

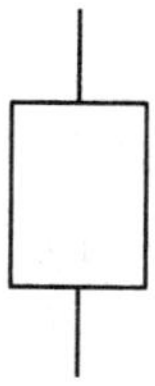

图 8—5　穿头破脚阳线

4. 光脚阳线

光脚阳线（见图 8—6）也称带帽阳线，以全天的最低价开盘，股价反复上扬，但最后又回调下跌，但是收盘价仍高于开盘价。光脚阳线表示上升势头受阻，上影线越长或者说帽越长，表示上涨压力越大，阳线实体越长，表明多方力量越强。

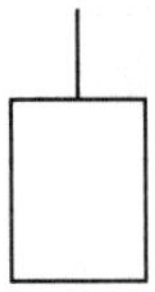

图 8—6　光脚阳线

5. 光头阳线

光头阳线(见图 8—7)也称带尾阳线,股价以全日最高价开盘,辗转下跌,最后呈现一定的回升,表示股价先跌后涨,卖方力量受阻,常出现在市场底部,若出现在低价位区域,在分时走势图上表现为股价探底后逐浪走高且成交量同时放大,预示为一轮上升行情的开始。光头阳线如果出现在上升行情途中,表明后市继续看好。

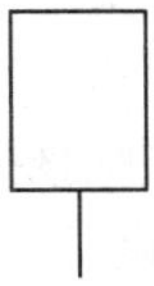

图 8—7　光头阳线

6. 小阳星

小阳星(见图 8—8)表明全日股价波动很小,开盘价与收盘价极其接近,收盘价略高于开盘价。小阳星的出现表明行情正处于混乱不明的阶段,后市的涨跌无法明确预测,此时要根据其前期 K 线组合的形状以及当时所处的价位区域综合判断。

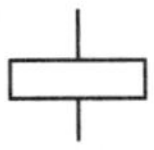

图 8—8　小阳星

7. 光头光脚阴线

光头光脚阴线(见图 8—9)表示开盘价即成为全日最高价,而收盘价成为全日最低价,上下没有影线。光头光脚大阴线常出现于开始下跌初期,反弹结束或是最后打压中,空方走势强劲,多方无能为力,股价的跌势强烈,次日低开的可能性较大。如果在股价的高位区出现这种图形,投资者最好在第一时间将手中持有的股票抛光,尽可能先回避风险。

图 8—9　光头光脚阴线

光头光脚小阴线常出现于下跌初期、横盘整理或反弹结束,表明空方力量增强,略占优势。

8. 光脚阴线

光脚阴线(见图 8—10)是一种带上影线的阴实体。收盘价即成为全日最低价。开盘后,买方稍占优势,股票价格出现一定涨幅,但上档抛压沉重,使股价最终以阴线报收。一般来说,如果光脚阴线出现在低价位区域，表明买方开始聚积上攻的能量，但卖方仍占有优势。如果出现在高价位区域，表明买方上攻的能量已经衰竭，卖方的做空能量不断增强，且占据主动地位，行情有可能在此发生逆转。

图 8－10 光脚阴线

9. 光头阴线

光头阴线（见图 8－11）也称带尾阴线，是一种带下影线的阴实体，开盘价是最高价。开盘卖方力量强大，而后下跌，但在低价位上遇到买方的支撑，略有反弹。实体部分比影线长，说明卖方占了比较大的优势；实体部分与影线同长，表示卖方略占优势，实体部分比影线短，表示卖方把价位一路压低，在低价位上，遇到买方顽强抵抗并组织反击，逐渐将价位上推，可看出卖方只占极少的优势。光头阴线如果出现于低价位区，说明抄底盘的介入使股价有反弹迹象，虽然短期内不会立即出现大幅上涨，但由于有买盘在低价位区介入，后市有一定的上涨机会。

图 8－11 光头阴线

10. 小阴星

小阴星（见图 8－12）的分时走势图与小阳星相似，只是收盘价略低于开盘价，表明行情疲软，发展方向不明。其波动范围较小阳星增大，多头稍占上风，但上攻乏力，表明行情发展扑朔迷离。

图 8－12 小阴星

11. T 形线

T 形线（见图 8－13）又称多胜线，表示全天的开盘价、收盘价与最高价处于相同的一个价位，最低价小于这三个价位。T 形线说明卖方虽强，但买方实力更大，局势对买方有利，如在低价区，行情将会回升。但如果 T 形线出现在已经有一定上涨幅度的位置时，不排除有形成头部的可能。

12. 倒 T 形线

倒 T 形线（见图 8－14）又称空胜线，开盘价与收盘价相同。当日交易都在开盘价以上价位成交，并以当日最低价（即开盘价）收盘，表示买方虽强，但卖方更强，买方无力坚持，总体看卖方稍占优势，如在高价区，行情可能会下跌。

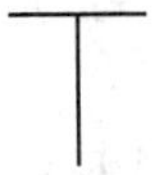

图 8－13　T 形线

图 8－14　倒 T 形线

13. 十字星

十字星(见图 8－15)是一种只有上下影线，没有实体的图形。开盘价即收盘价，表示在交易中，股价高于或低于开盘价成交，但收盘价与开盘价相等。买方与卖方几乎势均力敌。其中：上影线越长，表示卖压越重，下影线越长，表示买方旺盛。上下影线看似等长的十字线，可称为转机线，在高价位或低价位，意味着出现反转。

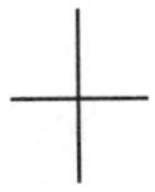

图 8－15　十字星

14. 一字形

一字形(见图 8－16)是指个股当天的收盘价、开盘价、最高价和最低价这四个价位全部相等。盘中股价没有任何波动起伏，股价被牢牢封在涨停或压制在跌停的位置。一字形一般可以分为开盘涨停或开盘跌停两种状态，说明市场上极度看好或看空该股，造成其交投十分不活跃，股价无法出现正常的波动。不论是出现在上涨或下跌的中途，一字形都是表示股价将继续原有趋势的强烈信号。

图 8－16　一字形

单独的 K 线意义不大，要学会分析 K 线的周期以及组合 K 线的意义。

根据 K 线的计算周期可将其分为日 K 线、周 K 线、月 K 线、年 K 线。

周 K 线是指以周一的开盘价、周五的收盘价、全周最高价和全周最低价来画的 K 线图。月 K 线则是以一个月的第一个交易日的开盘价、最后一个交易日的收盘价和全月最高价与全月最低价来画的 K 线图，同理可以推得年 K 线定义。周 K 线、月 K 线常用于研判中期行情。对于短线操作者来说，众多分析软件提供的 5 分钟 K 线、15 分钟 K 线、30 分钟 K 线和 60 分钟 K 线也具有重要的参考价值。

K 线组合图谱中蕴涵着丰富的东方哲学思想，以阴阳之变表现出了多空双方"势"的相互转换。单一的 K 线代表的是多空双方一天之内战斗结果，不足以反映连续的市场变化，多条 K 线的组合图谱才可能更详尽地表述多空双方一段时间内"势"的转化。

K 线图谱要结合成交量和移动平均线共同使用。成交量是多空双方搏杀过程中能量损耗的表述，移动平均线则是双方进攻与退守的一道道防线。

常见的看涨K线组合有：

早晨之星：中阴线、止跌线和中阳线三根K线的组合，显示跌势向涨势变化，多方获得优势。

曙光初现：相反线的一种，是中阴线和切入阳线两根K线的组合，显示下跌遇到顽强抵抗，多头重新积聚力量。

红三兵：三根阳线的K线组合，表明多方开始发力，如在低位出现此信号，股价见底回升可能性大。

上升三法：中阳线及三根小阴线的组合，表明多方上攻虽遇阻，但连续多日回调幅度不大，后市将继续上行。

平底：连续两日遇某低点回升，显示该低点有一定支撑。

锤头线：底部长下影的小阴(阳)线，显示底部可能已探明。

常见的看跌K线组合有：

倒转锤头：底部出现的长上影的小阴(阳)线，显示多空双方在底部试探性地交锋。

穿头破脚：是中阳(阴)线和包线两根K线的组合，显示震荡幅度加大，进入变盘敏感区域。

分离：两日开盘价相等，却一阴一阳，显示变盘前的彻底整理。

身怀六甲：又称孕线，是中阳(阴)线和孕线两根K线的组合，怪异的走势显示该股将有大动作。

长下影：一根有很长下影线的K线，显示下方支撑较强，但也可能是空方在试探性地进攻。

长上影：一根有很长上影线的K线，显示上档阻力较大，但也可能是多方在试探性地进攻。

长十字：一种有长上下影线的十字星，可参考螺旋桨和十字星的复合研判。

螺旋桨：一根带长上下影的小阴线或小阳线，表明多空双方争夺十分激烈，趋势的不确定性增大。

十字胎：是中阳(阴)线和孕十字星两根K线的组合，显示原运动趋势出现整理，后市酝酿变盘。

十字星：一根收盘和开盘相等的K线，显示多空双方暂时的平衡，宜通过上下影线长度和成交量决定变盘方向。

空方占优势的K线形态：

黄昏之星：中阳线、滞涨线和中阴线三根K线的组合，显示涨势向跌势变化，空方获得优势。

乌云盖顶：相反线的一种，是中阳线和切入阴线两根K线的组合，显示上涨遇到顽强抵抗，空头重新积聚力量。

三只乌鸦：三根阴线的K线组合，表明空方开始反击，如在高位出现此信号，股价见顶回落的可能性大。

下降三法：中阴线及三根小阳线的组合，表明空方遇抵抗，但连续多日反弹幅度不大，后市将继续下行。

平顶：连续两日遇某高点回落，显示该高点有一定阻力。

大阴线：仅表明今日空方占绝对优势。

射击之星：上行过程中出现的长上影的小阴(阳)线，多方上行遇阻。

光脚阴线：以最低价收盘的阴线，空方尾盘优势明显，并可持续到下一交易日。

向下跳空：向下跳空缺口当日未补，下行欲望强烈。

吊颈：上行过程中长下影的小阴(阳)线，显示多方虽占主动，但盘中多空分歧加大。

二、形态理论

股票形态分析是一种直接从历史价格图表上分辨股价变动趋势的方法，是技术分析体系中的基础。价格在波动过程中会留下移动的轨迹。形态理论正是通过研究价格所走过的轨迹，分析和挖掘出曲线所体现的多空双方力量的对比。

(一)股票形态分析假设

股票形态分析基于以下几个假设：

(1)股票是具有典型统计特性的事物，它是按规律运行的。

(2)历史走势特别是近期走势对后来形态具有直接的影响。

(3)股票的上涨是交易能量积累的结果，其中主动性买盘中大单交易的影响具有决定意义。反之股票的下跌也是量能释放的结果，其中主动性卖盘中大单具有决定性的影响。

(4)具有一定规模的上涨一定是主力促成的，不能希望散户抬起一只股票。而有一定规模的下降则主要是散户所为。

(5)所有的股票中都有主力存在。只是它们的性质不同，强弱不同，善恶程度不同，表现方式不同。表现主力所有性质和意图的最好方式是K线图。因为现有的股票信息除了K线外都可以低成本造假。K线是实实在在用金钱堆起来的。也就是说，K线造假是所有股票虚假信息中成本最高的一种。

价格在波动过程中会留下移动的轨迹。形态理论正是通过研究价格所走过的轨迹，分析和挖掘出曲线所体现的多空双方力量的对比。

(二)价格移动的规律

价格的移动是由多空双方力量大小决定的。根据多空双方力量对比可能发生的变化，可以知道价格的移动应该遵循两个规律：(1)价格应在多空双方取得均衡的位置上下来回波动；(2)原有的平衡被打破后，价格将寻找新的平衡位置。即持续整理，保持平衡—打破平衡—寻找到新的平衡—再打破新的平衡—再寻找更新的平衡。

(三)反转突破形态

价格曲线的形态分成两种类型：反转突破形态和持续整理形态。

反转突破形态是趋势方向的反转，是投资分析中应该重点关注的变化形态。主要有头肩形态、双重顶(底)形态、圆弧顶(底)形态、三重顶(底)形态、喇叭形与菱形以及V形等。

1. 头肩形态

头肩顶和头肩底一共出现三个顶或底，也就是三个局部高点或局部低点。中间的高点(低点)比另外两个都高(低)，称为头，左右两个相对较低(高)的高点(低点)称为肩。

头肩顶形态的形成过程大体如下：

(1)股价长期上升后，成交量大增，获利回吐压力亦增加，导致股价回落，成交量较大幅度下降，左肩形成。

(2)股价回升，突破左肩之顶点，成交量亦可能因充分换手而创纪录，但价位过高使持股者产生恐慌心理,竞相抛售,股价回跌到前一低点水准附近,头部完成。

(3)股价第三次上升,但前段的巨额成交量将不再重现,涨势亦不再凶猛,价位到达头部顶点之前即告回落,形成右肩。这一次下跌时,股价急速穿过颈线,再回升时,股价也仅能达到颈线附近,然后成为下跌趋势,头肩顶形态宣告完成。

头肩顶形态的特征是:左肩与右肩高点大致相等,有时右肩较左肩低,即颈线向下倾斜;就成交量而言,左肩最大,头部次之,而右肩成交量最小,即呈梯状递减;突破颈线不一定需要大成交量配合,但日后继续下跌时,成交量会放大。

头肩顶是一个长期趋势的转向形态,一般出现在一段升势的尽头。如图 8—17 所示,L_1 和 L_2 是头肩顶形态中的支撑线,股价穿过 L_1 突破了 D 点,说明上升势头已经受阻,在右肩,股价穿过 L_2 突破 D 点,说明股价开始出现逆转势头,L_2 被称为颈线。颈线被突破,反转确认以后,大势将下跌,下跌的深度可以借助头肩顶形态测算,一般至少要跌到与形态高度相等的距离。颈线被突破也有一个被认可的问题,一般而言,以下两种形态为假头肩顶形态:第一,当右肩的高点比头部还要高时,不能构成头肩顶形态;第二,如果股价最后在颈线水平回升,而且回升的幅度高于头部,或者股价跌破颈线后又回升到颈线上方,这可能是一个失败的头肩顶,宜进一步观察。

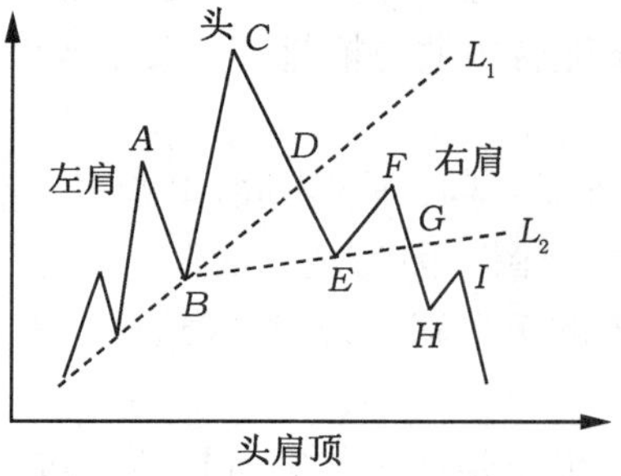

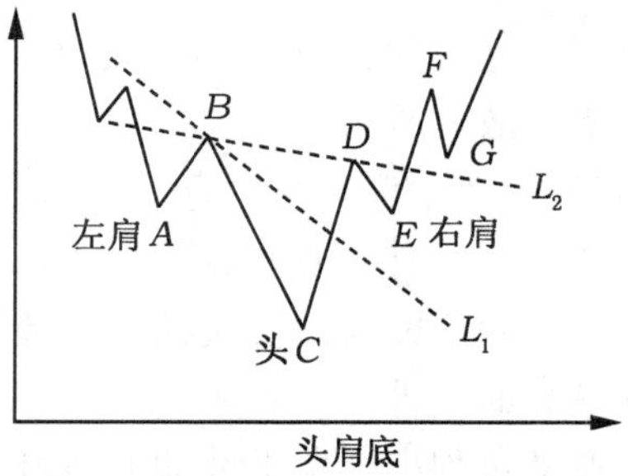

图 8—17 头肩底和头肩顶

头肩底是头肩顶的倒转形态,是一个可靠的买进时机。分析方法与头肩顶类似,只是方向正好相反。但是两者有一定的区别,特别是在成交量上,头肩顶形态完成后,向下突破颈线时,成交量不一定放大;而头肩底形态向上突破颈线,若没有较大的成交量出现,可靠性将大为降低,甚至可能出现假的头肩底形态。

2. 双重顶和双重底形态

双重顶和双重底形态就是 M 头和 W 底,这种形态在实际中出现得非常频繁。双重顶/底一共出现两个顶和底,也就是两个相同高度的高点和低点。M 头形成以后,有两种可能的前途:第一种前途是未突破颈线,演变成今后要介绍的矩形。第二种前途是突破颈线的支撑位置继续向下,这种情况才会真正出现双重顶反转突破形态。双重顶或双重底的高度不一定要等高,可以有 3%之内的差距,且两个顶(底)可能是多个小顶(底)的组合。

双重顶(底)中,有一根重要的颈线,如图 8—18 所示,L_2 是颈线,L_1 是趋势线,在双重顶中,L_2 起支撑作用,在上升趋势过程的末期,股价急速上升到第一个高点 A 建立了新高点之后受阻回跌,在峰顶处留下大成交量。受上升趋势线 L_2 的支撑,这次回档将在 B 点附近停止,成交量随股价下跌而萎缩。而后就是继续上升,股价又回至前一峰顶附近 C 点(与 A 点几乎等高),成交量再度增加,却不能达到前面的成交水准,上升遇到阻力,接着股价掉头向下,这

样就形成 A 和 C 两个顶的形状。双重顶一旦出现，就是一个可靠的卖出信号，双重底则相反。

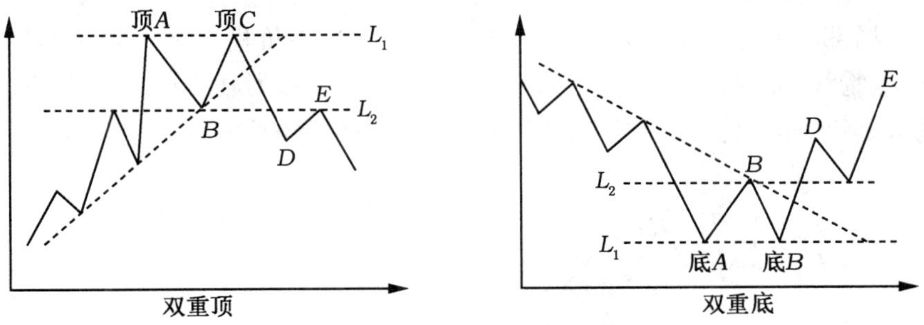

图 8—18　双重底和双重顶

两个顶或者底的距离越远，或者说两个顶（底）形成的时间越长，将来反转的潜力越大，波动越剧烈。

双重顶（底）形态一旦得到确认，就从突破点算起，价格将至少要跌到与形态高度相等的距离。形态高度就是从顶点到颈线的垂直距离。

需要注意的是，双重底的颈线突破时，必须有大成交量的配合，否则可能为无效突破。

3. 三重顶和三重底形态

三重顶和三重底是相对少见的一种反转形态，它是由 3 个一样高或一样低的顶和底组成，实际上可以认为是头肩顶或头肩底的变体。应用和识别三重顶（底）的方法主要是用识别头肩形态的方法，因为三重顶（底）从本质上说就是头肩形态。与一般头肩形态最大的区别是，三重顶（底）的颈线和顶部（底部）连线是水平的，如图 8－19 中的 A、B、C 三点，这就使得三重顶（底）具有矩形的特征。比起头肩形态来说，三重顶（底）更容易演变成持续形态，而不是反转形态。另外，三重顶（底）的顶峰与顶峰，或谷底与谷底的间隔距离和时间在分析时不必相等。此外，如果三重顶（底）的三个顶（底）的高度从左到右依次下降（上升），则三重顶底就演变成了直角三角形态。这些都是我们在应用三重顶（底）时应该注意的地方。

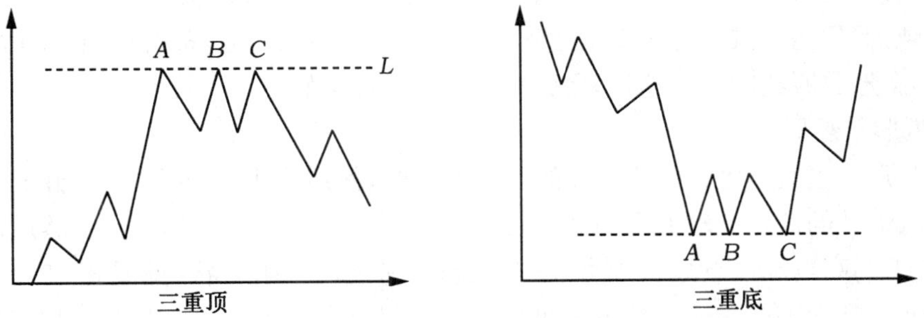

图 8—19　三重底和三重顶

出现三重顶（底）形态的原因是由于没有耐心的投资者在形态未完全确定时，便急于跟进或跳出；走势不尽如人意时又急于杀出或抢进；等到大势已定，股价正式反转上升或下跌，仍照原预期方向进行时，投资者却犹豫不决，缺乏信心，结果使股价走势比较复杂。

三重顶或三重底中，三个波峰或波谷相应的成交量相继减少，反映随着市况的发展看多或看空的投资者在逐步减少，是市场即将发生逆转的一种迹象。

4. 圆弧顶(底)形态

将价格在一段时间的顶部高点用折线连起来,有时得到一条类似于圆弧的弧线,覆在价格之上。将每个局部的低点连在一起也能得到一条弧线,托在价格之下。曲线不是数学意义上的圆,也不是抛物线,而仅仅是一条曲线(见图 8－20)。圆弧形在实际中出现的机会较少,但是一旦出现就是绝好的机会,它的反转深度和高度是不可测的。

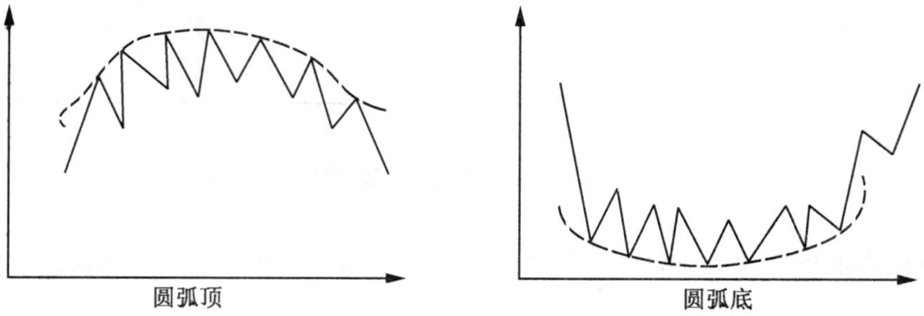

图 8－20 圆弧底和圆弧顶

圆弧的形成过程与头肩形态中的复合头肩形态有相似的地方,只是圆弧形态的各种顶或底没有明显的头、肩的感觉。这些顶部和底部的地位都差不多。没有明显的主次区分。这种局面的形成在很大程度上是一些机构大户炒作证券的产物。这些人手里有足够的股票,如果一下抛出太多,股价下落太快,手里的货也许不能全部出手,只能一点一点地往外抛,形成众多来回拉锯,直到手中股票接近抛完时,才会大幅度打压,一举使股价下跌到很深的位置。如果这些人手里持有足够的资金,一下子买得太多,股价上得太快,也不利于今后的买入,也要分批建仓,直到股价一点一点地来回拉锯,往上接近圆弧边缘时,才会用少量的资金一举往上提拉到一个很高的高度。因为这时股票大部分在机构大户手中,别人无法打压股价。

圆弧形态的特征是:形态完成、股价反转后,行情多属爆发性,涨跌急速,持续时间也不长,一般是一口气走完,中间极少出现回档或反弹。因此,形态确信后应立即顺势而为,以免踏空、套牢;在圆弧顶或圆弧底形态的形成过程中,成交量的变化都是两头多,中间少。越靠近顶或底,成交量越少,到达顶或底时成交量达到最少。在突破后的一段,都有相当大的成交量。

圆弧形态形成所花的时间越长,之后反转的力度就越强。

5. 喇叭形与菱形

(1)喇叭形。当股价经过一段时间的上升后下跌,然后再上升再下跌,上升的高点较上次的高点为高,下跌的低点亦较上次的低点为低,整个形态以狭窄的波动开始,然后向上下两方扩大。把上下的高点和低点分别用直线连接起来,呈现出喇叭形状(见图 8－21)。喇叭形可向上或向下倾斜,常出现在涨势多头末期,意味着多头市场的结束,常常是大跌的先兆。

喇叭形态的形成往往是由于投资者的冲动情绪造成的,通常在长期上升的最后阶段出现。这是一个缺乏理性的市场,投资者受到市场炽热的投机气氛或市场传闻的感染,很容易追涨杀跌。这种冲动而杂乱无章的行市,使得股价不正常地大起大落,形成巨幅震荡的行情,继而在震荡中完成形态的反转。

如图 8－21 所示,由于股价波动的幅度越来越大,形成了越来越高的三个高点 A、C、E,以及越来越低的两个低点 B、D。这说明当时的交易异常活跃,成交量日益放大,市场已失去控制,完全由参与交易的公众的情绪决定。在这个混乱的时候进入证券市场是很危险的,交易也

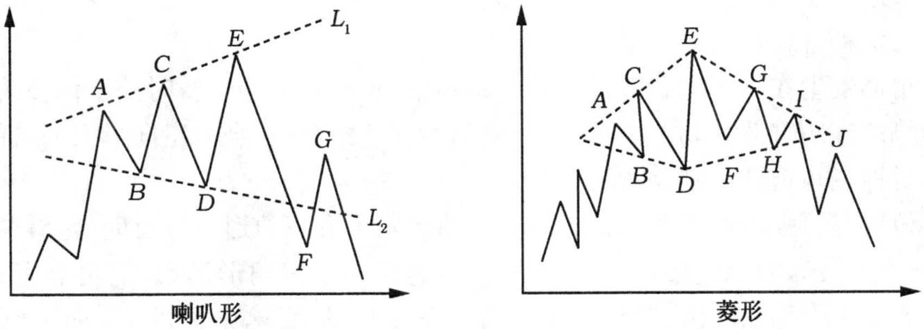

图 8—21　喇叭形和菱形

十分困难。在经过了剧烈的动荡之后，人们的情绪会渐渐平静，远离这个市场，股价将逐步下行。一个标准的喇叭形态应该有三个高点，两个低点。股票投资者应该在第三个高点 E 点调头向下时抛出手中的股票，这在大多数情况下是正确的。如果股价进一步跌破了第二个谷 D，则喇叭形态完全得到确认，抛出股票更成为必然。

股价在喇叭形之后的下调过程中，肯定会遇到反扑，而且反扑的力度会相当大，这是喇叭形态的特殊性。但是，只要反扑高度 G 点不超过下跌高度的一半，股价下跌的势头仍要继续。

(2)菱形。菱形又被称为钻石形，是一种出现在顶部的看跌形态。与喇叭形态相比，更有下跌的势头。前半部分类似于喇叭形，后半部分类似于对称三角形，前半部分的喇叭形预示着下跌趋势，后半部分的对称三角形意味着下跌的延迟，但总趋势仍旧是下跌。菱形在形成中的成交量随价格的变化而变化，开始是成交量放大，而后又是缩小。菱形的形态高度是最宽处的高度，菱形突破后，从突破点，如图 8—21 中的 J 点，至少下跌一个形态高度。

6. V 形反转形态

它出现在剧烈的市场动荡之中，底和顶只出现一次。V 形(见图 8—22)没有试探顶和底的过程。V 形反转事先没有征兆，在我国大陆(内地)的股票市场，V 形基本上是由于某些消息而引起的，而这些消息我们是不可能提前知道的。V 形往往让投资者感到突如其来，甚至难以置信。

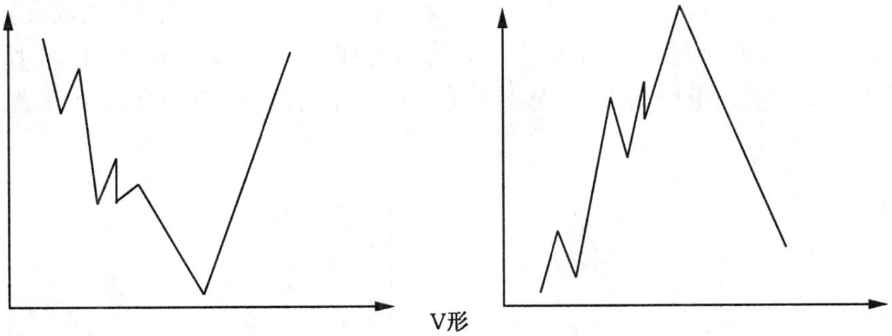

图 8—22　V 形

一般来说，短期内涨跌幅越大，动力越强，出现 V 形反转的可能性越大。

(四)持续整理形态

持续整理形态主要有三角形、矩形、旗形和楔形。

1. 三角形形态

三角形形态属于持续整理形态。三角形主要分为 3 种——对称三角形、上升三角形和下降三角形。后两种合称直角三角形。

对称三角形发生在一个大趋势进行的途中，它表示原有的趋势暂时处于休整阶段，之后还要沿着原趋势的方向继续行动。由此可见，见到对称三角形后，今后走向最大的可能是原有的趋势方向。对称三角形被突破有测算功能。

上升三角形有更强烈的上升意识。下降三角形与上升三角形正好反向，是看跌的形态。

如图 8－23 所示，原有趋势在上升的情况下，走出一个三角形形态，三角形完成以后突破向上。从图 8－23 中可以看出，对称三角形有两条聚拢的直线，上面的 L_2 向下倾斜，起压力作用；下面的 L_1 向上倾斜，起支撑作用。对称三角形一般应有六个转折点（如图 8－23 中的 A、B、C、D、E、F）。这样，上下两条直线的支撑压力作用才能得到验证。

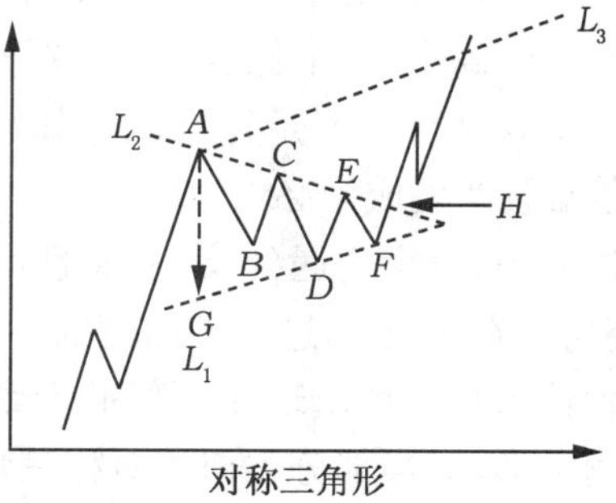

图 8－23　对称三角形

对称三角形只是原有趋势运动途中的休整状态，所以持续的时间不会太长。持续时间太长，保持原有趋势的能力就会下降。一般来说，突破上下两条直线的包围，继续原有既定方向的时间要尽量早，越靠近三角形的顶点，三角形的各种功能越不明显，对投资的指导意义越弱。根据经验，突破的位置一般应在三角形横向宽度 1/2～3/4 的某个位置。三角形的横向宽度指三角形的顶点到底的高度，如果股价不在预定的位置突破三角形，那么这个对称三角形态可能会转化成别的形态。

对称三角形的成交量因越来越小的股价波动而递减，而向上突破需要大成交量配合，向下突破则不必。突破后，股价至少会走出三角形的高度那样的距离。如图 8－24 所示，A 点向下的垂直距离 AG 即三角形的高度，则从突破点 H 点开始，股价至少会再上升 AG 那样的高度。

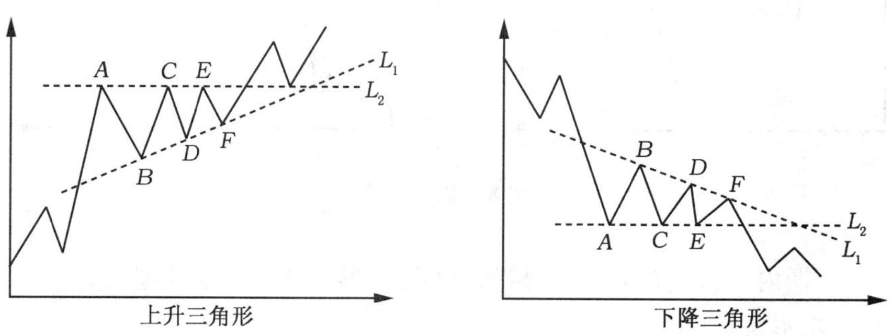

图 8－24　上升三角形和下降三角形

上升三角形是对称三角形的变形。和对称三角形一样，下面的支撑线同是向上倾斜，但是上升三角形的上方阻力线并非是向下倾斜的，而是一条水平直线。

如图 8－24 所示，上边的直线 L_2 是压力线，下面的 L_1 是支撑线。在对称三角形中，压力和支撑都是逐步加强的。压力线越压越低，支撑线越撑越高，力量不相上下。在上升三角形中，支撑线越撑越高。可见，上升三角形比对称三角形有更强烈的上升动力，多方比空方拼搏更为积极。在上升三角形中，通常以三角形的向上突破作为这个持续过程终止的标志。如果股价原有的趋势是向上，遇到上升三角形后，几乎可以肯定今后是向上突破。一方面要保持原有的趋势，另一方面形态本身就有向上的愿望。这两方面的因素使股价逆大方向而动的可能性很小。

如果原有的趋势是下降，则出现上升三角形后，前后股价的趋势判断稍为复杂。一方要继续下降，保持原有的趋势，另一方要上涨，两方必然发生争执。如果在下降趋势处于末期时(下降趋势持续了相当一段时间)，出现上升三角形还是以看涨为主。这样，上升三角形就成了反转形态的底部。

上升三角形在突破顶部的阻力线时，必须有大成交量的配合，否则为假突破。突破后的升幅量度方法与对称三角形相同。

下降三角形和上升三角形正好反向，是看跌的形态。它的基本内容与上升三角形完全相似，只是方向相反。下降三角形的成交量一直十分低迷，突破时不必有大成交量配合。另外，如果股价原有的趋势是向上的，则遇到下降三角形后，趋势判断则比较模糊；但如果在上升趋势的末期，出现下降三角形后，可以看成反转形态的顶部。

2. 矩形形态

矩形形态也称“箱体”，矩形形态与三角形形态近似(见图 8－25)，随着矩形的延伸，交易活动逐步减少，空方在价格涨到某个位置就抛压，多方在股价下跌到某个价位就买入，时间一长就形成两条明显的上下界线。随着时间的推移，双方的战斗热情会逐步减弱，成交量减少，市场趋于平淡。但长时间、疲弱、沉缓的矩形一旦出现在价格底部区域，则很可能产生反转。如果原来的趋势是上升，那么经过一段矩形整理后，会继续原来的趋势，多方占优势并采取主动，使股价向上突破矩形的上界；如果原来是下降趋势，则空方会采取行动，突破矩形的下界。矩形被突破之后，价格可能会回至形态的边界线处，但极少有再次被拉回形态之中的。上界线被突破日后则可能形成支撑，下界线被突破日后则可能形成压力。矩形本身对未来价格走势具有支撑和压力的作用。

矩形在其形成的过程中极可能演变成三重顶(底)形态，所以，在面对矩形和三重顶(底)操作时，一定要等到突破之后才能采取行动，因为这两个形态今后的走势方向完全相反。一个是

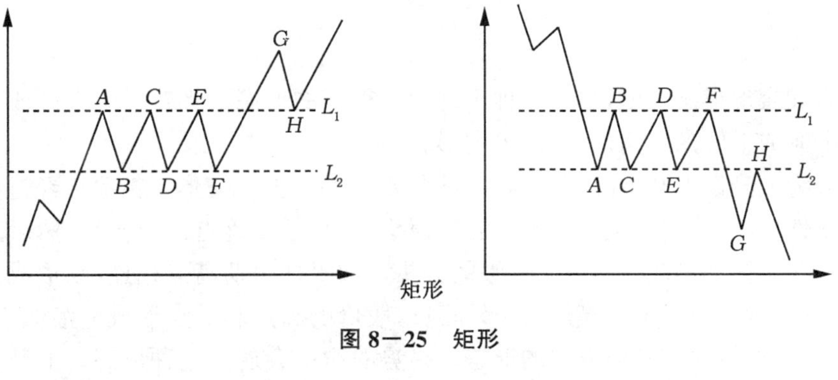

图 8－25　矩形

持续整理形态，要维持原来的趋势；一个是反转突破形态，要改变原来的趋势。矩形的突破也有一个确认的问题。当股价向上突破时，必须有大成交量的配合方可确认，而向下突破则不必有成交量增加；当矩形突破后，其涨跌幅度通常等于矩形本身宽度，这是矩阵形态的测算功能。面对突破后股价的反扑，矩形的上下界线同样具有阻止反扑的作用。与别的大部分形态不同，矩形为我们提供了一些短线操作的机会。如果在矩形形成的早期能够预计到股价将进行矩形调整，就可以在矩形的下界线附近买入，在上界线附近抛出，来回做几次短线。如果矩形的上下界线相距较远，那么，这样短线的收益相当可观。

3. 旗形形态

旗形形态是一种出现频率很高的形态，一段上升或下跌行情的中途，可能出现好几次这样的图形，它是一个趋势的中途休整过程，休整之后，还要保持原来的趋势方向。旗形也就是所谓的平行四边形，它的形状是一上倾（下降旗形）或下倾（上升旗形）的平行四边形。旗形大多发生在市场极度活跃、股价运动近乎直线上升或下降的情况下。在市场急速而又大幅的波动中，股价经过一连串紧密的短期波动后，形成一个“稍微”与原来趋势呈相反方向倾斜的长方形，即旗形走势。

旗形走势的形状像一面挂在旗杆顶上的旗帜，一般有一个旗杆，即价格近乎直线上升或直线下降。旗形的上下两条平行线起着压力和支撑作用。这两条平行线的某一条被突破是旗形完成的标志。

旗形的形态高度是平行四边形左右两条边的长度。旗形被突破后，股价将至少要走到形态高度的距离，大多数情况是走到旗杆（如图 8－26 中 AB）高度的距离。

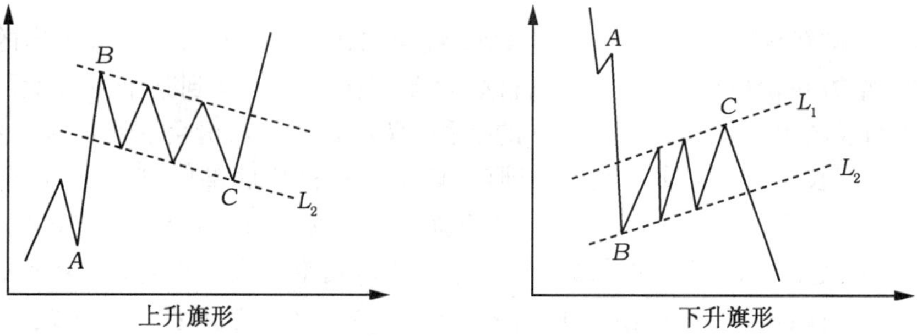

图 8－26　旗形

值得注意的是，旗形持续的时间不能太长，一般为 3 周，时间一长，保持原来趋势的能力将下降。旗形形成之前和被突破之后，成交量都很大。在旗形的形成过程中，成交量从左向右逐渐减少。

4. 楔形形态

楔形形态和旗形形态类似，也是一种出现频率很高的形态。将旗形中上倾或下倾的平行四边形变成上倾或下倾的三角形，就成了楔形。

楔形也分为上升楔形和下降楔形两种（见图 8－27）。上升楔形是指股价经过一次下跌后产生强烈技术性反弹，价格升至一定水平后又掉头下落，但回落点比前次高，然后又上升至新高点，再回落，在总体上形成一浪高于一浪的势头。如果把短期高点相连，则形成一向上倾斜直线，且两者呈收敛之势。下降楔形则正好相反，股价的高点和低点形成一浪低于一浪之势。可见，楔形是一种保持原有趋势方向的形态。趋势的途中会遇到这种形态。上升楔形表示一个技术性反弹渐次减弱的市况，常在跌市中的回升阶段出现，显示股价尚未见底，只是一次下跌后的技术性反弹。下降楔形常出现于中长期升市的回落调整阶段。

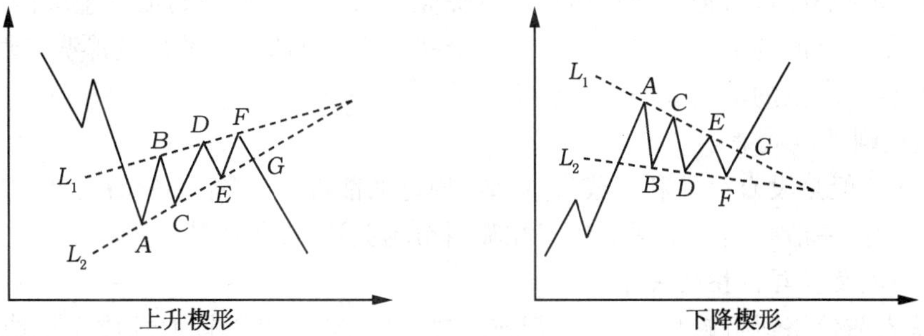

图 8－27　楔形

楔形形成所花费的时间较长，一般需要 2 周以上的时间。在楔形形成过程中，成交量渐次减少；在楔形形成之前和突破之后，成交量一般都很大。

楔形与三角形态的区别是：楔形的三角形上下两条边都是朝着同一方向倾斜，具有明显的倾向。另外，楔形还有独特之处，即楔形偶尔也出现在顶部或底部而作为反转形态。这种情况一定是发生在一个趋势经过了很长时间、接近于尾声的时候。

三、量价关系理论

量价理论最早见于美国股市分析家葛兰碧（Joe Granville）所著的《股票市场指标》。葛兰碧认为成交量是股市的元气与动力，成交量的变动不仅直接表现股市交易是否活跃，人气是否旺盛，而且体现了市场运作过程中供给与需求间的动态实况，没有成交量，市场价格就不可能变动，也就无股价趋势可言，成交量的增加或萎缩都表现出一定的股价趋势。

（一）成交量的五种形态

市场是各方力量相互作用的结果。虽然说成交量比较容易做假，控盘主力常常利用广大散户对技术分析的一知半解而在各种指标上做文章，但成交量仍是最客观的要素之一。

1. 市场分歧促成交

所谓成交，当然是有买有卖才会达成，光有买或光有卖绝对不会成交。成交必然是一部分人看空后市，另外一部分人看多后市，造成巨大的分歧，又各取所需，才会成交。

2. 缩量

缩量是指市场成交极为清淡，大部分人对市场后期走势十分认同，意见十分一致。这里面又分两种情况：一是市场人士都十分看淡后市，造成只有人卖，却没有人买，所以急剧缩量；二是，市场人士都对后市十分看好，只有人买，却没有人卖，所以又急剧缩量。缩量一般发生在趋势的中期，大家都对后市走势十分认同，下跌缩量，碰到这种情况，就应坚决出局，等量缩到一定程度，开始放量上攻时再买入。同样，上涨缩量，碰到这种情况，就应坚决买进，坐等获利，等股价上冲乏力，有巨量放出的时候再卖出。

3. 放量

放量一般发生在市场趋势的转折点，市场各方力量对后市分歧逐渐加大，在一部分人坚决看空后市时，另一部分人却对后市坚决看好，一些人纷纷把家底甩出，另一部分人却在大手笔吸纳。放量相对于缩量来说，有很大的虚假成分，控盘主力利用手中的筹码大手笔对敲放出天量，是非常简单的事。只要分析透了主力的用意，就可以将计就计。

4. 堆量

当主力意欲拉升时，常把成交量做得非常漂亮，几日或几周以来，成交量缓慢放大，股价慢慢推高，成交量在近期的K线图上，形成了一个状似土堆的形态，堆得越漂亮，就越可能产生大行情。相反，在高位的堆量表明主力已不想玩了，在大举出货。

5. 量不规则性放大缩小

这种情况一般是没有突发利好或大盘基本稳定的前提下，风平浪静时突然放出历史巨量，随后又没了后音，一般是实力不强的庄家在吸引市场关注，以便出货。

(二)市场成交量与价格的关系

(1)确认当前价格运行趋势：市场上行或下探，其趋势可以用较大的成交量或日益增加的成交量确认。逆趋势而行可以用成交量日益缩减或清淡成交量确认。

(2)趋势呈现弱势的警告：如果市场成交量一直保持锐减，则警告目前趋势正开始弱化。尤其是市场在清淡成交量情况下创新高或新低，以上判断的准确性更高。在清淡成交量情况下创新高或新低应该值得怀疑。

(3)区间突破的确认方法：市场失去运行趋势时即处于区间波动，创新高或新低即实现对区间的突破将伴随成交量的急剧增加。价格得到突破但缺乏成交量的配合，预示市场尚未真正改变当前运行区间，应多加谨慎。

(4)成交量催化股价涨跌。股票成交量的大小能反映该股票对市场的吸引程度。更多的人或更多的资金对股票未来看好时，会出现更多的资金投入；而更多的人或资金不看好股票未来时，股票价格会下跌。然而股票处于不同的价格区域，看多和看空的人数会产生变化。

(5)成交量变化表明股票对市场的吸引程度。成交量越大，说明越有吸引力，以后的价格波动幅度可能会越大。

(6)成交量变化表明股票的价格压力和支撑区域。在一个价格区域，如果成交量很大，说明该区域有很大的压力或支撑，趋势将在这里产生停顿或反转。

(7)成交量在不同价格区域的相对值大小可判断趋势的健康性或持续性。随着某股票价格的上升，成交量应呈现阶梯性减弱，一般来说，股票相应的价格越高，参与者越少。

第四节 技术分析基本指标

一、趋势型指标

趋势型指标是用于判断证券价格变动趋势的指标。常用的趋势型指标有移动平均线(MA)、布林线(Boll)及平滑异同移动平均线(MACD)。

(一)移动平均线(MA)

移动平均线就是连续若干天的收盘价的算术平均。天数是MA的参数。如MA(10)指的是10日的移动平均线。

移动平均线依时间长短可分为短期移动平均线、中期移动平均线和长期移动平均线三种。短期移动平均线一般以5日或10日为计算期间，也称为快速移动平均线；中期移动平均线大多以30日、60日为计算期间；长期移动平均线大多以100天和200天为计算期间，也称为慢速移动平均线。

根据对数据处理方法的不同，移动平均线可分为算术移动平均线(SMA)、加权移动平均线(WMA)和指数平滑移动平均线(EMA)三种。

MA的运用法则是：

(1)MA从下降逐渐走平，而价格从MA的下方突破MA时，是买进信号。

(2)价格虽然跌至MA下方，但MA在上扬，不久价格又回到MA上时为买进信号。

(3)价格走在MA之上并且下跌，但未跌破MA，价格又上升时可以加码买进。

(4)价格低于MA并突然暴跌，远离MA之时，极可能再度趋向MA，是买进时机。

(5)MA从上升逐渐走平，而价格从MA的上方往下跌破MA时，是卖出信号。

(6)价格向上突破MA，但又立刻回到MA之下，而且MA仍在继续下跌时，是卖出时机。

(7)价格在MA之下并上涨，但未突破MA又告回落，是卖出时机。

(8)价格在上升过程中并走在MA之上，突然暴涨并远离MA，很可能再度趋向MA，是卖出时机。

以上八个原则也称为"葛兰碧八大法则"。葛兰碧法则的不足在于没有明确指出投资者在股价距平均线多远时才可以买进卖出。

在国内股市中，常用的移动平均线组合为5日、10日、65日、250日四条线。其中250日长期移动平均线作为牛市与熊市的分界线。5日上穿10日线为股市中常说的黄金交叉，5日下破10日线被称为死亡交叉。"黄金交叉"与"死亡交叉"(又称为向上突破压力线或向下突破支撑线)的关系为：当现在价位站稳在长期与短期MA之上，短期MA又向上突破长期MA时，为买进信号；若现在行情价位于长期与短期MA之下，短期MA又向下突破长期MA时，则为卖出信号。

(二)布林线(Boll)

布林线指标是股市技术分析的常用工具之一，通过计算股价的"标准差"，再求股价的"置信区间"。

该指标在图形上画出三条线，其中上下两条线可以分别看成股价的压力线和支撑线，而在两条线之间还有一条股价平均线，布林线指标的参数最好设为20。一般来说，股价会运行在压力线和支撑线所形成的通道中。

布林线由4条线构成，分为B1线、B2线、B3线及B4线。B1线为指数(或股价)阻力线，B4线是支撑线，从布林线的宽度可以看出指数或股价的变动区间，股价盘整时，四线收缩，称收口；股价向上或向下突破时，四线打开，称为开口。当股价向上击穿B1阻力线时，卖点出现，向下击穿B4线时，买点出现，当股价沿着阻力线(支撑线)上升(下降)，虽并未击穿支撑线(压力线)，但已回头突破B2线(B3线)时，也是较佳卖(买)点。

布林线通常作为研判股价走势的辅助指标，即通过股价处于布林通道内的位置评估股票走势的强弱。当价格线位于布林线中轨之上时，则多半为多头市场，可持股或买入；而当价格线处于布林线中轨之下时，则多半为空头市场，介入宜小心。布林线的两极为上轨和下轨，表示极强和极弱。在许多种情形下，运用布林线指标买卖，其操作的成功率远胜于借助KDJ、RSI甚至移动平均线买卖。巧用布林线买卖将使我们有可能避开庄家利用一些常用技术指标诱多或者诱空的陷阱，因为庄家要想在布林线上做手脚，几乎是不可能的。

(三)指数平滑异同移动平均线(MACD)

MACD是利用快速移动平均线和慢速平均线在一段行情中的差距大小以及在互相交叉和接近方式的特征，通过双重平滑运算后判断买卖时机的方法。MACD由正负差(DIF)和异同平均数(DEA)组成,DIF 是核心,它是快速平滑移动平均线和慢速平滑移动平均线的离差值;DEA 是辅助部分,它是 DIF 的移动平均值,是为了消除偶然因素而引入的指标。

实际中,通常以 12 日与 26 日平滑移动平均线(EMA)为快速和慢速移动平均线,计算出 DIF,而 DEA 则是 DIF 的 9 日平滑移动平均线。

MACD 判断法则:

1. 从 DIF 和 DEA 的取值和相对取值判断

(1)DIF 和 DEA 均为正值时,属多头市场。DIF 向上突破 DEA 是买入信号;DIF 向下跌破 DEA 只能认为是回落,获利了结。

(2)DIF 和 DEA 均为负值时,属空头市场。DIF 向下突破 DEA 是卖出信号;DIF 向上穿破 DEA 只能认为是反弹,暂时补空。

(3)当 DIF 向下跌破 0 轴线时,为卖出信号,即 12 日 EMA 与 26 日 EMA 发生死亡交叉;当 DIF 上穿 0 轴线时,为买入信号,即发生黄金交叉。

2. 从指标背离角度判断

(1)当股价走势出现 2 个或 3 个近期低点时,而 DIF(DEA)并不配合出现新低点,可买;

(2)当股价走势出现 2 个或 3 个近期高点时,而 DIF(DEA)并不配合出现新高点,可卖。

二、超买超卖型指标

超买超卖型指标是通过判断市场价格走势的强弱和超买超卖现象判断短中期投资信号的一类技术指标。常见的超买超卖指标有威廉指标(WMS)、随机指标(KDJ)、相对强弱指标(RSI)、乖离率指标(BIAS)。

(一)威廉指标(WMS)

WMS 是当天收盘价在过去一段交易日全部价格范围内所处的相对位置。取值范围为 0～100。

WMS 应用法则是:

从其数值大小判断:

(1)WMS 高于 80 时,处于超卖状态,行情即将见底,应当考虑买进;

(2)WMS 低于 20 时,处于超买状态,行情即将见顶,应当考虑卖出。

值得注意的是:WMS 在盘整过程中准确性较高;而在上升或下降趋势中,却不能只以 WMS 超买超卖信号作为行情判断的依据。

从 WMS 曲线形状判断:

(1)当 WMS 进入低数值区位后(此时为超买),一般要回头。如果这时股价还继续上升,就会产生背离,是卖出信号。WMS 进入高数值区位后(此时为超卖),一般要反弹。如果这时股价还继续下降,就会产生背离,是买进的信号。这就是所谓的背离原则.

(2)当 WMS 连续几次撞顶(或底),局部形成双重或多重顶(或底),则是卖出(或买进)信号。这就是所谓撞顶和撞底次数原则。

(二)随机指标(KDJ)

KDJ 通过计算当日或最近交易日价格波动的真实幅度反映价格走势强弱和超买超卖现象,从而判断买卖信号的一种技术指标。

KDJ 由三条线组成,是在 WMS 基础上发展起来,具有 WMS 的一些特性。反映股市价格变化时,WMS 最快,K 其次,D 最慢。K 指标反应敏捷,但容易出错;D 指标反应稍慢,但稳重可靠。J 是 D 加上了一个修正值。

KDJ 的应用法则如下。

(1)从 KD 取值来判断,KD 取值范围为 0～100,数值在 80 以上为超买区;数值在 20 以下为超卖区;其余为徘徊区。

(2)从 KD 曲线的形态看,KD 指标在较高或较低位置形成头肩形和多重顶(底)时,是采取行动的信号,位置越高或越低,结论越可靠。

(3)从 KD 指标的交叉来看,K 线与 D 线的关系有死亡交叉和黄金交叉,应用时应附带以下三个条件,以黄金交叉为例:①金叉位置应该比较低,在超卖区位置,越低越好。②与 D 线相交的次数。交叉次数以 2 次为最少,越多越好。③K 线是在 D 线已经抬头向上时才同 D 线相交,比 D 线还在下降时与之相交要可靠得多。即所谓的"右侧相交"原则。

(4)从 KD 指标的背离程度看,KD 处在高位或低位,如出现与股价走向背离,是采取行动信号。

(5)从 J 指标的取值大小看,J 指标常领先于 KD 值显示曲线的底部和头部。J 指标的取值超过 100 和低于 0,都属于价格的非正常区域,大于 100 为超买,小于 0 为超卖。

(三)相对强弱指标(RSI)

相对强弱指标,是目前使用最广最多的技术指标,常被作为捕捉短线买卖时机的优选指标。通常采用某一时期内收盘指数的结果作为计算对象,反映这一时期内多空力量的强弱对比。

RSI 的应用法则如下。

(1)从 RSI 取值大小看,RSI 大于 50 为强势市场,大于 80 为超买区;RSI 小于 50 为弱势市场,小于 20 为超卖区。

(2)从两条或多条 RSI 曲线的联合交叉看,短期 RSI＞长期 RSI,属多头市场;短期 RSI＜长期 RSI,属空头市场;当短期 RSI 在超卖区向上突破长期 RSI 时,为买入信号,当短期 RSI 在超买区向下跌破长期 RSI 时,为卖出信号。

(3)从 RSI 的曲线形状看,当 RSI 在较高或较低位置形成头肩顶(底)或多重顶(底),则是卖出(买入)信号。

(四)乖离率指标(BIAS)

乖离率指标是测算股价与移动平均线偏离程度的指标。基本原理:如果股价偏离移动平均线太远,不管是在移动平均线上方或下方,都有向平均线回归的要求。

BAIS 的应用法则为如下。

(1)从 BIAS 的正负看,正的乖离率越大,表示短期多头的获利越大,获利回吐的可能性越高;负的乖离率越大,则空头回补的可能性也越高。

(2)从 BIAS 的取值大小来看,对于综合指数,BIAS(10)＞30％为抛出时机,BIAS(10)＜－10％为买入时机;对于个股:BIAS(10)＞35％为抛出时机,BIAS(10)＜－15％为买入时机。

(3)从两条 BIAS 线结合形态看,短期 BIAS 在高位下穿长期 BIAS 时是卖出信号;短期 BIAS 在低位上穿长期 BIAS 时是买入信号。

三、人气型指标

(一)心理线指标(PSY)

PSY 是研究投资者对股市涨跌产生心理波动的情绪指标,对股市短期走势的判断具有一定参考意义。

PSY 的应用法则如下。

(1)从 PSY 的取值看,PSY 取值在 25～75,说明多空双方基本处于平衡状态。如果 PSY 取值超出这个平衡状态,则是超卖或超买。

PSY 取值过高或过低,都是行动的信号。一般说来,如果 PSY＜10 或 PSY＞90 两种极端情况出现,是强烈的买入和卖出信号。

PSY 取值第一次进入采取行动区域时,往往容易出错。一般要求 PSY 进入高位或低位两次以上才能采取行动。

PSY 曲线如果在低位或高位出现大 W 底或 M 头,就是买入或卖出的行动信号。

PSY 线一般可同股价曲线配合使用,这时,背离原则也同样适用。

(2)从 PSY 的趋势看,PSY 若呈现无趋势状态,即 PSY 值在 40～60 上下振荡,表明多空力量旗鼓相当,股价涨跌基本平衡。此时宜采取观望态度,等趋势形成后再做买入和卖出决策。

PSY 若呈现向上趋势,PSY 值大部分时间是处在 50 上,即使偶尔下滑至 50 以下也会很快回升至 50 以上并向上爬升,PSY 值从 50 以下开始向上一举冲过 50 并缓慢向上攀升,则表明近期多头力量强于空头力量,股价一路上涨。这两种情况反映到 PSY 曲线图上,就是 PSY 曲线在 50 线以上缓慢向上运动或从 50 线以下向上一路攀升的向上倾斜曲线。当 PSY 向上趋势形成后,应积极买入股票或持股待涨,直到向上趋势改变。

PSY 若呈现向下趋势,PSY 值大部分时间是处在 50 以下,或者 PSY 值从 50 以上开始向下回落跌破 50 线并继续向下滑落,则表明空方力量过于强大,股价一路下跌。

(二)能量潮指标(OBV)

OBV 的理论基础是:市场价格的有效变动必须有成交量配合,量是价的先行指标。OBV 从价格的变动及成交量的增减关系推测市场气氛。

OBV 的应用法则如下。

OBV 不能单独使用,必须与股价曲线结合使用才能发挥作用。

OBV 曲线变化对当前股价变化趋势的确认为:股价上升(下降),而 OBV 也相应上升(下降),则可确认当前上升(下降)趋势;股价上升(下降),但 OBV 并未相应上升(下降),出现背离现象,则对目前上升(下降)趋势的认定程度要大打折扣。

股价进入盘整区后,OBV 曲线会率先显露出脱离盘整的信号,向上或向下突破,且成功率较高。

OBV 线是预测股市短期波动的重要指标,利用 OBV 可验证当前股价走势的可靠性,并可以得到趋势可能反转的信号。

四、大势型指标

(一)腾落指数(ADL)

ADL 以股票每天上涨或下跌的家数作为观察对象,通过简单算术加减比较每日上涨股票和下跌股票家数的累积情况,形成升跌曲线,并与综合指数相互对比,预测大势的未来。

ADL 的应用法则如下。

ADL 的应用重在相对走势,而不看重取值大小。与 OBV 相似。

ADL 不能单独使用,要同股价曲线联合使用才能显示出作用。

ADL与股价同步上升（下降），创新高（低），则可验证大势的上升（下降）趋势，短期内反转可能性不大。

ADL连续上涨（下跌）了很长时间（一般是3天），而指数却向相反方向下跌（上升）了很长时间，这是买进（卖出）信号，至少有反弹存在。

在指数进入高位（低位）时，ADL并没有同步行动，而是开始走平或下降（上升），这是趋势进入尾声的信号。

ADL保持上升（下降）趋势，指数却在中途发生转折，但很快又恢复原有趋势，并创新高（低），这是买进（卖出）信号，是后市多方（空方）力量强盛的标志。

经验证明，ADL对多头市场的应用比对空头市场的应用效果好。

（二）涨跌比指标（ADR）

ADR根据股票的上涨家数和下跌家数的比值，推断证券市场多空双方力量的对比，进而判断证券市场的实际情况。

ADR的应用法则如下。

（1）从ADR的取值看，ADR在0.5～1.5是常态，多空双方处于均衡状态。极端特殊情况下，如出现突发利多、利空消息引起股市暴涨暴跌时，ADR常态的上限可修正为1.9，下限修正为0.4。超过ADR常态的上下限，就是采取行动的信号。

（2）从ADR的形态看，ADR从低向高超过0.5，并在0.5上下来回移动几次，是空头进入末期的信号。ADR从高向低下降到0.75之下，是短期反弹的信号。ADR先下降到常态的下限，但不久就上升并接近常态的上限，则说明多头已具有足够的力量将综合指数拉上一个台阶。另外，若股价指数与ADR成背离现象，则大势即将反转。

（三）超买超卖指标（OBOS）

OBOS是运用上涨和下跌的股票家数的差距分析大势的指标。

OBOS的应用法则如下。

当OBOS为正数时，市场处于上涨行情，反之为下跌行情。

10日OBOS对大势有先行指标之功能，一般走在大势前，6日或24日的OBOS因其波动太敏感或太滞缓，参考价值不大。

当OBOS达到一定正数值时，大势处于超买阶段，可选择时机卖出。当OBOS达到一定负数值时，大势超卖，可选择时机买进。OBOS的超买和超卖的指标区域，因市场上市的总股数多寡而变。

OBOS反映的是股市的大趋势，对个股的走势不提出明确的结论。

资料卡　黄金分割率在投资中的运用

在股价预测中，有两种黄金分割分析方法。

第一种方法：以股价近期走势中重要的高点或低点为测量未来走势的基础，当股价上涨时，以低位股价为基数，跌幅在达到某一黄金比时可能受到支撑。当行情接近尾声，股价发生急升或急跌后，其涨跌幅达到某一重要黄金比时，则可能发生转势。

第二种方法：行情发生转势后，无论是止跌转升的反转抑或止升转跌的反转，以近期走势中重要的高点和低点之间的涨额作为计量的基数，将原涨跌幅按0.191、0.382、0.5、0.618、0.809分割为五个黄金点。股价在后转后的走势将有可能在这些黄金点上遇到暂时的阻力或支撑。

例如当下跌行情结束前，某股的最低价为10元，那么，股价反转上升时，投资人可以预先计算出各种不同的压力位，也就是11.9元[10×(1+19.1%)]、13.8元[10×(1+38.2%)]，16.2元[10×(1+61.8%)]，18.1元[10×(1+80.9%)]，20元[10×(1+ 100%)]，21.9元[10+(1+119.1%)]，然后，再依照实际股价变动情形斟酌。

反之上升行情结束前，某股最高价为30元，那么，股价反转下跌时，投资人也可以计算出各种不同的支撑位，也就是24.3元[30×(1−19.1%)]，18.5元[30×(1−38.2%)]，11.5元[30×(1−61.8%)]，5.7元[30×(1−80.9%)]。然后，依照实际变动情形斟酌。

黄金分割率的神秘数字由于没有理论作为依据，因此有人批评是迷信，是巧合，但自然界的确充满一些奇妙的巧合，一直难以说出道理。黄金分割率在股市上无人不知，无人不用，投资者不能不研究，只是不能太过执着而已。

资料卡 大盘常用术语

一、委比

委比是衡量某一时段买卖盘相对强度的指标。

计算公式为：委比=(委买手数−委卖手数)/(委买手数+委卖手数)×100%。

委买(委卖)手数是现在所有个股委托买入(卖出)下五档的总数量。

委比值的变化范围为−100%到+100%，当委比值为−100%时，它表示只有卖盘而没有买盘，说明市场的抛盘非常大；当委比值为+100%时，它表示只有买盘而没有卖盘，说明市场的买盘非常有力。当委比值为负时，卖盘比买盘大；而委比值为正时，说明买盘比卖盘大。委比值从−100%到+100%的变化是卖盘逐渐减弱、买盘逐渐强劲的一个过程。

二、委差

委买委卖的差值是投资者意愿的体现，一定程度上反映了价格的发展方向。委差为正，价格上升的可能性就大，反之，下降的可能性大，即委差指股市某品种当前买量之和减去卖量之和，反映买卖双方的力量对比。正数为买方较强，负数为抛压较重。

三、总量

买进与卖出量的总和。

四、量比

量比是衡量相对成交量的指标。它是开市后每分钟的平均成交量与过去5个交易日每分钟平均成交量之比。在时间参数上，多使用10日平均量，也有使用5日平均量的。在大盘活跃的情况下，适宜用较短期的时间参数，而在大盘处于熊市或缩量调整阶段，宜用稍长的时间参数。当量比大于1时，说明当日每分钟的平均成交量大于过去5日的平均值，交易比过去5日火爆；当量比小于1时，说明当日成交量小于过去5日的平均水平。

量比在0.5倍以下的缩量情形显示了交易不活跃的表象，同时也暗藏着一定的市场机会。缩量创新高的股票多数是长庄股，缩量能创出新高，说明庄家控盘程度相当高，而且可以排除拉高出货的可能。缩量调整的股票，特别是放量突破某个重要阻力位之后缩量回调的个股，常常是不可多得的买入对象。量比为0.8～1.5倍，则说明成交量处于正常水平；量比在1.5～2.5倍，则为温和放量，如果股价也处于温和缓升状态，则升势相对健康，可继续持股，若股价下跌，则可认定跌势难以在短期内结束，从量的方面判断应可考虑止损退出；量比在2.5～5倍，则为明显放量，若股价相应地突破重要支撑或阻力位置，则突破有效的概率颇高，可以相应地采取行动；量比达5～10倍，则为剧烈放量，如果是在个股处于长期低位出现剧烈放量突破，涨势的后续空间巨大，是"钱"途无量的象征，但是，如果在个股已有巨大涨幅的情况下出现如此剧烈的放量，则值得高度警惕。量比达到10倍以上的股票，一般可以考虑反向操作。在涨势中出现这种情形，说明见顶的可能性压倒一切，即使不是彻底反转，至少涨势会休整相当长一段时间。在股票处于绵绵阴跌的后期，突然出现的巨大量比，说明该股在目前位置彻底释放了下跌动能。量比达到20倍以上的情形基本上每天都有一两单，是极端放量的一种表现，这种情况的反转意义特别强烈，如果在连续上涨之后，成交量极端放大，但股价出现"滞涨"现象，则是涨势行将死亡的强烈信号。当某只股票在跌势中出现极端放量，则是建仓的大好时机。

五、内盘

内盘就是股票在买入价成交，成交价为申买价，说明抛盘比较踊跃。当成交价在买入价时，将现手数量加入内盘累计数量中，当内盘累计数量比外盘累计数量大很多，而股价下跌时，表示很多人在卖出股票。

六、外盘

外盘就是在卖出价成交，成交价为申卖价，说明买盘比较积极。当成交价在卖出价时，将现手数量加入外盘累计数量中，当外盘累计数量比内盘累计数量大很多，而股价上涨时表示很多人在抢盘买入股票。

内盘、外盘这两个数据大体可以用来判断买卖力量的强弱。若外盘数量大于内盘，则说明买方力量较强；若内盘数量大于外盘，则说明卖方力量较强。

七、换手率

"换手率"也称"周转率"，指在一定时间内市场中股票转手买卖的频率，是反映股票流通性强弱的指标之一。

计算公式为：换手率＝某一段时期内的成交量/发行总股数×100％

股票的换手率越高，意味着该只股票的交投越活跃，人们购买该只股票的意愿越高，属于热门股；反之，则表明该只股票少人关注，属于冷门股。

换手率高一般意味着股票流通性好，进出市场比较容易，具有较强的变现能力。然而，换手率较高的股票，往往也是短线资金追逐的对象，投机性较强，股价起伏较大，风险也相对较大。

将换手率与股价走势相结合，可以对未来的股价做出一定的预测和判断。某只股票的换手率突然上升，成交量放大，可能意味着有投资者在大量买进，股价可能会随之上扬。如果某只股票持续上涨了一个时期后，换手率又迅速上升，则可能意味着一些获利者要套现，股价可能会下跌。

一般，大多股票每日换手率在1％～25％(不包括初上市的股票)。70％的股票基本在3％以下，3％就成为一种分界。当一只股票的换手率在3％～7％时，该股进入相对活跃状态；当换手率在7%～10%时，则为强势股，股价处于高度活跃当中；当换手率在10%～15%时，大庄密切操作；当换手率超过15%且持续多日，此股也许成为最大黑马。

八、市盈率

市盈率指在一个考察期(通常为12个月的时间)内，股票的价格和每股收益的比例。投资者通常利用其估量某股票的投资价值，市盈率通常用来作为比较不同价格的股票是否被高估或者低估的指标。然而，用市盈率衡量一家公司股票的质地时，并非总是准确的。一般认为，如果一家公司股票的市盈率过高，那么该股票的价格具有泡沫，价值被高估。然而，当一家公司增长迅速以及未来的业绩增长非常看好时，股票目前的高市盈率可能恰好准确地估量了该公司的价值。

需要注意的是，利用市盈率比较不同股票的投资价值时，这些股票必须属于同一个行业，因为此时公司的每股收益比较接近，相互比较才有效。

一般来说，市盈率水平为0～13：价值被低估；14～20：正常水平；21～28：价值被高估；28以上：股市出现投机性泡沫。

九、净资产收益率

净资产收益率又称股东权益收益率，是净利润与平均股东权益的百分比。该指标反映股东权益的收益水平，指标值越高，说明投资带来的收益越高。净资产收益率是公司税后利润除以净资产得到的百分比率，用以衡量公司运用自有资本的效率。

十、市净率

市净率＝股票市价/每股净资产。市净率能够较好地反映出“有所付出，即有回报”，它能够帮助投资者寻求哪个上市公司能以较少的投入得到较高的产出，对于大的投资机构，它能帮助其辨别投资风险。

市净率可用于投资分析。每股净资产是股票的账面价值，它是用成本计量的，而每股市价是这些资产的现在价值，它是证券市场上交易的结果。市价高于账面价值时企业资产的质量较好，有发展潜力；反之则资产质量差，没有发展前景。优质股票的市价都超出每股净资产许多，一般说来市净率达到3可以树立较好的公司形象。市价低于每股净资产的股票，就像售价低于成本的商品一样，属于“处理品”。当然，“处理品”也不是没有购买价值，问题在于该公司今后是否有转机，或者购入后经过资产重组能否提高获利能力。

十一、股票净值

股票的净值又称账面价值、每股净资产，是用会计统计的方法计算出来的每股股票所包含的资产净值。其计算方法是用公司的净资产(包括注册资金、各种公积金、累积盈余等，不包括债务)除以总股本。股份公司的账面价值越高，因此股东所拥有的权益越多。所以，股票净值是决定股票市场价格走向的主要根据。上市公司的每股内含净资产值高而每股市价不高的股票，即市净率越低的股票，其投资价值越高。相反，其投资价值就越小，但在判断投资价值时还要考虑当时的市场环境以及公司经营情况、盈利能力等因素。

十二、流通市值

流通市值指在某特定时间内当时可交易的流通股股数乘以当时股价得出的流通股票总价值。

十三、总市值

总市值是指在某特定时间内总股本数乘以当时股价得出的股票总价值。

总市值与流通市值的区别:总市值就是以目前股票市价乘以总股本,流通市值是以目前股票市价乘以流通股本。

小 结

本章小结

1. 技术分析是根据股价本身的变化预测股价走势的方法。技术分析的基本观点是:所有股票的实际供需量及其背后起引导作用的种种因素,包括股票市场上每个人对未来的希望、担心、恐惧等,都集中反映在股票的价格和交易量上。技术分析的基本要素包括价格、成交量、时间和空间。

2. 技术分析的三个基本假设是:市场行为涵盖一切信息、价格沿趋势演变并保持趋势、历史会重演。

3. 技术分析主要理论有道氏理论和艾略特波浪理论。

4. 道氏理论主要原理是认为市场波动有三种趋势:短期、中期和长期趋势,又被称作"日常波动、次级运动和长期趋势",趋势需要得到交易量的确认。

5. 艾略特波浪理论主要研究三方面的问题:形态、比例和时间。形态指的是价格走势所形成的形态,这是波浪理论存在的基础;比例是价格走势中各个高点和低点所处的相对位置,用黄金分割理论推断;时间是完成某个形态所经历的时间的长短。

6. 技术分析主要方法有K线理论、形态理论和量价关系理论。

7. K线是每日看盘价、收盘价、最高价、最低价用蜡烛形连接起的图形。K线基本形态主要有:光头光脚阳线、穿头破脚阳线、光脚阳线、光头阳线、小阳星、光头光脚阴线、光脚阴线、光头阴线、小阴星、T形线、倒T形线、十字星、一字形等。

8. 形态分析是一种直接从历史价格图表分辨股价变动趋势的方法,是技术分析体系中的基础,形态理论包括持续整理形态和反转形态。

9. 反转突破形态是趋势方向的反转,是投资分析中应该重点关注的变化形态。主要有头肩形态、双重顶(底)形态、圆弧顶(底)形态、三重顶(底)形态、喇叭形与菱形以及V形等。

10. 持续整理形态主要有三角形、矩形、旗形和楔形四种形态。

11. 葛兰碧认为成交量是股市的元气与动力,成交量的变动不仅直接表现股市交易是否活跃,人气是否旺盛,而且体现了市场运作过程中供给与需求间的动态实况。没有成交量的发生,市场价格就不可能变动,也就无股价趋势可言,成交量的增加或萎缩都表现出一定的股价趋势。

12. 技术分析基本指标包括趋势型指标、超买超卖型指标、人气型指标和大势型指标。

13. 趋势型指标是用于判断证券价格变动趋势的指标,常用的有MA、BOLL及MACD等。

14. 超买超卖型指标是通过判断市场价格走势的强弱和超买超卖现象判断短中期投资信号的一类技术指标,常见的有WMS、KDJ、RSI、BIAS。

15. 人气型指标主要有PSY、OBV等。

16. 大势型指标主要有ADL和OBOS等。

知识结构图

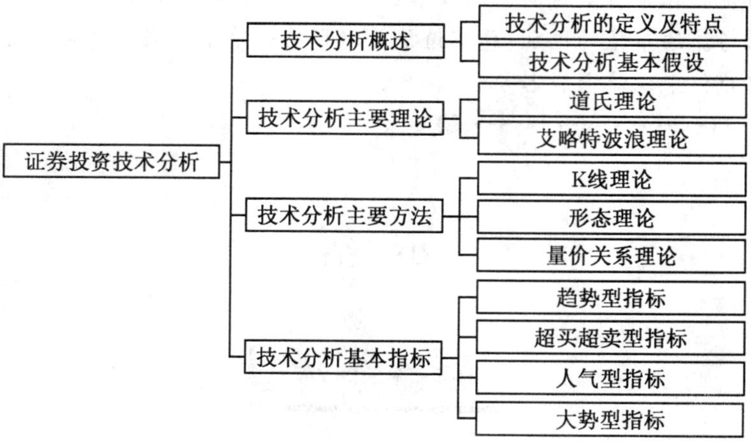

习 题

一、选择题

1. 下列说法正确的是________。

A. 证券市场里的人分为多头和空头两种

B. 压力线只存在于上升行情中

C. 一旦市场趋势确立，市场变动就朝一个方向运动直到趋势改变

D. 支撑线和压力线是短暂的，可以相互转换

2. 表示市场是否处于超买或炒卖状况的技术指标是________。

A. PSY　　B. BIAS　　C. RSI　　D. WMS

3. 与头肩顶形态相比，三重形态更容易演变为________。

A. 反转突破形态　　B. 圆弧顶形态

C. 持续整理形态　　D. 其他各种形态

4. 证券投资分析的三个基本要素是________。

A. 理论、信息和方法　　B. 价、量、势

C. 信息、步骤、方法　　D. 策略、信息、理论

5. 道氏理论认为最重要的价格是________。

A. 开盘价　　B. 最低价　　C. 收盘价　　D. 最高价

6. 属于持续整理形态的是________。

A. 喇叭形　　B. W形　　C. 菱形　　D. 旗形

7. 用于综合指数而不用于个股的指标是________。

A. ADR　　B. PSY　　C. BIAS　　D. WMS

8. 表示市场处于超买超卖状态的技术指标是________。

A. ADR　　B. PSY　　C. WMS　　D. CCI

9. 表示股价与股价移动平均线相距的远近程度的指标是________。

A. RSI　　B. PSY　　C. WMS　　D. BIAS

10. 波浪理论认为每一个上升的大阶段都由8个小过程组成，8浪分别是________。

A. 上升5浪和下跌3浪　　B. 上升3浪和下跌5浪

C. 下跌 5 浪和上升 3 浪　　D. 下跌 3 浪和上升 5 浪

二、思考题

1. 波浪理论浪形分析的要点是什么？
2. 形态理论包含哪些形态，各自的要点是什么？
3. 简述 K 线理论主要观点。
4. 简述量价关系论主要观点。
5. 简述技术分析主要指标。

第九章　证券投资管理

学习目标

通过本章学习，理解证券组合的含义与类型、证券组合管理的意义与特点、证券组合管理的方法和步骤、现代证券组合管理理论体系的形成与发展。

证券投资离不开对证券的管理，投资决策的过程需要进行必要的证券组合管理和风险管理的手段和思想。证券组合管理指利用多种投资工具分散投资并及时调整。证券风险管理是指利用各种方法和手段了解与识别风险，制定控制和减少风险的策略，运用各种技巧和手段规避风险、转嫁风险，减少风险损失，力求获取最大收益。

第一节　证券组合管理

证券组合是指投资者所拥有的由股票、债券以及金融衍生工具等多种有价证券构成的一个投资集合。

一、证券组合管理概述

（一）证券组合类型

证券组合按不同的投资目标可以分为：

（1）避税型证券组合。避税型证券组合通常投资于国家债券，这种债券具有免税的优惠措施。

（2）收入型证券组合。收入型证券组合追求基本收益，即利息、股息收益的最大化。能够带来基本收益的证券一般有附息债券、优先股及一些避税债券等。

（3）增长型证券组合。增长型证券组合以资本升值，即未来价格上升带来的价差收益为目标。投资于此类证券组合的投资者往往愿意通过延迟获得基本收益以求得未来收益的增长，投资风险较大。

（4）收入和增长混合型证券组合。收入和增长混合型证券组合试图在基本收入与资本增长之间达到某种均衡，因而也被称为均衡组合。二者的均衡可以通过两种组合方式获得：一是使组合中的收入型证券和增长型证券达到均衡；二是选择那些既能带来收益，又具有增长潜力的证券组合。

(5)货币市场型证券组合。货币市场型证券组合由各种货币市场工具构成,如国库券、高信用等级的商业票据等,安全性很强。

(6)国际型证券组合。国际型证券组合投资于海外不同国家,是组合管理的时代潮流,这种证券组合的业绩总体上强于只在本土投资的组合。

(7)指数化型证券组合。指数化型证券组合模拟某种市场指数,相信有效市场理论的机构投资者通常会倾向于这种组合,以求获得市场平均的收益水平。指数化型证券组合又分为模拟内涵广大的市场指数和模拟某种专业化的指数两大类。

(二)证券组合的基本原则

1. 安全性原则

安全性原则是指证券投资组合不承担过高风险,要保证投资的本金能够按期全部收回,并取得一定的预期投资收益。追求安全性是由投资的经济属性及其基本职能所决定的。

2. 流动性原则

流动性原则即变现性原则,是指证券组合所形成的资产在不发生价值损失的前提下,可随时转变为现金,以满足投资者对现金支付的需要。投资所形成的不同资产有不同的流动性。

3. 收益性原则

证券组合的收益性原则是指在符合安全性原则的前提下,尽可能地取得较高的投资收益率。追求投资盈利是投资的直接目的,证券组合只有符合这一目标,才能使投资保值增值。投资收益率的高低取决于使用资金的机会成本,投资可得到的税收优惠,证券期限的长短和货币的升值与贬值。

(三)证券组合的方式

证券组合的方式是指实现投资多元化的基本途径。证券投资可以采取投资工具组合、投资期限组合、投资区域组合三种方式。

1. 投资工具组合

投资工具组合指不同投资工具的选择和搭配。选择何种投资工具,一方面应考虑投资者的资金规模、管理能力以及投资者的偏好;另一方面则应考虑不同投资工具各自的风险和收益以及相互间的相关性。

2. 投资期限组合

投资期限组合指证券投资资产的长短期限的搭配。不同的投资工具所形成的资产的期限是不同的,同种投资工具所形成的不同的资产也会有不同的期限。证券投资的期限组合主要应考虑:一是投资者预期的现金支付的需求,包括支付的时间和数量;二是要考虑不同资产的约定期限及流动性;三是经济周期变化。

3. 投资区域组合

投资区域组合是指基金通过向不同地区、不同国家的金融资产投资,达到分散投资风险,获得稳定收益的目的。证券投资的区域组合主要应考虑如下因素:一是各国资本市场的相关性,二是各国经济周期的同步性,三是汇率变动对投资的影响。

(四)证券组合管理

证券组合管理是指对投资进行计划、分析、调整和控制,从而将投资资金分配给若干不同的证券资产,如股票、债券及证券衍生产品,形成合理的资产组合,以期实现资产收益最大化和风险最小化的经济行为。

1. 证券组合管理的方法

（1）被动管理方法。长期稳定持有模拟市场指数的证券组合以获得市场平均收益的管理方法。采用此方法的管理者认为，证券市场是有效率的市场。

（2）主动管理方法。经常预测市场行情或寻找定价错误证券，并借此频繁调整证券组合以获得尽可能高的收益的管理方法。采用此方法的管理者认为，市场不总是有效的，加工和分析某些信息可以预测市场行情趋势和发现定价过高或过低的证券，进而选择买卖证券的时机和种类，以实现尽可能高的收益。

2. 证券组合管理基本步骤

（1）确定证券投资政策。包括确定投资目标（风险和收益的目标）、投资规模、投资对象三方面内容及应采取的投资策略和措施。这一步骤反映了证券组合管理者的投资风格，并最终反映在投资组合所包含的金融资产类型特征上。

（2）证券投资分析。分析的目的是为了明确这些证券的价格形成机制和影响证券价格波动的诸因素及其作用机制，以及发现那些价格偏离价值的证券。

（3）组建证券投资组合。确定具体的证券投资品种和在各证券上的投资比例。须注意个别证券选择、投资时机选择、多元化三个角度。

（4）投资组合的修正。投资者应对证券组合在某种范围内进行个别调整，使得在剔除交易成本后，总体上能最大限度改善现有组合的风险回报特性，也就是定期重新按照前三个步骤再次考察。

（5）投资组合业绩评估。定期评估投资组合业绩，综合衡量投资收益和所承担的风险情况。

3. 证券组合管理的意义

（1）证券组合管理可以最大限度地降低投资风险，将风险控制在投资者可以承受的范围内。那些合理有效的证券投资组合可以最大限度地降低风险。

（2）有效的证券组合管理可以提高投资的收益。有效的证券资产组合可以在一定的风险条件下实现收益的最大化或在一定的收益水平上使投资风险最小化。

（3）随着资本市场的发展，证券组合管理具有越来越重要的意义。随着证券投资组合管理专职人员的增加及机构的增多，证券投资组合管理也成为一种专门的行业。

二、证券组合基础

（一）概率基本知识

1. 概率与随机变量

概率论是研究随机现象数量规律的数学分支。概率的定义是指随机事件在试验中出现的可能性的度量。随机现象是指这样的客观现象，当人们观察它时，所得的结果不能预先确定，而只是多种可能结果中的一种。例如，掷一枚硬币，可能出现正面或反面；测量一个物体长度，由于仪器及观察受到环境的影响，每次测量结果可能有差异；在同一工艺条件下生产出的灯泡，其寿命长短参差不齐；等等。这些都是随机现象。随机现象的实现和对它的观察称为随机试验，随机试验的每一可能结果称为一个基本事件，一个或一组基本事件又通称随机事件，或简称事件。事件的概率衡量该事件发生的可能性。虽然在一次随机试验中发生某个事件是带有偶然性的，但那些可以在相同条件下大量重复的随机试验往往呈现出明显的数量规律性。人们在长期实践中已逐步觉察到某些这样的规律性，并在实际中应用它。例如，连续多次掷一枚均匀的硬币，出现正面的频率（出现次数与投掷次数之比）随着投掷次数的增加逐渐稳定于1/2。又如，多次测量一个物体的长度，其测量结果的平均值随着测量次数的增加，逐渐稳定于一个常数，并且诸测量值大多落在此常数的近旁，越远则越少，因之其分布状况呈现“中间大、两头小”及某种程度的对称性（即近似于正态分布）。

2. 期望

在概率论和统计学中，一个离散性随机变量的期望值（或者称为数学期望、均值，或简称期望）是试验中每次可能结果的概率乘以其结果的总和。也就是随机变量的加权平均值，也是随机变量出现可能性最大的值。例如有三组数据 x_1、x_2、x_3，它们的概率分别是 p_1、p_2、p_3，算术平均是 $(x_1+x_2+x_3)/3$，则加权平均，或者说期望是 $(x_1p_1+x_2p_2+x_3p_3)/3$。可见，期望的计算公式为：

$$E(X)=\sum_{i=1}^{n}x_ip_i$$

其中，X 是一个离散的随机变量，输出值为 $x_1,x_2,\ldots,x_i$，输出值相应的概率为 $p_1,p_2,\ldots,p_i$。

证券投资收益作为一个随机变量，在不同条件下出现不同的结果，不同的结果有不同的概率，通过计算证券收益的期望，就可以了解证券投资收益最可能得到的收益值。

3. 方差

在概率论和统计学中，一个随机变量的“方差”描述的是它的离散程度，也就是该变量离其期望值的距离，是各数据与样本平均数的差的平方和的加权平均数，方差用 σ^2 表示。方差的计算公式为：

$$\sigma^2(X)=\sum_{i=1}^{n}[x_i-E(X)]^2p_i$$

方差的平方根称为标准差或者均方差，用 σ 表示。

方差可以用来衡量证券投资的风险。因为证券投资风险是衡量证券未来收益不确定性的手段，实际收益率与预期收益率差异越大，风险越大。证券投资风险的计量与随机变量方差的计算有相同的性质。

（二）单个证券的收益和风险

假定某证券的可能收益率分别是 $x_1,x_2,x_3,\ldots,x_n$，与各个收益率相对应的概率是 $p_1,p_2,p_3,\ldots,p_n$，那么，期望收益率为：

$$E(X)=\sum_{i=1}^{n}x_ip_i$$

度量风险的指标方差为：

$$\sigma^2(X)=\sum_{i=1}^{n}[x_i-E(X)]^2p_i=E[x_i-E(X)]^2$$

标准差为：

$$\sigma(X)=\sqrt{\sum_{i=1}^{n}[x_i-E(X)]^2p_i}=\sqrt{E[x_i-E(X)]^2}$$

（三）证券组合的收益和风险

在证券组合中，投资者的投资机会并不仅仅限于单个证券，还可考虑对不同证券进行组合投资，即投资者不仅可以考虑将资本集中投资于某一风险较小，预期收益率较高的证券，也可以将资本分成若干个部分分别投向几种证券。证券组合扩大了投资者的投资机会，但是证券组合的风险并不等于各个证券风险的加权平均，证券组合的风险可能比组合中的任何一种证券的风险要小。

1. 两种证券组合的收益和风险

假定投资于两种证券，投资于 X 证券的收益为 r_x，投资于 Y 的收益率为 r_y，投资于 X、Y 的权数分别是 p_x 和 p_y，则投资于 X、Y 两种证券的收益为：

$$r=r_x p_x+r_y p_y$$

投资组合的期望收益率 E 为：

$$E=E(X)p_x+E(Y)p_y$$

在考察两种证券的风险时，我们再引入协方差和相关系数的概念。两个不同参数之间的方差就是协方差。

若两个随机变量 X 和 Y 相互独立，$E[(X-E(X))(Y-E(Y))]$称为随机变量 X 和 Y 的协方差，记作 $COV(X,Y)$，即有：

$$\sigma_{xy}=COV(X,Y)=E[(X-E(X))(Y-E(Y))]$$

协方差与方差之间有如下关系：

$$\sigma^2(X+Y)=\sigma^2(X)+\sigma^2(Y)+2COV(X,Y)$$

$$\sigma^2(X-Y)=\sigma^2(X)+\sigma^2(Y)-2COV(X,Y)$$

所以，

$$\sigma_{xy}=COV(X,Y)=E(XY)-E(X)E(Y)=\sigma_x\sigma_y\rho_{xy}$$

相关系数是两种证券的协方差除以 X 证券和 Y 证券的标准差的积，用 ρ 表示，则有：

$$\rho_{xy}=\frac{\sigma_{xy}}{\sigma_x\sigma_y}=\frac{COV(X,Y)}{\sigma_x\sigma_y}$$

所以，两种证券组合的方差是：

$$\sigma^2=p_x{}^2\sigma_x{}^2+p_y{}^2\sigma_y{}^2+2p_xp_y\sigma_x\sigma_y\rho_{xy}$$

注意，相关系数 ρ 是 X、Y 两种证券的协方差除以 X 证券和 Y 证券的标准差的积。

ρ 介于 -1 和 1 之间，ρ 的取值表明两个证券之间的关联强度和关联性质。

$\rho>0$，说明证券 A 和 B 的收益率存在正的相关关系，A 的收益率升降伴随着 B 的收益率的升降。$\rho=1$ 说明两者完全正相关。

$\rho<0$，说明证券 A 和 B 的收益率存在负的相关关系，A 的收益率升降伴随着 B 的收益率朝反方向升降。$\rho=-1$ 说明两证券完全负相关。

$\rho=0$，说明两个证券之间不存在关联性，A 的变化对 B 没有影响。

资料卡 两种证券组合的收益和风险

例如，证券组合由 A 和 B 两种证券构成，A 与 B 的期望收益、标准差及相关系数如下：

证券种类	期望收益率	标准差	投资比重	相关系数
A	10%	6%	30%	0.12
B	5%	2%	70%	

此组合的期望收益率为：

$E=(0.1\times0.3+0.05\times0.7)\times100\%=6.5\%$

此组合的方差为：

$\sigma^2 = 0.3^2 \times 0.06^2 + 0.7^2 \times 0.02^2 + 2 \times 0.3 \times 0.7 \times 0.06 \times 0.02 \times 0.12 = 0.0327$

2. 多种证券组合的收益和风险

假设有 N 种证券，分别是 $A_1, A_2, A_3, \ldots, A_n$，权数分别是 $p_1, p_2, p_3, \ldots, p_n$，证券组合的收益率等于各个单个证券组合的收益率的加权平均，假设 $A_1, A_2, A_3, \ldots, A_n$ 的收益率分别是 $r_1, r_2, r_3, \ldots, r_n$，则此证券组合的收益率为：

$$r = r_1 p_1 + r_2 p_2 + r_3 p_3 + \ldots + r_n p_n = \sum_1^n r_i p_i$$

证券组合的期望收益率是：

$$E = \sum_1^n p_i E(r_i)$$

证券组合的方差是：

$$\sigma^2 = \sum_{i=1}^n \sum_{j=1}^n p_i p_j \operatorname{cov}(p_i, p_j) = \sum_{i=1}^n \sum_{j=1}^n p_i p_j \sigma_i \sigma_j \rho_{ij}$$

其中，ρ_{ij} 为 r_i 与 r_j 的相关系数，$(i, j = 1, 2, 3, \ldots, n)$。

（四）证券组合的可行域和有效边界

1. 证券组合的可行域

(1)两种证券组合的可行域

任何一个证券组合可以由组合的期望收益率和标准差确定出坐标系中的一点，这一点将随着组合的权数变化而变化，其轨迹将是经过 A 和 B 的一条连续曲线，这条曲线称为证券 A 和证券 B 的组合线，描述了证券 A 和证券 B 所有可能的组合。

前面提到，相关系数 ρ 表示了关联性，在不同关联性下，组合线的形状也各不相同（见图 9—1）。

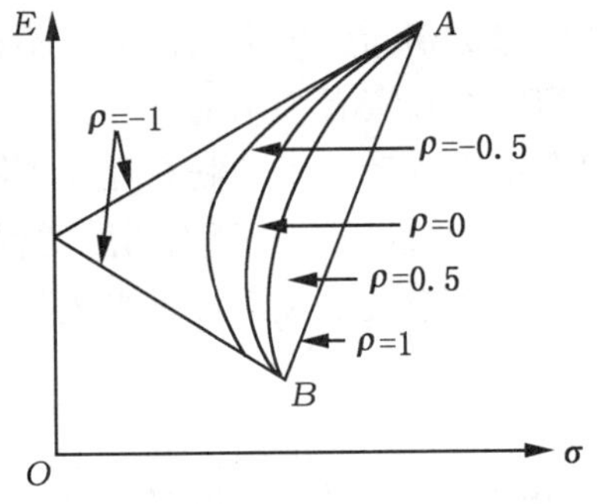

图 9—1　两种证券组合的可行域

①完全正相关下的组合线（$\rho=1$）是连接 A、B 两点的直线。

②完全负相关下的组合线（$\rho=-1$）是连接 A、B 两点的折线。

③不相关情形下的组合线（$\rho=0$）是一条经过 A 和 B 的双曲线。

④一般情形（$0<\rho<1$）的组合线是一条双曲线。相关系数 ρ 决定了组合线在 A 和 B 之间的弯曲程度，随着 ρ 的增大，弯曲程度将降低。

当$\rho=1$时，弯曲程度最小，呈直线。

当$\rho=-1$时，弯曲程度最大，呈折线。

不相关是一种中间状态，比正完全相关的弯曲程度大，比负完全相关的弯曲程度小。

在不卖空的情况下，组合降低风险的程度由证券间的关联程度决定（相关系数越小，证券组合的风险越小，特别是负完全相关的情况下，可获得无风险组合）。

(2)多种证券组合的可行域

当由多种证券（不少于3只证券）构造证券组合时，组合可行域是所有合法证券组合构成的$E-\sigma$坐标系中的一个区域。不允许卖空情况下，多种证券所能得到的所有合法组合将落入并填满坐标系中每两种证券的组合线围成的区域；允许卖空情况下，多种证券组合的可行域不再是有限区域，而是包含该有限区域的一个无限区域。

可行域的形状依赖于4个因素：可供选择的单个证券的E和σ以及它们收益率之间的相互关系ρ，还依赖于投资组合中权数的约束。可行域满足一个共同的特点：左边界必然向外凸或呈线性。

2. 证券组合的有效边界

按照投资者的共同偏好规则，排除那些被所有投资者都认为差的组合，余下的那些组合称为有效证券组合。可行域的上边界部分而称为有效边界。对于可行域内部及下边界上的任意可行组合，均可以在有效边界上找到一个有效组合比它好。另外可行域上边界和下边界的交汇点称为最小方差组合，所代表的组合在所有可行组合中方差最小。

（五）最优证券组合

1. 无差异曲线

对于一个特定的投资者，任意给定一个证券组合，根据他对风险的态度，可以得到一系列满意程度相同（无差异）的证券组合，这些组合恰好在期望收益率—标准差平面上形成一条曲线，这条曲线称为无差异曲线。

无差异曲线具有6个特点：

(1)无差异曲线是由左至右向上弯曲的曲线；

(2)每个投资者的无差异曲线形成密布整个平面但又互不相交的曲线簇；

(3)同一条无差异曲线上的组合给投资者带来的满意程度相同；

(4)不同无差异曲线上的组合给投资者带来的满意程度不同；

(5)无差异曲线的位置越高，其上的投资组合带来的满意程度就越高；

(6)无差异曲线向上弯曲的程度大小反映投资者承受风险的能力强弱（相对保守一些的投资者，无差异曲线更陡峭些）。

2. 最优证券组合的选择

在有效边界上找到一个这样的组合，相对于其他有效组合，该组合所在的无差异曲线的位置最高，具有这样的特征的有效组合为最优证券组合。最优证券组合也正是无差异曲线簇与有效边界的切点所表示的组合。不同投资者的无差异曲线簇可获得各自的最佳证券组合。图9—2中，投资者按照他的无差异曲线簇将选择有效边界上B点所在的证券组合作为最佳组合，因为B点在所有有效主组合中能够获得最大的满意程度，其他有效边界上的点都落在了B点下方的无差异曲线上。只关心风险的投资者将选取最小方差组合作为最佳组合。

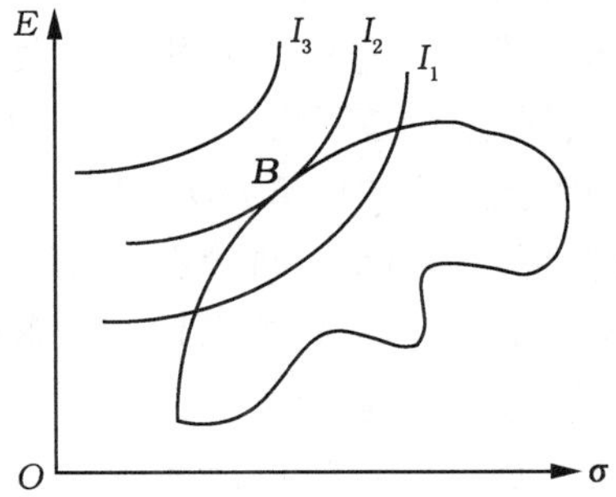

图 9—2　最优证券组合

三、传统证券组合管理理论

传统证券组合管理靠非数量化的方法即基本分析和技术分析选择证券，构建和调整证券组合，包括确定投资策略、证券投资分析、构建证券组合、调整证券组合和评价组合效果这五个步骤。

(1)确定投资策略。根据投资目标，证券投资可以分为价值型投资、成长型投资和平衡型投资三类。

(2)证券投资分析包括基本分析和技术分析。基本分析以价值决定价格为理论基础，着重分析和评价证券的价值，认为价格会随着价值上下波动，即找出价值被市场低估的证券，买入后等待价值被市场发现，从而因价格上涨而获利。技术分析方法以供求决定价格为基础，认为供求是由各种理性或非理性的因素决定的，任何因素只要引起供求的变化，就迟早会在市场价格走势图中被发现。投资者坚信市场价格波动的历史会再现，过去价格的走势可以用来预测未来。

(3)构建证券组合。在选择证券、构建证券组合时，根据投资者自身情况的考虑，有本金安全，基本收益稳定，资本增长，流动性良好、投资分散以及税收有利等因素。

(4)调整证券组合。根据市场行情的不断变化和各种证券波动，及时调整证券组合，剔除不符合投资目标的证券，选择增加新的证券。

(5)评价组合效果。这是证券组合管理的最后一步，也是关键一步。评价组合效果是对过去一个时期组合业绩的评价，也关系到下一个时期组合管理的方向。应全面充分地考虑所获得的收益率和所承担的风险。

四、现代证券组合管理理论

现代证券组合管理理论的奠基人是 1990 年获得诺贝尔经济学奖的哈里·马柯维茨。1952 年，马柯维茨发表了一篇题为《证券组合选择》的论文，这篇著名的论文标志着现代证券组合理论的开端。马柯维茨第一次阐述了正规的证券投资中的风险因素。他注意到一个典型的投资者不仅希望收益高，而且希望收益尽可能确定，这意味着投资者在寻求预期收益最大化的同时追求收益最小的不确定性。马柯维茨分别用期望收益率和收益率的方差衡量投资的预期收益水平和不确定性(风险)，建立均值—方差模型阐述如何全盘考虑上述两个目标，从而决策。这种考虑导出了一个有趣的结果，即投资者应该通过同时购买多种证券而不是一种证券进行分散化投资。

在投资者只关注期望收益率和方差的假设前提下，马柯维茨提供的方法是完全精确的。然而这种方法所面临的最大问题是其计算量太大，特别是对大规模的市场，存在上千种证券的情况下，借助高速计算机也难以实现，这严重阻碍了马柯维茨方法在实际中的运用。1963年，马柯维茨的学生夏普提出了一种简化形式的计算方法，通过建立单因素模型来实现，后来被推广为多因素模型，以图对实际有更精确的近似。现今在西方发达国家，因素模型已被广泛应用在证券组合中普通股之间的投资分配上，而马柯维茨模型则被广泛应用于不同类型证券之间的投资分配上，如债券、股票、风险资产和不动产等。

早在证券组合理论广泛传播之前，夏普、特雷诺和詹森三人便同时独立地提出了以下问题：假定每个投资者都使用证券组合理论投资，这将会对证券定价产生怎样的影响？他们在回答这一问题时，分别于1964年、1965年和1966年提出了著名的资本资产定价模型（CAPM），CAPM在金融领域盛行多年，得到了广泛的应用。1976年，罗尔对CAPM提出了批评，因为这一模型无法用经验事实检验。与此同时，罗斯突破性地发展了资本资产定价模型，提出套利定价理论（APT），APT认为，只要任何一个投资者不能通过套利获得无限财富，那么期望收益率一定与风险相联系，它需要较少的假设。罗尔和罗斯在1984年认为这一理论至少原则上是可以检验的。

（一）马柯维茨资产组合理论

1. 假设条件

（1）投资者以期望收益率衡量实际收益率水平，以收益率的方差（或标准差）衡量收益率的不确定性。

（2）投资者是不知足和厌恶风险的，总是希望期望收益率越高越好，而方差越小越好。

2. 马柯维茨分析原理

根据假设，马柯威茨分析指出，证券或证券组合的特性完全由期望收益率和方差描述，在图形上，若以纵轴为期望收益率，横轴为方差，则证券和证券组合在平面上可由一点来表示；第二个假设设定了判断点的好坏的标准。在给定相同期望收益率的组合中，投资者会选择方差最小的组合。这些组合产生一个有效边界。投资者根据个人的效用偏好（用无差异曲线来表示），在有效边界上选择他最满意的点的证券组合，该点是投资者的无差异曲线与有效边界的切点。

（二）夏普、特雷诺和詹森的资本资产定价模型（CAPM）

1. 资本资产定价模型假设条件

（1）对投资者的规范

假设一：投资者都依据期望收益率评价证券组合的收益水平，依据方差（或标准差）评价证券组合的风险水平，并采用寻找无差异曲线簇与有效边界的切点的方法选择最优证券组合。

假设二：投资者对证券的收益、风险及证券间的关联性具有完全相同的预期。

（2）对现实市场的简化

假设三：资本市场没有摩擦（市场对资本和信息自由流动的阻碍）。即：①不考虑交易成本和对红利、股息及资本利得的征税；②信息向市场中的每个人自由流动；③任何证券的交易单位都是无限可分的；④市场只有一个无风险借贷利率；⑤在借贷和卖空上没有限制。

2. 资本资产定价模型分析原理

（1）资本市场线

资本市场线是在以预期收益和标准差为坐标轴的图上，表示风险资产的有效率组合与一种无风险资产再组合的有效率的组合线。增加了无风险证券后，现有证券组合可行域较之原有风险证券组合可行域扩大并具有直线边界。其原因是：

其一，投资者通过将无风险证券 F 与每个可行的风险证券组合再组合的方式增加证券组合的种类，使原有风险证券组合的可行域得以扩大（新可行域含无风险证券、原有风险证券组合、因无风险证券 F 与原有风险证券组合再组合而产生的新型证券组合）。

其二，无风险证券 F 与任意风险证券或组合 P 组合时，其组合线恰好是一条由无风险证券 F 出发并经过风险证券或证券组合的射线，从而无风险证券 F 与切点证券组合 T 的组合线便是射线 FT，并成为新可行域的上部边界——有效边界（见图 9－3）。

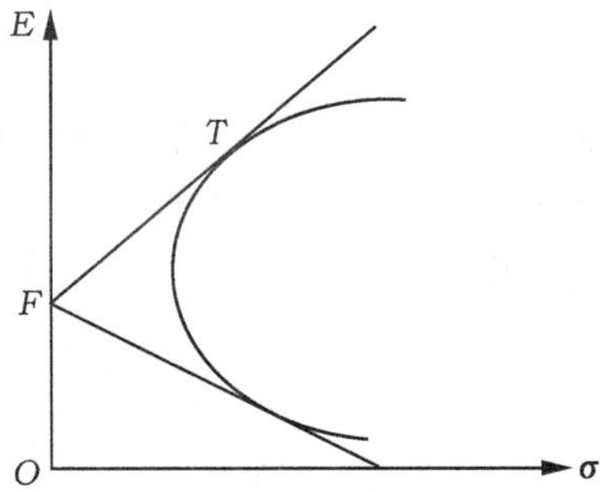

图 9—3　资本市场线

有效边界 FT 上的切点证券组合 T 的特征是：

第一，T 是有效组合中唯一一个不含无风险证券而仅由风险证券构成的组合。

第二，有效边界 FT 上的任意证券组合，即有效组合，均可视为无风险证券 F 与 T 的再组合。

第三，切点证券组合 T 完全由市场确定，与投资者的偏好无关。

切点证券组合 T 的经济意义为：

第一，所有投资者拥有完全相同的有效边界。

第二，投资者对依据自己风险偏好所选择的最优证券组合 P 投资，其风险投资部分均可视为对 T 的投资（即每个投资者按各自偏好购买各种证券，其最终结果是每个投资者手中持有的全部风险证券所形成的风险证券组合在结构上恰好与切点证券组合 T 相同）。

第三，当市场处于均衡状态时，最优风险证券组合 T 就等于市场组合（由风险证券构成，并且其成员证券的投资比例与整个市场上风险证券的相对市值比例一致）。

(2)证券市场线

首先来了解 β 的概念，贝塔系数（Beta coefficient）是一种评估证券系统性风险的工具，用以度量一种证券或一个投资证券组合相对总体市场的波动性，它反映证券或组合的收益水平对市场平均收益水平变化的敏感性，β 系数是衡量证券承担系统风险水平的指数。β 系数的绝对值越大（小），表明证券承担的系统风险越大（小）。

证券市场线是以证券组合的期望收益率 E 为纵坐标、β 为横坐标的坐标系中的一条直线（见图 9－4），它代表的是：无论单个证券还是证券组合，均可将其 β 系数作为风险的合理测定，其期望收益与由 β 系数测定的系统风险之间存在线性关系。

当 P 为市场组合 M 时，$\beta=1$；

当 P 为无风险证券时，$\beta=0$，期望收益率为无风险利率 rF。

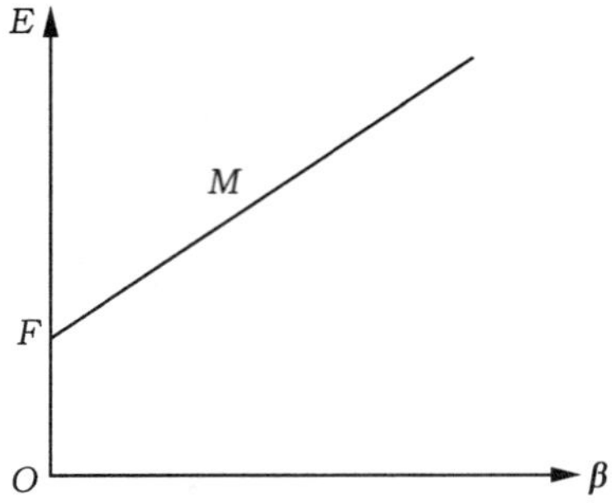

图 9—4 证券市场线

证券市场线的经济意义:任意证券或组合的期望收益率由两部分构成:

①无风险利率 rF:由时间创造,是对放弃即期消费的补偿;

②风险溢价 β:对承担风险的补偿,与承担的风险 βP 的大小成正比,其中对单位风险的补偿通常被称为风险的价格。

3. 资本资产定价模型的应用

资本资产定价模型主要应用于资产估值、资金成本预算以及资源配置等方面。

(1)资产评估

在均衡状态下,根据资本资产定价模型求得的 $E(i)$ 与根据股票现金流估价模型求得的 $E(i)$ 应有相同的值,以此确定均衡的期初价格。比较现行的实际市场价格与均衡的期初价格,二者不等,则说明市场价格被误定,被误定的价格应该有回归的要求。

(2)资源配置

证券市场线表明:β 系数反映证券或组合对市场变化的敏感性→当有很大把握预测牛市到来时,应选择那些高 β 系数的证券或组合(高 β 系数的证券将成倍地放大市场收益率);在熊市到来之际,应选择那些低 β 系数的证券或组合,以减少因市场下跌而造成的损失。

(3)资本资产定价模型的有效性

现实市场中的风险 β 与收益是否具有正相关关系,是否还有更合理的度量工具解释不同证券的收益差别?

1977 年,罗尔指出,由于测试时使用的是市场组合的替代品,对资本资产定价模型的所有测试只能表明该模型实用性之强弱,而不能说明该模型本身有效与否。

(三)理查德·罗尔的套利定价理论(APT)——发展了现代证券组合理论

套利定价理论试图以多个变量解释资产的预期报酬率。套利定价理论认为经济体系中,有些风险都是无法经由多元化投资分散,例如通货膨胀或国民所得的变动等系统性风险。

套利定价基本假设:(1)投资者有相同的投资理念;(2)投资者是回避风险的,并且要效用最大化;(3)市场是完全的。

套利定价理论的基本机制是:在给定资产收益率计算公式的条件下,根据套利原理推导出资产的价格和均衡关系式。APT 作为描述资本资产价格形成机制的一种新方法,其基础是价格规律:在均衡市场上,两种性质相同的商品不能以不同的价格出售。套利定价理论是一种均衡模型,用来研究证券价格是如何决定的。它假设证券的收益是由一系列产业和市场方面的因素确定的。当两种证券的收益受到某种或某些因素的影响时,两种证券收益之间就存在相关性。

套利定价理论导出了与资本资产定价模型相似的一种市场关系。套利定价理论以收益率形成过程的多因子模型为基础，认为证券收益率与一组因子线性相关，这组因子代表证券收益率的一些基本因素。事实上，当收益率通过单一因子（市场组合）形成时，将会发现套利定价理论形成了一种与资本资产定价模型相同的关系。因此，套利定价理论可以被认为是一种广义的资本资产定价模型，为投资者提供了一种替代性的方法，来理解市场中的风险与收益率间的均衡关系。套利定价理论与现代资产组合理论、资本资产定价模型、期权定价模型等一起构成了现代金融学的理论基础。

第二节　证券风险管理

一、股票投资风险管理

（一）股票投资的风险形式

投资者在追求投资收益的同时，也必然同时面对投资风险。所谓风险，一般的理解是指遭受各种损失的可能性。股票投资的风险则是指实际获得的收益低于预期的收益的可能性。造成实际收益低于预期收益的原因是股息的减少和股票价格的非预期变动。

影响收益变动的各种力量构成风险的要素。某些影响是公司外部的，其影响遍及绝大部分股票；还有一些影响是公司内部的，它们在很大程度上是可以控制的。在投资中，那些不可控的、外部的并且影响广泛的力量是系统风险的来源，而那些可控的、因产业或企业各异的内部因素则是非系统风险的来源。

1. 系统风险

系统风险指的是总收益变动中由影响所有股票价格的因素造成的那一部分。经济、政治和社会的变动是系统风险的根源，它们的影响使几乎所有的股票以同样的方式一起运动。例如，如果经济进入衰退阶段，公司利润下降之势已很明显，那么股票价格可能普遍下跌，几乎所有在上海证券交易所上市的股票在一个较长时期内都与上海证券交易所指数同方向运动。平均而言，一种股票价格50％的变动可以解释为股市指数的变动，换句话说，典型的普通股票的总风险中大约有一半是系统风险。系统风险主要有以下几种不同的形式：

（1）购买力风险

购买力风险，又称通货膨胀风险，是指由于通货膨胀引起的投资者实际收益率的不确定。证券市场是企业与投资者直接融资的场所，因而社会货币资金的供给总量成为决定证券市场供求状况和影响证券价格水平的重要因素，当货币资金供应量增长过猛，出现通货膨胀时，证券的价格也会随之发生变动。

通货膨胀对证券价格有两种截然不同的影响。在通货膨胀之初，公司、企业的房地产、机器设备等固定资产账面价值因通货膨胀而水涨船高，物价上涨不但使企业存货能高价售出，而且可以使企业从以往低价购入的原材料上获利，名义资产增值与名义盈利增加，自然会使公司、企业股票的市场价格上涨。同时，预感到通货膨胀可能加剧的人们，为保值也会抢购股票，刺激股价短暂上扬。然而，当通货膨胀持续上升一段时期以后，它便会使股票价格走势逆转，并给投资者带来负效益，公司、企业资产虚假增值显露出来，新的生产成本因原材料等价格上升而提高，企业利润相应减少，投资者开始抛出股票，转而寻找其他金融资产保值的方式，所有这些都将使股票市场需求萎缩，供大于求，股票价格自然也会显著下降。严重的通货膨胀还会使投资者持有的股票贬值，抛售股票得到的货币收入的实际购买力下降。

(2)利率风险

这里所说的利率是指银行信用活动中的存贷款利率。由于利率是经济运行过程中的一个重要经济杠杆，它会经常发生变动，从而会给股票市场带来明显的影响。一般来说，银行利率上升，股票价格下跌；反之亦然。其主要原因有两方面：第一，人们持有金融资产的基本目的是获取收益，在收益率相同时，他们则乐于选择安全性高的金融工具。在通常情况下，银行储蓄存款的安全性要远远高于股票投资，所以，一旦银行存款利率上升，资金就会从证券市场流出，从而使证券投资需求下降，股票价格下跌，投资收益率因此减少。第二，银行贷款利率上升后，信贷市场银根紧缩，企业资金流动不畅，利息成本提高，生产发展与盈利能力都会随之削弱，企业财务状况恶化，造成股票市场价格下跌。

(3)汇率风险

汇率与证券投资风险的关系主要体现在两方面：一是本国货币升值有利于以进口原材料为主从事生产经营的企业，不利于产品主要面向出口的企业，因此，投资者看好前者，看淡后者，这就会引发股票价格的涨落。本国货币贬值的效应正好相反。二是对于货币可以自由兑换的国家来说，汇率变动也可能引起资本的输出与输入，从而影响国内货币资金和证券市场供求状况。

(4)宏观经济风险

宏观经济风险主要是由于宏观经济因素的变化、经济政策变化、经济的周期性波动以及国际经济因素的变化给股票投资者可能带来的意外收益或损失。

宏观经济因素的变动会给证券市场的运作以及股份制企业的经营带来重大影响，如经济体制的转轨、企业制度的改革、人民币的自由兑换等，莫不如此。

国家的经济政策对国家的经济发展有着十分重要的作用。经济政策从多方面影响证券投资。产业政策对不同企业股票的市场价格变动会带来不同的影响，财政政策将直接影响国债的发行规模，而国债的发行量以及市场价格水平同股票价格又有着十分明显的联动效应。金融管理政策是证券市场最敏感的一个因素，严格的管理法规，有助于市场交易的正常进行，不健全的法规则可能为不正当交易提供契机。此外，政策的连续性与稳定性也至关重要，随意发布重大信息必然会造成市场的不正常波动。

经济的周期性波动也会给投资者带来较大的风险。一般认为，现代市场经济中的经济周期大体包含四个阶段：复苏、繁荣、危机和萧条。在经济复苏和繁荣时期，社会总需求、总投资旺盛，经济增长率上升，就业率和个人收入水平也有较大的提高，与此同时，证券市场筹资与投资十分活跃，证券投资收益看好。然而，在经济萧条，特别是危机时期，由于社会经济活动处于停滞不前甚至萎缩和倒退状态，经济秩序不稳定，证券市场也必然受到冲击。这样就可能出现：一方面，资金需求减少，市场交易规模随之缩小；另一方面，股票价格大幅度波动并呈现跌势，投资者实际收益下降，甚至出现亏损。我国经济发展过程中也存在明显的波动，经济过热与经济紧缩交替出现，在一定程度上也造成了股票市场的周期性波动。

国际经济因素的变化，也会影响股市的稳定。市场经济发展到今天已经跨出一国狭小的范围，出现国际联动效应，一国经济发生的问题会在国际上引起连锁反应。

(5)社会、政治风险

稳定的社会、政治环境是经济正常发展的基本保证，对证券投资者来说也不例外。倘若一国政治局势出现大的变化，如政府更迭、国家首脑健康状况出现问题、国内出现动乱、对外政治关系发生危机时，都会在证券市场上产生反响。

(6)市场风险

投资者对股票看法(主要是对股票收益的预期)的变化所引起的大多数普通股票收益的易变性，称为市场风险。市场风险是股票持有者所面临的所有风险中最难对付的一种，股票市场的行情瞬息万变，并且很难预测行情变化的方向和幅度。收入增长的公司，其股票价格却下降了，这种反常现象的原因，主要是投资者对股票的一般看法或对某些种类或某一组股票的看法发生变化所致。

各种政治、社会和经济事件都会对投资者的态度产生影响，投资者会根据他们自己对这些事件的看法做出判断和反应。市场风险常引发于某个具体事件，但投资者作为一个群体的情绪波动往往导致滚雪球效应。几种股票的价格上升可能带动整个股市上升，而股市的最初下跌可能使很多投资者动摇，在害怕蒙受更大损失的心理支配下，大量抛售股票，使股市进一步下跌。

2. 非系统风险

非系统风险是总风险中对一个公司或一个行业是独一无二的那部分风险。管理能力、消费偏好、罢工之类的因素造成一个公司利润的非系统变动。非系统因素基本独立于那些影响整个股票市场的因素。由于这些因素影响的是一个公司或一个行业，因此只能一个公司一个行业地研究。因非系统风险仅涉及某个公司或某个行业的股票，所以，投资者可以通过审慎的投资选择减少甚至避免非系统风险。非系统风险的主要形式有以下几种：

(1)金融风险

金融风险与公司筹集资金的方式有关。通常通过观察公司的资本结构估量公司股票的金融风险。资本结构中贷款和债券比重小的公司，其股票的金融风险低；贷款和债券比重大的公司，其股票的金融风险高。因为股份公司只有在支付了所有债务利息以及到期的本金之后，才能对股东支付股息。如果一个公司的全部资本都是通过发行股票筹集的，则它没有利息支出。而对于任何采用举债方式筹措部分资金的公司，由于必须支付利息，因此其营业收入的变动将引起股东净收入的更大变动。可见，利息支出产生更加易变的净收入，从而使股东面临更大的风险。

(2)经营风险

经营风险指的是由于公司的外部经营环境和条件以及内部经营管理方面的问题造成公司收入的变动而引起的股票投资者收益的不确定。经营风险的程度因公司而异，取决于公司的经营活动，某些行业的收入很容易变动，因而很难准确预测。由于公司的收益和现金流量是紧紧依赖于其收入的，因此易变的收入将导致收益和现金流量的不确定。当公司收入突然下降时，由于普通股持有者在分配现金时排在最后，他们会遭受重大损失。与公司的债券持有者相比，普通股票持有者面临的风险大得多。当公司经营情况不妙，收入迅速下滑时，公司在支付债务利息和到期本金后，可用于支付股息的收益已所剩无几，从而导致股东所得股息的减少或根本没有股息，与此同时，股票的市场价格一般也会随之降低，使股东蒙受双重损失。

资料卡　经营风险形成的原因

经营风险又称商业风险，是商品流通中普遍存在的经济现象。商业风险的形成，是由于商业在再生产中的地位与社会经济活动的复杂性及不确定性因素的增多而引起的。

1. 由商业所处的中介地位引起的风险

商业是处于生产与消费的中介地位，商品交换是其基本职能。商业的这种中介地位，就决定了商业活动不仅受自身内部因素的影响，而且要受到多方面因素的影响和制约。例如，商品供给不足造成脱销的风险；商品不适销对路造成积压的风险等。这些都是客观存在的情况，必须正视这种现实。

2. 由经营环境的变化而引起的风险

商业经营都是在相关的环境下进行的。商业经营环境包括宏观环境与微观环境两大系统。其中引起商业风险的经营环境主要是宏观外部环境。这是因为宏观环境中的人口、经济、自然、技术、政法与文化环境 6 大要素都是不可控的变数。这些不可控的变数发生某些变化后，如果商业经营者能够及时适应这些变化的环境，往往就可以将市场机会变成自己的获利机会；否则，就可能造成巨大损失。例如，人口年龄结构的变化、家庭状况的变化等人口环境；消费者收入变化、消费者需求结构的变化、生产者供给的变化等经济环境；某些原料短缺、环境污染严重等技术环境；技术变化的步伐加快、技术革新的法规增多等技术环境；管制企业的立法增多、执法更严等政法环境；持续不变的传统文化与不思更新的现代文化等文化环境。

3. 由于商品的损失、丢失和意外事故引起的风险

在流通过程中，难免出现在运输或保管中的商品、店铺及其他设施蒙受损伤或丢失之险。另外，因水灾、风灾、火灾、地震等自然灾害与运输中的事故、高温、潮湿等引起的商品损害或变质，不胜枚举。

4. 由于金融市场汇率的波动而引起的风险

由于当然世界的汇率实行的是浮动汇率制，以及其他原因，金融市场汇率经常波动，而且有时还很大，这就使得交易结算过程中的货币有可能出现升值与贬值的现象，从而使商业主体意外获利或蒙受损失。

5. 其他因素引起的风险

如商业主体间竞争、不正当竞争、违约行为、企业商业秘密被侵犯、价格异常波动等因素引起的商业风险也比比皆是。

(3)流动性风险

流动性风险指的是由于将资产变成现金方面的潜在困难而造成的投资者收益的不确定。一种股票在不做出大的价格让步的情况下卖出的困难越大，则拥有该种股票的流动性风险越大。

(4)操作性风险

在同一个证券市场上，对待同一家公司的股票，不同投资者投资的结果可能会出现截然不同的情况，有的盈利丰厚，有的亏损累累，这种差异很大程度上是因投资者不同的心理素质与心理状态、不同的判断标准、不同的操作技巧造成的。

由于这些原因造成的投资者投资收益的差异，称作操作性风险。操作性风险中最重要的是心理因素的影响。

股票投资决策是人的主观行为，客观因素无论怎样变化，最终都得由人来评判其是与非，决定是否参与及如何参与股票投资。如果说基本因素是从“质”的方面影响股票价格，市场因

素是从“势”的方面影响股票价格，那么，心理因素可以说是影响股票市场价格水平的“人气”。我们可以把引起股票投资风险的心理因素归为两类：一类是市场主导心理倾向变化；一类是投资者个人心理倾向变化。市场主导心理倾向是指一段时期内证券市场上大多数人对行情的看法。看法有时悲观，有时乐观，但只要一有利好，单个投资者往往就会被卷入其中，即便这种“利好”是投机因素或谣言搅和起来的虚假现象也在所难免。在发育不成熟的市场上，个人投资者素质不高，市场一有风吹草动，大批散户就会捕风捉影，闻风而动，大量抛出或购入股票，形成“利好”或“利空”的市场气氛。个人投资者的心理因素内容比较复杂，比较典型的有从众、贪婪、侥幸心理和赌徒心理等。

(二)股票风险管理

股票投资风险具有明显的两重性，即它的存在是客观的、绝对的，又是主观的、相对的；它既是不可完全避免的，又是可以控制的。投资者对股票风险的控制就是针对风险的这两重性，运用一系列投资策略和技术手段将承受风险的成本降到最低限度。

1. 风险控制的基本原则

风险控制的目标包括确定风险控制的具体对象(基本因素风险、行业风险、企业风险、市场风险等)和风险控制的程度两层含义。投资者如何确定自己的目标取决于自己的主观投资动机，也决定于股票的客观属性。首先对风险控制的目标做出选择，然后确定风险控制的原则。控制风险可以遵循四大原则：回避风险、减少风险、留置风险和分散风险。

(1)回避风险原则。回避风险是指事先预测风险发生的可能性，分析和判断风险产生的条件和因素，在经济活动中设法避开它或改变行为的方向。在股票投资中的具体做法是：放弃对风险性较大的股票的投资，转而投资其他金融资产或不动产，或改变直接参与股票投资的做法，求助于共同基金，间接进入市场等。相对来说，回避风险原则是一种比较消极和保守的控制风险的原则。

(2)减少风险原则。减少风险原则是指人们在从事经济活动的过程中，不因风险的存在而放弃既定的目标，而是采取各种措施和手段设法降低风险发生的概率，减轻可能承受的经济损失。在股票投资过程中，投资者在已经了解到投资股票有风险的前提下，一方面，不放弃股票投资动机；另一方面，运用各种技术手段，努力抑制风险发生的可能性，削弱风险带来的消极影响，从而获得较丰厚的风险投资收益。对于大多数投资者来说，这是一种进取性的、积极的风险控制原则。

(3)留置风险原则。这是指在风险已经发生或已经知道风险无法避免和转移的情况下，正视现实，从长远利益和总体利益出发，将风险承受下来，并设法把风险损失减少到最低限度。在股票投资中，投资者在自己力所能及的范围内，确定承受风险的度，在股价下跌，自己已经亏损的情况下，果断“割肉斩仓”“止损”，自我调整。

(4)分散风险原则。分散风险原则是指投资者借助各种形式的投资群体合伙参与股票投资，以共同分担投资风险。这是一种比较保守的风险控制原则。它使投资者承受风险的压力减弱了，但获得高收益的机会也少了，遵循这种原则的投资者一般只能得到平均收益。

2. 风险控制计划

投资者确定了风险控制的目标与风险控制原则后，就应当依据既定的原则制定一套具体的风险控制计划以便减少行为的盲目性，确保实现控制风险的目标。风险控制计划与投资计划通常是合并在一起的。有了如何更多地赚取收益的计划，就有了如何更少地承受风险的方案。投资计划是落实风险控制原则和实现风险控制目标的必要条件，同时，它又受后两者制约。现有的投资计划具体形式虽然很多，但大体上可以归为三类：趋势投资计划，公式投资计划和保本或停损投资计划。

(1)趋势投资计划。这是一种长期的投资计划，适用于长期投资者。这种投资计划主要以道氏理论为基础，认为投资者在一种市场趋势形成时，应保持自己的投资地位，待主要趋势逆转的讯号出现时，再改变投资仓位，市场主要趋势不断变动，投资者可以顺势而动，以取得长期投资收益。

趋势投资计划的另一个典型代表是哈奇计划，又称"百分之十投资计划"，由美国著名投资家哈奇先生发明的。内容是：投资者对某段时期(通常以月为单位)股票价格平均值与上段时期的最高值或最低值进行比较，平均值高于最高值 10%时卖出，低于最低值 10%时买进，其中月平均值采用周平均值之和的算术平均数计算。

(2)公式投资计划。这是一种按照定式投资的计划。它遵循减少风险、分散风险和转移风险等风险控制原则，利用不同种类股票的短期市场价格波动控制风险，获取收益。具体有等级投资计划、平均成本投资计划、固定金额投资计划、固定比率投资计划、可变比率投资计划等。这些计划的形式各不相同，但基本原理基本相同，主要特点可归纳为三个方面：第一，各种方式都把资金分为两部分，即进取性投资和保护性投资。前者投资于价格波动比较大的股票，其收益率一般比较高，风险也比较大；后者投资于股价比较稳定的股票或投资基金，收益平稳，风险也比较低。第二，在两种资金之间确定一个恰当的比率，并随着股价的变化，按照定式调整两者的比率，使两者的搭配能满足预期的收益水平和风险控制目标。第三，投资者根据市场价格水平的变化，机械地买卖股票。

(3)保本或停损投资计划。保本或停损投资计划是投资者在股市前途莫测、股价动荡不定时，为了避免或减轻投资本金损失，遵循留置风险的原则所采取的一类投资计划。主要有两种具体形式：保本投资计划和停损投资计划。保本投资计划比较适用于经济景气明朗时，股价走势与实质显著脱节时，以及行情变化怪异难以估量时，操此法投资的人，切忌贪得无厌。这里的"本"和一般意义的"本"不一样，不代表投资人用于购买股票的总金额，而是指不容许亏蚀净尽的数额，即指投资者心中主观认为在最坏的情况下不愿被损失的那一份。停损投资计划的"停损"即止损，即下跌时迅速卖出，以至于不被套牢，把损失压低到最小，有定额止损法、技术止损法和无条件止损法三种。

3. 风险控制的基本措施

在确定了风险控制的原则和计划之后，采取什么样的具体控制措施，就成了投资者需要解决的实际问题。

(1)正确认识和评价自己。正确认识和评价自己，需客观地分析自己以下几方面的准确情况：一是投资动机，二是资金实力，三是股票投资知识和阅历，四是心理素质。这四个因素综合在一起，决定了投资者是否该参与投资活动以及对投资风险的承受能力。投资者必须按照自己对风险的承受力决定投资行为和投资组合，才能避免亏本造成的严重打击。

(2)充分及时掌握各种股票信息。掌握信息的关键在于获取信息、分析处理信息和利用信息。投资者可以针对自己的投资目的或风险控制目标，有选择地收集各种信息，收集的途径主要有：新闻媒体、企业正式发布的各种资料、交易所信息网络、证券投资咨询公司、专业书籍等；收集到各种信息以后，投资者还应处理这些信息，判断信息的准确性以及可能对股市产生的影响；最后，利用已掌握的信息，做出自己的投资决策。在这过程中，还需要判断信息的准确性，否则不仅不能规避风险，反而会加大风险。

(3)培养市场感觉。市场感觉是指投资者对股票市场上影响价格和投资收益的不确定因素的敏感程度以及正确判断这些因素变动方向的感觉。市场感觉好的人,善于抓住战机,从市场上每一细小的变化中揣摩价格趋势变动的信号。要培养良好的市场感觉,必须保持冷静的头脑,逐步积累经验并加以灵活运用,同时要有耐心。

4. 股票风险控制的方法

股市有风险,入市须谨慎。在投资时,我们如何有效控制炒股风险呢?

(1)技术分析法。技术分析是指投资者根据股票的市场价格和交易量变动的趋势及两者之间的联系,预测市场未来行情,择机买卖股票以期免受价格下跌造成的损失并谋取投资收益,这种技能的主要依据是统计数据和图表。详见第八章内容。

(2)投资组合法。投资组合法是最能体现分散风险原则的投资技巧。有效的投资组合应当具备以下三个条件:所选择的各类资产,其风险可以部分地互相冲抵;在投资总额一定的前提下,其预期收益与其他组合相同,但可能承受的风险比其他投资组合小;投资总额一定,其风险程度与其他投资组合相同,但预期的收益较其他投资组合高。为了使自己的投资组合满足这三个条件,投资者应当使投资多元化,即股票品种多元化、投资区域多元化和购买时间多元化。

(3)风险对冲法。风险对冲是指通过投资或购买与标的资产收益波动负相关的某种资产或衍生产品,冲销标的资产潜在风险损失的一种风险管理策略。比如股票指数期货交易是一种新的金融交易品种,运用股票指数期货套期保值,可以为投资者大幅减少投资风险。

(4)仓位调控法。仓位越重的投资者,收益可能很大,但冒的风险也越大。一旦行情出现新的变化,大盘如果选择向下时,重仓者就将面临严重损失。因此,投资者要根据行情的变化决定仓位,在趋势向好时,可以重仓;在行情不稳定时,投资者要适当减轻仓位,持有少量的股票灵活操作。

(5)保护策略法,控制风险的最有效策略是止赢和止损,一旦投资者发现股指出现明显破位、技术指标构筑顶部,或者自己的持股利润在大幅减少,甚至已经出现亏损时,就需要采取必要的保护性策略。通过及时止赢来保住赢利成果,通过及时止损来防止损失的进一步扩大。

(6)稳定心态法。在股市投资过程中,给投资者造成严重损失的不仅仅是行情的不确定性,投资者的心理也是引发操作失误的主要原因之一。行情不稳定时,需要保持稳定的心态,不能过于急躁;行情低迷的时期,需要克服悲观心理;而在行情极度火热的时候,更要保持冷静的心理。

二、债券投资风险管理

(一)债券的投资风险形式

债券的市场价格以及实际收益率受许多因素影响,这些因素的变化都有可能使投资者的实际利益发生变化,从而使投资行为产生各种风险。债券投资者的投资风险主要由以下几种风险形式构成:

1. 利率风险

利率风险是指利率的变动导致债券价格与收益率发生变动的风险。债券是一种法定的契约,大多数债券的票面利率是固定不变的(浮动利率债券与保值债券例外),当市场利率上升时,债券价格下跌,使债券持有者的资本遭受损失。因此,投资者购买的债券离到期日越远,则利率变动的可能性越大,其利率风险也相对越大。

2. 购买力风险

购买力是指单位货币可以购买的商品和劳务的数量，在通货膨胀的情况下，货币的购买力是持续下降的。债券是一种金钱资产，因为债券发行机构承诺在到期时付给债券持有人的是金钱，而非其他有形资产。换句话说，债券发行者在协议中承诺付给债券持有人的利息或本金的偿还，都是事先议定的固定金额，此金额不会因通货膨胀而有所增加。由于通货膨胀的发生，债券持有人从投资债券中所收到的金钱的实际购买力越来越低，甚至有可能低于原来投资金额的购买力。通货膨胀剥夺了债券持有者的收益，而债券的发行者则从中大获其利。

3. 信用风险

信用风险主要表现在企业债券的投资中，企业由于各种原因存在不能完全履行其责任的风险。企业发行债券以后，其经营业绩、财务状况都直接反映在债券的市场价格上，一旦企业走向衰退之路时，大众第一反应就是股价下跌，接着，企业债券持有人担心企业在亏损状态下，无法在债券到期时履行契约，按规定支付本息，债券持有者便开始卖出其持有的公司债券，债券市场价格也逐渐下跌。

4. 收回风险

一些债券在发行时规定了发行者可提前收回债券的条款，这就有可能发生债券在一个不利于债权人的时刻被债务人收回的风险。当市场利率低于债券利率时，收回债券对发行公司有利，这种状况使债券持有人面临不对称风险，即在债券价格下降时承担了利率升高的所有风险，但在利率降低，债券价格升高时却没能收到价格升高的好处。

5. 突发事件风险

这是由于突发事件使发行债券的机构还本付息能力发生了重大的事先没有料到的风险。这些突发事件包括突发的自然灾害和意外的事故等。例如，一场重大的事故会极大地损害有关公司还本付息的能力。

6. 税收风险

税收风险表现为两种具体的形式：一是投资免税的政府债券的投资者面临所得税税率下调的风险，税率越高，免税的价值就越大，如果税率下调，免税的实际价值就会相应减少，债券的价格就会下降。二是投资于免税债券的投资者面临所购买的债券被有关税收征管当局取消免税优惠的风险。例如，1980 年 6 月美国炮台公园(Battery Park)市政当局发售的债券，在发行时当局宣布该债券享有免纳联邦所得税的待遇，但到了 11 月，美国国内税收署裁定这些债券不能享有免税的待遇。

7. 政策风险

政策风险是指由于政策变化导致债券价格发生波动而产生的风险。例如，我国在 1992 年国库券发行的 1 年多以后，突然宣布给 3 年期和 5 年期两个券种实行加息和保值贴补，导致 092 和 192 券价格暴涨；1995 年 5 月，证券监管部门又突然宣布暂停国债期货交易，使现券市场价格暴跌，特别是 092 券，跌幅达 10%以上。

(二)债券风险管理

债券投资过程中可能会遇到的各种风险，投资者应利用各种方法和手段了解风险、识别风险，寻找风险产生的原因，然后制定风险管理的原则和策略，运用各种技巧和手段规避风险、转嫁风险，减少风险损失，力求获取最大收益。其方法主要有：

1. 认真论证投资前的风险

在投资之前，应通过各种途径，充分了解和掌握各种信息，从宏观和微观两方面分析投资对象可能带来的各种风险。从宏观角度,必须准确分析各种政治、经济、社会因素的变动状况;了解经济运行的周期性特点、各种宏观经济政策尤其是财政政策和货币政策的变动趋势;关注银行利率的变动以及影响利率的各种因素的变动,如通货膨胀率、失业率等指标。从微观角度,既要从总体上把握国家的产业政策,又要具体分析影响国债或企业债券价格变动的各种因素。对企业债券的投资者来说,了解企业的信用等级、经营管理水平、产品的市场占有情况以及发展前景、企业各项财务指标等都是十分必要的。

此外,还要进一步了解和把握债券市场的以下各种情况:债券市场的交易规则、市场规模、投资者的组成,以及基本的经济和心理状况、市场运作的特点等。

2. 制定各种能够规避风险的投资策略

(1)债券投资期限梯形化。期限梯形化是指投资者将自己的资金分散投资在不同期限的债券上,投资者手中经常保持短期、中期、长期的债券,不论什么时候,都有一部分即将到期的债券,当它到期后,又把资金投资到最长期的证券中。假定某投资者拥有 10 万元资金,他分别用 2 万元购买 1 年期、2 年期、3 年期、4 年期和 5 年期的各种债券,这样,他每年都有 2 万元债券到期,资金收回后再购买 5 年期债券,循环往复。这种方法简便易行、操作方便,能使投资者有计划地使用、调度资金。

(2)债券投资种类分散化。种类分散化是指投资者将自己的资金分别投资于多种债券,如国债、企业债券、金融债券等。各种债券的收益和风险是各不相同的。如果将资金集中投资于某一种债券可能会产生种种不利后果,如把所有资金全部用来购买国债,这种投资行为尽管非常安全、风险很低,但由于国债利率相对较低,使得投资者失去投资企业债券所能得到的高收益;如果全部资金用来投资于高收益的低等级企业债券,收益可能会很高,但缺乏安全性,很可能会遇到经营风险和违约风险,最终连同高收益的承诺也可能变为一场空。而投资种类分散化的做法可以达到分散风险、稳定收益的目的。

(3)债券投资期限短期化。债券投资期限短期化是指投资者将资金全部投资于短期证券。这种投资方法比较适合于我国目前的企业投资者。因为我国大部分单位能够支配的长期资金十分有限,能用于证券投资的仅仅是一些暂时闲置的资金。采取期限短期化的策略既能使债券具有高度的流动性,又能取得高于银行存款的收益。由于所投资的债券期限短,企业需要资金时,能够迅速转让,满足生产经营的需要。采取这种投资方式能保持资金的流动性和灵活性。

3. 运用各种有效投资方法和技巧

(1)利用国债期货交易套期保值。国债期货套期保值交易对规避国债投资中的利率风险十分有效。国债期货交易是指投资者在金融市场上买入或卖出国债现货的同时,相应地做一笔同类型债券的远期交易,然后灵活地运用空头和多头交易技巧,在适当的时候对冲两笔交易,用期货交易的盈亏抵补或部分抵补相关期限内现货买卖的盈亏,从而达到规避或减少国债投资利率风险的目的。

(2)准确计算投资收益,并以此作为投资决策的依据。投资收益的计算有时十分复杂,必须准确进行。例如,某投资者有一笔可供 5 年期限投资的资金,面临甲、乙两种债券的选择:甲债券年利率 10%,期限 1 年;乙债券年利率 12%,期限 5 年。最直接给人的感觉是:反正这笔钱可以用 5 年,乙债券年利率比甲债券高 2 个百分点,当然合算。然而,仔细一算,并不如此。因为乙债券 5 年后的总收益率为 60%,而甲债券因有复利因素,如果每年都按 10%利率计算,5 年后的总收益率为 61.05%,不仅数额上高于投资乙债券,而且还有灵活性强的好处。当然,投资甲债券优于乙债券的结论也不是绝对的。在实际投资中，甲债券优于乙债券必须具备一定的条件：第一，第一次投资额应较大，而且投资收益应是100的倍数，假使第一年收益不够100元或其倍数时，其零头是无法在债券市场上投资的，也就无从取得复利收入；第二，由于债券不计逾期利息，因此，要求每一次的到期日正好有相同条件的债券同日发行；第三，每一次到期和发行，投资者都能保证当天兑付和当天购入债券。只有同时具备三个条件，上述结论才能成立，而在实际上要同时具备三个条件是十分困难的，因此，投资选择必须具有实际上的可行性。

资料卡　四个指标识别基金风险

一、持有股票比重

每一只股票基金的招募说明书上都有这样的字眼：投资股票的比例不超过95%，不低于80%之类，老股民通常把持有股票的比重叫作仓位，因此有空仓、满仓之说。简单理解，仓位越高，冒的风险会越大。

当然，投资者并不一定要赎回仓位较高的基金，而是可以选择持仓相对灵活的配置型基金。有一些老股票基金因为契约所限，股票比例必须在80%以上，基金经理调整仓位势必非常不灵活，投资者大可以回避这些持股比例高的股票基金，而选择"可多可少""可上可下"的偏股型基金。

二、换手率

换手率是用来衡量基金投资组合变化的频率以及基金经理持有某只股票平均时间的长短，其计算一般是用基金一年中证券投资总买入量和总卖出量中较小者，除以基金每月平均净资产。

通过换手率，能了解基金经理的投资风格到底是买入并长期持有还是积极地买进卖出。通常，换手率较低的基金表现出稳健特性，风险较低，而换手率较高的基金则比较激进且风险较高。频繁的短线交易除去与其本身所标榜的长期投资理念相去甚远，而且加大了基金持有人的成本，基金频繁交易所产生的巨额费用最终由持有人承担，必然损害到持有人的利益。

三、持股周转率

持股周转率是基金在一年内对存量资产交易的倍数，是反映基金操作风格是否稳健的重要指标。

通常情况下，两种基金的持股周转率会偏高：一是追逐热点型的基金；二是乐于做波段操作的基金。一般来说，我们并不推荐持股周转率过高的基金。收益较高的基金持股周转率大多低于平均水平。这与基金评级的观点一致：研究创造价值。基于基本面研究、深入挖掘上市公司价值的基金，通常不会频繁换股。

虽然不排除短线操作水平很高的基金，通过快速转换投资重点能够获得更高的超额收益，但通常来说，追逐热点并不是稳健的基金应有的投资风格，过于频繁的交易也可能面临较高的交易成本和交易风险。从成熟市场的情况看，基金的持股周转率大多较低。

四、持股集中度

如果开放式持仓过于集中，一旦出现恶性赎回，无疑将加剧市场的动荡。

"集中优势兵力"可能使基金净值上升很快，然而其如何全身而退同样令人担忧。

且随着基金持股集中度的不断提高，其潜在的风险也日益加大。一方面，过于集中的投资将无法发挥投资组合规避“非系统风险”的功效，特别是当基金重仓股经过较大幅度的上涨后，这种风险将越来越大。且在不同时期，基金经理们对后市的看法不可避免地存在分歧，操作上稍有不慎，将有可能发生“火烧联营”的惨剧。巨额赎回也是开放式基金必须面临的问题。如果开放式持仓过于集中，一旦出现恶性赎回，无疑将加剧市场的动荡。

在不少基金持股集中度较高的同时，也有的基金保持了较低的集中度，同样也取得了骄人的成绩。无论是集中持股还是分散持股，都要因时因基金而异。过于分散会导致基金成为市场中的“特大散户”，而过于集中又会加大市场的风险。在市场走势尚不明朗的情况下，那些股票集中度和持仓较为适中的基金将最有潜力，因为其基金经理人将有更大的调整投资策略、适应市场变化的空间。

这里只是大概提到几个主要的方面。此外还有基金的选股理念、选股思路、各个市场阶段的调整思路等。分析基金理念是否适合市场状况，可以更加准确地精选出未来一段时间投资价值较高的基金。

小　结

本章小结

1. 证券组合是指投资者所拥有的由股票、债券以及金融衍生工具等多种有价证券构成的一个投资集合。证券组合按不同的投资目标可以分为：避税型证券组合、收入型证券组合、增长型证券组合、收入和增长混合型证券组合、货币市场型证券组合、国际型证券组合、指数化型证券组合。证券组合的基本原则有安全性原则、流动性原则、收益性原则。证券组合的方式包括投资工具组合、投资期限组合和投资的区域组合。

2. 证券组合管理是指对投资进行计划、分析、调整和控制，从而将投资资金分配给若干不同的证券资产，如股票、债券及证券衍生产品，形成合理的资产组合，以期实现资产收益最大化和风险最小化的经济行为。证券组合管理方法有被动管理方法和主动管理方法。其管理步骤分为：确定证券投资政策、证券投资分析、组建证券投资组合、投资组合的修正、投资组合业绩评估。

3. 传统证券组合管理是指靠非数量化的方法即基本分析和技术分析选择证券，构建和调整证券组合，包括确定投资策略、证券投资分析、构建证券组合、调整证券组合和评价组合效果五步骤。

4. 现代证券组合管理理论的奠基人是1990年获得诺贝尔经济学奖的哈里·马科维茨。现代证券组合管理理论主要有马柯维茨资产组合理论，夏普、特雷诺和詹森的资本资产定价模型（CAPM）与理查德·罗尔的套利定价理论（APT）。

5. 股票投资风险包括系统风险和非系统风险。系统风险指的是总收益变动中由影响所有股票价格的因素造成的那一部分。系统风险主要有购买力风险、利率风险、汇率风险、宏观经济风险、社会、政治风险、市场风险。非系统风险是总风险中对一个公司或一个行业是独一无二的那部分风险，包括金融风险、经营风险、流动性风险、操作性风险等。

6. 股票风险管理的基本原则有回避风险原则、减少风险原则、留置风险原则、分散风险原则。风险控制计划包括趋势投资计划、公式投资计划、保本或停损投资计划。风险控制的基本措施有：正确认识和评价自己、充分及时掌握各种股票信息、培养市场感觉。风险控制的方法有技术分析法、投资组合法、风险对冲法、仓位调控法、保护策略法、稳定心态法。

7. 债券的投资风险形式主要有利率风险、购买力风险、信用风险、收回风险、突发事件风险、税收风险、政策风险。

8. 债券风险管理的方法有：第一，认真论证投资前的风险；第二，制定各种能够规避风险的投资策略，包括债券投资期限梯形化、债券投资种类分散化和债券投资期限短期化；第三，运用各种有效投资方法和技巧，包括利用国债期货交易套期保值，准确计算投资收益，并以此作为投资决策的依据。

知识结构图

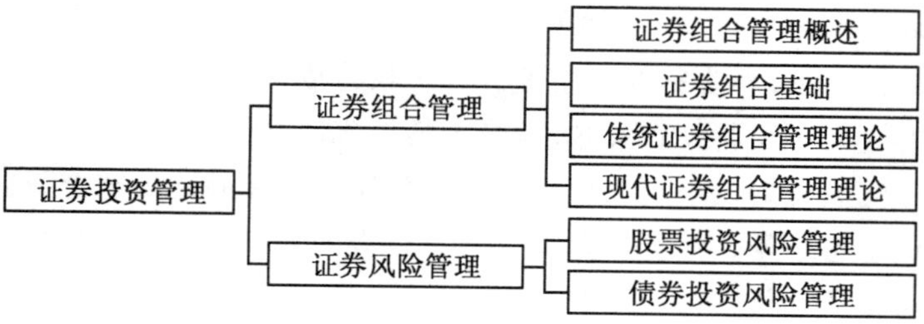

习题

一、选择题

1. 避税型证券组合通常投资于________。

A. 普通股　　B. 优先股　　C. 市政债券　　D. 附息债券

2. 一种证券取得15%收益率的概率是1/2，取得20%收益率的概率是1/2，则该种证券的期望收益率是________。

A. 18%　　B. 17%　　C. 17.5%　　D. 16%

3. 无差异曲线的位置越高，说明处于该线上的证券组合给投资者带来的满意度________。

A. 越低　　B. 越高

C. 可能高，可能低　　D. 与无差异曲线的位置之间的关联程度越低

4. 证券组合可行域的有效边界是指________。

A. 可行域的下边界　　B. 可行域的下边界

C. 可行域的内部　　D. 可行域的外部

5. 评估证券组合业绩的基本原则是________。

A. 仅考虑组合收益的高低　　B. 仅考虑组合所承担风险的大小

C. 仅考虑管理者的管理水平　　D. 考虑组合收益的高低和所承担的风险的大小

6. 传统证券组合管理方法对证券组合进行分类所依据的标准是________。

A. 证券组合的期望收益率　　B. 证券组合的风险

C. 证券组合的投资目标　　D. 证券组合的分散化程度

7. 构建证券组合的原因是________。

A. 降低系统风险　　B. 降低非系统风险

C. 增加系统收益　　D. 增加非系统收益

8. 根据资本资产定价模型理论，如果甲的风险承受力比乙大，则________。

A. 甲的最优证券组合比乙的好

B. 甲的无差异曲线的弯曲程度比乙的大

C. 甲的最优证券组合的期望收益率水平比乙的高

D. 甲的最优证券组合的风险水平比乙的低

9. 根据投资目标对证券组合分类，常见的证券组合类型是________。

A. 免疫型　　B. 被动型　　C. 主动型　　D. 增长型

10. 证券组合是指个人或机构投资者所持有的各种________。

A. 股权证券的总称　　B. 流通证券的总称

C. 有价证券的总称　　D. 上市证券的总称

二、思考题

1. 证券组合的种类有哪些，主要适合哪些投资者？
2. 组合管理的基本步骤有哪些？
3. 简述马柯维茨资产组合理论。
4. 股票投资风险主要有哪些，如何控制风险？
5. 债券投资风险来自哪些方面，如何控制风险？

第三篇　证券发行

第十章　公司融资

学习目标

通过本章学习，理解融资的基本定义以及融资的产生和发展；理解融资的四大目的与融资的六大原则；了解公司融资的各类方式的优缺点。

第一节　融资概述

一、融资的定义

从狭义上讲，融资即是一个企业资金筹集的行为与过程，也就是公司根据自身的生产经营状况、资金拥有的状况，以及公司未来经营发展的需要，通过科学的预测和决策，采用一定的方式，从一定的渠道向公司的投资者和债权人筹集资金，组织资金的供应，以保证公司正常生产和经营管理活动需要的理财行为。从广义上讲，融资也叫金融，就是货币资金的融通，是当事人通过各种方式到金融市场上筹措或贷放资金的行为。资金融通是通过金融产品来进行的。所谓金融产品，是指资金融通过程的各种载体，它包括货币、黄金、外汇、有价证券等。也就是说，这些金融产品就是金融市场的买卖对象，供求双方通过市场竞争原则形成金融产品价格，如利率或收益率，最终完成交易，达到融通资金的目的。融资包括资金的筹集、转化、运用、增值和回偿五个环节，五个环节缺一不可。

二、融资的产生和发展

融资随着投资的不断扩大而产生和发展。

随着生产力和生产关系的不断发展，出现了投资，最初的投资形式是产业投资；由于商品经济的发展，出现了证券投资，呈现产业投资和证券投资共存的格局。

随着投资规模的扩大，由于资金有限，依靠自身力量已经不再能够实现整个投资，于是，融资的需求应运而生。无论是国家还是企业，都需要依靠融资来进行、维持或扩大投资。

对于国家而言，资金的收入和支出的变化可以呈现三种情况。收入大于支出，为资金盈余；收入等于支出，为资金平衡；收入小于支出，为资金短缺。通过融资调节资金短缺，短缺资金得到补偿以及充分利用，才能实现社会资金的优化配置和合理利用。

对于公司而言,公司资金周转过程中,需要有充足的资金准备满足正常生产需要和经营管理活动需要。最初的融资为内源融资和股权融资,逐渐出现债券融资、银行融资、应收账款融资、存货融资、无形资产融资、企业票据融资、金融租赁、可转换债券、资产证券化、存托凭证等。如今融资已经突破了部门、区域、国家的限制,融资主体和资金来源不断呈现多元化和国际化的趋势。

三、融资的目的和原则

(一)融资目的

企业融资目的包括以下四个方面:

1. 新建融资目的

新建融资目的是指在企业新建时为满足正常生产经营活动所需的铺底资金而产生的筹资目的。

2. 扩张融资目的

扩张融资目的是指企业因扩大生产经营规模或追加额外投资而产生的筹资目的。

3. 偿债融资目的

偿债融资目的是企业为了偿还某项债务而形成的借款动机,即借新款还旧款。

4. 混合融资目的

混合融资目的是指企业既需扩大经营的长期资金又需要偿还债务的现金而形成的筹资目的。

(二)融资原则

1. 收益与风险相匹配原则

企业融资的最终目的是将所融的资金投入企业运营,最终获取经济效益,实现股东价值最大化,因此,融资总收益最大似乎应该成为企业融资的一大原则。然而,在融资取得收益的同时,企业也要承担相应的风险。因此,任何企业融资,都既要考虑获取最大收益,又要考虑把风险控制在一定的范围之内。

2. 控制融资成本最低原则

融资成本是指企业实际承担的融资代价(或费用),具体包括两部分:融资费用和使用费用。融资费用是企业在资金筹集过程中发生的各种费用,如向中介机构支付中介费;使用费用是指企业因使用资金而向其提供者支付的报酬,如股票融资向股东支付的股息、红利,发行债券和借款向债权人支付的利息。企业资金的来源渠道不同,则融资成本的构成不同。企业融资成本是决定企业融资效率的决定性因素。

3. 资本结构合理原则

资本结构是指企业各种资本来源的构成及比例关系,其中债权资本和权益资本的构成比例在企业资本结构的决策中居于核心地位。企业融资时,资本结构决策应体现理财的终极目标,即追求企业价值最大化。

最优资本结构是指能使企业资本成本最低且企业价值最大,并能最大限度地调动各利益相关者积极性的资本结构。企业价值最大化要求降低资本成本,但这并不意味着要强求低成本,而不顾筹资风险的增大,因为这同样不利于企业价值的提高。企业取得最佳资本结构的最终目的是为了提高资本运营效果。

4. 融资期限适宜原则

企业融资按照期限划分，可分为短期融资和长期融资。企业究竟是选择短期融资还是长期融资，主要取决于融资的用途和融资成本等因素。从资金用途看，如果融资是用于企业流动资产，由于流动资产具有周期短、易于变现、经营中所需补充数额较小及占用时间短等特点，因此企业宜选择各种短期融资方式，如商业信用、短期贷款等。如果融资是用于长期投资或购置固定资产，这类用途要求资金数额大、占用时间长，就适宜选择各种长期融资方式，如长期贷款、企业内部积累、租赁融资、发行债券、股票等。

5. 选择最佳融资机会原则

融资机会是指由有利于企业融资的一系列因素所构成的有利的融资环境和时机。企业选择融资机会的过程，就是企业寻求与其内部条件相适应的外部环境的过程，这就有必要综合具体分析企业融资涉及的各种可能影响因素。一般来说，要充分考虑以下几个方面：

(1)企业必须充分发挥主动性，积极地寻求并及时把握住各种有利时机，确保融资获得成功。

(2)企业要能够及时掌握国内和国外利率、汇率等金融市场的各种信息，了解国内外宏观经济形势、国家货币及财政政策以及国内外政治环境等各种外部环境因素，合理分析和预测能够影响企业融资的各种有利和不利条件，以及可能的各种变化趋势，以便寻求最佳融资时机，果断决策。

(3)企业在分析融资机会时，必须要考虑具体的融资方式所具有的特点，并结合本企业自身的实际情况，适时制定出合理的融资决策。

6. 掌握企业控制权原则

企业控制权是指相关主体对企业施以不同程度的影响力。控制权的掌握具体体现在：控制者拥有进入相关机构的权利，如进入公司制企业的董事会或监事会；能够参与企业决策，并对最终的决策具有较大的影响力；在有要求时，利益能够得到体现，如工作环境得以改善、有权参与分享利润等。

在现代市场经济条件下，企业融资行为所导致的企业不同的融资结构与控制权之间存在紧密联系。融资结构具有明显的企业治理功能，它不仅规定企业收入的分配，而且规定企业控制权的分配，直接影响一个企业的控制权争夺。例如，在债权、股权比例既定的企业里，一般情况下，股东或经理是企业控制权的拥有者；在企业面临清算、处于破产状态时，企业控制权就转移到债权人手中；在企业完全是靠内源融资维持生存的状态下，企业控制权就可能被员工所掌握(实际中股东和经理仍有可能在控制企业)。由此可见，上述控制权的有序转移依赖于股权与债权之间一定的比例构成，而这种构成的变化恰恰是企业不同的融资行为所导致的。

第二节　公司融资方式

公司的融资渠道是公司创立和发展的资金来源，也是一个公司保持生命力和创新壮大的源泉。根据不同的标准，可以对公司融资方式做出不同的分类。例如，可以按照融资过程中资金来源的不同方式，把公司的融资方式分为内部融资与外部融资；按照融资过程中金融中介所起的作用的不同，可以把公司的融资方式分为直接融资与间接融资；按照融资过程中公司与投资者所形成的不同的产权关系，可以把公司的融资方式分为股权融资与债权融资；按照融资期限的不同，可以把公司的融资方式分为短期融资与长期融资。

一、内部融资与外部融资

（一）内部融资

内部融资是指公司经营活动结果产生的资金，即公司内部的融通，它主要由留存收益和折旧构成，是指企业不断将自己的储蓄（主要包括留存盈利、折旧和定额负债）转化为投资的过程。内部融资对企业的资本形成具有原始性、自主性、低成本和抗风险的特点，是企业生存与发展不可或缺的重要组成部分。事实上，在发达的市场经济国家，内部融资是企业首选的融资方式，是企业资金的重要来源。

内部融资的特点如下：

(1)自主性。内部融资来源于自有资金，公司在使用时具有很大的自主性，只要股东大会或董事会批准即可，基本不受外界的制约和影响。

(2)有限性。内部融资受上市公司盈利能力的影响，融资规模受到较大限制。

(3)低成本性。内部融资不需要直接向外支付相关的资金使用费，同时也省却了发行股票和债券所花费的高昂的融资费用。内部融资的成本主要是机会成本，而不表现为直接的财务成本。

(4)低风险性。内部融资的低风险性，一方面与其低成本性有关，另一方面是它不存在支付危机，因而不会出现由支付危机引起的财务风险。

内部融资主要是留存收益融资。

1. 留存收益融资的优点

(1)从未分配利润筹集资金，融资成本较低。公司从外部融资，无论采用股票、债券还是其他方式都需要支付大量的费用，而利用未分配利润则无须这些开支，因此，利用未分配利润融资对公司非常有益。

(2)未分配利润融资而增加的权益资本不会稀释原有股东的每股收益和控制权，同时还可以增加公司的净资产，支持公司扩大其他方式的融资。

(3)未分配利润融资可以使股东获得税收上的好处。如果公司将税后利润全部分配给股东，则需缴纳个人所得税；相反，少发股利可能引起公司股价上涨，股东可出售部分股票代替其股利收入，而所缴纳的资本利得税一般较低。

2. 留存收益融资的缺点

(1)分配股利的比例常常会受到某些股东的限制，他们可能从其消费需求、风险偏好等因素出发，要求股利支付比率维持在一定水平。

(2)股利支付过少不利于吸引股利偏好型的机构投资者。

(3)股利支付过少，可能影响今后的外部融资，这是因为支付股利很少，可能说明公司现金较为紧张。

（二）外部融资

外部融资是来源于公司外部的融资，即公司吸收其他经济主体的储蓄，使之转化为自己的投资的融资方式，包括发行股票、发行债券、向银行借款、公司获得的商业信用。融资租赁也属于外部融资的范围。

外部融资的特点如下：

(1)高效率。外部融资在规模和时间上不受单个公司自身积累能力的限制，能够迅速、大规模地实现资本集中，其效率远远超过内部融资。

(2)高成本。外部融资依其产权关系,可分为债务融资和股权融资。对于债务融资,上市公司除需要向债权人支付利息外,还要支付各种各样的融资费用,成本较高;对于股权融资,由于股东比债权人承担更大的风险,因而比债权人要求的回报更高。同时,发行股票也需要支付高昂的发行费用。

(3)高风险性。对于债务融资而言,它会引起公司无法支付到期债务的财务风险;对于股权融资而言,证券市场上的股价下跌会引发"恶意收购"的风险。

外部融资主要有发行股票、债券等。

1. 普通股融资

(1)普通股融资的优点

首先,普通股融资没有固定的利息负担。公司有盈余,可按公司章程或股东大会决议分给股东;若公司盈余较少,或虽有盈余但资金短缺或有更有利的投资机会,可不支付或少支付股利。

其次,普通股实际上是对公司总资产的一项看涨期权,如果一个公司具有良好的收益能力和成长性,加之股东只承担有限责任,那么,普通股对投资者更具吸引力,因为执行该项期权可获得较高的预期收益。

最后,普通股没有固定的到期日,利用普通股筹集的是永久性的资金,除非普通股增加公司的权益资本,可为债权人提供较大的损失保障,提高公司的信用等级,降低债务融资的成本,并为使用更多的债务资金提供强有力的支持。

(2)普通股融资的缺点

首先,以普通股融资会增加新股东,这可能分散公司的剩余控制权。基于这个原因,小公司及新设立的公司都避免利用普通股融资。

其次,普通股融资的成本较高。从投资者的角度讲,投资于普通股相对风险较高,相应地要求较高的风险补偿;从融资公司来讲,普通股股利从税后利润中支付,不像债券利息那样作为费用从税前支付,因而不具有抵税作用;从发行费用来讲,普通股融资一般也高于其他融资方式。

最后,新股东具有与老股东相同的剩余索取权,可分享发行新股前积累的盈余,这对于老股东来说就会稀释索取权,因而会稀释其每股收益并可能引发股价下跌。

2. 债券融资

(1)债券融资的优点

首先,债券融资的成本较低。从投资者角度讲,投资于债券可以受限制性条款的保护,其风险较低,相应地要求较低的回报率,即债券的利息支出成本低于普通股的股息支出成本;从融资公司来讲,债务的利息是在所得税前支付,有抵税的好处,显然债券的税后成本低于股票的税后成本;从发行费用讲,债券一般也低于股票。债券投资在非破产情况下对公司的剩余控制权影响不大,因而不会稀释公司的每股收益和股东对公司的控制权。

其次,公司运用债券融资,取得资本的同时,还向债权人购得一项以公司总资产为基础资产的看跌期权,若公司的市场价值急剧下降,普通股股东具有将剩余所有权和剩余控制权转给债权人而自己承担有限责任的选择权。

最后,债券融资具有杠杆作用。不论公司盈利多少,债券持有人只收回有限的固定收入,而更多的收益则可用于股利分配和留存公司以扩大投资。

(2)债券融资的缺点

首先，债券融资有固定的到期日，须定期支付利息，如不能兑现承诺，则可能引起公司破产。

其次，债券融资具有一定限度，随着财务杠杆的上升，债券融资的成本不断上升，加大财务风险和经营风险，可能导致公司破产和最后清算。

最后，公司债券通常需要抵押和担保，而且有一些限制性条款，这实质上是取得一部分控制权，削弱经理控制权和股东的剩余控制权，从而可能影响公司的正常发展和进一步的融资能力。

3. 优先股融资

优先股融资是一种混合型资本，它具有与债券相似的固定收入，同时又是一种权益资本。

(1)优先股融资的优点

首先，优先股筹集的资本属于权益资本，通常没有到期日，即使其股息不能到期兑现也不会引发公司的破产，因而筹资后不增加财务风险，反而使筹资能力增强，可获得更大的负债额。

其次，优先股股东一般没有投票权，不会使普通股股东的剩余控制权受到威胁。

最后，优先股的股息通常是固定的，在收益上升时期可为现有普通股股东“保存”大部分利润，具有一定的杠杆作用。

(2)优先股融资的缺点

首先，优先股融资的成本比债券高，这是由于其股息不能抵冲税前利润。

其次，有些优先股(累积优先股、参与优先股等)要求分享普通股的剩余所有权，稀释其每股收益。

4. 可转换证券融资

可转换证券包括可转换债券和可转换优先股等，它是在普通债券和普通优先股的基础上附加了以普通股为基础资产的看涨期权。

(1)可转换证券融资的优点

首先，可转换证券通过出售看涨期权可降低融资成本。可转换证券的利率或股息率通常较低且限制性条款较不苛刻，使公司在换股之前可以低廉成本筹集资金。另有一种观点把可转换证券的发行看作未来的股票发行或配股，它可以帮助公司避开当前不利的市场条件，而等其好转时用高于债券发行日股价的转换价格延续普通股融资。大部分的可转换债券都是没有抵押的债券。

其次，可转换证券有利于未来资本结构的调整。由债券或优先股转换普通股可降低财务杠杆，为今后进一步融资创造条件。

(2)可转换证券融资的缺点

首先，高速增长的公司在其普通股价格大幅上升的情况下，利用可转换证券融资的成本要高于普通股或优先股，因为持有者可以被低估的转换价格成为普通股股东，获取丰厚的股利。

其次，如果可转换证券持有人执行期权，将稀释每股收益和剩余控制权。事实上，在转换并未发生时，公司的财务报表也必须按规定公布“充分稀释”后的每股收益。

最后，若公司经营业绩不佳，则大部分可转换债券不会转换为普通股，无助于公司渡过财务困境，并将导致今后股权或债券融资成本增加。

5. 认股权融资

公司发行认股权融资，其所涉及的认股权证是独立流通的和不可赎回的，因而对公司的影响也与发行可转换证券不同。

(1)认股权融资的优点

发行认股权证具有降低筹资成本,改善公司未来资本结构的好处,这与可转换证券融资相似。不同之处在于认股权证的执行增加的是公司的权益资本,而不改变其负债。

(2)认股权证融资的缺点

认股权证融资也有稀释股权以及当股价大幅度上升时,导致认股权证成本过高等不利方面。

二、股权融资与债权融资

1. 股权融资

股权融资是指公司以出让股份的方式向股东筹集资金,包括配股、增发新股以及股利分配中的送红股(属于内部融资的范畴)。

股权融资的特点如下:

(1)公司财务风险小。由于公司通过股权融资获得的是资金的所有权,公司既不用偿还本金,也不用支付固定的利息,因此这种融资方式不存在到期不能偿付从而引发破产的财务风险。

(2)融资成本较高。首先,由于股东比债权人承担更大的风险,因而比债权人要求的回报更高;其次,由于股东的红利只能从税后利润中支付,因此股权融资不具备冲减税基的作用;最后,股权融资也不利于企业财务杠杆作用的发挥。因此,股权融资的成本一般高于债务融资的成本。

(3)股权融资可能引起企业控制权的变动。由于股权融资尤其是增发新股将引入新的股东,因此在股权融资数量很大的情况下,有可能导致新股东取代原有股东掌握公司的控制权。

2. 债权融资

债权融资是公司以发行债券、银行借贷方式向债权人筹集资金的融资方式。

债权融资的特点如下:

(1)公司财务风险较大。债权融资获得的只是资金的使用权而不是所有权,公司必须按期还本付息,而不像股权融资那样,有利润则分红,无利润则不分,因而债权融资比股权融资对经营者的约束性更强,财务风险更大。

(2)融资成本较低。债权融资能够提高公司的净资产收益率,具有财务杠杆的作用。当然这要以公司的资产利润率超过债权融资成本为条件。同时,利息的支付具有冲减税基的作用。因此,债权融资成本一般低于股权融资成本。

(3)与股权融资相比,债权融资一般不会产生对企业的控制权问题。

三、直接融资与间接融资

1. 直接融资

直接融资是指资金盈余者与短缺者相互之间直接协商或者在金融市场上由前者购买后者发行的有价证券,资金盈余者从而将资金的使用权让渡给资金短缺者的融资活动。股权融资、公司债券融资、国债融资等都属于直接融资的范畴。

直接融资的主要种类有:

(1)股权融资。股权融资是指上市公司通过配股、增发和发行可转换债券等方式在证券市场上的直接融资。

(2)债券融资。债券融资是企业发行债券的一种融资方式。

(3)商业信用。商业信用是指企业与企业之间互相提供的、与商品交易直接相联系的资金融通形式,其主要表现为两类:一类是提供商品的商业信用,如企业间的商品赊销、分期付款等,这类信用主要是通过提供商品实现资金融通;另一类是提供货币的商业信用,如在商品交易基础上发生的预付定金、预付货款等,这类信用主要是提供与商品交易有关的货币,以实现资金融通。随着商业信用的发展,出现了商业票据——作为债权债务关系的证明。

(4)消费信用。消费信用既有直接融资的形式,也有间接融资的形式。作为直接融资的消费信用主要是指企业通过分期付款形式向个人消费者赊销房屋或者高档耐用消费品。

直接融资的特点如下:

(1)直接性。在直接融资中,资金的需求者直接从资金的供应者手中获得资金,并在资金的供应者和资金的需求者之间建立直接的债权债务关系。

(2)分散性。直接融资是在无数个企业相互之间、政府与企业和个人之间、个人与个人之间,或者企业与个人之间进行的,因此融资活动分散于各种场合,具有一定的分散性。

(3)信誉上的差异性较大。由于直接融资是在企业和企业之间、个人与个人之间,或者企业与个人之间进行的,而不同的企业或者个人,其信誉有好有坏,债权人往往难以全面、深入了解债务人的信誉状况,从而带来融资信誉的较大差异和风险性。

(4)部分不可逆性。例如,在直接融资中,通过发行股票所取得的资金,是不需要返还的。投资者无权中途要求退回股金,而只能到市场上出售股票,股票只能够在不同的投资者之间互相转让。

(5)相对较强的自主性。在直接融资中,在法律允许的范围内,融资者可以自己决定融资的对象和数量。例如,在商业信用中,赊买和赊卖者可以在双方自愿的前提下决定赊买或者赊卖的品种、数量和对象;在股票融资中,股票投资者可以随时决定买卖股票的品种和数量等。

2. 间接融资

间接融资是指资金盈余者通过存款等形式,将资金首先提供给银行等金融机构,然后由这些金融机构再以贷款、贴现等形式将资金提供给资金短缺者使用的资金融通活动。间接融资主要指银行性融资。

间接融资主要有:

(1)银行信用。银行信用是银行以及其他金融机构以货币形式向客户提供的信用,它是以银行作为中介金融机构的资金融通形式。

(2)消费信用。消费信用指的是银行向消费者个人提供用于购买住房或者耐用消费品的贷款。

间接融资的基本特点是资金融通通过金融中介机构来进行,它由金融机构筹集资金和运用资金两个环节构成。由金融机构所发行的证券,称为间接证券。间接融资的特点如下:

(1)间接性。在间接融资中,资金需求者和资金初始供应者之间不发生直接借贷关系;资金需求者和初始供应者之间由金融中介发挥桥梁作用。资金初始供应者与资金需求者只是与金融中介机构发生融资关系。

(2)相对的集中性。间接融资通过金融中介机构进行。在多数情况下,金融中介并非是某一个资金供应者与某一个资金需求者之间一对一的对应性中介;而是一方面面对资金供应者群体,另一方面面对资金需求者群体的综合性中介。由此可以看出,在间接融资中,金融机构具有融资中心的地位和作用。

(3)信誉的差异性较小。由于间接融资相对集中于金融机构,世界各国对于金融机构的管理一般都较严格,金融机构自身的经营也多受到相应稳健性经营管理原则的约束,加上一些国家还实行了存款保险制度,因此,相对于直接融资来说,间接融资的信誉程度较高,风险性也相对较小,融资的稳定性较强。

(4)全部具有可逆性。通过金融中介的间接融资均属于借贷性融资,到期均必须返还,并支付利息,具有可逆性。

(5)融资的主动权主要掌握在金融中介手中。在间接融资中,资金主要集中于金融机构,资金贷给谁不贷给谁,并非由资金的初始供应者决定,而是由金融机构决定。对于资金的初始供应者来说,虽然有供应资金的主动权,但是这种主动权实际上受到一定的限制。因此,间接融资的主动权在很大程度上受金融中介支配。

直接融资与间接融资的数量比例关系是运用最多、最广泛的融资结构表现形式。当直接融资比例大于间接融资时,我们称其融资结构以直接融资为主;反之,称其融资结构以间接融资为主。

四、短期融资与长期融资

融资按期限长短可分为短期融资和长期融资。

1. 短期融资

短期融资是指筹集企业生产经营过程中短期内所需要的资金。短期融资的使用期限一般规定在1年以内,它主要用以满足企业流动资金周转的需求。

短期融资的方式主要有四种,即商业信贷、短期借款、商业票据和短期融资券。

(1)商业信贷

商业信贷在资产负债表中表现为应付账款,在西方国家是短期信贷中最大的一类,对较小的企业特别重要。商业信贷是融资的一种自发来源,它来自企业的日常商业赊销活动,随着销售额的增加,从应付账款中产生的融资供应量也就增加了。

商业信贷作为融资来源,其特点是方便但不正规。没有资格从金融机构中取得信贷的企业有可能得到商业信贷。销售商之所以能够向其客户(买方)提供融资,主要是由于他们经验丰富,了解客户的信誉,知道该行业的行销惯例。他们通常处于有利位置,可以判断客户的偿还能力和赊销风险。销售商所能提供的商业信贷供应量受其自身所获信贷规模的影响,随买方的数量多少而波动,接受融资的买方在使用这种商业信贷时应小心,因为信贷扩张涉及销售企业的成本,销售商可能会通过提高产品的销售价格冲销它扩张的无条件信用的成本。在销售商提供现金折扣情况下,买方应仔细研究这种融资方式的使用成本。

(2)短期借款

短期借款是指企业向银行或非金融机构借入的期限在一年以内的借款。短期借款按照目的和用途可分为生产周转借款、临时借款和结算借款;按偿还方式可分为一次偿还借款和分期偿还借款;按有无担保可分为抵押贷款和信用贷款。

银行在发放短期贷款时,为降低贷款风险,需要企业提供担保,企业只有提供必要的担保才能取得贷款。由于短期借款的期限短,因此作为短期借款的担保品,一般是流动性强的资产,如应收账款、存货、应收票据等。

应收账款担保借款,即借款企业以其应收账款的债权作为担保品而取得的贷款。应收票据贴现借款,即以企业票据担保向银行取得的银行信用。

存货担保贷款，即企业以存货作为担保品的借款。短期借款的成本主要体现在借款利率的高低方面，特别要考虑不同偿还方式下应付的实际利率。企业应根据不同情况，确定短期借款的成本，以便合理选择。

短期借款较之商业信贷的优点是：筹资效率高、筹资弹性大。短期借款的缺点是：筹资风险高，实际利率较高，在补偿性余额和附加利率情形下尤其如此。

企业可以选择短期借款的方式，也可以选择提供借款的银行。随着金融信贷业的发展，可向企业提供贷款的银行和非金融机构不断增多，企业应在有利于自身的前提下，在各贷款机构之间选择，这是筹资理财的一项重要任务。企业选择银行时，除了合理选择借款种类、借款利率和借款条件外，还要考虑下列有关因素：银行对不同风险的基本政策；支持借款人的活动差别；银行存款稳定性结构；银行在贷款方面的专业化程度；银行的规模；提供咨询服务的能力。

(3)商业票据

商业票据这种融资方式突出的优点是融资成本低和手续简便，省去了与金融机构签订协议等许多麻烦，但由于它的融资受资金供给方资金规模的限制，也受企业本身在票据市场上知名度的限制，因而特别适合于大企业的短期融资。

(4)短期融资券

短期融资券是由企业发行的无担保短期本票。在我国，短期融资券是指企业依照《银行间债券市场非金融企业债务融资工具管理办法》的条件和程序在银行间债券市场发行和交易并约定在一定期限内还本付息的有价证券，是企业筹措短期(1年以内)资金的直接融资方式。

短期融资券的筹资成本较低，筹资数额比较大，还可以提高企业信誉和知名度，但发行短期融资券的风险比较大，弹性也比较小，发行条件比较严格。

除上述四种主要的短期融资方式外，涉及进出口业务的还有进口额度、出口打包放款、出口押汇、银行承兑汇票贴现等短期融资方式。企业可根据自身业务特点选择适合的融资方式。

短期融资的特点主要有：(1)筹资速度快，容易取得。(2)筹资弹性大，限制条款少。(3)资本成本低。(4)筹资风险高，腾挪余地小，需要较强的财务调控能力。

2. 长期融资

长期融资是指所融资金能为企业长期占用的融资方式。所有者权益类的项目主要是长期融资。对于企业负债，一般规定偿还期在1年以上的借款为长期负债。

长期融资和短期融资的区别为：

(1)短期融资主要用于解决筹资者的短期资金使用和周转的需要，投资者主要用它满足资产流动性管理的需要。长期融资主要用于解决筹资者的资本扩张需要，投资者主要用它来满足企业经营管理的需要。

(2)以金融工具的期限为分类标准，货币市场上金融工具的期限在1年或1年以下，资本市场上金融工具的期限都在1年以上。短期融资主要来自货币市场。货币市场上完全是债权交易。长期融资主要来自资本市场。资本市场上既有债权交易又有产权交易。

长期融资的特点主要有：(1)期限较长。(2)能解决企业长期发展所需资金。(3)融资风险大，因为企业未来发展有诸多的不确定性。

各种融资方式的主要特点见表10－1。

表 10－1　各种融资方式主要特点

分类标准	分　类	特　点
按照融资过程中资金来源方式	内部融资	(1)自主性。 (2)有限性。 (3)低成本性。 (4)低风险性。
	外部融资	(1)高效率。 (2)高成本。 (3)高风险性。
按照融资过程中金融中介所起的作用	股权融资	(1)公司财务风险小。 (2)融资成本较高。 (3)股权融资可能引起企业控制权变动。
	债权融资	(1)公司财务风险较大。 (2)融资成本较低。 (3)与股权融资相比,债权融资一般不会产生对企业的控制权问题。
按照融资过程中公司与投资者所形成的不同的产权关系	直接融资	(1)直接性。 (2)分散性。 (3)信誉上的差异性较大。 (4)部分不可逆性。 (5)相对较强的自主性。
	间接融资	(1)间接性。 (2)相对的集中性。 (3)信誉的差异性较小。 (4)全部具有可逆性。 (5)融资的主动权主要掌握在金融中介手中。
按照融资期限的不同	短期融资	(1)筹资速度快,容易取得。 (2)筹资弹性大,限制条款少。 (3)资本成本低。 (4)筹资风险高,腾挪余地小,需要较强的财务调控能力。
	长期融资	(1)期限较长。 (2)解决企业长期发展所需资金。 (3)融资风险大,因为企业未来发展有诸多的不确定性。

小　结

本章小结

1. 融资就是融通资金,即通过各种形式和渠道筹措资金,并把筹措到的资金合成一体。它是融资主体根据资金余缺以及用途的需要,运用一定的融资手段和工具实现资金的筹集、转化、运用、增值和回偿等融资活动的总称。

2. 融资目的包括新建融资目的、扩张融资目的、偿债融资目的、混合融资目的四种。

3. 融资原则有:收益与风险相匹配原则、控制融资成本最低原则、遵循资本结构合理原则、测算融资期限适宜原则、选择最佳融资机会原则、保持企业有控制权原则。

4. 公司融资方式包括：内源融资与外源融资、股权融资与债权融资、直接融资与间接融资、短期融资与长期融资。

5. 内源融资是指公司经营活动结果产生的资金，即公司内部的融通，它主要由留存收益和折旧构成，是指企业不断将自己的储蓄（留存盈利、折旧和定额负债等）转化为投资的过程。外源融资是来源于公司外部的融资，即公司吸收其他经济主体的储蓄，使之转化为自己的投资的融资方式，包括发行股票、发行债券、向银行借款、公司获得的商业信用、融资租赁等。

6. 股权融资是指公司以出让股份的方式向股东筹集资金，包括配股、增发新股以及股利分配中的送红股等。债权融资是公司以发行债券、银行借贷方式向债权人筹集资金的融资方式。

7. 直接融资是指资金盈余者与短缺者相互之间直接协商或者在金融市场上由前者购买后者发行的有价证券，资金盈余者从而将资金的使用权让渡给资金短缺者的资金融通活动。它包括股本融资、公司债券融资、国债融资等。间接融资是指资金盈余者通过存款等形式，将资金首先提供给银行等金融机构，然后由这些金融机构再以贷款、贴现等形式将资金提供给资金短缺者使用的资金融通活动。间接融资主要指银行性融资，包括银行信贷和消费信贷等。

8. 短期融资是指筹集企业生产经营过程中短期内所需要的资金。短期融资的使用期限一般规定在 1 年以内，主要用以满足企业流动资金周转的需求。长期融资是指所融资金能为企业长期占用的融资方式。

知识结构图

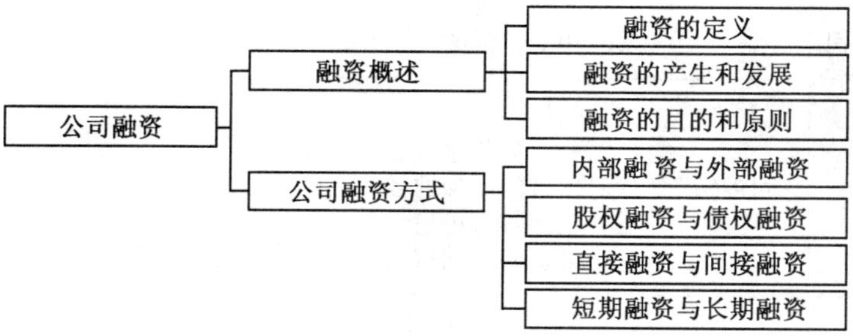

习题

一、选择题

1. 下列选项不属于融资目的的是________。

A. 新建　　B. 扩张　　C. 偿债　　D. 公益

2. ________不属于内部融资的特点。

A. 自主性　　B. 低成本性　　C. 低风险性　　D. 高效率

3. 银行信贷属于________。

A. 直接融资　　B. 间接融资　　C. 股权融资　　D. 内部融资

4. 短期融资的方式包括________。

A. 商业信贷　　B. 银行借款　　C. 商业票据　　D. 短期融资券

5. 以银行金融机构为中介进行的融资活动场所即为________市场。

A. 直接融资　　B. 间接融资　　C. 资本　　D. 货币

6. 内部融资特点有自主性、有限性、低成本性和________。

A. 低风险性　　B. 高风险性　　C. 高效率　　D. 高效益

7. 下列选项中不属于外部融资特点的是________。

A. 高效率　　B. 高成本　　C. 高风险性　　D. 低成本

8. 下列选项中不属于股权融资特点的是________。

A. 公司财务风险小　　B. 融资成本较低

C. 融资成本较高　　D. 股权融资可能引起企业控制权的变动

9. 下列不属于直接融资的是________。

A. 股权融资　　B. 银行信用　　C. 商业信用　　D. 消费信用

10. 公司以出让股份的方式向股东筹集资金称为________。

A. 股权融资　　B. 短期融资　　C. 长期融资　　D. 债券融资

二、思考题

1. 现代企业融资原则有哪些?
2. 简述融资方式的种类。
3. 比较外部融资和内部融资的优缺点。
4. 简述股权融资和债权融资的优缺点。
5. 比较直接融资和间接融资的优缺点。

第十一章　股票发行

学习目标

通过本章学习，理解主板（中小企业板）首次公开发行的基本概念以及基本操作；理解上市公司发行新股的基本概念以及基本操作；熟悉注册制下科创板、创业板、北交所首次公开发行的基本概念以及注册程序；了解各交易所的退市制度。

股票发行是指发行人为了筹集资金或者改善财务结构等目的，依照法定程序向投资者募集股份的行为。

我国《公司法》明确规定只有股份有限公司才能发行股票，而有限责任公司不能发行股票。公开发行证券，必须符合法律、行政法规规定的条件，并依法报经国务院证券监督管理机构或者国务院授权的部门核准；未经依法核准，任何单位和个人不得公开发行证券。

第一节　主板（中小企业板）首次公开发行股票

新《证券法》（2020 年 3 月 1 日实施）第 9 条规定，有下列情形之一的，为公开发行：向不特定对象发行证券；向特定对象发行证券累计超过 200 人，但依法实施员工持股计划的员工人数不计算在内；法律、行政法规规定的其他发行行为。

一、首次公开发行股票的条件

依据中国证监会于 2020 年 7 月 10 日发布实施的《首次公开发行股票并上市管理办法》规定，首次公开发行股票（IPO）的条件如下。

（一）主体资格

（1）发行人应当是依法设立且合法存续的股份有限公司。经国务院批准，有限责任公司在依法变更为股份有限公司时，可以采取募集设立方式公开发行股票。

（2）发行人自股份有限公司成立后，持续经营时间应当在 3 年以上，但经国务院批准的除外。有限责任公司按原账面净资产值折股整体变更为股份有限公司的，持续经营时间可以从有限责任公司成立之日起计算。

（3）发行人的注册资本已足额缴纳，发起人或者股东用作出资的资产的财产权转移手续已办理完毕，发行人的主要资产不存在重大权属纠纷。

(4)发行人的生产经营符合法律、行政法规和公司章程的规定,符合国家产业政策。

(5)发行人最近3年内主营业务和董事、高级管理人员没有发生重大变化,实际控制人没有发生变更。

(6)发行人的股权清晰,控股股东、受控股股东和实际控制人支配的股东持有的发行人股份不存在重大权属纠纷。

(二)规范运行

发行人已经依法建立健全股东大会、董事会、监事会、独立董事、董事会秘书制度,相关机构和人员能够依法履行职责。

发行人的董事、监事和高级管理人员已经了解与股票发行上市有关的法律法规,知悉上市公司及其董事、监事和高级管理人员的法定义务和责任。

发行人的董事、监事和高级管理人员符合法律、行政法规和规章规定的任职资格,且不得有下列情形:被中国证监会采取证券市场禁入措施尚在禁入期的;最近36个月内受到中国证监会行政处罚,或者最近12个月内受到证券交易所公开谴责的;因涉嫌犯罪被司法机关立案侦查或者涉嫌违法违规被中国证监会立案调查,尚未有明确结论意见的。

发行人的内部控制制度健全且被有效执行,能够合理保证财务报告的可靠性、生产经营的合法性、营运的效率与效果。

发行人不得有下列情形:

最近36个月内未经法定机关核准,擅自公开或者变相公开发行过证券;或者有关违法行为虽然发生在36个月前,但目前仍处于持续状态;最近36个月内违反工商、税收、土地、环保、海关以及其他法律、行政法规,受到行政处罚,且情节严重;最近36个月内曾向中国证监会提出发行申请,但报送的发行申请文件有虚假记载、误导性陈述或重大遗漏;或者不符合发行条件以欺骗手段骗取发行核准;或者以不正当手段干扰中国证监会及其发行审核委员会审核工作;或者伪造、变造发行人或其董事、监事、高级管理人员的签字、盖章;本次报送的发行申请文件有虚假记载、误导性陈述或者重大遗漏;涉嫌犯罪被司法机关立案侦查,尚未有明确结论意见;严重损害投资者合法权益和社会公共利益的其他情形。

发行人的公司章程中已明确对外担保的审批权限和审议程序,不存在为控股股东、实际控制人及其控制的其他企业违规担保的情形。

发行人有严格的资金管理制度,不得有资金被控股股东、实际控制人及其控制的其他企业以借款、代偿债务、代垫款项或者其他方式占用的情形。

(三)财务与会计

发行人应当符合下列条件:

(1)发行人资产质量良好,资产负债结构合理,盈利能力较强,现金流量正常。

(2)发行人的内部控制在所有重大方面是有效的,并由注册会计师出具了无保留结论的内部控制鉴证报告。

(3)最近三个会计年度净利润均为正数且累计超过人民币3 000万元,净利润以扣除非经常性损益前后较低者为计算依据。

(4)最近三个会计年度经营活动产生的现金流量净额累计超过人民币5 000万元;或者最近三个会计年度营业收入累计超过人民币3亿元。

(5)发行前股本总额不少于人民币3 000万元。

(6)最近一期末无形资产(扣除土地使用权、水面养殖权和采矿权等后)占净资产的比例不高于20%。

(7)最近一期末不存在未弥补亏损。

中国证监会根据《关于开展创新企业境内发行股票或存托凭证试点的若干意见》等规定认定的试点企业,可不适用前款第(3)项、第(7)项规定。

发行人不得有下列影响持续盈利能力的情形:发行人的经营模式、产品或服务的品种结构已经或者将发生重大变化,并对发行人的持续盈利能力构成重大不利影响;发行人的行业地位或发行人所处行业的经营环境已经或者将发生重大变化,并对发行人的持续盈利能力构成重大不利影响;发行人最近一个会计年度的营业收入或净利润对关联方或者存在重大不确定性的客户存在重大依赖;发行人最近一个会计年度的净利润主要来自合并财务报表范围以外的投资收益;发行人在用的商标、专利、专有技术以及特许经营权等重要资产或技术的取得或者使用存在重大不利变化的风险。

二、首次公开发行股票的准备

(一)首次公开发行股票公司的辅导

首次公开发行股票的股份有限公司在提出首次公开发行股票申请前,应按照中国证监会的有关规定聘请辅导机构(主要是指"保荐人")辅导,并履行相关辅导程序;保荐人及其保荐代表人应当遵循勤勉尽责、诚实守信的原则,认真履行审慎核查和辅导义务,并对其所出具的发行保荐书的真实性、准确性、完整性负责。

1. 辅导目标和原则

辅导工作的目标是:促进辅导对象建立良好的公司治理机制,形成独立运营和持续发展的能力,督促公司的董事、监事、高级管理人员全面理解上市的有关法律、法规以及证券市场规范运作和信息披露的要求,树立进入证券市场的诚信意识和法治意识,具备进入证券市场的基本条件。

辅导工作的原则有:

(1)勤勉尽责的原则。辅导机构应按照有关法律、法规和规则的要求,履行职责,做好辅导工作。

(2)诚实信用的原则。辅导机构和辅导对象均应客观、真实地反映辅导过程中的问题,健全有关记录,保证所有辅导资料的真实、准确和完整,突出重点。

(3)鼓励创新的原则。辅导机构应根据辅导对象的具体情况,有针对性地重点辅导,鼓励结合具体情况有所创新。

(4)责任明确、风险自担的原则。辅导工作只是准备发行上市的一个法定程序,辅导机构与辅导对象应自行承担相关风险。

2. 辅导机构、人员及辅导对象

辅导对象是指公开发行股票的股份有限公司。具体接受辅导的为公司的董事(包括独立董事)、监事、高级管理人员及持有5%以上(含5%)股份股东(或其法定代表人)。

辅导对象聘请的辅导机构应是具有保荐资格的证券机构以及其他经有关部门认定的机构。辅导机构至少有3名固定人员参与辅导工作小组。其中至少有1人具有担任过首次公开发行股票主承销工作项目负责人的经验。同一人员不得同时承担4家以上企业辅导任务。辅导工作应当具有连续性,如果辅导人员发生变更,应办妥交接手续,并应在变更之后5个工作日之内向派出机构书面备案,说明变更原因。辅导人员及辅导机构的其他有关人员应当依法履行保密义务。

3. 辅导内容

辅导机构应结合有关法律、法规和规则以及上市公司的必备知识辅导。辅导内容范围包括：

(1)核查辅导对象在公司设立、改制重组、股权设置和转让、增资扩股、资产评估、资本验证等方面是否合法、有效，产权关系是否明晰，股权结构是否符合有关规定。

(2)督促辅导对象实现独立运营，做到业务、资产、人员、财务、机构独立完整，主营业务突出，形成核心竞争力。

(3)核查辅导对象是否按规定妥善处置了商标、专利、土地、房屋等的法律权属问题。

(4)督促规范辅导对象与控股股东及其他关联方的关系。

(5)督促辅导对象建立和完善规范的内部决策和控制制度，形成有效的财务、投资以及内部约束和激励制度。

(6)督促辅导对象建立、健全公司财务会计管理体系，杜绝会计虚假。

(7)督促辅导对象形成明确的业务发展目标和未来发展计划，并制定可行的募股资金投向及其他投资项目的规划。

(8)针对辅导对象的具体情况确定书面考试的内容，并接受中国证监会及其派出机构的监督。

(9)综合评估辅导对象是否达到发行上市条件，协助辅导对象开展首次公开发行股票的准备工作。

4. 辅导程序

(1)参与企业改制重组、前期考察工作。

(2)辅导对象的参与和配合。

(3)辅导对象提供有关情况和资料。

(4)签署辅导协议。

(5)辅导备案登记与审查。在辅导协议签署后5个工作日之内，辅导机构应当向派出机构进行辅导备案登记。派出机构应于10个工作之日内审查辅导机构提交的备案材料的齐备性。如无异议，备案申请报送日即为备案登记日；如有异议，应给予书面反馈意见，明确提出再次申请备案的要求。

(6)辅导工作备案报告。应由辅导人员签名，并经辅导机构负责人签名和加盖公章。

(7)提出整改建议。

(8)辅导对象应就接受辅导、准备发行股票的事宜在当地至少两种主要报纸上连续公告两次以上，公告信息中应当包括派出机构的举报电话和通信地址。

(9)辅导考试。辅导机构应对接受辅导的人员进行至少一次书面考试，并接受监管部门的监督和抽查。全体应试人员最终考试应成绩合格，历次考试的内容和结果应在辅导工作总结报告中说明。

(10)提出辅导评估申请和出具辅导监管报告，并持续关注辅导对象。

辅导工作结束后，辅导对象如发生下列情况之一的，应重新辅导：辅导工作结束至保荐人推荐期间发生控股股东实际控制人变更；辅导工作结束至保荐人推荐期间发生主营业务变更；辅导工作结束至保荐人推荐期间发生1/3以上董事、监事、高级管理人员变更；辅导工作结束后3年内未有保荐人向中国证监会推荐首次公开发行股票的；中国证监会认定应重新辅导的其他情形。

（二）首次公开发行股票的申请文件

首次公开发行股票的申请文件主要有招股说明书、招股说明书摘要、资产评估报告、审计报告、盈利预测审核报告、法律意见书和律师工作报告、辅导报告等。

1. 招股说明书

招股说明书是发行人发行股票时，就发行中的有关事项向公众披露，并向非特定投资人提出购买或销售其股票的要约邀请性文件。公司首次公开发行股票必须制作招股说明书。发行人应当按照中国证监会的有关规定编制和披露招股说明书。招股说明书内容与格式准则是信息披露的最低要求。无论准则是否有明确规定，凡是对投资者做出投资决策有重大影响的信息，均应当予以披露。发行人应当在招股说明书中披露已达到发行监管对公司独立性的基本要求。

招股说明书中引用的财务报表在其最近一期截止日后 6 个月内有效。特别情况下发行人可申请适当延长，但至多不超过 3 个月。财务报表应当以年度末、半年度末或者季度末为截止日。招股说明书的有效期为 6 个月，自中国证监会核准发行申请前招股说明书最后一次签署之日起计算。

发行人应当在发行前将招股说明书摘要刊登于至少一种中国证监会指定的报刊，同时将招股说明书全文刊登于中国证监会指定的网站，发行人可以将招股说明书摘要、招股说明书全文、有关备查文件刊登于其他报刊和网站，但披露内容应当完全一致，且不得早于在中国证监会指定报刊和网站的披露时间。

2. 招股说明书摘要

招股说明书摘要是对招股说明书内容的概括，是由发行人编制，随招股说明书一起报送批准后，在由中国证监会指定的至少一种全国性报刊上及发行人选择的其他报刊上刊登。

3. 资产评估报告

资产评估报告是评估机构完成评估工作后出具的专业报告。该报告涉及国有资产的，须经过国有资产管理部门、有关的主管部门核准或备案；该报告不涉及国有资产的，须经过股东会或董事会确认后生效。资产评估报告的有效期为评估基准日起的 1 年。资产评估报告由封面、目录、正文、附录和附查备查文件组成。

4. 审计报告

审计报告是注册会计师根据独立审计准则的要求，实施必要的审计程序后，对被审单位的会计报表发表审计意见的书面文件，审计报告是审计工作的最终结果，具有法定的证明效力。审计意见的类型包括无保留意见、保留意见、否定意见和拒绝表示意见。

5. 盈利预测审核报告

盈利预测是指发行人对未来会计期间经营成果的预计和测算。盈利预测的数据（合并会计报表）至少应包括会计年度营业收入、利润总额、净利润、每股盈利。预测期间的确定原则为：如果预测是在发行人会计年度的前 6 个月做出的，则为预测时起至该会计年度结束时止的期限；如果预测是在发行人会计年度的后 6 个月做出的，则为预测时起至不超过下一个会计年度结束时止的期限。如果拟上市公司不能做出盈利预测，则应在发行公告和招股说明书的显要位置做出风险警示。

6. 法律意见书和律师工作报告

律师在制作法律意见书和律师工作报告的同时，应制作工作底稿。提交中国证监会的法律意见书和律师工作报告应是经两名以上经办律师和其所在律师事务所的负责人签名，并经该律师事务所加盖公章、签署日期的正式文本。

7. 辅导报告

辅导报告是保荐人或主承销商对拟发行证券的公司的辅导工作结束以后，就辅导情况、效果及意见向有关主管单位出具的书面报告。辅导结束后，辅导机构应出具辅导工作总结报告，其内容必须翔实具体、简明易懂，不得有虚假、隐匿。

三、首次公开发行股票的核准

（一）保荐人的内核和推荐

发行人申请首次公开发行股票，依法采取承销方式的，应当聘请具有保荐资格的机构担任保荐人。保荐人负责股票发行的主承销商工作，保荐人应当尽职推荐发行人证券发行上市，负责向中国证监会推荐发行人。

（二）首次公开发行股票的核准

首次公开发行股票的核准程序如下：

(1)申报。发行人应当按照中国证监会的有关规定制作申请文件，由保荐人保荐并向中国证监会申报。

(2)受理。中国证监会收到申请文件后，在5个工作日内做出是否受理的决定。

(3)初审。中国证监会在初审过程中，将征求发行人注册地省级人民政府是否同意发行人发行股票的意见。

(4)预披露。发行人申请首次公开发行股票的，在提交申请文件后，应当按照国务院证券监督管理机构的规定预先披露有关申请文件。发行人应当将招股说明书在中国证监会网站预先披露。发行人可以将招股说明书（申报稿）刊登于其企业网站，但披露内容应当完全一致，且不得早于在中国证监会网站的披露时间。

(5)发审委审核。相关职能部门对发行人的申请文件初审完成后，由发审委组织发审委会议审核。

(6)决定。自中国证监会核准发行之日起，发行人应在6个月内发行股票；超过6个月未发行的，核准文件失效，须重新经中国证监会核准后方可发行。

股票发行申请未获核准的，自中国证监会做出不予核准决定之日起6个月后，发行人可再次提出股票发行申请。

第二节 首次公开发行股票的条件与操作

本节首次公开发行股票的操作主要针对主板（中小企业板）IPO操作。

一、首次公开发行股票的估值

股票的发行价格可以等于票面金额，也可以超过票面金额，但不得低于票面金额。

对拟发行股票的合理估值是定价的基础。通常的估值方法有两大类：一类是相对估值法，另一类是绝对估值法。

（一）相对估值法

相对估值法也称可比公司法，是指对股票估值时，分析可比较的或者代表性的公司，尤其注意有相似业务的公司的新近发行以及相似规模的其他新近的首次公开发行,以获得估值基础。其中最常用的比率指标是市盈率和市净率。

1. 市盈率法

市盈率是股票市场价格与每股收益的比率。

市盈率=股票市场价格/每股收益

每股净收益通常指每股净利润。

每股净利润=全年净利润/[发行前总股本数+本次公开发行股本数×(12-发行月份)/12]

2. 市净率法

市净率=股票市场价格/每股净资产

(二)绝对估值法

绝对估值法也称贴现法,主要包括公司贴现现金流量法(DCF)、现金分红折现法(DDM)。相对估值法反映的是市场供求决定的股票价格,绝对估值法体现的是内在价值决定价格,即通过对企业估值,而后计算每股价值,从而估算股票的价值。

公司每股股票价值=公司股权价值/发行后总股本

公司股权价值=公司整体价值-净债务值

不适合用绝对估值法的公司包括:陷入财务危机的公司、收益呈周期性分布的公司、正在重组的公司、拥有某些特殊资产的公司。

二、首次公开发行股票的询价

根据《证券发行与承销管理办法》(2018 年修订)第 4 条规定,首次公开发行股票,可以通过向网下投资者询价的方式确定股票发行价格,也可以通过发行人与主承销商自主协商直接定价等其他合法可行的方式确定发行价格。公开发行股票数量在 2 000 万股(含)以下且无老股转让计划的,可以通过直接定价的方式确定发行价格。发行人和主承销商应当在招股意向书(或招股说明书)和发行公告中披露本次发行股票的定价方式。上市公司发行证券的定价,应当符合中国证监会关于上市公司证券发行的有关规定。

(一)询价对象

询价分为初步询价和累计投标询价。

首次公开发行股票,网下投资者作为询价对象须具备丰富的投资经验和良好的定价能力,应当接受中国证券业协会的自律管理,遵守中国证券业协会的自律规则。

网下投资者参与报价时,应当持有一定金额的非限售股份或存托凭证。发行人和主承销商可以根据自律规则,设置网下投资者的具体条件,并在发行公告中预先披露。主承销商应当对网下投资者是否符合预先披露的条件进行核查,对不符合条件的投资者,应当拒绝或剔除其报价。

首次公开发行股票采用询价方式定价的,符合条件的网下机构和个人投资者可以自主决定是否报价,主承销商无正当理由不得拒绝。网下投资者应当遵循独立、客观、诚信的原则合理报价,不得协商报价或者故意压低、抬高价格。

网下投资者报价应当包含每股价格和该价格对应的拟申购股数,且只能有一个报价。非个人投资者应当以机构为单位报价。

首次公开发行股票价格(或发行价格区间)确定后,提供有效报价的投资者方可参与申购。

（二）询价与定价

发行人及主承销商应当通过初步询价确定发行价格区间，在发行价格区间内通过累计投标询价确定发行价格。

主承销商应当和发行人合理确定剔除最高报价部分后的有效报价投资者数量。剔除部分不得低于所有网下投资者拟申购总量的10%，然后根据剩余报价及拟申购数量协商确定发行价格。剔除部分不得参与网下申购。首次公开发行股票数量在4亿股（含）以下的，有效报价投资者的数量不少于10家，首次公开发行股票数量在4亿股以上的，有效报价投资者的数量不少于20家。剔除最高报价部分后有效报价投资者数量不足的，应当中止发行。

三、股票发行价格的类型

股票发行价格有面值发行、溢价发行和折价发行等。

（一）面值发行

面值发行指的是按照股票的票面金额发行。由于市价往往高于面值，因此按照股票的票面价格能使投资者得到交易价格高于发行价格时所产生的额外收益，股东乐于认购的同时保证了发行股票公司筹措资金的目的。目前，面值发行在发达证券市场中用得很少，多在证券市场不发达的国家和地区采用。

（二）溢价发行

溢价发行是指发行人按高于面值的价格发行股票，因此可使公司用较少的股份筹集到较多的资金，同时还可降低筹资成本。股票发行采取溢价发行的，发行价格由发行人与承销的证券公司协商确定。溢价发行又可分为时价发行和中间价发行两种方式。

（1）时价发行。时价发行也称市价发行，是指以同种或同类股票的流通价格为基准确定股票发行价格，股票公开发行通常采用这种形式。在发达的证券市场中，当一家公司首次发行股票时，通常会根据同类公司产业相同、经营状况相似的股票在流通市场上的价格表现确定自己的发行价格；而当一家公司增发新股时，则会按已发行股票在流通市场上的价格水平确定发行价格。

（2）中间价发行。中间价发行是指以介于面值和时价之间的价格发行股票。中间价介于面值和时价之间，实际上是将差价收益部分给予原股东，部分归于公司所有。我国股份公司对老股东配股时基本上都采用中间价发行。

（三）折价发行

折价发行是指以低于面值的价格出售新股，即按面值打一定折扣后发行股票，折扣的大小主要取决于发行公司的业绩和承销商的能力。如某种股票的面值为1元，发行公司与承销商之间达成的协议折扣率为5%，那么该股票的发行价格为每股0.95元。目前，西方国家的股份公司很少有按折价发行股票的。注意：我国不允许折价发行。

四、首次公开发行股票的发行方式

2018年6月5日，中国证监会发布实施新的《证券发行与承销管理办法》。

根据《证券发行与承销管理办法》，首次公开发行股票可以根据实际情况，采取网上发行、网下发行以及向战略投资者配售等方式。

1. 网上发行

首次公开发行股票采用直接定价方式的，全部向网上投资者发行，不开展网下询价和配售。首次公开发行股票，持有一定数量非限售股份或存托凭证的投资者才能参与网上申购。网上投资者应当自主表达申购意向，不得全权委托证券公司进行新股申购。采用其他方式进行网上申购和配售的，应当符合中国证监会的有关规定。

2. 网下发行

首次公开发行股票时，发行人和主承销商可以自主协商确定参与网下询价投资者的条件、有效报价条件、配售原则和配售方式，并按照事先确定的配售原则在有效申购的网下投资者中选择配售股票的对象。

首次公开发行股票采用询价方式的，公开发行后总股本在4亿股（含）以下的，网下初始发行比例不低于本次公开发行股票数量的60%；公开发行后总股本超过4亿股的，网下初始发行比例不低于本次公开发行股票数量的70%。

其中，应当安排不低于本次网下发行股票数量的40%优先向通过公开募集方式设立的证券投资基金（以下简称公募基金）、全国社会保障基金（以下简称社保基金）和基本养老保险基金（以下简称养老金）配售，安排一定比例的股票向根据《企业年金基金管理办法》设立的企业年金基金和符合《保险资金运用管理暂行办法》等相关规定的保险资金（以下简称保险资金）配售。

公募基金、社保基金、养老金、企业年金基金和保险资金有效申购不足安排数量的，发行人和主承销商可以向其他符合条件的网下投资者配售剩余部分。对网下投资者分类配售的，同类投资者获得配售的比例应当相同。公募基金、社保基金、养老金、企业年金基金和保险资金的配售比例应当不低于其他投资者。安排向战略投资者配售股票的，应当扣除向战略投资者配售部分后确定网下网上发行比例。网下投资者可与发行人和主承销商自主约定网下配售股票的持有期限并公开披露。

首次公开发行股票网下投资者申购数量低于网下初始发行量的，发行人和主承销商不得将网下发行部分向网上回拨，应当中止发行。网上投资者有效申购倍数超过50倍、低于100倍（含）的，应当从网下向网上回拨，回拨比例为本次公开发行股票数量的20%；网上投资者有效申购倍数超过100倍的，回拨比例为本次公开发行股票数量的40%；网上投资者有效申购倍数超过150倍的，回拨后无锁定期网下发行比例不超过本次公开发行股票数量的10%。公开发行股票数量应按照扣除设定限售期的股票数量计算。网上投资者申购数量不足网上初始发行量的，可回拨给网下投资者。

首次公开发行股票的网下发行应和网上发行同时进行，网下和网上投资者在申购时无须缴付申购资金。投资者应当自行选择参与网下或网上发行，不得同时参与。发行人股东拟进行老股转让的，发行人和主承销商应于网下网上申购前协商确定发行价格、发行数量和老股转让数量。采用询价方式且无老股转让计划的，发行人和主承销商可以通过网下询价确定发行价格或发行价格区间。网上投资者申购时仅公告发行价格区间、未确定发行价格的，主承销商应当安排投资者按价格区间上限申购。

网下和网上投资者申购新股、可转换公司债券、可交换公司债券获得配售后，应当按时足额缴付认购资金。网上投资者连续12个月内累计出现3次中签后未足额缴款的情形时，6个月内不得参与新股、可转换公司债券、可交换公司债券申购。网下和网上投资者缴款认购的新股或可转换公司债券数量合计不足本次公开发行数量的70%时，可以中止发行。除规定的中止发行情形外，发行人和主承销商还可以约定中止发行的其他具体情形并事先披露。中止发行后，在核准文件有效期内，经向中国证监会备案，可重新启动发行。

3. 向战略投资者配售

首次公开发行股票数量在4亿股以上的，可以向战略投资者配售。发行人应当与战略投资者事先签署配售协议。发行人和主承销商应当在发行公告中披露战略投资者的选择标准、向战略投资者配售的股票总量、占本次发行股票的比例以及持有期限等。战略投资者不参与网下询价，且应当承诺获得本次配售的股票持有期限不少于12个月，持有期自本次公开发行的股票上市之日起计算。根据《关于开展创新企业境内发行股票或存托凭证试点的若干意见》认定的试点企业在境内发行股票或存托凭证的，根据需要向战略投资者配售。

首次公开发行股票数量在4亿股以上的，发行人和主承销商可以在发行方案中采用超额配售选择权。超额配售选择权的实施应当遵守中国证监会、证券交易所、证券登记结算机构和中国证券业协会的规定。根据《关于开展创新企业境内发行股票或存托凭证试点的若干意见》认定的试点企业在境内发行股票或存托凭证的，根据需要采用超额配售选择权。

4. 股票发行中的其他发行方式

我国股票发行历史上还曾采用过全额预缴款、储蓄存款挂钩、上网竞价和市值配售等方式。前两种股票发行方式都属于网下发行的方式，其中全额预缴款又包括“全额预缴款、比例配售、余款即退”方式和“全额预缴款、比例配售、余款转存”两种。

五、股票的上市保荐

股票上市实行保荐制度是指发行人申请其首次公开发行的股票上市，应当由保荐人保荐的一种制度。保荐人应当与发行人签订保荐协议，明确双方在发行人申请上市期间、申请恢复上市期间和持续督导期间的权利和义务。保荐协议应当约定保荐人审阅发行人信息披露文件的时点。因证券发行品种及上市板块不同，持续督导的期间有所差异，具体如下：

(1)首次公开发行股票并在主板上市的，持续督导的期间为证券上市当年剩余时间及其后2个完整会计年度；

(2)主板上市公司发行新股、可转换公司债券的，持续督导的期间为证券上市当年剩余时间及其后1个完整会计年度；

(3)首次公开发行股票并在创业板、科创板上市的，持续督导的期间为证券上市当年剩余时间及其后3个完整会计年度；

(4)创业板、科创板上市公司发行新股、可转换公司债券的，持续督导的期间为证券上市当年剩余时间及其后2个完整会计年度；

持续督导期间自证券上市之日起计算。

保荐人保荐股票上市时，应当向交易所提交上市保荐书、保荐协议、保荐人和相关保荐代表人已经中国证监会注册登记并列入保荐人和保荐代表人名单的证明文件、保荐人向保荐代表人出具的由董事长或者总经理签名的授权书，以及与上市保荐工作有关的其他文件。

上市保荐书应当包括以下内容：发行股票、可转换公司债券的公司概况；申请上市的股票、可转换公司债券的发行情况；保荐人是否存在可能影响其公正履行保荐职责的情形的说明；保荐人按照有关规定应当承诺的事项；对公司持续督导工作的安排；保荐人和相关保荐代表人的联系地址、电话和其他通信方式；保荐人认为应当说明的其他事项；交易所要求的其他内容。

保荐人应当督导发行人按规定履行信息披露及其他相关义务，督导发行人及其董事、监事和高级管理人员遵守上市规则并履行向交易所做出的承诺，审阅发行人信息披露文件和向交易所提交的其他文件，并保证向交易所提交的与保荐工作相关的文件真实、准确、完整。

持续督导工作结束后，保荐人向交易所报送保荐总结报告书。

经中国证监会核准发行的股票发行结束后，发行人方可向证券交易所申请其股票上市。

六、首次公开发行股票的信息披露

股份有限公司公开发行股票并上市，必须同时向所有投资者公开披露信息，依法披露的信息，必须本着真实、准确、完整、及时的原则，不得有虚假记载、误导性陈述或者重大遗漏。

信息披露的方式包括：将信息刊登在至少一种中国证监会指定的报刊，同时将其刊登在中国证监会指定的互联网网站，并置于中国证监会指定场所便于查看。

公开披露的文件包括(但不限于)：(1)招股说明书；(2)上市公告书；(3)配股说明书；(4)公司债券募集说明书；(5)定期报告，包括年度报告和中期报告；(6)临时报告，包括重大事件公告、收购与合并公告等。

发行人和主承销商在发行过程中，应当按照中国证监会规定的程序、内容和格式，编制信息披露文件，履行信息披露义务。

第三节　上市公司发行新股

上市公司发行新股，可以公开发行，也可以非公开发行。上市公司公开发行新股是指上市公司向不特定对象发行新股，包括向原股东配售股份和向不特定对象公开募集股份(分别简称“配股”和“增发”)；上市公司非公开发行新股是指向特定对象发行股票。本节内容只针对上海证券交易所和深圳证券交易所的板块。

一、发行新股的条件

(一)上市公司公开发行新股的条件

1. 基本条件

根据 2020 年 3 月 1 日实施的《证券法》第 12 条的有关规定，上市公司公开发行新股，必须具备下列条件：具备健全且运行良好的组织机构；具有持续经营能力，财务状况良好；公司在最近三年财务会计报告被出具无保留意见审计报告；发行人及其控股股东、实际控制人最近三年不存在贪污、贿赂、侵占财产、挪用财产或者破坏社会主义市场经济秩序的刑事犯罪；经国务院批准的国务院证券监督管理机构规定的其他条件。

2. 主板(中小企业板)上市公司公开发行股票的一般规定

上市公司公开发行股票，是指上市公司向不特定对象公开发行股票的行为。

中国证监会发布的《上市公司证券发行管理办法(2020 年修订)》，对主板(中小企业板)上市公司公开发行股票做出如下规定：

(1)上市公司的组织机构健全、运行良好，符合下列规定：①公司章程合法有效，股东大会、董事会、监事会和独立董事制度健全，能够依法有效履行职责。②公司内部控制制度健全，能够有效保证公司运行的效率、合法合规性和财务报告的可靠性；内部控制制度的完整性、合理性、有效性不存在重大缺陷。③现任董事、监事和高级管理人员具备任职资格，能够忠实和勤勉地履行职务，不存在违反《公司法》第 147 条、第 148 条规定的行为，且最近 36 个月内未受到中国证监会的行政处罚、最近 12 个月内未受到过证券交易所的公开谴责。④上市公司与控股股东或实际控制人的人员、资产、财务分开，机构、业务独立，能够自主经营管理。⑤最近 12 个月内不存在违规对外提供担保的行为。

(2)上市公司的盈利能力具有可持续性,符合下列规定:①最近3个会计年度连续盈利,扣除非经常性损益后的净利润与扣除前的净利润相比,以低者作为计算依据。②业务和盈利来源相对稳定,不存在严重依赖于控股股东、实际控制人的情形。③现有主营业务或投资方向能够可持续发展,经营模式和投资计划稳健,主要产品或服务的市场前景良好,行业经营环境和市场需求不存在现实或可预见的重大不利变化。④高级管理人员和核心技术人员稳定,最近12个月内未发生重大不利变化。⑤公司重要资产、核心技术或其他重大权益的取得合法,能够持续使用,不存在现实或可预见的重大不利变化。⑥不存在可能严重影响公司持续经营的担保、诉讼、仲裁或其他重大事项。⑦最近24个月内曾公开发行证券的,不存在发行当年营业利润比上年下降50%以上的情形。

(3)上市公司的财务状况良好,符合下列规定:①会计基础工作规范,严格遵循国家统一会计制度的规定。②最近三年及一期财务报表未被注册会计师出具保留意见、否定意见或无法表示意见的审计报告;被注册会计师出具带强调事项段的无保留意见审计报告的,所涉及的事项对发行人无重大不利影响或者在发行前重大不利影响已经消除。③资产质量良好,不良资产不足以对公司财务状况造成重大不利影响。④经营成果真实,现金流量正常,营业收入和成本费用的确认严格遵循国家有关企业会计准则的规定,最近3年资产减值准备计提充分合理,不存在操纵经营业绩的情形。⑤最近3年以现金或股票方式累计分配的利润不少于最近3年实现的年均可分配利润的30%。

(4)上市公司最近36个月内财务会计文件无虚假记载,且不存在下列重大违法行为:①违反证券法律、行政法规或规章,受到中国证监会的行政处罚,或者受到刑事处罚。②违反工商、税收、土地、环保、海关法律、行政法规或规章,受到行政处罚且情节严重,或者受到刑事处罚。③违反国家其他法律、行政法规且情节严重的行为。

(5)上市公司募集资金的数额和使用应当符合下列规定:①募集资金数额不超过项目需要量。②募集资金用途符合国家产业政策和有关环境保护、土地管理等法律和行政法规的规定。③除金融类企业外,本次募集资金使用项目不得为持有交易性金融资产和可供出售的金融资产、借予他人、委托理财等财务性投资,不得直接或间接投资于以买卖有价证券为主要业务的公司。④投资项目实施后,不会与控股股东或实际控制人产生同业竞争或影响公司生产经营的独立性。⑤建立募集资金专项存储制度,募集资金必须存放于公司董事会决定的专项账户。

(6)上市公司存在下列情形之一的,不得公开发行证券:①本次发行申请文件有虚假记载、误导性陈述或重大遗漏。②擅自改变前次公开发行证券募集资金的用途而未做纠正。③上市公司最近12个月内受到过证券交易所的公开谴责。④上市公司及其控股股东或实际控制人最近12个月内存在未履行向投资者做出的公开承诺的行为。⑤上市公司或其现任董事、高级管理人员因涉嫌犯罪被司法机关立案侦查或涉嫌违法违规被中国证监会立案调查。⑥严重损害投资者的合法权益和社会公共利益的其他情形。

3. 创业板上市公司发行股票的一般规定

中国证监会于2020年6月12日发布的《创业板上市公司证券发行注册管理办法(试行)》,对创业板上市公司公开发行股票做出如下规定:

(1)上市公司向不特定对象发行股票,应当符合下列规定:①具备健全且运行良好的组织机构;②现任董事、监事和高级管理人员符合法律、行政法规规定的任职要求;③具有完整的业务体系和直接面向市场独立经营的能力,不存在对持续经营有重大不利影响的情形;④会计基础工作规范，内部控制制度健全且有效执行，财务报表的编制和披露符合企业会计准则和相关信息披露规则的规定，在所有重大方面公允反映了上市公司的财务状况、经营成果和现金流量，最近三年财务会计报告被出具无保留意见审计报告；⑤最近两年盈利，净利润以扣除非经常性损益前后孰低者为计算依据；⑥除金融类企业外，最近一期末不存在金额较大的财务性投资。

(2)上市公司存在下列情形之一的，不得向不特定对象发行股票：①擅自改变前次募集资金用途未做纠正，或者未经股东大会认可；②上市公司及其现任董事、监事和高级管理人员最近三年受到中国证监会行政处罚，或者最近一年受到证券交易所公开谴责，或者因涉嫌犯罪正在被司法机关立案侦查或者涉嫌违法违规正在被中国证监会立案调查；③上市公司及其控股股东、实际控制人最近一年存在未履行向投资者做出的公开承诺的情形；④上市公司及其控股股东、实际控制人最近三年存在贪污、贿赂、侵占财产、挪用财产或者破坏社会主义市场经济秩序的刑事犯罪，或者存在严重损害上市公司利益、投资者合法权益、社会公共利益的重大违法行为。

(3)上市公司存在下列情形之一的，不得向特定对象发行股票：①擅自改变前次募集资金用途未做纠正，或者未经股东大会认可。②最近一年财务报表的编制和披露在重大方面不符合企业会计准则或者相关信息披露规则的规定；最近一年财务会计报告被出具否定意见或者无法表示意见的审计报告；最近一年财务会计报告被出具保留意见的审计报告，且保留意见所涉及事项对上市公司的重大不利影响尚未消除。本次发行涉及重大资产重组的除外。③现任董事、监事和高级管理人员最近三年受到中国证监会行政处罚，或者最近一年受到证券交易所公开谴责。④上市公司及其现任董事、监事和高级管理人员因涉嫌犯罪正在被司法机关立案侦查或者涉嫌违法违规正在被中国证监会立案调查。⑤控股股东、实际控制人最近三年存在严重损害上市公司利益或者投资者合法权益的重大违法行为。⑥最近三年存在严重损害投资者合法权益或者社会公共利益的重大违法行为。

(4)上市公司发行股票，募集资金使用应当符合下列规定：①符合国家产业政策和有关环境保护、土地管理等法律、行政法规规定；②除金融类企业外，本次募集资金使用不得为持有财务性投资，不得直接或者间接投资于以买卖有价证券为主要业务的公司；③募集资金项目实施后，不会与控股股东、实际控制人及其控制的其他企业新增构成重大不利影响的同业竞争、显失公平的关联交易，或者严重影响公司生产经营的独立性。

深圳证券交易所于2020年6月12日发布的《深圳证券交易所创业板股票上市规则(2020年6月修订)》与2020年12月31日发布的《深圳证券交易所创业板股票上市规则(2020年12月修订)》规定发行人申请在深交所创业板上市，应当符合下列条件：

(1)符合中国证券监督管理委员会(以下简称中国证监会)规定的创业板发行条件；

(2)发行后股本总额不低于3 000万元；

(3)公开发行的股份达到公司股份总数的25%以上；公司股本总额超过4亿元的，公开发行股份的比例为10%以上；

(4)市值及财务指标符合《深圳证券交易所创业板股票上市规则》规定的标准；

(5)深交所要求的其他上市条件。

红筹企业发行股票的，前款第(2)项调整为发行后的股份总数不低于3 000万股，前款第(3)项调整为公开发行的股份达到公司股份总数的25%以上；公司股份总数超过4亿股的，公开发行股份的比例为10%以上。

红筹企业发行存托凭证的，前款第(2)项调整为发行后的存托凭证总份数不低于3 000万份，前款第(3)项调整为公开发行的存托凭证对应基础股份达到公司股份总数的25%以上；发行后的存托凭证总份数超过4亿份的，公开发行存托凭证对应基础股份达到公司股份总数的10%以上。

4. 科创板上市公司发行股票的一般规定

中国证监会于2020年7月3日发布的《科创板上市公司证券发行注册管理办法(试行)》，对科创板上市公司公开发行股票做出如下规定：

(1)上市公司向不特定对象发行股票，应当符合下列规定：①具备健全且运行良好的组织机构；②现任董事、监事和高级管理人员具备法律、行政法规规定的任职要求；③具有完整的业务体系和直接面向市场独立经营的能力，不存在对持续经营有重大不利影响的情形；④会计基础工作规范，内部控制制度健全且有效执行，财务报表的编制和披露符合企业会计准则和相关信息披露规则的规定，在所有重大方面公允反映了上市公司的财务状况、经营成果和现金流量，最近三年财务会计报告被出具无保留意见审计报告；⑤除金融类企业外，最近一期末不存在金额较大的财务性投资。

(2)上市公司存在下列情形之一的，不得向不特定对象发行股票：①擅自改变前次募集资金用途未做纠正，或者未经股东大会认可；②上市公司及其现任董事、监事和高级管理人员最近三年受到中国证监会行政处罚，或者最近一年受到证券交易所公开谴责，或者因涉嫌犯罪正被司法机关立案侦查或者涉嫌违法违规正在被中国证监会立案调查；③上市公司及其控股股东、实际控制人最近一年存在未履行向投资者做出的公开承诺的情形；④上市公司及其控股股东、实际控制人最近三年存在贪污、贿赂、侵占财产、挪用财产或者破坏社会主义市场经济秩序的刑事犯罪，或者存在严重损害上市公司利益、投资者合法权益、社会公共利益的重大违法行为。

(3)上市公司存在下列情形之一的，不得向特定对象发行股票：①擅自改变前次募集资金用途未做纠正，或者未经股东大会认可。②最近一年财务报表的编制和披露在重大方面不符合企业会计准则或者相关信息披露规则的规定；最近一年财务会计报告被出具否定意见或者无法表示意见的审计报告；最近一年财务会计报告被出具保留意见的审计报告，且保留意见所涉及事项对上市公司的重大不利影响尚未消除。本次发行涉及重大资产重组的除外。③现任董事、监事和高级管理人员最近三年受到中国证监会行政处罚，或者最近一年受到证券交易所公开谴责。④上市公司及其现任董事、监事和高级管理人员因涉嫌犯罪正在被司法机关立案侦查或者涉嫌违法违规正被中国证监会立案调查。⑤控股股东、实际控制人最近三年存在严重损害上市公司利益或者投资者合法权益的重大违法行为。⑥最近三年存在严重损害投资者合法权益或者社会公共利益的重大违法行为。

(4)上市公司发行股票，募集资金使用应当符合下列规定：①应当投资于科技创新领域的业务；②符合国家产业政策和有关环境保护、土地管理等法律、行政法规规定；③募集资金项目实施后，不会与控股股东、实际控制人及其控制的其他企业新增构成重大不利影响的同业竞争、显失公平的关联交易，或者严重影响公司生产经营的独立性。

5. 配股的特别规定

配股，是指上市公司向原股东配售股份的行为。

根据中国证监会发布的《上市公司证券发行管理办法(2020年修订)》，主板(中小企业版)上市公司配股时除了要满足公开发行股票的一般规定外，还应当符合下列规定：

(1)拟配售股份数量不超过本次配售股份前股本总额的30%。

(2)控股股东应当在股东大会召开前公开承诺认配股份的数量。

(3)采用《证券法》规定的代销方式发行。

控股股东不履行认配股份的承诺,或者代销期限届满,原股东认购股票的数量未达到拟配售数量70%的,发行人应当按照发行价并加算银行同期存款利息返还已经认购的股东。

根据中国证监会2020年6月12日发布的《创业板上市公司证券发行注册管理办法(试行)》,对创业板上市公司的配股除了要满足公开发行股票的一般规定外,还应当符合下列规定:

(1)拟配售股份数量不超过本次配售股份前股本总额的50%。

(2)控股股东应当在股东大会召开前公开承诺认配股份的数量。

(3)采用《证券法》规定的代销方式发行。

控股股东不履行认配股份的承诺,或者代销期限届满,原股东认购股票的数量未达到拟配售数量70%的,发行人应当按照发行价并加算银行同期存款利息返还已经认购的股东。

根据2020年6月12日深交所发布《深圳证券交易所创业板上市公司证券发行与承销业务实施细则》第10条规定,上市公司配股的,配股价格应当由上市公司和主承销商根据公司股票在二级市场的价格、市盈率及市净率、募集资金投资项目的资金需求量等因素协商确定。配股价格不得低于1元/股。

根据中国证监会2020年7月3日发布的《科创板上市公司证券发行注册管理办法(试行)》,科创板上市公司的配股除了要满足公开发行股票的一般规定外,还应当符合下列规定:

(1)拟配售股份数量不超过本次配售股份前股本总额的50%。

(2)控股股东应当在股东大会召开前公开承诺认配股份的数量。

(3)采用《证券法》规定的代销方式发行。

控股股东不履行认配股份的承诺,或者代销期限届满,原股东认购股票的数量未达到拟配售数量70%的,发行人应当按照发行价并加算银行同期存款利息返还已经认购的股东。

6. 公开增发的特别规定

增发,是指上市公司向不特定对象公开募集股份的行为。

根据中国证监会发布的《上市公司证券发行管理办法(2020年修订)》,主板(中小企业版)上市公司增发时除了要满足公开发行股票的一般规定外,还应当符合下列规定:(1)最近三个会计年度加权平均净资产收益率平均不低于6%。扣除非经常性损益后的净利润与扣除前的净利润相比,以低者作为加权平均净资产收益率的计算依据。(2)除金融类企业外,最近一个期末不存在持有金额较大的交易性金融资产和可供出售的金融资产、借予他人款项、委托理财等财务性投资的情形。(3)发行价格应不低于公告招股意向书前20个交易日公司股票均价或前一个交易日的均价。

根据中国证监会2020年6月12日发布的《创业板上市公司证券发行注册管理办法(试行)》,创业板上市公司的增发除了要满足发行股票的一般规定外,还应当符合下列规定:发行价格应不低于公告招股意向书前20个交易日或前一个交易日公司股票均价。

根据中国证监会2020年7月3日发布的《科创板上市公司证券发行注册管理办法(试行)》,科创板上市公司的增发,发行价格应不低于公告招股意向书前20个交易日或前一个交易日公司股票均价。

（二）非公开发行股票的条件

非公开发行股票，是指上市公司采用非公开方式，向特定对象发行股票的行为。

1. 主板（中小企业板）上市公司非公开发行股票的规定

根据中国证监会发布的《上市公司证券发行管理办法（2020 年修订）》，非公开发行股票的特定对象应当符合下列规定：特定对象应当符合股东大会决议规定的条件，发行对象不超过 35 名。发行对象为境外战略投资者的，应当遵守国家的相关规定。

上市公司非公开发行股票，应当符合下列规定：

（1）发行价格不低于定价基准日前 20 个交易日公司股票均价的 80％；

（2）本次发行的股份自发行结束之日起，6 个月内不得转让；控股股东、实际控制人及其控制的企业认购的股份，18 个月内不得转让；

（3）募集资金使用符合《上市公司证券发行管理办法（2020 年修订）》第 10 条的规定；

（4）本次发行将导致上市公司控制权发生变化的，还应当符合中国证监会的其他规定。

上市公司存在下列情形之一的，不得非公开发行股票：

（1）本次发行申请文件有虚假记载、误导性陈述或重大遗漏。

（2）上市公司的权益被控股股东或实际控制人严重损害且尚未消除。

（3）上市公司及其附属公司违规对外提供担保且尚未解除。

（4）现任董事、高级管理人员最近 36 个月内受到过中国证监会的行政处罚，或者最近 12 个月内受到过证券交易所的公开谴责。

（5）上市公司或其现任董事、高级管理人员因涉嫌犯罪正被司法机关立案侦查，或涉嫌违法违规正被中国证监会立案调查。

（6）最近一年及一期财务报表被注册会计师出具保留意见、否定意见或无法表示意见的审计报告。保留意见、否定意见或无法表示意见所涉及事项的重大影响已经消除或者本次发行涉及重大重组的除外。

（7）严重损害投资者合法权益和社会公共利益的其他情形。

2. 创业板上市公司非公开发行股票的条件

根据中国证监会 2020 年 6 月 12 日发布的《创业板上市公司证券发行注册管理办法（试行）》，创业板上市公司非公开发行股票首先应该符合创业板上市公司发行股票的一般规定。非公开发行股票的特定对象应当符合股东大会决议规定的条件，且每次发行对象不超过 35 名。

上市公司非公开发行股票确定发行价格和持股期限，应当符合下列规定：

（1）上市公司向特定对象发行股票，发行价格应当不低于定价基准日前 20 个交易日公司股票均价的 80％。定价基准日是指计算发行底价的基准日。

（2）向特定对象发行股票的定价基准日为发行期首日。上市公司应当以不低于发行底价的价格发行股票。

上市公司董事会决议提前确定全部发行对象，且发行对象属于下列情形之一的，定价基准日可以为关于本次发行股票的董事会决议公告日、股东大会决议公告日或者发行期首日：①上市公司的控股股东、实际控制人或者其控制的关联人；②通过认购本次发行的股票取得上市公司实际控制权的投资者；③董事会拟引入的境内外战略投资者。

（3）向特定对象发行股票发行对象属于“通过认购本次发行的股票取得上市公司实际控制权的投资者”以外的情形的，上市公司应当以竞价方式确定发行价格和发行对象。

董事会决议确定部分发行对象的，确定的发行对象不得参与竞价，且应当接受竞价结果，并明确在通过竞价方式未能产生发行价格的情况下，是否继续参与认购、价格确定原则及认购数量。

(4)向特定对象发行的股票，自发行结束之日起6个月内不得转让。发行对象属于“通过认购本次发行的股票取得上市公司实际控制权的投资者”情形的，其认购的股票自发行结束之日起18个月内不得转让。

(5)向特定对象发行股票的定价基准日为本次发行股票的董事会决议公告日或者股东大会决议公告日的，向特定对象发行股票的董事会决议公告后，出现下列情况需要重新召开董事会的，应当由董事会重新确定本次发行的定价基准日：①本次发行股票股东大会决议的有效期已过；②本次发行方案发生重大变化；③其他对本次发行定价具有重大影响的事项。

3. 科创板上市公司非公开发行股票的条件

根据中国证监会2020年7月3日发布的《科创板上市公司证券发行注册管理办法（试行）》，科创板上市公司向特定对象发行证券，发行对象应当符合股东大会决议规定的条件，且每次发行对象不超过35名。

科创板上市公司向特定对象发行股票确定发行价格和持股期限，应当符合下列规定：

(1)上市公司向特定对象发行股票，发行价格应当不低于定价基准日前20个交易日公司股票均价的80%。定价基准日是指计算发行底价的基准日。

(2)向特定对象发行股票的定价基准日为发行期首日。上市公司应当以不低于发行底价的价格发行股票。上市公司董事会决议提前确定全部发行对象，且发行对象属于下列情形之一的，定价基准日可以为关于本次发行股票的董事会决议公告日、股东大会决议公告日或者发行期首日：①上市公司的控股股东、实际控制人或者其控制的关联人；③通过认购本次发行的股票取得上市公司实际控制权的投资者；③董事会拟引入的境内外战略投资者。

(3)向特定对象发行股票发行对象属于“通过认购本次发行的股票取得上市公司实际控制权的投资者”以外的情形的，上市公司应当以竞价方式确定发行价格和发行对象。董事会决议确定部分发行对象的，确定的发行对象不得参与竞价，且应当接受竞价结果，并明确在通过竞价方式未能产生发行价格的情况下，是否继续参与认购、价格确定原则及认购数量。

(4)向特定对象发行的股票，自发行结束之日起6个月内不得转让。发行对象属于“通过认购本次发行的股票取得上市公司实际控制权的投资者”情形的，其认购的股票自发行结束之日起18个月内不得转让。

(5)向特定对象发行股票的定价基准日为本次发行股票的董事会决议公告日或者股东大会决议公告日的，向特定对象发行股票的董事会决议公告后，出现下列情况需要重新召开董事会的，应当由董事会重新确定本次发行的定价基准日：①本次发行股票股东大会决议的有效期已过；②本次发行方案发生重大变化；③其他对本次发行定价具有重大影响的事项。

二、发行新股的准备工作

(一)主板(中小企业板)新股发行的申请程序

根据中国证监会发布的《上市公司证券发行管理办法(2020年修订)》，主板(中小企业板)上市公司发行新股的申请程序如下：

1. 聘请保荐人

上市公司公开发行股票，应当由证券公司承销；非公开发行股票，如发行对象均属于原前

10名股东的，则可以由上市公司自行销售。上市公司申请公开发行证券或者非公开发行新股，应当由保荐人保荐，并向中国证监会申报。

2. 董事会做出决议

上市公司董事会依法就下列事项做出决议：新股发行的方案、本次募集资金使用的可行性报告、前次募集资金使用的报告、其他必须明确的事项，并提请股东大会批准。

3. 股东大会批准

股东大会应当就本次发行证券的种类和数量、发行方式、发行对象及向原股东配售的安排、定价方式或价格区间、募集资金用途、决议的有效期、对董事会办理本次发行具体事宜的授权、其他必须明确的事项进行逐项表决。股东大会就发行证券事项做出决议。必须经出席会议的股东所持表决权的2/3以上通过。向本公司特定的股东及其关联人发行证券的，股东大会就发行方案表决时，关联股东应当回避。

4. 编制和提交申请文件

拟发行新股的上市公司应当组织编制申请文件，申请文件包括公开募集证券说明书、发行公告、发行人关于本次证券发行的申请报告、法律意见书、募集资金投资项目的审批、核准或备案文件及其他文件等。申请文件一经受理，未经中国证监会同意不得增加、撤回或更换。保荐机构报送申请文件，初次报送应提交原件一份，复印件两份；在提交发行审核委员会审核之前，根据中国证监会要求的份数补报申请文件。

（二）创业板（科创板）新股发行的申请程序

根据中国证监会2020年6月12日发布的《创业板上市公司证券发行注册管理办法（试行）》以及中国证监会2020年7月3日发布的《科创板上市公司证券发行注册管理办法（试行）》，创业板（科创板）新股发行的申请程序如下：

1. 董事会做出决议

上市公司申请发行证券，董事会应当依法就下列事项做出决议，并提请股东大会批准：①本次证券发行的方案；②本次发行方案的论证分析报告；③本次募集资金使用的可行性报告；④其他必须明确的事项。

上市公司董事会拟引入战略投资者的，应当将引入战略投资者的事项作为单独议案，就每名战略投资者单独审议，并提交股东大会批准。

董事会依照前二款做出决议，董事会决议日与首次公开发行股票上市日的时间间隔不得少于6个月。

2. 董事会论证分析

董事会在编制本次发行方案的论证分析报告时，应当结合上市公司所处行业和发展阶段、融资规划、财务状况、资金需求等情况论证分析，独立董事应当发表专项意见。论证分析报告至少应当包括下列内容：①本次发行证券及其品种选择的必要性；②本次发行对象的选择范围、数量和标准的适当性；③本次发行定价的原则、依据、方法和程序的合理性；④本次发行方式的可行性；⑤本次发行方案的公平性、合理性；⑥本次发行对原股东权益或者即期回报摊薄的影响以及填补的具体措施。

3. 股东大会批准

股东大会就本次发行证券的种类和数量、发行方式、发行对象及向原股东配售的安排、定价方式或者价格区间、募集资金用途、决议的有效期、对董事会办理本次发行具体事宜的授权、其他必须明确的事项做出决定。股东大会就发行可转债做出决定。股东大会就发行证券事项做出决议，必须经出席会议的股东所持表决权的三分之二以上通过，中小投资者表决情况应当单独计票。向本公司特定的股东及其关联人发行证券的，股东大会就发行方案进行表决时，关联股东应当回避。股东大会对引入战略投资者议案做出决议的，应当就每名战略投资者单独表决。

上市公司年度股东大会可以根据公司章程的规定，授权董事会决定向特定对象发行融资总额不超过人民币3亿元且不超过最近一年末净资产20%的股票，该项授权在下一年度股东大会召开日失效。

4. 保荐人保荐

上市公司申请发行证券，应当按照中国证监会有关规定制作注册申请文件，依法由保荐人保荐并向交易所申报。

三、上市公司发行新股的推荐核准

本部分主要针对的是主板（中小企业板）上市公司发行新股的推荐核准。

根据中国证监会发布的《上市公司证券发行管理办法（2020年修订）》，主板（中小企业板）上市公司公开发行新股的推荐核准，包括由保荐人（主承销商）内核、出具发行保荐书、对承销商备案材料的合规性审核，以及由中国证监会受理文件、初审、发行审核委员会审核、核准发行等。

（一）保荐人（主承销商）的推荐

1. 内核

内核指的是指保荐人（主承销商）的内核小组核查拟向中国证监会报送的发行申请材料，确保证券发行不存在重大法律和政策障碍以及发行申请材料具有较高质量的行为。内核小组通常由8～15名专业人士组成，这些人员要保持稳定性和独立性；公司主管投资银行业务的负责人及投资银行部门的负责人通常为内核小组的成员。此外，内核小组成员中应有熟悉法律、财务的专业人员。

2. 出具发行保荐书

保荐人（主承销商）应当在内核程序结束后做出是否推荐发行的决定。如决定推荐发行，则应出具发行保荐书。

3. 对承销商备案材料的合规性审核

与首次公开发行股票一样，中国证监会应当对承销商的备案材料进行合规性审核。

（二）中国证监会的核准

中国证监会的核准程序如下：

1. 受理申请文件

中国证监会收到申请文件后，在5个工作日内做出是否受理的决定。未按规定的要求制作申请文件的，中国证监会不予受理。

2. 初审

中国证监会受理申请文件后，对发行人申请文件的合规性进行初审。

3. 发行审核委员会审核

（1）普通程序。发审委会议审核上市公司公开发行股票申请，适用普通程序。普通程序下，每次参加发审委会议的发审委委员为7名，表决投票时同意票数达到5票为通过，同意票数未达到5票为未通过。

发审委委员发现存在尚待调查核实并影响明确判断的重大问题，应当在发审委会议前以书面方式提议暂缓表决。发审委会议首先对该股票发行申请是否需要暂缓表决投票，同意票数达到5票的，可以对该股票发行申请暂缓表决；同意票数未达到5票的，发审委会议按正常程序审核该股票发行申请。

(2)特别程序。发审委会议审核上市公司非公开发行股票申请，适用特别程序。每次参加发审委会议的委员为5名。表决投票时同意票数达到3票为通过，同意票数未达到3票为未通过。

4. 核准发行

依据发审委的审核意见，中国证监会对发行人的发行申请做出核准或不予核准的决定。予以核准的，中国证监会出具核准公开发行的文件；不予核准的，中国证监会出具书面意见，说明不予核准的理由。证券发行申请未获核准的上市公司，自中国证监会做出不予核准的决定之日起6个月后，可再次提出证券发行申请。

中国证监会自受理申请文件到做出决定的期限为3个月。自中国证监会核准发行之日起，上市公司应在12个月内发行证券；超过12个月未发行的，核准文件失效，须重新经过中国证监会核准后方可发行。

四、创业板、科创板发行新股的注册程序

根据新《证券法》(2020年3月实施)、中国证监会2020年6月12日发布的《创业板上市公司证券发行注册管理办法(试行)》以及中国证监会2020年7月3日发布的《科创板上市公司证券发行注册管理办法(试行)》，创业板(科创板)发行新股的注册程序如下：

1. 授权部门

国务院证券监督管理机构或者国务院授权的部门依照法定条件负责证券发行申请的注册。证券公开发行注册的具体办法由国务院规定。

按照国务院的规定，证券交易所等可以审核公开发行证券申请，判断发行人是否符合发行条件、信息披露要求，督促发行人完善信息披露内容。

参与证券发行申请注册的人员，不得与发行申请人有利害关系，不得直接或者间接接受发行申请人的馈赠，不得持有所注册的发行申请的证券，不得私下与发行申请人接触。

2. 证券交易所受理申请文件

证券交易所收到注册申请文件后，5个工作日内做出是否受理的决定。申请文件受理后，未经中国证监会或者交易所同意，不得改动。

发生重大事项的，上市公司、保荐人、证券服务机构应当及时向交易所报告，并按要求更新申请文件和信息披露资料。

3. 证券交易所审核

(1)普通程序

交易所审核部门负责审核上市公司证券发行上市申请；科创板(创业板)上市委员会负责对上市公司向不特定对象发行证券的申请文件和审核部门出具的审核报告提出审议意见。

交易所主要通过向上市公司提出审核问询、上市公司回答问题方式开展审核工作，判断上市公司发行申请是否符合发行条件和信息披露要求。

上市公司应当向交易所报送审核问询回复的相关文件，并以临时公告的形式披露交易所审核问询回复意见。

交易所按照规定的条件和程序，形成上市公司是否符合发行条件和信息披露要求的审核

意见，认为上市公司符合发行条件和信息披露要求的，将审核意见、上市公司注册申请文件及相关审核资料报中国证监会注册；认为上市公司不符合发行条件或者信息披露要求的，做出终止发行上市审核决定。

交易所应当自受理注册申请文件之日起2个月内形成审核意见。

上市公司根据要求补充、修改申请文件，或者交易所按照规定对上市公司实施现场检查，要求保荐人、证券服务机构对有关事项进行专项核查，并要求上市公司补充、修改申请文件的时间不计算在内。

(2)特别程序(简易程序)

符合相关规定的上市公司申请向特定对象发行股票的，适用简易程序。

交易所采用简易程序的，应当在收到注册申请文件后，2个工作日内做出是否受理的决定，自受理之日起3个工作日内完成审核并形成上市公司是否符合发行条件和信息披露要求的审核意见。

交易所应当制定简易程序的业务规则，并报中国证监会批准。

4. 中国证监会注册发行

中国证监会依法履行发行注册程序，主要关注交易所发行上市审核内容有无遗漏，审核程序是否符合规定，以及上市公司在发行条件和信息披露要求的重大方面是否符合相关规定。中国证监会认为存在需要进一步说明或者落实事项的，可以要求交易所进一步问询。

中国证监会认为交易所对影响发行条件的重大事项未予关注或者交易所的审核意见依据明显不充分的，可以退回交易所补充审核。交易所补充审核后，认为上市公司符合发行条件和信息披露要求的，重新向中国证监会报送审核意见及相关资料。

中国证监会在15个工作日内对上市公司的注册申请做出予以注册或者不予注册的决定。上市公司根据要求补充、修改注册申请文件，或者中国证监会要求交易所进一步问询，要求保荐人、证券服务机构等对有关事项进行核查，对上市公司现场检查，并要求上市公司补充、修改申请文件的时间不计算在内。

中国证监会收到交易所依照简易程序报送的审核意见、上市公司注册申请文件及相关审核资料后，3个工作日内做出予以注册或者不予注册的决定。

中国证监会的予以注册决定，自做出之日起一年内有效，上市公司应当在注册决定有效期内发行证券，发行时点由上市公司自主选择。

适用简易程序的，应当在中国证监会做出予以注册决定后10个工作日内完成发行缴款，未完成的，本次发行批文失效。

5. 暂缓发行、撤销注册、终止发行

中国证监会做出予以注册决定后、上市公司证券上市交易前，上市公司应当及时更新信息披露文件；保荐人以及证券服务机构应当持续履行尽职调查职责；发生重大事项的，上市公司、保荐人应当及时向交易所报告。

交易所应当对上述事项及时处理，发现上市公司存在重大事项影响发行条件的，应当出具明确意见并及时向中国证监会报告。

中国证监会做出予以注册决定后、上市公司证券上市交易前，发现可能影响本次发行的重大事项的，中国证监会可以要求上市公司暂缓发行、上市；相关重大事项导致上市公司不符合发行条件的，应当撤销注册。

中国证监会撤销注册后，证券尚未发行的，上市公司应当停止发行；证券已经发行尚未上市的，上市公司应当按照发行价并加算银行同期存款利息返还证券持有人。

交易所认为上市公司不符合发行条件或者信息披露要求，做出终止发行上市审核决定，或者中国证监会做出不予注册决定的，自决定做出之日起6个月后，上市公司可以再次提出证券发行申请。

五、新股的发行方式

上市公司配股，应当向股权登记日登记在册的股东配售，且配售比例应当相同。

上市公司增发，可以全部或部分向原股东优先配售，优先配售比例应当在发行公告中披露。上市公司增发，主承销商可以对参与网下配售的机构投资者进行分类，对不同类别的机构投资者设定不同的配售比例，对同一类别的机构投资者应当按相同的比例配售。主承销商应当在发行公告中明确机构投资者的分类标准。主承销商未对机构投资者分类的，应当在网下配售和网上发行之间建立回拨机制，回拨后两者的获配比例应当一致。

上市公司非公开发行证券的，发行对象及其数量的选择应当符合中国证监会关于上市公司证券发行的相关规定。

六、新股发行、上市操作程序

以上海证券交易所操作流程为例，深圳证券交易所操作流程与上海证券交易所操作流程基本一致。

（一）增发及上市业务操作流程

1. 申请材料的提交

发行阶段主承销商和发行人应提交的材料有：(1)中国证监会的核准文件；(2)经中国证监会审核的全部发行申报材料；(3)发行的预计时间安排；(4)发行具体实施方案和发行公告；(5)相关招股意向书或者募集说明书；(6)交易所要求的其他文件。

2. 询价增发、比例配售及操作流程

(1)操作代码：向原股东配售，代码为“700×××”，配售简称为“×××配售”；新股东增发代码为“730×××”，增发简称为“×××增发”。

(2)操作流程

$T-3$日，招股意向书、网下发行公告和网上发行公告见报并见于交易所网站，上午上市公司股票停牌1小时。

$T-1$日，询价区间公告见报，股票停牌1个小时。

T日，增发发行日，老股东配售缴款日。

$T+1$日，主承销商联系会计师事务所。

$T+2$日，11:00之前，主承销商根据验资结果，确定本次网上网下发行数量、配售比例和发行价格。15:00之前，主承销商向上市公司送达验资报告。

$T+3$日，主承销商刊登《发行价格及配售情况结果公告》。

$T+4$日，股票复牌。

3. 定向增发及操作流程

(1)操作代码：定向增发如有原股东配售，代码为“700×××”，配售简称为“×××配售”；新股东增发代码为“730×××”，增发简称为“×××增发”。

(2)操作流程

$T-3$ 日,《招股意向书》《网下发行公告》和《网上发行公告》见报并见于交易所网站,上午上市公司股票停牌 1 小时。刊登询价区间公告前一日 15:45 前,将盖章后的价格区间公告送上海证券交易所。

$T-1$ 日,询价区间公告见报,股票停牌 1 个小时。

T 日,增发发行日、老股东配售缴款日。

$T+1$ 日,主承销商联系会计师事务所。如果采用摇号方式,还需联系公证处。

$T+2$ 日,11:00 前,主承销商根据验资结果,确定本次网上网下发行数量、配售比例和发行价格,盖章后将结果报上海证券交易所上市公司部;15:00 前,主承销商向上市公司部送达验资报告。主承销商拟订价格、申购数量及回拨情况等发行结果公告准备见报(注意:网上配售比例只能保留小数点后 3 位;网下配售比例不受限制,由此形成的余股由主承销商包销)。

$T+3$ 日,主承销商刊登《发行价格及配售情况结果公告》。

$T+4$ 日,网上未获售股票的资金解冻,网下发行申购资金验资。发行结束,股票复牌。

4. 增发股票上市

上市公司申请增发新股的可流通股份上市,应向证券交易所提交以下申请文件:(1)上市报告书(申请书);(2)申请上市的董事会和股东大会决议;(3)按照有关规定编制的上市公告书;(4)保荐协议和保荐人出具的上市保荐书;(5)发行结束后经具有执行证券、期货相关业务资格的会计师事务所出具的验资报告;(6)登记公司对新增股份登记托管的书面确认文件;(7)董事、监事和高级管理人员持股情况变动的报告;(8)股份变动报告书;(9)交易所要求的其他文件。

T 日增发新股可流通部分上市交易,当日股票不设涨跌幅限制。

(二)配股及上市业务操作流程

配股是上市公司向老股东定价、定量发行新股。发行人只需在其配股说明书中披露有关老股东申购办法,无须专门披露发行公告。配股发行应提交的材料与增发新股的要求一致。

配股简称为“×××配股”;配股代码为“700×××”。

$T-6$ 日,主承销商向交易所上市公司部报送有关材料,并开展配股说明书及附件的上网操作。

$T-5$ 日,配股说明书见报,配股说明书及附件见交易所网站。

T 日,股权登记日。

$T+1$ 日,除权基准日及缴款起始日。

$T+1$ 日至 $T+10$ 日,缴款期间。

七、上市公司发行新股的信息披露

(一)主板(中小企业版)发行新股的信息披露

根据中国证监会发布的《上市公司证券发行管理办法(2020 年修订)》,主板(中小企业板)发行新股的信息披露要求如下:

1. 申请过程中的信息披露

证券发行议案经董事会表决通过后,应当在两个工作日内报告证券交易所,公告召开股东大会的通知。使用募集资金收购资产或者股权的,应当在公告召开股东大会通知的同时,披露该资产或者股权的基本情况、交易价格、定价依据以及是否与公司股东或其他关联人存在利害关系。股东大会通过本次发行议案之日起 2 个工作日内,上市公司应当公布股东大会决议。

上市公司收到中国证监会关于本次发行申请的下列决定后，应当在下一个工作日公告：第一，不予受理或者终止审查；第二，不予核准或者予以核准。

上市公司决定撤回证券发行申请的，应当在撤回申请文件的次一工作日予以公告。

2. 增发和配股过程中的信息披露

增发新股过程中的信息披露，是指发行人从刊登招股意向书开始到股票上市为止，通过中国证监会指定报刊向社会公众发布的有关发行、定价及上市情况的各项公告。披露的信息主要包括：(1)招股意向书。(2)网上、网下发行公告。(3)网上或网下路演公告。(4)发行提示性公告。(5)网上、网下询价公告。(6)发行结果公告。(7)上市公告书。

可以通过证券交易所网站或通过中国证监会指定报刊披露信息。

(二)创业板(科创板)发行新股的信息披露

根据新《证券法》(2020 年 3 月实施)、中国证监会 2020 年 6 月 12 日发布的《创业板上市公司证券发行注册管理办法(试行)》以及中国证监会 2020 年 7 月 3 日发布的《科创板上市公司证券发行注册管理办法(试行)》，创业板(科创板)信息披露要求如下：

中国证监会依法制定募集说明书或者其他证券发行信息披露文件内容与格式准则、编报规则等信息披露规则，对申请文件和信息披露资料的内容、格式、编制要求、披露形式等做出规定。

交易所可以依据中国证监会部门规章和规范性文件，制定信息披露细则或者指引，在中国证监会确定的信息披露内容范围内，对信息披露提出细化和补充要求，报中国证监会批准后实施。

证券发行议案经董事会表决通过后，应当在 2 个工作日内披露，并及时公告召开股东大会的通知。

使用募集资金收购资产或者股权的，应当在公告召开股东大会通知的同时，披露该资产或者股权的基本情况、交易价格、定价依据以及是否与公司股东或者其他关联人存在利害关系。

股东大会通过本次发行议案之日起 2 个工作日内，上市公司应当披露股东大会决议公告。上市公司提出发行申请后，出现下列情形之一的，应当在下一个工作日予以公告：①收到交易所不予受理或者终止发行上市审核决定；②收到中国证监会终止发行注册决定；③收到中国证监会予以注册或者不予注册的决定；④上市公司撤回证券发行申请。

向不特定对象发行证券申请经注册后，上市公司应当在证券发行前 2～5 个工作日内将公司募集说明书刊登在交易所网站和符合中国证监会规定条件的网站，供公众查阅。

向特定对象发行证券申请经注册后，上市公司应当在证券发行前将公司募集文件刊登在交易所网站和符合中国证监会规定条件的网站，供公众查阅。

向特定对象发行证券的，上市公司应当在证券发行后的 2 个工作日内，将发行情况报告书刊登在交易所网站和符合中国证监会规定条件的网站，供公众查阅。

第四节　创业板首次公开发行股票的发行条件和注册程序

《创业板首次公开发行股票注册管理办法(试行)》已经 2020 年 6 月 1 日中国证券监督管理委员会 2020 年第 5 次委务会议审议通过，自 2020 年 6 月 12 日公布之日起施行。

一、首次公开发行股票的条件

发行人申请首次公开发行股票并在创业板上市，应当符合《证券法》《公司法》和《创业板首次公开发行股票注册管理办法（试行）》规定的发行条件。

发行人申请首次公开发行股票应当符合下列条件：

（1）发行人是依法设立且持续经营三年以上的股份有限公司，具备健全且运行良好的组织机构，相关机构和人员能够依法履行职责。有限责任公司按原账面净资产值折股整体变更为股份有限公司的，持续经营时间可以从有限责任公司成立之日起计算。

（2）发行人会计基础工作规范，财务报表的编制和披露符合企业会计准则和相关信息披露规则的规定，在所有重大方面公允地反映了发行人的财务状况、经营成果和现金流量，最近三年财务会计报告由注册会计师出具无保留意见的审计报告。发行人内部控制制度健全且被有效执行，能够合理保证公司运行效率、合法合规和财务报告的可靠性，并由注册会计师出具无保留结论的内部控制鉴证报告。

（3）发行人业务完整、具有直接面向市场独立持续经营的能力。

①资产完整，业务及人员、财务、机构独立，与控股股东、实际控制人及其控制的其他企业间不存在对发行人构成重大不利影响的同业竞争，不存在严重影响独立性或者显失公平的关联交易；

②主营业务、控制权和管理团队稳定，最近两年内主营业务和董事、高级管理人员均没有发生重大不利变化；控股股东和受控股股东、实际控制人支配的股东所持发行人的股份权属清晰，最近两年实际控制人没有发生变更，不存在导致控制权可能变更的重大权属纠纷；

③不存在涉及主要资产、核心技术、商标等的重大权属纠纷，重大偿债风险，重大担保、诉讼、仲裁等或有事项，经营环境已经或者将要发生重大变化等对持续经营有重大不利影响的事项。

（4）发行人生产经营符合法律、行政法规的规定，符合国家产业政策。

最近三年内，发行人及其控股股东、实际控制人不存在贪污、贿赂、侵占财产、挪用财产或者破坏社会主义市场经济秩序的刑事犯罪，不存在欺诈发行、重大信息披露违法或者其他涉及国家安全、公共安全、生态安全、生产安全、公众健康安全等领域的重大违法行为。

董事、监事和高级管理人员不存在最近三年内受到中国证监会行政处罚，或者因涉嫌犯罪正在被司法机关立案侦查或者涉嫌违法违规正在被中国证监会立案调查且尚未有明确结论意见等情形。

二、首次公开发行股票的注册程序

1. 董事会决议

发行人董事会应当依法就本次发行股票的具体方案、本次募集资金使用的可行性及其他必须明确的事项做出决议，并提请股东大会批准。本次发行股票是公开发售股份的，发行人董事会还应当依法合理制定股东公开发售股份的具体方案并提请股东大会批准。

2. 股东大会批准

发行人股东大会应当就本次发行股票做出决议，决议至少应当包括下列事项：（1）股票的种类和数量；（2）发行对象；（3）发行方式；（4）价格区间或者定价方式；（5）募集资金用途；（6）发行前滚存利润的分配方案；（7）决议的有效期；（8）对董事会办理本次发行具体事宜的授权；

(9)其他必须明确的事项。

3. 保荐人保荐

发行人应当按照中国证监会有关规定制作申请文件,由保荐人保荐并向中国证监会申报。

4. 交易所受理

交易所收到注册申请文件后,5个工作日内做出是否受理的决定。

注册申请文件受理后,未经中国证监会或者交易所同意,不得改动。发生重大事项的,发行人、保荐人、证券服务机构应当及时向交易所报告,并按要求更新注册申请文件和信息披露资料。

5. 交易所审核

交易所设立独立的审核部门,负责审核发行人公开发行并上市申请;设立行业咨询专家库,负责为创业板建设和发行上市审核提供专业咨询和政策建议;设立创业板上市委员会,负责对审核部门出具的审核报告和发行人的申请文件提出审议意见。交易所主要通过向发行人提出审核问询、发行人回答问题方式开展审核工作,判断发行人是否符合发行条件、上市条件和信息披露要求。

交易所按照规定的条件和程序,形成发行人是否符合发行条件和信息披露要求的审核意见。认为发行人符合发行条件和信息披露要求的,将审核意见、发行人注册申请文件及相关审核资料报中国证监会注册;认为发行人不符合发行条件或者信息披露要求的,做出终止发行上市审核决定。

交易所应当自受理注册申请文件之日起在规定的时限内形成审核意见。发行人根据要求补充、修改注册申请文件,或者交易所按照规定对发行人实施现场检查,要求保荐人、证券服务机构对有关事项进行专项核查,并要求发行人补充、修改申请文件的时间不计算在内。

6. 交易所接受社会监督

交易所应当提高审核工作透明度,接受社会监督,公开下列事项:(1)发行上市审核标准和程序等发行上市审核业务规则和相关业务细则;(2)在审企业名单、企业基本情况及审核工作进度;(3)发行上市审核问询及回复情况,但涉及国家秘密或者发行人商业秘密的除外;(4)上市委员会会议的时间、参会委员名单、审议的发行人名单、审议结果及现场问询问题;(5)对股票公开发行并上市相关主体采取的自律监管措施或者纪律处分;(6)交易所规定的其他事项。

7. 中国证监会注册审核

中国证监会依法履行发行注册程序,发行注册主要关注交易所发行上市审核内容有无遗漏,审核程序是否符合规定,以及发行人在发行条件和信息披露要求的重大方面是否符合相关规定。中国证监会认为存在需要进一步说明或者落实事项的,可以要求交易所进一步问询。中国证监会认为交易所对影响发行条件的重大事项未予关注或者交易所的审核意见依据明显不充分的,可以退回交易所补充审核。交易所补充审核后,认为发行人符合发行条件和信息披露要求的,重新向中国证监会报送审核意见及相关资料,注册期限重新计算。

中国证监会在20个工作日内对发行人的注册申请做出予以注册或者不予注册的决定。发行人根据要求补充、修改注册申请文件,或者中国证监会要求交易所进一步问询,要求保荐人、证券服务机构等对有关事项进行核查,对发行人现场检查,并要求发行人补充、修改申请文件的时间不计算在内。

中国证监会的予以注册决定,自做出之日起一年内有效,发行人应当在注册决定有效期内发行股票,发行时点由发行人自主选择。

8. 发行上市生变

中国证监会做出予以注册决定后、发行人股票上市交易前，发行人应当及时更新信息披露文件内容，财务报表已过有效期的，发行人应当补充财务会计报告等文件；保荐人以及证券服务机构应当持续履行尽职调查职责；发生重大事项的，发行人、保荐人应当及时向交易所报告。交易所应当对上述事项及时处理，发现发行人存在重大事项影响发行条件、上市条件的，应当出具明确意见并及时向中国证监会报告。

中国证监会做出予以注册决定后、发行人股票上市交易前，发现可能影响本次发行的重大事项的，中国证监会可以要求发行人暂缓发行、上市；相关重大事项导致发行人不符合发行条件的，应当撤销注册。中国证监会撤销注册后，股票尚未发行的，发行人应当停止发行；股票已经发行尚未上市的，发行人应当按照发行价并加算银行同期存款利息返还股票持有人。

9. 注册失败

交易所认为发行人不符合发行条件或者信息披露要求，做出终止发行上市审核决定，或者中国证监会做出不予注册决定的，自决定做出之日起六个月后，发行人可以再次提出公开发行股票并上市申请。

10. 中国证监会与交易所共同监管

中国证监会应当按规定公开股票发行注册行政许可事项相关的监管信息。中国证监会和交易所可以对发行人进行现场检查，可以要求保荐人、证券服务机构对有关事项进行专项核查并出具意见。中国证监会和交易所应当建立健全信息披露质量现场检查以及对保荐业务、发行承销业务的常态化检查制度。中国证监会与交易所建立全流程电子化审核注册系统，实现电子化受理、审核，发行注册各环节实时信息共享，并依法向社会公开相关信息。

三、首次公开发行股票的信息披露

（1）发行人应当按照中国证监会制定的信息披露规则，编制并披露招股说明书，保证相关信息真实、准确、完整。信息披露内容应当简明清晰，通俗易懂，不得有虚假记载、误导性陈述或者重大遗漏。中国证监会制定的信息披露规则是信息披露的最低要求。

（2）中国证监会依法制定招股说明书内容与格式准则、编报规则等信息披露规则，对相关信息披露文件的内容、格式、编制要求、披露形式等做出规定。交易所可以依据中国证监会部门规章和规范性文件，制定信息披露细则或指引，在中国证监会确定的信息披露内容范围内，对信息披露提出细化和补充要求，报中国证监会批准后实施。

（3）发行人及其董事、监事、高级管理人员应当在招股说明书上签字、盖章，发行人控股股东、实际控制人应当在招股说明书上签字、盖章，保荐人及其保荐代表人应当在招股说明书上签字、盖章，保证招股说明书的内容真实、准确、完整，不存在虚假记载、误导性陈述或者重大遗漏，按照诚信原则履行承诺，并声明承担相应法律责任。

（4）为证券发行出具专项文件的律师、注册会计师、资产评估人员、资信评级人员以及其所在机构，应当在招股说明书上签字、盖章，确认对发行人信息披露文件引用其出具的专业意见无异议，信息披露文件不因引用其出具的专业意见而出现虚假记载、误导性陈述或者重大遗漏，并声明承担相应的法律责任。

（5）发行人应当以投资者需求为导向，结合所属行业的特点和发展趋势，充分披露自身的创新、创造、创意特征，针对性披露科技创新、模式创新或者业态创新情况，以及对新旧产业融合的促进作用，充分披露业务模式、公司治理、发展战略、经营政策、会计政策、财务状况分析等信息。

(6)发行人应当以投资者需求为导向，精准清晰充分地披露可能对公司经营业绩、核心竞争力、业务稳定性以及未来发展产生重大不利影响的各种风险因素。

(7)发行人尚未盈利的，应当充分披露尚未盈利的成因，以及对公司现金流、业务拓展、人才吸引、团队稳定性、研发投入、战略性投入、生产经营可持续性等方面的影响。

(8)发行人应当披露募集资金的投向和使用管理制度，披露募集资金对发行人主营业务发展的贡献、未来经营战略的影响以及发行人业务创新、创造、创意性的支持作用。

(9)符合相关规定、存在特别表决权股份的企业申请首次公开发行股票并在创业板上市的，发行人应当在招股说明书等公开发行文件中，披露并特别提示差异化表决安排的主要内容、相关风险和对公司治理的影响，以及依法落实保护投资者合法权益的各项措施。

(10)发行人应当在招股说明书中披露公开发行股份前已发行股份的锁定期安排，特别是尚未盈利情况下发行人控股股东、实际控制人、董事、监事、高级管理人员股份的锁定期安排。保荐人和发行人律师应当就前款事项是否符合有关规定发表专业意见。

(11)招股说明书的有效期为六个月，自公开发行前最后一次签署之日起算。招股说明书引用经审计的财务报表在其最近一期截止日后6个月内有效，特殊情况下发行人可申请适当延长，但至多不超过3个月。财务报表应当以年度末、半年度末或者季度末为截止日。

(12)交易所受理注册申请文件后，发行人应当按规定，将招股说明书、发行保荐书、上市保荐书、审计报告和法律意见书等文件在交易所网站预先披露。

(13)预先披露的招股说明书及其他注册申请文件不能含有价格信息，发行人不得据此发行股票。发行人应当在预先披露的招股说明书显要位置做如下声明："本公司的发行申请尚需经交易所和中国证监会履行相应程序。本招股说明书不具有据以发行股票的法律效力，仅供预先披露之用。投资者应当以正式公告的招股说明书作为投资决定的依据。"

(14)交易所认为发行人符合发行条件和信息披露要求，将发行人注册申请文件报送中国证监会时，招股说明书、发行保荐书、上市保荐书、审计报告和法律意见书等文件应当同步在交易所网站和中国证监会网站公开。

(15)发行人在发行股票前应当在交易所网站和符合中国证监会规定条件的网站全文刊登招股说明书，同时在符合中国证监会规定条件的报刊刊登提示性公告，告知投资者网上刊登的地址及获取文件的途径。发行人可以将招股说明书以及有关附件刊登于其他网站，但披露内容应当完全一致，且不得早于在交易所网站、符合中国证监会规定条件的网站的披露时间。保荐人出具的发行保荐书、证券服务机构出具的文件以及其他与发行有关的重要文件应当作为招股说明书的附件。

四、首次公开发行股票的监督管理和法律责任

(1)中国证监会负责建立健全以信息披露为中心的注册制规则体系，制定股票发行注册并上市的规章规则，依法批准交易所制定的有关业务规则，并监督相关业务规则执行情况。

(2)中国证监会建立对交易所发行上市审核工作和发行承销过程监管的监督机制，持续关注交易所审核情况和发行承销过程监管情况。

(3)中国证监会对交易所发行上市审核和发行承销过程监管等相关工作进行年度例行检查，在检查过程中，可以调阅审核工作文件，列席相关审核会议。中国证监会定期或者不定期按一定比例对交易所发行上市审核和发行承销过程监管等相关工作进行抽查。对于中国证监

会在检查和抽查等监督过程中发现的问题，交易所应当整改。

(4)中国证监会建立对发行上市监管全流程的权力运行监督制约机制，对发行上市审核程序和发行注册程序相关内控制度运行情况进行督导督察，对廉政纪律执行情况和相关人员的履职尽责情况进行监督监察。

(5)交易所应当建立内部防火墙制度，发行上市审核部门、发行承销监管部门与其他部门隔离运行。参与发行上市审核的人员，不得与发行人及其控股股东、实际控制人、相关保荐人、证券服务机构有利害关系，不得直接或者间接与发行人、保荐人、证券服务机构有利益往来，不得持有发行人股票，不得私下与发行人接触。

(6)交易所应当建立定期报告制度，及时总结发行上市审核和发行承销监管的工作情况，并报告中国证监会。

(7)交易所发行上市审核工作有下列情形之一的，由中国证监会责令改正；情节严重的，追究直接责任人员相关责任：①未按审核标准开展发行上市审核工作；②未按审核程序开展发行上市审核工作；③不配合中国证监会对发行上市审核工作和发行承销监管工作的检查、抽查，或者不按中国证监会的整改要求整改。

(8)发行人在证券发行文件中隐瞒重要事实或者编造重大虚假内容的，中国证监会采取5年内不接受发行人公开发行证券相关文件的监管措施；对相关责任人员，视情节轻重，采取认定为不适当人选的监管措施，或者采取证券市场禁入的措施。

(9)发行人存在“注册申请文件存在虚假记载、误导性陈述或者重大遗漏”“发行人阻碍或者拒绝中国证监会、交易所依法对发行人实施检查、核查”“发行人及其关联方以不正当手段严重干扰发行上市审核或者发行注册工作”三种情形，重大事项未报告、未披露，或者发行人及其董事、监事、高级管理人员、控股股东、实际控制人的签字、盖章系伪造或者变造的，中国证监会采取3～5年内不接受发行人公开发行证券相关文件的监管措施。

(10)发行人的控股股东、实际控制人违反《创业板首次公开发行股票注册管理办法(试行)》规定，致使发行人所报送的注册申请文件和披露的信息存在虚假记载、误导性陈述或者重大遗漏，或者组织、指使发行人进行财务造假、利润操纵或者在证券发行文件中隐瞒重要事实或编造重大虚假内容的，中国证监会视情节轻重，对相关单位和责任人员采取1～5年内不接受相关单位及其控制的下属单位公开发行证券相关文件，对责任人员采取认定为不适当人选等监管措施，或者采取证券市场禁入的措施。发行人的董事、监事和高级管理人员违反规定，致使发行人所报送的注册申请文件和披露的信息存在虚假记载、误导性陈述或者重大遗漏的，中国证监会视情节轻重，对责任人员采取认定为不适当人选等监管措施，或者采取证券市场禁入的措施。

(11)保荐人未勤勉尽责，致使发行人信息披露资料存在虚假记载、误导性陈述或者重大遗漏的，中国证监会视情节轻重，采取暂停保荐人业务资格1～3年，或者责令保荐人更换相关负责人的监管措施；情节严重的，撤销保荐人业务资格，并对相关责任人员采取证券市场禁入的措施。保荐代表人未勤勉尽责，致使发行人信息披露资料存在虚假记载、误导性陈述或者重大遗漏的，按规定认定为不适当人选。证券服务机构未勤勉尽责，致使发行人信息披露资料中与其职责有关的内容及其所出具的文件存在虚假记载、误导性陈述或者重大遗漏的，中国证监会视情节轻重，采取3个月至3年不接受相关单位及其责任人员出具的发行证券专项文件的监管措施；情节严重的，对证券服务机构相关责任人员采取证券市场禁入的措施。

(12)保荐人存在下列情形之一的，中国证监会视情节轻重，采取暂停保荐人业务资格3个月至3年的监管措施；情节特别严重的，撤销其业务资格：①伪造或者变造签字、盖章；②重大事项未报告、未披露；③以不正当手段干扰审核注册工作；④不履行其他法定职责。保荐代表人存在前款规定情形的，中国证监会视情节轻重，3个月至3年不受理其具体负责的推荐；情节严重的，认定为不适当人选。证券服务机构及其相关人员存在第一款规定情形的，中国证监会视情节轻重，采取3个月至3年不接受相关单位及其责任人员出具的发行证券专项文件的监管措施。

(13)保荐人、证券服务机构存在以下情形之一的，中国证监会视情节轻重，采取责令改正、监管谈话、出具警示函、1年内不接受相关单位及其责任人员出具的与注册申请有关的文件等监管措施；情节严重的，可以同时采取3个月到1年内不接受相关单位及其责任人员出具的发行证券专项文件的监管措施：①制作或者出具的文件不齐备或者不符合要求；②擅自改动注册申请文件、信息披露资料或者其他已提交文件；③注册申请文件或者信息披露资料存在相互矛盾或者同一事实表述不一致且有实质性差异；④文件披露的内容表述不清，逻辑混乱，严重影响投资者理解；⑤未及时报告或者未及时披露重大事项。发行人存在前款规定情形的，中国证监会视情节轻重，采取责令改正、监管谈话、出具警示函、6个月至1年内不接受发行人公开发行证券相关文件的监管措施。

(14)发行人披露盈利预测，利润实现数如未达到盈利预测的80%的，除因不可抗力外，其法定代表人、财务负责人应当在股东大会以及交易所网站、符合中国证监会规定条件的媒体上公开做出解释并道歉；中国证监会可以对法定代表人处以警告。利润实现数未达到盈利预测的50%的，除因不可抗力外，中国证监会在3年内不受理该公司的公开发行证券申请。注册会计师为上述盈利预测出具审核报告的过程中未勤勉尽责的，中国证监会视情节轻重，对相关机构和责任人员采取监管谈话等监管措施；情节严重的，给予警告等行政处罚。

(15)发行人及其控股股东和实际控制人、董事、监事、高级管理人员，保荐人、承销商、证券服务机构及其相关执业人员，在股票公开发行并上市相关的活动中存在其他违规行为的，中国证监会视情节轻重，采取责令改正、监管谈话、出具警示函、责令公开说明、责令定期报告、认定为不适当人选、暂不受理与行政许可有关的文件等监管措施，或者采取证券市场禁入的措施。

(16)发行人及其控股股东、实际控制人、保荐人、证券服务机构及其相关人员违反《中华人民共和国证券法》依法应予以行政处罚的，中国证监会将依法予以处罚。涉嫌犯罪的，依法移送司法机关，追究其刑事责任。

(17)交易所负责对发行人及其控股股东、实际控制人、保荐人、承销商、证券服务机构等进行自律监管。中国证券业协会负责制定保荐业务、发行承销自律监管规则，对保荐人、承销商、保荐代表人、网下投资者进行自律监管。交易所和中国证券业协会应当对发行上市过程中违反自律监管规则的行为采取自律监管措施或者给予纪律处分。

(18)中国证监会将遵守《创业板首次公开发行股票注册管理办法(试行)》的情况记入证券市场诚信档案，会同有关部门加强信息共享，依法实施守信激励与失信惩戒。

第五节　科创板首次公开发行股票的发行条件和注册程序

为贯彻落实党中央、国务院关于设立科创板并试点注册制的重大决策部署，中国证券监督管理委员会2019年3月1日通过了《科创板首次公开发行股票注册管理办法(试行)》，并正式施行。

《科创板首次公开发行股票注册管理办法(试行)》共 8 章、79 条,包括总则、发行条件、注册程序、信息披露、发行承销的特别规定、上市保荐的特别规定、监督管理和法律责任、附则。

一、首次公开发行股票的条件

发行人申请首次公开发行股票并在科创板上市,应当符合科创板定位,面向世界科技前沿、面向经济主战场、面向国家重大需求。优先支持符合国家战略,拥有关键核心技术,科技创新能力突出,主要依靠核心技术开展生产经营,具有稳定的商业模式,市场认可度高,社会形象良好,具有较强成长性的企业。

发行人申请首次公开发行股票并在科创板上市,应符合以下发行条件:

(1)发行人是依法设立且持续经营 3 年以上的股份有限公司,具备健全且运行良好的组织机构,相关机构和人员能够依法履行职责。有限责任公司按原账面净资产值折股整体变更为股份有限公司的,持续经营时间可以从有限责任公司成立之日起计算。

(2)发行人会计基础工作规范,财务报表的编制和披露符合企业会计准则和相关信息披露规则的规定,在所有重大方面公允地反映了发行人的财务状况、经营成果和现金流量,并由注册会计师出具标准、无保留意见的审计报告。发行人内部控制制度健全且被有效执行,能够合理保证公司运行效率、合法合规和财务报告的可靠性,并由注册会计师出具无保留结论的内部控制鉴证报告。

(3)发行人业务完整,具有直接面向市场独立持续经营的能力:

①资产完整,业务及人员、财务、机构独立,与控股股东、实际控制人及其控制的其他企业间不存在对发行人构成重大不利影响的同业竞争,不存在严重影响独立性或者显失公平的关联交易。

②发行人主营业务、控制权、管理团队和核心技术人员稳定,最近 2 年内主营业务和董事、高级管理人员及核心技术人员均没有发生重大不利变化;控股股东和受控股股东、实际控制人支配的股东所持发行人的股份权属清晰,最近 2 年实际控制人没有发生变更,不存在导致控制权可能变更的重大权属纠纷。

③发行人不存在主要资产、核心技术、商标等的重大权属纠纷,重大偿债风险,重大担保、诉讼、仲裁等或有事项,经营环境已经或者将要发生重大变化等对持续经营有重大不利影响的事项。

(4)生产经营合法合规,相关主体不存在法定的违法违规记录。

①发行人生产经营符合法律、行政法规的规定,符合国家产业政策。

②最近 3 年内发行人及其控股股东、实际控制人不存在贪污、贿赂、侵占财产、挪用财产或者破坏社会主义市场经济秩序的刑事犯罪,不存在欺诈发行、重大信息披露违法或者其他涉及国家安全、公共安全、生态安全、生产安全、公众健康安全等领域的重大违法行为。

③董事、监事和高级管理人员不存在最近 3 年内受到中国证监会行政处罚,或者因涉嫌犯罪被司法机关立案侦查或者涉嫌违法违规被中国证监会立案调查,尚未有明确结论意见等情形。

二、首次公开发行股票的注册程序

(1)发行人董事会应当依法就本次股票发行的具体方案、本次募集资金使用的可行性及其他必须明确的事项做出决议,并提请股东大会批准。

(2)发行人股东大会就本次发行股票做出的决议，至少应当包括下列事项：本次公开发行股票的种类和数量；发行对象；定价方式；募集资金用途；发行前滚存利润的分配方案；决议的有效期；对董事会办理本次发行具体事宜的授权；其他必须明确的事项。

(3)发行人申请首次公开发行股票并在科创板上市，应当按照中国证监会有关规定制作注册申请文件，由保荐人保荐并向交易所申报。交易所收到注册申请文件后，5个工作日内做出是否受理的决定。自注册申请文件受理之日起，发行人及其控股股东、实际控制人、董事、监事、高级管理人员，以及与本次股票公开发行并上市相关的保荐人、证券服务机构及相关责任人员，即承担相应法律责任。注册申请文件受理后，未经中国证监会或者交易所同意，不得改动。发生重大事项的，发行人、保荐人、证券服务机构应当及时向交易所报告，并按要求更新注册申请文件和信息披露资料。

(4)交易所设立独立的审核部门，负责审核发行人公开发行并上市申请；设立科技创新咨询委员会，负责为科创板建设和发行上市审核提供专业咨询和政策建议；设立科创板上市委员会，负责对审核部门出具的审核报告提出审议意见。交易所主要通过向发行人提出审核问询、发行人回答问题方式开展审核工作，基于科创板定位，判断发行人是否符合发行条件、上市条件和信息披露要求。

(5)交易所应当自受理注册申请文件之日起3个月内形成审核意见。发行人根据要求补充、修改注册申请文件，以及交易所按照规定对发行人实施现场检查，或者要求保荐人、证券服务机构对有关事项进行专项核查的时间不计算在内。交易所按照规定的条件和程序，做出同意或者不同意发行人股票公开发行并上市的审核意见。同意发行人股票公开发行并上市的，将审核意见、发行人注册申请文件及相关审核资料报送中国证监会履行发行注册程序。不同意发行人股票公开发行并上市的，做出终止发行上市审核决定。

(6)中国证监会收到交易所报送的审核意见、发行人注册申请文件及相关审核资料后，履行发行注册程序。发行注册主要关注交易所发行上市审核内容有无遗漏，审核程序是否符合规定，以及发行人在发行条件和信息披露要求的重大方面是否符合相关规定。中国证监会认为存在需要进一步说明或者落实事项的，可以要求交易所进一步问询。

(7)中国证监会在20个工作日内对发行人的注册申请做出同意注册或者不予注册的决定。发行人根据要求补充、修改注册申请文件，中国证监会要求交易所进一步问询，以及中国证监会要求保荐人、证券服务机构等对有关事项进行核查的时间不计算在内。

(8)中国证监会同意注册的决定自做出之日起6个月内有效，发行人应当在注册决定有效期内发行股票，发行时点由发行人自主选择。

(9)中国证监会做出注册决定后、发行人股票上市交易前，发行人应当及时更新信息披露文件内容，财务报表过期的，发行人应当补充财务会计报告等文件；保荐人及证券服务机构应当持续履行尽职调查职责；发生重大事项的，发行人、保荐人应当及时向交易所报告。

(10)中国证监会做出注册决定后、发行人股票上市交易前，发现可能影响本次发行的重大事项的，中国证监会可以要求发行人暂缓或者暂停发行、上市；相关重大事项导致发行人不符合发行条件的，可以撤销注册。中国证监会撤销注册后，股票尚未发行的，发行人应当停止发行；股票已经发行尚未上市的，发行人应当按照发行价并加算银行同期存款利息返还股票持有人。

(11)交易所因不同意发行人股票公开发行并上市，做出终止发行上市审核决定，或者中国证监会做出不予注册决定的，自决定做出之日起6个月后，发行人可以再次提出公开发行股票并上市申请。

三、首次公开发行股票的信息披露

(1)发行人申请首次公开发行股票并在科创板上市，应当按照中国证监会制定的信息披露规则，编制并披露招股说明书，保证相关信息真实、准确、完整。信息披露内容应当简明易懂，语言应当浅白平实，以便投资者阅读、理解。中国证监会制定的信息披露规则是信息披露的最低要求。不论上述规则是否有明确规定，凡是对投资者做出价值判断和投资决策有重大影响的信息，发行人均应当予以披露。

(2)中国证监会依法制定招股说明书内容与格式准则、编报规则，对注册申请文件和信息披露资料的内容、格式、编制要求、披露形式等做出规定。交易所可以依据中国证监会部门规章和规范性文件，制定信息披露细则或者指引，在中国证监会确定的信息披露内容范围内，对信息披露提出细化和补充要求，报中国证监会批准后实施。

(3)发行人及其董事、监事、高级管理人员应当在招股说明书上签字、盖章，保证招股说明书的内容真实、准确、完整，不存在虚假记载、误导性陈述或者重大遗漏，并声明承担相应法律责任。发行人控股股东、实际控制人应当在招股说明书上签字、盖章，确认招股说明书的内容真实、准确、完整，不存在虚假记载、误导性陈述或者重大遗漏，并声明承担相应法律责任。

(4)保荐人及其保荐代表人应当在招股说明书上签字、盖章，确认招股说明书的内容真实、准确、完整，不存在虚假记载、误导性陈述或者重大遗漏，并声明承担相应的法律责任。

(5)为证券发行出具专项文件的律师、注册会计师、资产评估人员、资信评级人员及其所在机构，应当在招股说明书上签字、盖章，确认对发行人信息披露文件引用其出具的专业意见无异议，信息披露文件不因引用其出具的专业意见而出现虚假记载、误导性陈述或者重大遗漏，并声明承担相应的法律责任。

(6)发行人应当根据自身特点，有针对性地披露行业特点、业务模式、公司治理、发展战略、经营政策、会计政策，充分披露科研水平、科研人员、科研资金投入等相关信息，并充分揭示可能对公司核心竞争力、经营稳定性以及未来发展产生重大不利影响的风险因素。发行人尚未盈利的，应当充分披露尚未盈利的成因，以及对公司现金流、业务拓展、人才吸引、团队稳定性、研发投入、战略性投入、生产经营可持续性等方面的影响。

(7)发行人应当披露其募集资金使用管理制度，以及募集资金重点投向科技创新领域的具体安排。

(8)存在特别表决权股份的境内科技创新企业申请首次公开发行股票并在科创板上市的，发行人应当在招股说明书等公开发行文件中，披露并特别提示差异化表决安排的主要内容、相关风险和对公司治理的影响，以及依法落实保护投资者合法权益的各项措施。保荐人和发行人律师应当就公司章程规定的特别表决权股份的持有人资格、特别表决权股份拥有的表决权数量与普通股份拥有的表决权数量的比例安排、持有人所持特别表决权股份能够参与表决的股东大会事项范围、特别表决权股份锁定安排及转让限制等事项是否符合交易所有关规定发表专业意见。

(9)发行人应当在招股说明书中披露，公开发行股份前已发行股份的锁定期安排，特别是核心技术团队股份的锁定期安排以及尚未盈利情况下发行人控股股东、实际控制人、董事、监事、高级管理人员、核心技术人员股份的锁定期安排。保荐人和发行人律师应当就上述事项是否符合交易所有关规定发表专业意见。

(10)招股说明书的有效期为6个月,自公开发行前最后一次签署之日起计算。招股说明书引用经审计的财务报表在其最近一期截止日后6个月内有效,特殊情况下发行人可申请适当延长,但至多不超过1个月。财务报表应当以年度末、半年度末或者季度末为截止日。

(11)交易所受理注册申请文件后,发行人应当按交易所规定,将招股说明书、发行保荐书、上市保荐书、审计报告和法律意见书等文件在交易所网站预先披露。

(12)预先披露的招股说明书及其他注册申请文件不能含有价格信息,发行人不得据此发行股票。发行人应当在预先披露的招股说明书显要位置做如下声明:"本公司的发行申请尚需经上海证券交易所和中国证监会履行相应程序。本招股说明书不具有据以发行股票的法律效力,仅供预先披露之用。投资者应当以正式公告的招股说明书作为投资决定的依据。"

(13)交易所审核同意后,将发行人注册申请文件报送中国证监会时,招股说明书、发行保荐书、上市保荐书、审计报告和法律意见书等文件应在交易所网站和中国证监会网站公开。

(14)发行人股票发行前应当在交易所网站和中国证监会指定网站全文刊登招股说明书,同时在中国证监会指定报刊刊登提示性公告,告知投资者网上刊登的地址及获取文件的途径。发行人可以将招股说明书以及有关附件刊登于其他报刊和网站,但披露内容应当完全一致,且不得早于在交易所网站、中国证监会指定报刊和网站的披露时间。保荐人出具的发行保荐书、证券服务机构出具的文件及其他与发行有关的重要文件应当作为招股说明书的附件,在交易所网站和中国证监会指定的网站披露,以备投资者查阅。

四、首次公开发行股票的监督管理和法律责任

(1)中国证监会负责建立健全以信息披露为中心的注册制规则体系,制定股票发行注册并上市的规章规则,依法批准交易所制定的上市条件、审核标准、审核程序、上市委员会制度、信息披露、保荐、发行承销等方面的制度规则,指导交易所制定与发行上市审核相关的其他业务规则。

(2)中国证监会建立对交易所发行上市审核工作和发行承销过程监管的监督机制,持续关注交易所审核情况和发行承销过程监管情况;发现交易所自律监管措施或者纪律处分失当的,可以责令交易所改正。

(3)中国证监会对交易所发行上市审核和发行承销过程监管等相关工作进行年度例行检查。在检查过程中,可以调阅审核工作文件,列席相关审核会议。中国证监会定期或者不定期按一定比例对交易所发行上市审核和发行承销过程监管等相关工作进行抽查。中国证监会在检查和抽查过程中发现问题,交易所应当整改。

(4)中国证监会建立对发行上市监管全流程的权力运行监督制约机制,对发行上市审核程序和发行注册程序相关内控制度运行情况进行督导督察,对廉政纪律执行情况和相关人员的履职尽责情况进行监督监察。

(5)交易所应当建立内部防火墙制度,发行上市审核部门、发行承销监管部门与其他部门隔离运行。参与发行上市审核的人员,不得与发行人及其控股股东、实际控制人和相关中介机构有利害关系,不得直接或者间接与发行人、保荐人、证券服务机构有利益往来,不得持有发行人股票,不得私下与发行人接触。

(6)交易所应当建立定期报告制度,及时总结发行上市审核和发行承销监管的工作情况,并报告中国证监会。

(7)交易所发行上市审核工作有下列情形之一的,由中国证监会责令改正;情节严重的,追

究直接责任人员相关责任:①未按审核标准开展发行上市审核工作;②未按审核程序开展发行上市审核工作;③不配合中国证监会对发行上市审核工作和发行承销监管工作的检查、抽查,或者不按中国证监会的整改要求进行整改。

(8)发行人不符合发行上市条件,以欺骗手段骗取发行注册的,中国证监会将自确认之日起采取5年内不接受发行人公开发行证券相关文件的监管措施。对相关责任人员,视情节轻重,认定为不适当人选的监管措施,或者采取证券市场禁入的措施。

(9)发行人有《科创板首次公开发行股票注册管理办法》第67条规定的行为,已经发行上市的,中国证监会在做出行政处罚的同时,可以责令上市公司及其控股股东、实际控制人在一定期间从投资者手中购回本次公开发行的股票。上市公司及其控股股东、实际控制人在法定期限内不申请行政复议或者提请行政诉讼,又不履行购回义务的,中国证监会可以依照《中华人民共和国行政强制法》的规定申请人民法院强制执行。本条所称投资者是指自发行人首次公开发行,至欺诈发行揭露日期间买入股票,且在购回时仍然持有股票的投资者。前款所称欺诈发行揭露日是指欺诈发行在全国范围发行或者播放的报刊、电台、电视台等媒体上,或者在权威的网络媒体上首次被公开揭露之日。上市公司及其控股股东、实际控制人购回股票时,若股票的交易价格低于投资者买入股票时的价格,应当按照买入价并加算银行同期存款利息购回股票;若股票的交易价格高于投资者买入股票时的价格,应当按照股票交易价格购回股票。责令购回的具体规则由中国证监会另行规定。

(10)发行人存在"注册申请文件存在虚假记载、误导性陈述或者重大遗漏""发行人阻碍或者拒绝中国证监会、交易所依法对发行人实施检查、核查""发行人及其关联方以不正当手段严重干扰发行上市审核或者发行注册工作"三种情形,或者发行人及其董事、监事、高级管理人员、控股股东、实际控制人的签名、盖章系伪造或者变造的,中国证监会将自确认之日起采取3年至5年内不接受发行人公开发行证券相关文件的监管措施。

(11)发行人的控股股东、实际控制人违反《科创板首次公开发行股票注册管理办法》规定,致使发行人所报送的注册申请文件和披露的信息存在虚假记载、误导性陈述或者重大遗漏,或者纵容、指使、协助发行人进行财务造假、利润操纵或者有意隐瞒其他重要信息等骗取发行注册行为的,中国证监会可以视情节轻重,对相关单位和责任人员采取自确认之日起1到5年内不接受相关单位及其控制的下属单位公开发行证券相关文件,对责任人员采取认定为不适当人选等监管措施。发行人的董事、监事和高级管理人员违反《科创板首次公开发行股票注册管理办法》规定,致使发行人所报送的注册申请文件和披露的信息存在虚假记载、误导性陈述或者重大遗漏的,中国证监会可以对责任人员采取认定为不适当人选等监管措施。

(12)保荐人未勤勉尽责,致使发行人信息披露资料存在虚假记载、误导性陈述或者重大遗漏的,中国证监会将视情节轻重,采取自确认之日起暂停保荐人业务资格1～3年,责令保荐人更换相关负责人的监管措施;情节严重的,撤销保荐人业务资格,对相关责任人员采取证券市场禁入的措施。保荐代表人未勤勉尽责,致使发行人信息披露资料存在虚假记载、误导性陈述或者重大遗漏的,按规定撤销保荐代表人资格。证券服务机构未勤勉尽责,致使发行人信息披露资料中与其职责有关的内容及其所出具的文件存在虚假记载、误导性陈述或者重大遗漏的,中国证监会将视情节轻重,自确认之日起采取3个月至3年不接受相关单位及其责任人员出具的发行证券专项文件的监管措施;情节严重的,对证券服务机构相关责任人员采取证券市场禁入的措施。

(13)保荐人存在以下情形的,中国证监会可以视情节轻重,采取自确认之日起暂停保荐人业务资格3个月至3年的监管措施；情节特别严重的，撤销其业务资格：①伪造或者变造签字、盖章；②重大事项未及时报告或者未及时披露；③以不正当手段干扰注册审核工作；④不履行其他法定职责。保荐代表人存在前款规定情形的，视情节轻重，按规定暂停保荐代表人资格3个月至3年；情节特别严重的，按规定撤销保荐代表人资格。证券服务机构及其相关人员存在第一款规定情形的，中国证监会可以视情节轻重，采取3个月至3年不接受相关单位及其责任人员出具的发行证券专项文件的监管措施。

(14)发行人公开发行证券上市当年利润大幅下滑导致亏损的，中国证监会自确认之日起暂停保荐人的保荐人资格3个月，撤销相关人员的保荐代表人资格，尚未盈利的企业除外。

(15)发行人、保荐人、证券服务机构存在以下情形的，中国证监会可以视情节轻重，采取责令改正、监管谈话、出具警示函、1年内不接受相关单位及其责任人员出具的与注册申请有关的文件等监管措施；情节严重的，可以同时采取3个月内不接受相关单位及其责任人员出具的发行证券专项文件的监管措施：①制作或者出具的文件不齐备或者不符合要求；②擅自改动注册申请文件、信息披露资料或者其他已提交文件；③注册申请文件或者信息披露资料存在相互矛盾或者同一事实表述不一致且有实质性差异；④文件披露的内容表述不清，逻辑混乱，严重影响投资者理解；⑤发行人对重大事项未及时报告或者未及时披露。

(16)发行人披露盈利预测的，利润实现数如未达到盈利预测的80%，除因不可抗力外，其法定代表人、财务负责人应当在股东大会及中国证监会指定报刊上公开做出解释并道歉；中国证监会可以对法定代表人处以警告。利润实现数未达到盈利预测的50%的，除因不可抗力外，中国证监会在3年内不受理该公司的公开发行证券申请。注册会计师为上述盈利预测出具审核报告的过程中未勤勉尽责的，中国证监会将视情节轻重，对相关机构和责任人员采取监管谈话等监管措施，记入诚信档案并公布；情节严重的，给予警告等行政处罚。

(17)发行人及其控股股东和实际控制人、董事、监事、高级管理人员，保荐人、承销商、证券服务机构及其相关执业人员，在股票公开发行并上市相关的活动中存在其他违反《科创板首次公开发行股票注册管理办法》规定行为的，中国证监会可以视情节轻重，采取监管措施，或者采取证券市场禁入的措施。

(18)发行人及其控股股东、实际控制人、保荐人、证券服务机构及其相关人员违反《中华人民共和国证券法》依法应予以行政处罚的，中国证监会将依法予以处罚；对欺诈发行、虚假陈述负有责任的发行人、保荐人、会计师事务所、律师事务所、资产评估机构及其责任人员依法从重处罚。涉嫌犯罪的，依法移送司法机关，追究其刑事责任。

(19)交易所负责对发行人及其控股股东、实际控制人、保荐人、承销商、证券服务机构等进行自律监管。中国证券业协会负责制定保荐业务、发行承销自律监管规则，对保荐人、承销商、保荐代表人、网下投资者进行自律监管。交易所和中国证券业协会应当对发行上市过程中违反自律监管规则的行为采取自律监管措施或者纪律处分。

第六节 北交所发行股票的发行条件和注册程序

一、北京证券交易所概述

(一)北交所基本情况

北京证券交易所(简称北交所)于2021年9月3日注册成立，是经国务院批准设立的我国第一家公司制证券交易所，受中国证监会监督管理。全国中小企业股份转让系统有限责任公司（简称“股转公司”）对其100%持股。北交所依法为证券集中交易提供场所和设施、组织和监督证券交易以及证券市场管理服务等业务。

2021年11月15日，北京证券交易所正式开市。

北交所基本制度以新三板精选层制度为基础，同时参考借鉴了沪深交易所的相关制度并已具雏形，已成为中国渐进性、连续性的多层次资本市场基本制度的重要组成部分。

（二）北交所与新三板的关系

1. 北交所与全国股转系统密不可分

北交所将总体平移精选层各项基础制度，同步试点证券发行注册制。精选层也将随之退出历史舞台。在与新三板的关系上，北交所与新三板现有创新层、基础层坚持统筹协调与制度联动，维护市场结构平衡。新三板基础层、创新层仍作为全国性证券交易场所服务于全国中小企业。

2. 北交所独立于全国股转系统

全国股转系统及北交所均属于全国性证券交易场所，但是，全国股转系统为《证券法》规定的“其他全国性证券交易场所”，服务于非上市的公众公司；北交所为独立的证券交易所，服务于上市公司。因此，北交所独立于全国股转系统。

3. 全国股份转让系统公司是全国股转系统的直接运营机构

根据《中华人民共和国公司法》等相关法律法规的规定，股东与公司之间是独立的。全国股份转让系统公司为北交所的法人股东，北交所与全国股份转让系统公司彼此独立，独立运营。全国股转系统与北交所为全国股份转让系统公司管理或影响下的两个平行主体。

（三）北交所服务对象

1. 北交所上市公司来源

北交所整体承接精选层，将精选层现有挂牌公司全部转为北交所上市公司，新增上市公司由符合条件的创新层挂牌公司产生。创新层、基础层是北交所上市公司的来源，北交所现阶段仅接受在新三板挂牌满12个月的创新层挂牌公司，企业资源充足。新三板对不同成长阶段、不同类型的中小企业进行培育和规范，提供更加包容、精准的市场服务，推动中小企业更早熟悉、更早进入资本市场，增强信息披露意识，加强公司治理，加强合规学习，进而向北交所提供优质上市资源。

2.“专精特新”企业为北交所的核心服务对象

根据中国证监会2021年9月3日发布的《北京证券交易所向不特定合格投资者公开发行股票注册管理办法（试行）》，北交所将重点立足于“专精特新”“小巨人”中小企业，促进新兴产业发展。北交所重点支持先进制造业和现代服务业等领域的企业，旨在培育一批专精特新中小企业，形成创新创业热情高涨、合格投资者踊跃参与、中介机构归位尽责的良性市场生态。

3. 北交所服务公司的规模

北交所精准定位“中小企业”，连接了新三板现有创新层、基础层与沪深交易所，助力形成中小企业实现从创业、成长到成熟过程在资本市场股权融资市场的全链条。北交所目前的定位是主要服务于来源于创新层的挂牌公司，其服务企业对象规模较沪深交易所“更早、更小、更新”。

二、北交所首次公开发行股票的条件和注册程序

北交所首次公开发行股票的条件和程序依据是《北京证券交易所向不特定合格投资者公

开发行股票注册管理办法(试行)》(2021 年 11 月 15 日施行)。

(一)北交所首次公开发行股票的条件

发行人应当为在全国股转系统连续挂牌满 12 个月的创新层挂牌公司。

发行人申请公开发行股票,应当符合下列规定:

(1)具备健全且运行良好的组织机构。

(2)具有持续经营能力,财务状况良好。

(3)最近三年财务会计报告无虚假记载,被出具无保留意见审计报告。

(4)依法规范经营。

发行人及其控股股东、实际控制人存在下列情形之一的,发行人不得公开发行股票:

(1)最近三年内存在贪污、贿赂、侵占财产、挪用财产或者破坏社会主义市场经济秩序的刑事犯罪。

(2)最近三年内存在欺诈发行、重大信息披露违法或者其他涉及国家安全、公共安全、生态安全、生产安全、公众健康安全等领域的重大违法行为。

(3)最近一年内受到中国证监会行政处罚。

(二)北交所首次公开发行股票的注册程序

(1)发行人董事会应当依法就本次股票发行的具体方案、本次募集资金使用的可行性及其他必须明确的事项做出决议,并提请股东大会批准。发行人监事会应当对董事会编制的招股说明书等文件进行审核并提出书面审核意见。

(2)发行人股东大会就本次股票发行做出决议,至少应当包括下列事项:①本次公开发行股票的种类和数量;②发行对象的范围;③定价方式、发行价格(区间)或发行底价;④募集资金用途;⑤决议的有效期;⑥对董事会办理本次发行具体事宜的授权;⑦发行前滚存利润的分配方案;⑧其他必须明确的事项。

(3)发行人股东大会就本次股票发行事项做出决议,必须经出席会议的股东所持表决权的 2/3 以上通过。发行人应当对出席会议的持股比例在 5%以下的中小股东表决情况单独计票并予以披露。

(4)发行人申请公开发行股票,应当按照中国证监会有关规定制作注册申请文件,依法由保荐人保荐并向北交所申报。北交所收到注册申请文件后,应当在 5 个工作日内做出是否受理的决定。保荐人应当指定保荐代表人负责具体保荐工作。

(5)自注册申请文件申报之日起,发行人及其控股股东、实际控制人、董事、监事、高级管理人员,以及与本次股票公开发行相关的保荐人、证券服务机构及相关责任人员,即承担相应法律责任。

(6)注册申请文件受理后,未经中国证监会或者北交所同意,不得改动。发生重大事项的,发行人、保荐人、证券服务机构应当及时向北交所报告,并按要求更新注册申请文件和信息披露资料。

(7)北交所设立独立的审核部门,负责审核发行人公开发行并上市申请;设立上市委员会,负责对审核部门出具的审核报告和发行人的申请文件提出审议意见。北交所可以设立行业咨询委员会,负责为发行上市审核提供专业咨询和政策建议。北交所应当根据本办法制定发行上市审核业务规则,并报中国证监会批准。

(8)北交所主要通过向发行人提出审核问询、发行人回答问题方式开展审核工作,判断发行人是否符合发行条件、上市条件和信息披露要求。

(9)北交所按照规定的条件和程序,形成发行人是否符合发行条件和信息披露要求的审核意见。认为发行人符合发行条件和信息披露要求的,将审核意见、发行人注册申请文件及相关审核资料报送中国证监会注册;认为发行人不符合发行条件或者信息披露要求的,做出终止发行上市审核决定。

(10)北交所应当自受理注册申请文件之日起两个月内形成审核意见,通过对发行人实施现场检查、对保荐人实施现场督导、要求保荐人和证券服务机构对有关事项进行专项核查等方式要求发行人补充、修改申请文件的时间不计算在内。

(11)中国证监会收到北交所报送的审核意见、发行人注册申请文件及相关审核资料后,履行发行注册程序。发行注册主要关注北交所发行上市审核内容有无遗漏,审核程序是否符合规定,以及发行人在发行条件和信息披露要求的重大方面是否符合相关规定。中国证监会认为存在需要进一步说明或者落实事项的,可以要求北交所进一步问询。中国证监会认为北交所对影响发行条件的重大事项未予关注或者北交所的审核意见依据明显不充分的,可以退回北交所补充审核。北交所补充审核后,认为发行人符合发行条件和信息披露要求的,重新向中国证监会报送审核意见及相关资料,按照规定的注册期限重新计算。

(12)中国证监会在20个工作日内对发行人的注册申请做出同意注册或不予注册的决定,通过要求北交所进一步问询、要求保荐人和证券服务机构等对有关事项进行核查、对发行人现场检查等方式要求发行人补充、修改申请文件的时间不计算在内。

(13)中国证监会的予以注册决定,自做出之日起一年内有效,发行人应当在注册决定有效期内发行股票,发行时点由发行人自主选择。

(14)中国证监会做出予以注册决定后、发行人股票上市交易前,发行人应当及时更新信息披露文件内容,财务报表已过有效期的,发行人应当补充财务会计报告等文件;保荐人以及证券服务机构应当持续履行尽职调查责任;发生重大事项的,发行人、保荐人应当及时向北交所报告。

(15)北交所应当对上述事项及时处理,发现发行人存在重大事项影响发行条件、上市条件的,应当出具明确意见并及时向中国证监会报告。

(16)中国证监会做出予以注册决定后、发行人股票上市交易前,发生可能影响本次发行的重大事项的,中国证监会可以要求发行人暂缓发行、上市;相关重大事项导致发行人不符合发行条件的,应当撤销注册。中国证监会撤销注册后,股票尚未发行的,发行人应当停止发行;股票已经发行尚未上市的,发行人应当按照发行价并加算银行同期存款利息返还股票持有人。

(17)北交所认为发行人不符合发行条件或者信息披露要求,做出终止发行上市审核决定,或者中国证监会做出不予注册决定的,自决定做出之日起六个月后,发行人可以再次提出公开发行股票并上市申请。

(18)北交所应当提高审核工作透明度,接受社会监督,公开下列事项:①发行上市审核标准和程序等发行上市审核业务规则和相关业务细则;②在审企业名单、企业基本情况及审核工作进度;③发行上市审核问询及回复情况,但涉及国家秘密或者发行人商业秘密的除外;④上市委员会会议的时间、参会委员名单、审议的发行人名单、审议结果及现场问询问题;⑤对股票公开发行并上市相关主体采取的自律监管措施或者纪律处分;⑥北交所规定的其他事项。中国证监会应当按规定公开股票发行注册相关的监管信息。

(19)存在下列情形之一的,发行人、保荐人应当及时书面报告北交所或者中国证监会,北交所或者中国证监会应当中止相应发行上市审核程序或者发行注册程序:

①发行人及其控股股东、实际控制人涉嫌贪污、贿赂、侵占财产、挪用财产或者破坏社会主义市场经济秩序的犯罪，或者涉嫌欺诈发行、重大信息披露违法或其他涉及国家安全、公共安全、生态安全、生产安全、公众健康安全等领域的重大违法行为，被立案调查或者被司法机关侦查，尚未结案；

②发行人的保荐人或者签字保荐代表人以及律师事务所、会计师事务所等证券服务机构或者相关签字人员因公开发行股票并上市、上市公司证券发行、并购重组业务涉嫌违法违规，或者其他业务涉嫌违法违规且对市场有重大影响，正在被中国证监会立案调查，或者正在被司法机关侦查，尚未结案；

③发行人的保荐人以及律师事务所、会计师事务所等证券服务机构被中国证监会依法采取限制业务活动、责令停业整顿、指定其他机构托管、接管等措施，或者被北交所实施一定期限内不接受其出具的相关文件的纪律处分，尚未解除；

④发行人的签字保荐代表人、签字律师、签字会计师等中介机构签字人员被中国证监会依法采取认定为不适当人选等监管措施或者证券市场禁入的措施，或者被北交所实施一定期限内不接受其出具的相关文件的纪律处分，尚未解除；

⑤发行人及保荐人主动要求中止发行上市审核程序或者发行注册程序，理由正当且经北交所或者中国证监会同意；

⑥发行人注册申请文件中记载的财务资料已过有效期，需要补充提交；

⑦中国证监会规定的其他情形。

前款所列情形消失后，发行人可以提交恢复申请；因前款第 2 项规定情形中止的，保荐人以及律师事务所、会计师事务所等证券服务机构按照有关规定履行复核程序后，发行人也可以提交恢复申请。北交所或者中国证监会按照规定恢复发行上市审核程序或者发行注册程序。

(20)存在下列情形之一的，北交所或者中国证监会应当终止相应发行上市审核程序或者发行注册程序，并向发行人说明理由：①发行人撤回注册申请或者保荐人撤销保荐；②发行人未在要求的期限内对注册申请文件做出解释说明或者补充、修改；③注册申请文件存在虚假记载、误导性陈述或者重大遗漏；④发行人阻碍或者拒绝中国证监会、北交所依法对发行人实施检查、核查；⑤发行人及其关联方以不正当手段严重干扰发行上市审核或者发行注册工作；⑥发行人法人资格终止；⑦注册申请文件内容存在重大缺陷，严重影响投资者理解和发行上市审核或者发行注册工作；⑧发行人注册申请文件中记载的财务资料已过有效期且逾期三个月未更新；⑨发行人发行上市审核程序中止超过北交所规定的时限或者发行注册程序中止超过三个月仍未恢复；⑩北交所认为发行人不符合发行条件或者信息披露要求。

(21)中国证监会和北交所可以对发行人进行现场检查，可以要求保荐人、证券服务机构对有关事项进行专项核查并出具意见。

三、北交所发行新股的条件和注册程序

北交所发行新股的条件和注册程序的法律依据是《北京证券交易所上市公司证券发行注册管理办法(试行)》(2021 年 11 月 15 日施行)。

(一)北交所发行新股的条件

(1)上市公司向特定对象发行股票，应当符合下列条件：

①具备健全且运行良好的组织机构。

②具有独立、稳定经营能力，不存在对持续经营有重大不利影响的情形。

③最近一年财务会计报告无虚假记载，未被出具否定意见或无法表示意见的审计报告；最近一年财务会计报告被出具保留意见的审计报告，保留意见所涉及事项对上市公司的重大不利影响已经消除。本次发行涉及重大资产重组的除外。

④合法规范经营，依法履行信息披露义务。

(2)上市公司存在下列情形之一的，不得向特定对象发行股票：

①上市公司或其控股股东、实际控制人最近三年内存在贪污、贿赂、侵占财产、挪用财产或者破坏社会主义市场经济秩序的刑事犯罪，存在欺诈发行、重大信息披露违法或者其他涉及国家安全、公共安全、生态安全、生产安全、公众健康安全等领域的重大违法行为。

②上市公司或其控股股东、实际控制人，现任董事、监事、高级管理人员最近一年内受到中国证监会行政处罚、北交所公开谴责；或因涉嫌犯罪正被司法机关立案侦查或者涉嫌违法违规正被中国证监会立案调查，尚未有明确结论意见。

③擅自改变募集资金用途，未做纠正或者未经股东大会认可。

④上市公司或其控股股东、实际控制人被列入失信被执行人名单且情形尚未消除。

⑤上市公司利益严重受损的其他情形。

(3)上市公司向不特定合格投资者公开发行股票的，除应当符合《北京证券交易所上市公司证券发行注册管理办法(试行)》第 9 条、第 10 条规定的条件外，还应当符合《北京证券交易所向不特定合格投资者公开发行股票注册管理办法(试行)》规定的其他条件。

(4)上市公司发行可转换为股票的公司债券，应当符合下列规定：

①具备健全且运行良好的组织机构；

②最近三年平均可分配利润足以支付公司债券一年的利息；

③具有合理的资产负债结构和正常的现金流量。除前款规定条件外，上市公司向特定对象发行可转换为股票的公司债券，还应当遵守《北京证券交易所上市公司证券发行注册管理办法(试行)》第 9 条、第 10 条的规定；向不特定合格投资者公开发行可转换为股票的公司债券，还应当遵守第 11 条的规定。但上市公司通过收购本公司股份的方式进行公司债券转换的除外。

(5)上市公司存在下列情形之一的，不得发行可转换为股票的公司债券：

①对已公开发行的公司债券或者其他债务有违约或者延迟支付本息的事实，仍处于继续状态；

②违反《证券法》规定，改变公开发行公司债券所募资金用途。

(二)北交所发行新股的注册程序

1. 发行人审议

(1)董事会应当依法就本次发行证券的具体方案、本次募集资金使用的可行性及其他必须明确的事项做出决议，并提请股东大会批准。独立董事应当就证券发行事项的必要性、合理性、可行性、公平性发表专项意见。

(2)监事会应当对董事会编制的募集说明书等文件进行审核并提出书面审核意见。

(3)股东大会就本次发行证券做出决议，决议至少应当包括下列事项：①本次发行证券的种类和数量(数量上限)；②发行方式、发行对象或范围、现有股东的优先认购安排(如有)；③定价方式或发行价格(区间)；④限售情况(如有)；⑤募集资金用途；⑥决议的有效期；⑦对董事会办理本次发行具体事宜的授权；⑧发行前滚存利润的分配方案；⑨其他必须明确的事项。

(4)股东大会就发行证券事项做出决议，必须经出席会议的股东所持表决权的 2/3 以上通过。上市公司应当对出席会议的持股比例在 5%以下的中小股东表决情况单独计票并予以披露。

(5)董事会、股东大会就向特定对象发行证券事项做出决议,应当按要求履行表决权回避制度,上市公司向原股东配售股份的除外。

(6)上市公司拟引入战略投资者的,董事会、股东大会应当将引入战略投资者的事项作为单独议案,就每名战略投资者单独审议。

2.审核与注册

(1)上市公司申请发行证券,应当按照中国证监会有关规定制作注册申请文件,依法由保荐人保荐并向北交所申报。北交所收到注册申请文件后,应当在5个工作日内做出是否受理的决定。

(2)自注册申请文件申报之日起,上市公司及其控股股东、实际控制人、董事、监事、高级管理人员,以及与本次证券发行相关的保荐人、证券服务机构及相关责任人员,即承担相应法律责任。

(3)注册申请文件受理后,未经中国证监会或者北交所同意,不得改动。发生重大事项的,上市公司、保荐人、证券服务机构应当及时向北交所报告,并按要求更新注册申请文件和信息披露资料。

(4)上市公司向前十名股东、实际控制人、董事、监事、高级管理人员及核心员工发行股票,连续12个月内发行的股份未超过公司总股本10%且融资总额不超过2 000万元的,无须提供保荐人出具的保荐文件以及律师事务所出具的法律意见书。

(5)上市公司发行证券,不属于(4)的,保荐人应当指定保荐代表人负责具体保荐工作。保荐人持续督导期间为证券上市当年剩余时间及其后两个完整会计年度。保荐人及保荐代表人应当按照规定履行职责,并依法承担相应的责任。

(6)北交所审核部门负责审核上市公司证券发行申请;北交所上市委员会负责对上市公司向不特定合格投资者公开发行证券的申请文件和审核部门出具的审核报告提出审议意见。北交所制定上市公司证券发行审核业务规则,并报中国证监会批准。

(7)北交所主要通过向上市公司提出审核问询、上市公司回答问题方式开展审核工作,判断上市公司是否符合发行条件和信息披露要求。

(8)北交所按照规定的条件和程序,形成上市公司是否符合发行条件和信息披露要求的审核意见。认为上市公司符合发行条件和信息披露要求的,将审核意见、上市公司注册申请文件及相关审核资料报送中国证监会注册;认为上市公司不符合发行条件或者信息披露要求的,做出终止发行上市审核决定。

(9)北交所应当自受理注册申请文件之日起两个月内形成审核意见。上市公司采用授权发行方式向特定对象发行股票且按照竞价方式确定发行价格和发行对象的,北交所应当在两个工作日内做出是否受理的决定,并自受理注册申请文件之日起3个工作日内形成审核意见。通过对上市公司实施现场检查、对保荐人实施现场督导、要求保荐人和证券服务机构对有关事项进行专项核查等方式要求上市公司补充、修改申请文件的时间不计算在内。

(10)中国证监会收到北交所报送的审核意见、上市公司注册申请文件及相关审核资料后,履行发行注册程序。发行注册主要关注北交所发行上市审核内容有无遗漏,审核程序是否符合规定,以及上市公司在发行条件和信息披露要求的重大方面是否符合相关规定。中国证监会认为存在需要进一步说明或者落实事项的,可以要求北交所进一步问询。中国证监会认为北交所对影响发行条件的重大事项未予关注或者北交所的审核意见依据明显不充分的,可以退回北交所补充审核。北交所补充审核后，认为上市公司符合发行条件和信息披露要求的，重新向中国证监会报送审核意见及相关资料。

(11)中国证监会在15个工作日内对上市公司的注册申请做出同意注册或不予注册的决定。通过要求北交所进一步问询、要求保荐人和证券服务机构等对有关事项进行核查、对发行人现场检查等方式要求发行人补充、修改申请文件的时间不计算在内。

(12)中国证监会的予以注册决定，自做出之日起一年内有效，上市公司应当在注册决定有效期内发行证券，发行时点由上市公司自主选择。

(13)中国证监会做出予以注册决定后、上市公司证券上市交易前，上市公司应当及时更新信息披露文件；保荐人以及证券服务机构应当持续履行尽职调查职责；发生重大事项的，上市公司、保荐人应当及时向北交所报告。北交所应当对上述事项及时处理，发现上市公司存在重大事项影响发行条件的，应当出具明确意见并及时向中国证监会报告。中国证监会做出予以注册决定后、上市公司证券上市交易前，发生可能影响本次发行的重大事项的，中国证监会可以要求上市公司暂缓发行、上市；相关重大事项导致上市公司不符合发行条件的，应当撤销注册。中国证监会撤销注册后，证券尚未发行的，上市公司应当停止发行；证券已经发行尚未上市的，上市公司应当按照发行价并加算银行同期存款利息返还证券持有人。

(14)上市公司申请向特定对象发行股票，可申请一次注册，分期发行。自中国证监会予以注册之日起，公司应当在3个月内首期发行，剩余数量应当在12个月内发行完毕。首期发行数量应当不少于总发行数量的50%，剩余各期发行的数量由公司自行确定，每期发行后5个工作日内将发行情况报北交所备案。

(15)北交所认为上市公司不符合发行条件或者信息披露要求，做出终止发行上市审核决定，或者中国证监会做出不予注册决定的，自决定做出之日起6个月后，上市公司可以再次提出证券发行申请。

(16)上市公司证券发行上市审核或者注册程序的中止、终止等情形参照适用《北京证券交易所向不特定合格投资者公开发行股票注册管理办法(试行)》的相关规定。

(17)中国证监会和北交所可以对上市公司进行现场检查，可以要求保荐人、证券服务机构对有关事项进行专项核查并出具意见。

第七节　股票退市制度

股票退市，是指上市公司因主动或者被动的原因退出二级市场而随伴的股票摘牌的事件。退市制度，是资本市场一项基础性制度，是指证券交易所制定的关于上市公司暂停、终止上市等相关机制以及风险警示板、退市公司股份转让服务、退市公司重新上市等退市配套机制的制度性安排。

中国的退市制度在改革中逐步完善。新《证券法》新增第48条规定，股票终止上市情形由证券交易所的业务规则规定。新规将会促进上市公司的优胜劣汰，资金进一步向优质公司聚集，这与注册制理念一致。新《证券法》还取消了暂停上市的条款规定，标志着垃圾股可以直接退市，不再需要经过暂停上市半年，大幅度缩短了退市周期和流程，提高了退市效率，强化了市场的优胜劣汰功能。

一、退市的分类

退市可分主动退市和被动退市(强制退市)。一般来说,主动退市的上市公司要比强制退市的上市公司享有更多的优惠政策,主动退市的公司能够随时向交易所提出重新上市的申请,强制退市的公司需要在交易所的间隔期满后,才可以向交易所重新提出上市申请。

(一)主动退市

主动退市是上市公司基于实现发展战略、维护合理估值、稳定控制权以及成本效益法则等方面的考虑,认为不再需要继续维持上市地位,或者继续维持上市地位不再有利于公司发展,从而主动向证券交易所申请其股票终止交易的一种制度安排。

根据《关于改革完善并严格实施上市公司退市制度的若干意见(2018年修订)》,上市公司出现下列情况之一的,可以向证券交易所申请主动退市:

(1)上市公司在履行必要的决策程序后,可以主动向证券交易所提出申请,撤回其股票在该交易所的交易,并决定不再在交易所交易。

(2)上市公司在履行必要的决策程序后,可以主动向证券交易所提出申请,撤回其股票在该交易所的交易,并转而申请在其他交易场所交易或者转让。

(3)上市公司向所有股东发出回购全部股份或者部分股份的要约,导致公司股本总额、股权分布等发生变化不再具备上市条件的,其股票按照证券交易所规则退出市场交易。

(4)上市公司股东向所有其他股东发出收购全部股份或者部分股份的要约,导致公司股本总额、股权分布等发生变化不再具备上市条件的,其股票按照证券交易所规则退出市场交易。

(5)除上市公司股东外的其他收购人向所有股东发出收购全部股份或者部分股份的要约,导致公司股本总额、股权分布等发生变化不再具备上市条件的,其股票按照证券交易所规则退出市场交易。

(6)上市公司因新设合并或者吸收合并,不再具有独立主体资格并被注销,其股票按照证券交易所规则退出市场交易。

(7)上市公司股东大会决议解散的,其股票按照证券交易所规则退出市场交易。

(二)被动退市

被动退市又叫强制退市,是证券交易所为维护公开交易股票的总体质量与市场信心,保护投资者特别是中小投资者合法权益,依照规则要求交投不活跃、股权分布不合理、市值过低而不再适合公开交易的股票终止交易,特别是对于存在严重违法违规行为的公司,证券交易所可以依法强制其股票退出市场交易的一种制度安排。

根据《关于改革完善并严格实施上市公司退市制度的若干意见(2018年修订)》,上市公司出现下列情况之一的,可以向证券交易所申请强制退市:

(1)上市公司构成欺诈发行、重大信息披露违法或者其他涉及国家安全、公共安全、生态安全、生产安全和公众健康安全等领域的重大违法行为的,被证券交易所依法做出暂停、终止公司股票上市交易的决定;

(2)上市公司因股本总额发生变化不再具备上市条件,在证券交易所规定的期限内仍不能达到上市条件;

(3)上市公司社会公众持股比例不足公司股份总数25%,或者公司股本总额超过人民币4亿元,社会公众持股比例不足公司股份总数10%,且在证券交易所规定的期限内仍不能达到上市条件的;

(4)上市公司股票流动性严重不足,在一定期限内股票累计成交量低于证券交易所规定的最低限额,已经不再适合公开交易;

(5)上市公司股票连续 20 个交易日(不含停牌交易日)每日收盘价均低于股票面值的;

(6)上市公司因净利润、净资产、营业收入、审计意见类型或者追溯重述后的净利润、净资产、营业收入等触及规定标准,其股票被暂停上市交易后,公司披露的最近一个会计年度经审计的财务会计报告存在扣除非经常性损益前后的净利润孰低者为负值、期末净资产为负值、营业收入低于证券交易所规定数额或者被会计师事务所出具保留意见、无法表示意见、否定意见的审计报告等情形之一;

(7)上市公司在证券交易所规定的期限内,未改正财务会计报告中的重大差错或者虚假记载;

(8)法定期限届满后,上市公司在证券交易所规定的期限内,依然未能披露年度报告或者半年度报告;

(9)上市公司因净利润、净资产、营业收入、审计意见类型或者追溯重述后的净利润、净资产、营业收入等触及规定标准,其股票被暂停上市交易,不能在法定期限内披露最近一个会计年度的年度报告的;

(10)上市公司被暂停上市后在规定期限内未提出恢复上市申请或不符合恢复上市条件;

(11)上市公司被暂停上市后向证券交易所提交的申请材料不全且逾期未补充;

(12)上市公司被暂停上市后其恢复上市申请未获证券交易所同意;

(13)上市公司被法院宣告破产。

二、注册制下退市特别规定

(一)科创板退市特别规定

根据《上海证券交易所科创板股票上市规则(2020 年 12 月修订)》,科创板上市公司退市规定如下:

(1)上市公司股票被实施退市风险警示的,在公司股票简称前冠以"*ST"字样,以区别于其他股票。

(2)上市公司股票被实施退市风险警示的,投资者当日通过竞价交易、大宗交易和盘后固定价格交易累计买入的单只退市风险警示股票,数量不得超过 50 万股。投资者当日累计买入退市风险警示股票数量,按照该投资者以本人名义开立的证券账户与融资融券信用证券账户的买入量合并计算;投资者委托买入数量与当日已买入数量及已申报买入但尚未成交、也未撤销的数量之和,不得超过 50 万股。上市公司回购股份、持股 5%以上股东根据已披露的增持计划增持股份可不受前述 50 万股买入限制。红筹企业发行存托凭证的,前款规定的 50 万股调整为 50 万份。

(3)上市公司出现两项以上退市风险警示、终止上市情形的,其股票按照先触及先适用的原则实施退市风险警示、终止上市。

(4)上市公司同时存在两项以上退市风险警示情形的,须满足全部退市风险警示的撤销条件,方可撤销风险警示。公司已满足其中一项退市风险警示撤销条件的,应当在规定期限内申请撤销相关退市风险警示情形,经上海证券交易所审核同意的,不再适用该情形对应的终止上市程序。

(5)上海证券交易所做出是否撤销风险警示、终止股票上市决定前,可以要求上市公司提供补充材料，公司提供补充材料期间不计入交易所做出有关决定的期限。

(6)上海证券交易所在做出是否撤销风险警示、终止股票上市决定前，可以自行或委托相关机构就公司有关情况进行调查核实，并将核查结果提交上市委员会审议。调查核实期间不计入交易所做出有关决定的期限。

(7)上市公司股票被终止上市的，其发行的可转换公司债券应当终止上市。可转换公司债券终止上市事宜，参照股票终止上市的有关规定执行。

(8)强制退市分为交易类、财务类、规范类、重大违法类四类情形。

(9)科创板上市公司股票被终止上市的，不得申请重新上市。相比于其他交易所其他板块，科创板退市制度更加严格。

(二)创业板退市特别规定

根据《深圳证券交易所创业板股票上市规则(2020年12月修订)》(下称《创业板上市规则》)，创业板上市公司退市制度相比原来的创业板退市制度有许多不同：

(1)增加了退市条件。新版《创业板上市规则》新增加了2项退市条件，即"连续受到交易所公开谴责"和"股票成交价格连续低于面值"两个退市条件。

(2)完善了恢复上市的审核标准。对暂停上市公司恢复上市的财务标准，以扣除非经常性损益前后的净利润孰低作为盈利判断标准。

(3)对资不抵债的上市公司加快退市速度，缩短退市时间。

(4)设立退市整理板块，公司终止上市前，给予一定的"退市整理期"，在此期间，将其股票移入"退市整理板"进行另板交易。

(5)改进创业板退市风险提示方式，取消"*ST"风险提示方式，通过强化上市公司退市风险信息披露以及深化投资者适当性管理的方式充分揭示退市风险。

(6)明确创业板公司退市后统一平移到代办股份转让系统挂牌。

与同为注册制的科创板相比，创业板退市制度与之大同小异，但是科创板的退市制度比创业板退市制度更为严格。

(三)北交所退市特别规定

北交所明确了主动退市与强制退市的安排，强制退市分为交易类、财务类、规范类、重大违法类四类情形，与目前实施注册制的科创板、创业板基本相同。北交所与沪深交易所退市制度的内容存在一定的区别。退市公司符合新三板基础层或创新层条件的，鼓励进入相应层级挂牌交易，继续发展；存在重大违法等情形、不符合挂牌条件的，转入退市公司板块。同时，北交所退市公司符合重新上市条件的，可以申请重新上市。

根据《北京证券交易所股票上市规则(试行)》(2021年11月15日起施行)，北交所退市制度特别规定如下：

(1)上市公司出现财务状况异常情况或者其他异常情况导致其股票存在被强制退市风险，北交所对该公司股票实施风险警示。上市公司股票被实施退市风险警示的，在公司股票简称前冠以"*ST"字样。北交所可以规定对其他情形实施风险警示。

(2)北交所退市整理期的交易期限为15个交易日。上市公司股票在退市整理期全天停牌的，停牌期间不计入退市整理期，但停牌天数不超过5个交易日。

(3)北交所做出强制终止上市决定后，上市公司未提出复核申请的，公司股票自申请复核期限届满后的第6个交易日起复牌，进入退市整理期，并于第21个交易日终止上市。上市公司提出复核申请，北交所做出维持强制终止上市决定的，公司股票自做出维持终止上市决定后的第6个交易日起复牌，进入退市整理期，并于退市整理期届满的次一交易日终止上市。股票在退市整理期，北交所对其进行特殊标识，证券简称为“××退”。

(4)上市公司股票终止上市后，符合全国股转系统挂牌条件或进入创新层条件的，可以转入相应层级挂牌交易；不符合全国股转系统挂牌条件，且股东人数超过200人的，转入全国股转公司代为管理的退市公司板块，其股份转让和信息披露按相关规定办理。

小 结

本章小结

1. 股票发行是指发行人为了筹集资金或者改善财务结构等目的，依照法定程序向投资者募集股份的行为。

2. 主板(中小企业板)首次公开发行股票的条件包括主体资格、规范运行、财务与会计等方面。

3. 首次公开发行股票，应当通过向网下投资者询价的方式确定股票发行价格，也可以通过发行人与主承销商自主协商直接定价等其他合法可行的方式确定发行价格。询价分为初步询价和累计投标询价。发行人及主承销商应当通过初步询价确定发行价格区间，在发行价格区间内通过累计投标询价确定发行价格。

4. 首次公开发行股票的发行方式有网上发行、网下发行以及向战略投资者配售等方式。

5. 首次公开发行股票的申请文件主要有：(1)招股说明书；(2)招股说明书摘要；(3)资产评估报告；(4)审计报告；(5)盈利预测审核报告；(6)法律意见书和律师工作报告；(7)辅导报告等。

6. 上市公司公开发行新股是指上市公司向不特定对象发行新股，包括向原股东配售股份和向不特定对象公开募集股份(分别简称“配股”和“增发”)；上市公司非公开发行新股是指向特定对象发行股票。

7. 发行新股要求包括上市公司的组织机构健全、运行良好、盈利能力具有可持续性、财务状况良好、不存在重大违法行为、募集资金的数额和使用符合相关规定。

8. 主板(中小企业板)上市公司发行新股的申请程序为：聘请保荐人、董事会做出决议、股东大会批准、编制和提交申请文件。创业板(科创板)新股发行的申请程序为：董事会做出决议、董事会论证分析、股东大会批准、保荐人保荐。

9. 新股发行的申请文件包括：(1)募集说明书；(2)募集说明书摘要；(3)发行公告；(4)发行人关于本次发行的申请报告；(5)发行人董事会决议；(6)发行人股东大会决议；(7)保荐机构关于本次发行的相关文件；(8)律师关于本次发行的相关文件；(9)其他文件。

10. 主板(中小企业板)新股发行的核准程序分保荐人推荐核准和中国证监会的核准。中国证监会的核准程序为：(1)受理申请文件；(2)初审；(3)发行审核委员会审核；(4)核准发行。创业板、科创板发行新股的注册程序为：授权部门、证券交易所受理申请文件、证券交易所审核、中国证监会注册发行、暂缓发行、撤销注册、终止发行，等等。

11. 新股的发行方式有增发和配股两种。上市公司配股，应当向股权登记日登记在册的股东配售，且配售比例应当相同。上市公司增发，可以全部或部分向原股东优先配售，优先配售比例应当在发行公告中披露。

12. 创业板发行人应当按照中国证监会有关规定制作申请文件，由保荐人保荐并向中国证监会申报。

13. 创业板发行人股东大会应当就本次发行股票做出决议，决议至少应当包括下列事项：(1)股票的种类和数量；(2)发行对象；(3)发行方式；(4)价格区间或者定价方式；(5)募集资金用途；(6)发行前滚存利润的分配方案；(7)决议的有效期；(8)对董事会办理本次发行具体事宜的授权；(9)其他必须明确的事项。

14. 中国证监会制定的创业板招股说明书内容与格式准则是信息披露的最低要求。不论准则是否有明确规定，凡是对投资者做出投资决策有重大影响的信息，均应当予以披露。

15. 发行人申请首次公开发行股票并在科创板上市，应当符合科创板定位，面向世界科技前沿、面向经济主战场、面向国家重大需求。优先支持符合国家战略，拥有关键核心技术，科技创新能力突出，主要依靠核心技术开展生产经营，具有稳定的商业模式，市场认可度高，社会形象良好，具有较强成长性的企业。

16. 发行人申请首次公开发行股票并在科创板上市，应当按照中国证监会有关规定制作注册申请文件，由保荐人保荐并向交易所申报。

17. 中国证监会依法批准交易所制定的科创板上市公司证券发行上市的审核标准、审核程序、信息披露、发行承销等方面的制度规则，指导交易所制定与发行上市审核相关的其他业务规则。

18. 退市制度是资本市场一项基础性制度，是指证券交易所制定的关于上市公司暂停、终止上市等相关机制以及风险警示板、退市公司股份转让服务、退市公司重新上市等退市配套机制的制度性安排。退市分为主动退市和被动退市（强制退市）。注册制下各交易所科创板、创业板、北交所退市制度各有不相同。

知识结构图

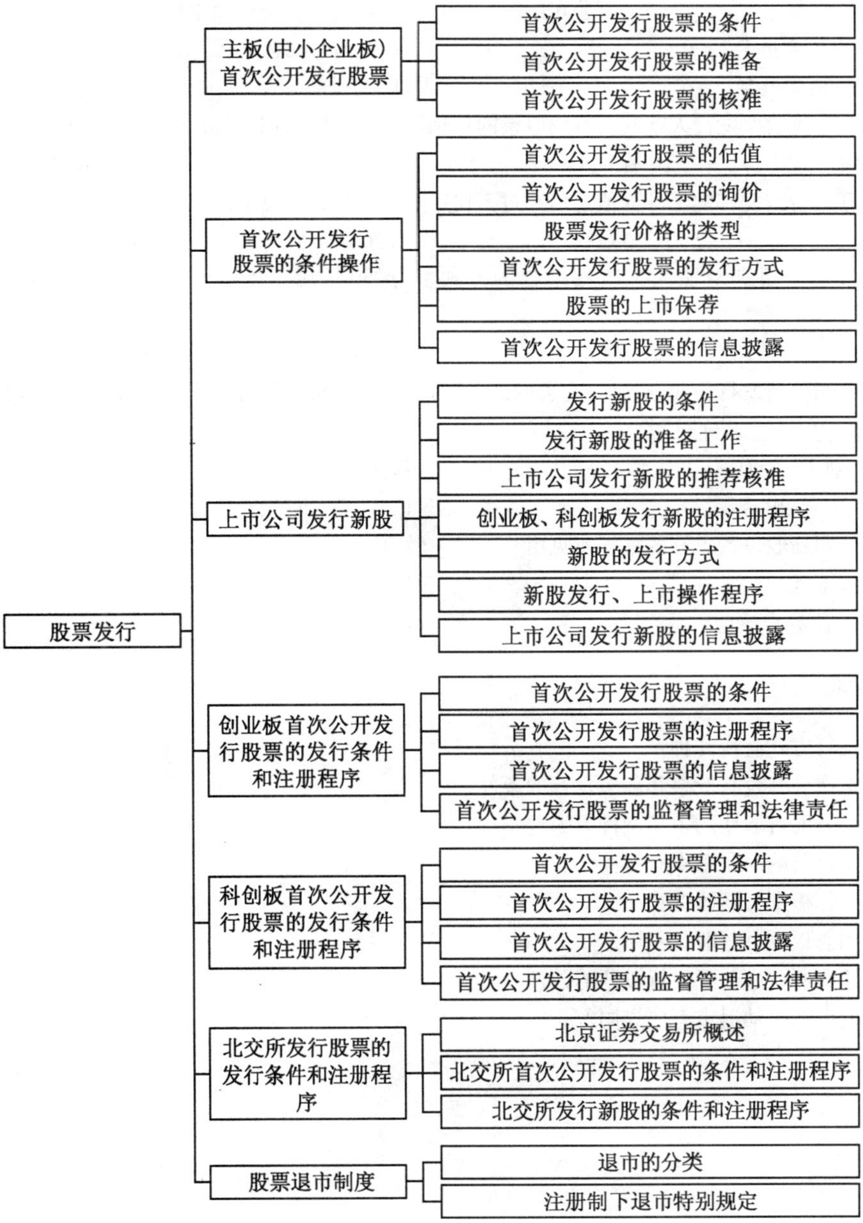

习 题

一、选择题

1. 对公开发行股票的公司进行辅导，辅导期为________。

A. 自拟发行公司提出公募股票申请起满1年

B. 自主承销商报公募股票申请文件起满1年

C. 自拟发行公司与证券公司签订辅导协议起满1年

D. 自证监会通过股票发行申请起满1年

2. 中国证监会________受理上市公司配股申报材料并对配股资格提出审核意见。

A. 发行审核委员会　　B. 上市公司监管部

C. 配股审核委员会　　D. 发行部

3. ________是股票发行人就其发行的股票的承销事宜与股票承销商签订的具有法律效力的文件。

A. 合同书　　B. 保证书　　C. 责任书　　D. 承销协议

4. 拟公开发行或配售的证券面值总值超过人民币________万元以上的，应由承销团承销。

A. 5 000　　B. 10 000　　C. 20 000　　D. 15 000

5. 采用上网发行和对法人配售相结合的方式发行股票，用于配售部分的股票不得少于发行量的________%。

A. 20　　B. 30　　C. 25　　D. 35

6. 上市公司申请发行新股，应具有完善的法人治理结构，与对其具有实际控制权的法人或其他组织及其他关联企业在________上分开。

A. 资产、人员、经营　　B. 经营、财务、资产

C. 资产、人员、财务　　D. 财务、人员、经营

7. 上市公司新股发行申请的审核意见由________做出。

A. 中国证监会　　B. 股票发行审核委员会

C. 国务院证券委员会　　D. 证券业协会

二、思考题

1. 股票发行方式有哪几种?
2. 简述首次公开发行股票和新股发行的条件。
3. 首次公开发行股票的申请文件有哪些?
4. 股票发行前的准备工作有哪些?
5. 简述科创板发行新股的程序。
6. 简述创业板发行新股的程序。
7. 简述北交所首次公开发行股票的条件。
8. 主动退市和被动退市有何异同?

第十二章　债券发行

学习目标

> 通过本章学习，理解国债发行的基本方式与承销程序；理解金融债券的发行方式与承销方式；熟悉企业债券、公司债券的发行与承销方式；了解非金融企业债务融资工具的基本概念以及发行注册程序，了解证券公司债券以及可转债的发行方式以及上交所、深交所、北交所发行可转债的区别。

债券发行是发行人以借贷资金为目的，依照法律规定的程序向投资人要约发行代表一定债权和兑付条件的债券的法律行为。债券发行是证券发行的重要形式之一。以债券形式筹措资金的行为过程中，发行者属于债务人的身份。

第一节　国债发行

一、国债的发行方式

国债的种类繁多，按国债的券面形式可分为实物国债、凭证式国债和记账式国债。其中实物国债已不多见，凭证式国债和记账式国债为目前的主要形式。实物国债是一种票面上不记载债权人姓名或单位名称的债券，通常以实物券形式出现，又称实物券或国库券。凭证式国债是指国家采取不印刷实物券，而用填制"国库券收款凭证"的方式发行的国债。记账式国债又称无纸化国债，它是指将投资者持有的国债登记于证券账户中，投资者仅取得收据或对账单以证实其所有权的一种国债。通过《关于开展国债预发行试点的通知》，在国债招标日前 4 个法定工作日至招标日前 1 个法定工作日预发行。国债预发行，是指以即将发行的记账式国债为标的的债券买卖行为。国债预发行必须于上市日前完成结算。国债预发行有助于降低国债承销商的承销风险。

国债发行程序见图 12—1。

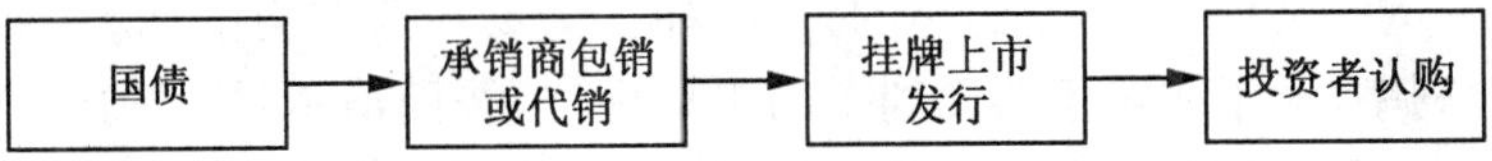

图 12—1　国债发行程序

在我国，凭证式国债完全采用承购包销方式，记账式国债发行完全采用竞争性招标方式，某些特种国债采用行政分配的方式发行。

（一）竞争性招标方式

竞争性招标方式是通过投标人的直接竞价确定发行价格（或利率）水平，发行人将投标人的标价自高价向低价排列，或自低利率排到高利率，发行人从高价（或低利率）选起，直到达到需要发行的数额为止。因此，所确定的价格恰好是供求决定的市场价格。我国国债发行招标规则的制定借鉴了国际资本市场中的“美国式”“荷兰式”规则。与我国国债的多期限、多品种、滚动发行相适应，国债的招标模式通过各个招标要素的不同组合，也呈现出多样化。至今，我国曾采用过6种招标模式发行国债。

（1）以价格为标的的荷兰式招标。即以募满发行额为止的所有投标商的最低中标价格作为最后中标价格，全体投标商的中标价格是单一的。

（2）以价格为标的的美国式招标。即以募满发行额为止的中标商各自价格上的中标价作为各中标商的最终中标价，各中标商的认购价格是不同的。

（3）以缴款期为标的的荷兰式招标。即以募满发行额为止的中标商的最迟缴款日期作为全体中标商的最终缴款日期，所有中标商的缴款日期是相同的。

（4）以缴款期为标的的美国式招标。即以募满发行额为止的中标商的各自投标缴款期作为中标商的最终缴款日期，各中标商的缴款日期是不同的。

（5）以收益率为标的的荷兰式招标。即以募满发行额为止的中标商的最高收益率作为全体中标商的最终收益率，所有中标商的认购成本是相同的。

（6）以收益率为标的的美国式招标。即以募满发行额为止的中标商各个价位上的中标收益率作为中标商各自最终中标收益率，每个中标商的加权平均收益率是不同的。

目前，财政部在上海、深圳证券交易所和银行间债券市场上以竞争性招标方式发行记账式国债。根据《财政部关于印发〈2021年记账式国债招标发行规则〉的通知》，记账式国债发行招标通过财政部政府债券发行系统（以下称发行系统）进行。发行系统包括中心端和客户端。2021—2023年记账式国债承销团成员（以下称国债承销团成员）通过客户端远程投标。

1. 利率格式

竞争性招标确定的票面利率保留2位小数，一年以下（含一年）期限国债发行价格保留3位小数，一年以上（不含一年）期限国债发行价格保留2位小数。

2. 竞标时间

如无特殊规定，竞争性招标时间为招标日上午10:35—11:35。

3. 招标方式

竞争性招标方式包括单一价格招标、修正的多重价格招标等，招标标的为利率或价格。

（1）单一价格招标方式下，标的为利率时，全场最高中标利率为当期（次）国债票面利率，各中标国债承销团成员（以下称中标机构）均按面值承销；标的为价格时，全场最低中标价格为当期（次）国债发行价格，各中标机构均按发行价格承销。

（2）修正的多重价格招标方式下，标的为利率时，全场加权平均中标利率四舍五入后为当期（次）国债票面利率，低于或等于票面利率的中标标位，按面值承销；高于票面利率的中标标位，按各中标标位的利率与票面利率折算的价格承销。标的为价格时，全场加权平均中标价格四舍五入后为当期（次）国债发行价格，高于或等于发行价格的中标标位，按发行价格承销；低于发行价格的中标标位，按各中标标位的价格承销。

4. 投标限定

(1)投标标位变动幅度。利率招标时，标位变动幅度为 0.01%。价格招标时，91 天、182 天、1 年、2 年、3 年、5 年、7 年、10 年、30 年、50 年期国债标位变动幅度分别为 0.002 元、0.005 元、0.01 元、0.02 元、0.03 元、0.05 元、0.06 元、0.08 元、0.18 元、0.21 元。

(2)投标标位差。每一国债承销团成员最高、最低投标标位差不得大于当期(次)国债发行文件规定的投标标位差。

(3)投标剔除。背离全场加权平均投标利率或价格一定数量以上(不含本数)的标位为无效投标，全部落标，不参与全场加权平均中标利率或价格的计算。

(4)中标剔除。标的为利率时，高于全场加权平均中标利率一定数量以上(不含本数)的标位，全部落标；标的为价格时，低于全场加权平均中标价格一定数量以上(不含本数)的标位，全部落标。

(5)单一标位限制。单一标位最低投标限额为 0.1 亿元，最高投标限额为 50 亿元。投标量变动幅度为 0.1 亿元的整数倍。

(6)最高投标限额。国债承销团甲类成员最高投标限额为当期(次)国债竞争性招标额的 35%。国债承销团乙类成员最高投标限额为当期(次)国债竞争性招标额的 25%。上述比例均计算至 0.1 亿元，0.1 亿元以下四舍五入。

5. 中标原则

按照低利率或高价格优先的原则对有效投标逐笔募入，直到募满招标额或将全部有效标位募完为止。

最高中标利率标位或最低中标价格标位上的投标额大于剩余招标额，以国债承销团成员在该标位投标额为权重平均分配，取整至 0.1 亿元，尾数按投标时间优先原则分配。

6. 追加投标

如无特殊规定，10 年期以下期限(含)记账式国债可以追加发行。竞争性招标结束后 20 分钟内，国债承销团甲类成员有权通过投标追加承销当期(次)国债。

(1)追加投标为数量投标，国债承销团甲类成员按照竞争性招标确定的票面利率或发行价格承销。

(2)国债承销团甲类成员追加承销额上限为该成员当期(次)国债竞争性中标额的 50%，且不能超出该成员当期(次)国债最低承销额，计算至 0.1 亿元，0.1 亿元以下四舍五入。追加承销额应为 0.1 亿元的整数倍。

7. 国债承销团成员应当承担最低投标、承销责任

以下比例均计算至 0.1 亿元，0.1 亿元以下四舍五入。

(1)国债承销团甲类成员最低投标为当期(次)国债竞争性招标额的 4%；乙类为 1.5%。

(2)国债承销团甲类成员最低承销额(含追加承销部分)为当期(次)国债竞争性招标额的 1%；乙类为 0.2%。

8. 债权登记与托管

中央国债登记结算有限责任公司(以下称国债公司)为记账式国债债权总托管机构，同时为银行间债券市场(含商业银行柜台)的记账式国债债权分托管机构，中国证券登记结算有限责任公司(以下简称证券登记公司)为交易所债券市场的记账式国债债权分托管机构。债权托管机构在财政部收到发行款后，为认购人办理债权登记和托管。

(1)债权托管机构选择。不可追加投标的国债在竞争性招标结束后 20 分钟内、可以追加

投标的国债在追加投标结束后 20 分钟内，各中标机构应通过发行系统填制“债权托管申请书”，在国债公司，证券登记公司上海、深圳分公司选择托管。逾时未填制的，系统默认全部在国债公司托管。

(2)券种注册和承销额度注册。国债公司，证券登记公司上海、深圳分公司根据招标结果办理券种注册，根据各中标机构选择的债券托管数据为各中标机构办理承销额度注册。

(3)债权确立。国债承销团成员应当不迟于招标日后 1 个工作日缴纳发行款。财政部收到发行款后，托管机构为认购人办理债权登记、托管手续。

9. 应急投标

如果发行系统客户端出现技术问题，国债承销团成员可以将内容齐全的“记账式国债发行应急投标书”(以下称应急投标书)或“记账式国债债权托管应急申请书”(以下称应急债权托管书)传真至国债公司，委托国债公司代为投标或债权托管。

10. 招标结束后至缴款日的债权额度转让

招标结束后至缴款日(含缴款当日)，中标机构可以通过分销转让中标的全部或部分国债债权额度。

11. 手续费核算

发行手续费在每季度发行结束后及时拨付。1 年期至 3 年期(含)记账式国债发行手续费为发行额的 0.04%；5 年期(含)至 50 年期记账式国债发行手续费为发行额的 0.08%；1 年期以下(包括 1 年期续发)记账式国债无发行手续费。

12. 记账式国债可以上市交易

(1)上市日为债权登记日下一个工作日。关键期限国债在全国银行间债券市场(含商业银行柜台)、证券交易所债券市场上市交易。非关键期限国债在全国银行间债券市场(不含商业银行柜台)、证券交易所债券市场上市交易。

(2)上市后，各期国债可按规定在各交易场所间相互转托管。

(3)通过商业银行柜台购买的国债，可以在债权托管银行质押贷款，具体办法由各商业银行制定。

另外，财政部委托国债公司，证券登记公司上海、深圳分公司以及商业银行办理利息支付及到期偿还本金等事宜。

(二)承购包销方式

承购包销是指证券公司将发行人的证券按照协议全部购入或者在承销期结束时将售后剩余证券全部自行购入的承销方式。对于事先已确定发行条款的国债，我国仍采取承购包销方式，目前主要运用于不可上市流通的凭证式国债的发行。

根据《财政部关于印发〈2018—2020 年储蓄国债发行额度管理办法〉的通知》，储蓄国债的发行采用承购报销的方式。

2018—2020 年储蓄国债(电子式)发行额度分为基本代销额度和机动代销额度，分别按照基本代销额度比例分配和机动代销额度竞争性抓取的方式分配给 2018—2020 年储蓄国债承销团成员。储蓄国债(凭证式)发行额度按照代销额度比例分配方式分配给承销团成员。

财政部会同中国人民银行以半年为周期，分别调整各承销团成员储蓄国债(电子式)基本代销额度和储蓄国债(凭证式)代销额度。调整结果分别在 2018—2020 年每年上半年、下半年首期储蓄国债(电子式)和储蓄国债(凭证式)发行通知中公布。

二、国债的承销程序

(一)记账式国债的承销程序

1. 招标

记账式国债是一种无纸化国债,主要通过银行间债券市场向具备全国银行间债券市场国债承购包销团资格的商业银行、证券公司、保险公司、信托投资公司等机构,以及通过证券交易所的交易系统向具备交易所国债承购包销团资格的证券公司、保险公司和信托投资公司及其他投资者发行。

2. 分销

分销又分为交易所市场发行国债的分销和银行间债券市场发行国债的分销。

(1)交易所市场发行国债的分销

承销商可以选择场内挂牌分销或场外分销两种方法。

场内挂牌分销的程序是:①承销商在分得包销的国债后,向证券交易所提供一个自营账户作为托管账户,将在证券交易所注册的记账式国债全部托管于该账户中。②证券交易所为每一承销商确定当期国债各自的承销代码,以便于场内挂牌。③在此后发行期中的任何交易时间内,承销商按自己的意愿确定挂牌卖出国债的数量和价格,进行分销。④投资者在买入债券时,可免交佣金,证券交易所也不向代理机构收取买卖国债的经手费用。买卖成交后,客户认购的国债自动过户至客户的账户内,并完成国债的认购登记手续。客户的认购款通过证券交易所锁定,于当日划入承销商在证券交易所的清算账户中,资金回收安全、迅速。⑤发行结束后,承销商在规定的缴款日前如期将发行款一次性划入财政部在中国人民银行的指定账户,托管账户中分销的国债余额转为承销商持有。⑥财政部在收到承销商缴纳的发行款后,将国债发行手续费拨付至各承销商的指定银行账户。

场外分销的程序有:①在发行期内,承销商也可以在场外确定分销商或客户,并在当期国债的上市交易日前向证券交易所申请办理非交易过户。②证券交易所根据承销商的要求,将原先注册在承销商托管账户中的国债依据承销商指定的数量过户至分销商或客户的账户,完成债券的认购登记手续。③国债认购款的支付时间和方式由买卖双方在场外协商确定。

(2)银行间债券市场发行国债的分销

中央国债登记结算有限责任公司于2002年5月发布了《关于银行间债券市场市场化发行债券分销过户有关事宜的通知》,对于银行间债券市场发行国债的分销做了相关规定:①在债券分销期间,承销人应按照债券发行办法的规定办理债券分销手续,并与分销认购人签订分销认购协议。分销认购人应是全国银行间债券市场参与者,并已在中央国债登记结算有限责任公司开立债券托管账户。②由承销人根据与分销认购人签订协议所确定的分销价格和数量,填制债券发行分销过户指令一览表,加盖预留印章、填写分销密押后传真至中央国债登记结算有限责任公司,同时将原件寄至中央国债登记结算有限责任公司。中央国债登记结算有限责任公司收到分销过户指令一览表传真件,审核密押和印章无误后,根据一览表中的过户指令办理分销过户。③中央国债登记结算有限责任公司利用中央债券簿记系统中的交易过户功能,办理承销商与分销认购人之间的分销债券过户。过户后,承销商和分销认购人可以从联网终端输出“非交易过户通知单”,过户原因注明为“分销过户”。④在发行过程中,承销人的分销总额以其承销总额为限。如发生超卖,中央国债登记结算有限责任公司将不予办理过户,并书面报中国人民银行和发行人。

（二）凭证式国债的承销程序

凭证式国债是一种不可上市流通的储蓄型债券，由具备凭证式国债承销团资格的机构承销。财政部和中国人民银行一般每年确定一次凭证式国债承销团资格，各类商业银行均有资格申请加入凭证式国债承销团。

具体程序为：

(1)财政部一般委托中国人民银行分配承销数额。

(2)承销商在分得所承销的国债后，通过各自的代理网点发售。发售采取向购买人开具凭证式国债收款凭证的方式，发售数量不能突破所承销的国债量。由于凭证式国债采用“随买随卖”、利率按实际持有天数分档计付的交易方式，因此，在收款凭证中除了注明投资者身份外，还须注明购买日期、期限、发行利率等内容。

三、国债销售价格及其影响因素

（一）国债销售的价格

在传统的行政分配和承购包销的发行方式下，国债按规定以面值出售，不存在承销商确定销售价格的问题。在现行多种价格的公开招标方式下，每个承销商的中标价格与财政部按市场情况和投标情况确定的发售价格是有差异的。如果按发售价格向投资者销售国债，承销商就有可能发生亏损。因此，财政部允许承销商在发行期内自定销售价格，随行就市发行。

（二）影响国债销售价格的因素

(1)市场利率。市场利率的高低及其变化对国债销售价格起着显著的导向作用。市场利率趋于上升，就限制了承销商确定销售价格的空间；市场利率趋于下降，就为承销商确定销售价格拓宽了空间。

(2)承销商承销国债的中标成本。国债销售的价格一般不应低于承销商与发行人的结算价格；反之，就有可能发生亏损。所以，通过投标获得较低成本的国债，有利于分销工作的顺利开展。

(3)流通市场中可比国债的收益率水平。如果国债承销价格定价过高，即收益率过低，投资者就会倾向于在二级市场上购买已流通的国债，而不是直接购买新发行的国债，从而阻碍国债分销工作顺利进行。

(4)国债承销的手续费收入。在国债承销中，承销商可获得其承销金额一定比例的手续费收入。对于不同品种的国债，该比例可能不一样，一般为千分之几。由于该项手续费收入的存在，为了促进分销活动，承销商有可能压低销售价格。

(5)承销商所期望的资金回收速度。降低销售价格，承销商的分销过程会缩短，资金的回收速度会加快，承销商可以通过获取这部分资金占用其中的利息收入降低总成本，提高收益。

(6)其他成本。比如国债分销过程中发生的成本。

第二节　金融债券发行

我国金融债券品种主要有央行票据、证券公司债券、商业银行次级债券、保险公司次级债、证券公司短期融资券、资本补充债等。

一、金融债券的发行

（一）发行主体

我国金融债券的发行主体包括政策性银行、商业银行、企业集团财务公司和其他金融机构。

1. 政策性银行

我国两大政策银行包括中国进出口银行、中国农业发展银行。这两家政策性银行作为发行主体，天然具备发行金融债券的条件，只要按年向中国人民银行报送金融债券发行申请，并经中国人民银行核准后便可发行。政策性银行金融债券发行申请应包括发行数量、期限安排、发行方式等内容，如需调整，应及时报中国人民银行核准。

2. 商业银行

商业银行发行金融债券应具备以下条件：具有良好的公司治理机制；核心资本充足率不低于4%；最近三年连续盈利；贷款损失准备计提充足；风险监管指标符合监管机构的有关规定；最近三年没有重大违法、违规行为；中国人民银行要求的其他条件。根据商业银行的申请，中国人民银行可以豁免前款所规定的个别条件。

3. 企业集团财务公司

企业集团财务公司发行金融债券应具备以下条件：具有良好的公司治理结构、完善的投资决策机制、健全有效的内部管理和风险控制制度及相应的管理信息系统；具有从事金融债券发行的合格专业人员；财务公司已发行、尚未兑付的金融债券总额不得超过其净资产总额的100%，发行金融债券后，资本充足率不低于10%；风险监管指标符合监管机构的有关规定；最近三年没有重大违法、违规行为；财务公司设立一年以上，经营状况良好，申请前一年利润率不低于行业平均水平，且有稳定的盈利预期；申请前一年，不良资产率低于行业平均水平，资产损失准备拨备充足；申请前一年，注册资本金不低于3亿元人民币，净资产不低于行业平均水平；无到期不能支付债务；中国人民银行与银监会规定的其他条件。

（二）金融债券发行申请

1. 政策性银行

政策性银行发行金融债券应向中国人民银行报送下列文件：(1)金融债券发行申请报告；(2)发行人近三年经审计的财务报告及审计报告；(3)金融债券发行办法；(4)承销协议；(5)中国人民银行要求的其他文件。

2. 除政策性银行外的其他金融机构

金融机构（不包括政策性银行）发行金融债券，应向中国人民银行报送下列文件：(1)金融债券发行申请报告；(2)发行人公司章程或章程性文件规定的权力机构的书面同意文件；(3)监管机构同意金融债券发行的文件；(4)发行人近三年经审计的财务报告及审计报告；(5)募集说明书；(6)发行公告或发行章程；(7)承销协议；(8)发行人关于本期债券偿债计划及保障措施的专项报告；(9)信用评级机构出具的金融债券信用评级报告及有关持续跟踪评级安排的说明；(10)发行人律师出具的法律意见书等。

采用担保方式发行金融债券的，还应提供担保协议及担保人资信情况说明。如有必要，中国人民银行可商请其监管机构出具相关监管意见。

（三）金融债券发行的操作要求

(1)发行方式：《全国银行间债券市场金融债券发行管理办法》规定，金融债券可在全国银行间债券市场公开发行或定向发行。金融债券可采取一次足额发行或限额内分期发行的方式。

(2)担保要求:商业银行发行金融债券没有强制担保要求;而财务公司发行时需要母公司或有担保能力的机构担保。商业银行设立的金融租赁公司,资质良好但成立不满三年的,应当由担保人提供担保。

(3)信用评级:金融债券的发行应由具有债券评级能力的信用评级机构进行信用评级。金融债券发行后,信用评级机构应每年跟踪其信用评级。

(4)其他相关事项:发行人不得认购或变相认购自己发行的金融债券。发行人应在中国人民银行核准金融债券发行之日起60个工作日内开始发行金融债券,并在规定期限内完成发行。发行人未能在规定期限内完成发行的,原金融债券发行核准文件自动失效。发行人不得继续发行本期金融债券。发行人仍需发行金融债券的,应依据《全国银行间债券市场金融债券发行管理办法》另行申请。金融债券定向发行的,经认购人同意,可免于信用评级。定向发行的金融债券只能在认购人之间进行转让。

二、金融债券承销

发行金融债券时,发行人应组建承销团,承销人可在发行期内向其他投资者分销其所承销的金融债券。发行金融债券的承销可采用协议承销、招标承销等方式。

(一)承销人资质

承销人应为金融机构,并须具备下列条件:

(1)注册资本不低于2亿元人民币。

(2)具有较强的债券分销能力。

(3)具有合格的从事债券市场业务的专业人员和债券分销渠道。

(4)最近两年内没有重大违法、违规行为。

(5)中国人民银行要求的其他条件。

(二)承销的操作要求

以招标承销方式发行金融债券,发行人应向承销人发布下列信息:招标前,至少提前3个工作日向承销人公布招标具体时间、招标方式、招标标的、中标确定方式和应急招投标方案等内容;招标开始时,向承销人发出招标书;招标结束后,发行人应立即向承销人公布中标结果,并不迟于次一工作日发布金融债券招标结果公告。承销人中标后应履行相应的认购义务。

金融债券的招投标发行通过中国人民银行债券发行系统进行。在招标过程中发行人及相关各方不得透露投标情况,不得干预投标过程。中国人民银行现场监督招标过程。

三、信息披露

发行人应在金融债券发行前和存续期间履行信息披露义务,应通过中国货币网、中国债券信息网披露信息。发行人应保证信息披露真实、准确、完整、及时,不得有虚假记载、误导性陈述和重大遗漏。

经中国人民银行核准发行金融债券的,发行人应于每期金融债券发行前3个工作日披露募集说明书和发行公告。发行人应在募集说明书与发行公告中说明金融债券的清偿顺序和投资风险。

金融债券存续期间,发行人应于每年4月30日前向投资者披露年度报告,年度报告应包括发行人上一年度的经营情况说明、经注册会计师审计的财务报告以及涉及的重大诉讼事项等内容。采用担保方式发行金融债券的，发行人还应在其年度报告中披露担保人上一年度的经营情况说明、经审计的财务报告以及涉及的重大诉讼事项等内容。

发行人应于金融债券每次付息日前2个工作日公布付息公告，最后一次付息暨兑付日前5个工作日公布兑付公告。金融债券存续期间，发行人应于每年7月31日前披露债券跟踪信用评级报告。

信息披露涉及的财务报告，应经注册会计师审计，并出具审计报告；信息披露涉及的法律意见书和信用评级报告，应分别由执业律师和具有债券评级能力的信用评级机构出具。上述注册会计师、律师和信用评级机构所出具的有关报告文件不得含有虚假记载、误导性陈述或重大遗漏。

发行人应将相关信息披露文件分别送全国银行间同业拆借中心和中央结算公司，由同业拆借中心和中央结算公司分别通过中国货币网和中国债券信息网披露。同业拆借中心和中央结算公司应为金融债券信息披露提供服务，及时将违反信息披露规定的行为向中国人民银行报告并公告。

第三节　企业债券发行

企业债券是指企业依照法定程序发行、约定在一定期限内还本付息的有价证券，包括依照《公司法》设立的公司发行的公司债券和其他企业发行的企业债券。

一、企业债券的发行

(一)发行条件

1. 财务指标

根据《企业债券管理条例》第12条和第16条规定以及新《证券法》有关注册制的要求，企业发行企业债券必须符合下列条件：企业规模达到国家规定的要求；企业财务会计制度符合国家规定；具有偿债能力；企业经济效益良好，取消“发行人需连续3年盈利”的限制，报告期内不对发行人连续盈利做出要求，但对于连续亏损的发行人，将重点关注发行人的偿债能力；企业发行企业债券的总面额不得大于该企业的自有资产净值；所筹资金用途符合国家产业政策。

根据2020年3月1日国家发改委《关于企业债券发行实施注册制有关事项的通知》要求，企业债券发行人应当具备健全且运行良好的组织机构，最近三年平均可分配利润足以支付企业债券一年的利息，应当具有合理的资产负债结构和正常的现金流量。

关于公司债券的发行基本规范是2020年3月1日施行的《证券法》和中国证监会2021年2月26日发布的《公司债券发行与交易管理办法》。公开发行公司债券，应当符合下列条件：(1)具备健全且运行良好的组织机构；(2)最近三年平均可分配利润足以支付公司债券一年的利息；(3)具有合理的资产负债结构和正常的现金流量；(4)国务院规定的其他条件。公开发行公司债券，由证券交易所负责受理、审核，并报中国证监会注册。

2. 资金投向

根据《企业债券管理条例》第20条规定，企业发行企业债券所筹资金应当按照审批机关批准的用途，用于本企业的生产经营。企业发行企业债券所筹资金不得用于房地产买卖、股票买卖和期货交易等与本企业生产经营无关的风险性投资。

根据2020年3月1日国家发改委《关于企业债券发行实施注册制有关事项的通知》要求，鼓励发行企业债券的募集资金投向符合国家宏观调控政策和产业政策的项目建设。按照注册制改革的需要，取消企业债券申报中的省级转报环节。债券募集资金用于固定资产投资项目的，省级发展改革部门应对募投项目出具符合国家宏观调控政策、固定资产投资管理法规制度和产业政策的专项意见，并承担相应责任。

根据新《证券法》第15条规定公开发行公司债券筹集的资金，必须按照公司债券募集办法所列资金用途使用；改变资金用途，必须经债券持有人会议做出决议。公开发行公司债券筹集的资金，不得用于弥补亏损和非生产性支出。

根据新《证券法》对企业债券、公司债券注册制度的要求，继续鼓励发行企业债券的募集资金投向符合国家宏观调控政策和产业政策的项目建设，债券募集资金不支持用于公益性项目建设，要求募投项目内部收益率大于0，项目运营期内净收益覆盖总投资。募集资金用于省级保障房或轨道交通等项目建设的，放松对收益覆盖的要求。

3. 不得再次发行的情形

根据新《证券法》第17条规定，有下列情形之一的，公司不得再次公开发行公司债券：对已公开发行的公司债券或者其他债务有违约或者延迟支付本息的事实，且仍处于继续状态的；违反《证券法》规定，改变公开发行公司债券所募资金用途的。

（二）相关要求

1. 企业债券发行注册制的相关要求

（1）发行面额和规模

根据《企业债券管理条例》规定，企业发行债券的总面额不得大于该企业的资产净值。

国家发改委办公厅《关于企业债券融资支持棚户区改造有关问题的通知》规定，棚户区改造项目可发行并使用不超过项目总投资70%的企业债券资金。鼓励有条件的市、县政府对棚户区改造项目给予债券贴息。

国家发改委办公厅《关于充分发挥企业债券融资功能支持重点项目建设促进经济平稳较快发展的通知》，将债券募集资金占项目总投资比例放宽至不超过70%。

（2）期限

《企业债券管理条例》对于企业债券的期限没有明确的规定，发行期限原则上不低于1年，实务操作中一般1年以上。

（3）债券的评级

《企业债券管理条例》规定，发行人可以聘请证券资信评级机构对其债券进行信用评级，并对跟踪评级做出安排。

（4）债券的担保

国家发改委《关于推进企业债券市场发展、简化发行核准程序有关事项的通知》规定，企业可发行无担保信用债券、资产抵押债券、第三方担保债券。可见，发行企业债券，担保并非强制要求。

（5）利率

《企业债券管理条例》规定，企业债券的利率不得高于银行相同期限居民储蓄定期存款利率的40%。

（6）法律意见

发行人应当聘请律师事务所参照中国证监会证券发行的有关规定出具法律意见书。律师应当针对债券的特点，重点对债券的发行条件、发行方案、发行条款、担保、信用评级、专项偿债账户、债权代理人、债券持有人会议等，明确发表法律意见。

2. 公司债券发行注册制的相关要求

根据中国证监会 2020 年 3 月 1 日发布的《关于公开发行公司债券实施注册制有关事项的通知》，自 2020 年 3 月 1 日起，公司债券公开发行实行注册制。公开发行公司债券，由证券交易所负责受理、审核，并报中国证券会履行发行注册程序。根据中国证监会 2021 年 2 月 26 日发布的《公司债券发行与交易管理办法》，公司债券发行注册制的相关要求如下：

(1)发行人要求

发行公司债券，发行人应当依照《公司法》或者公司章程相关规定对以下事项做出决议：①发行债券的金额；②发行方式；③债券期限；④募集资金的用途；⑤其他按照法律法规及公司章程规定需要明确的事项。发行公司债券，如果对增信机制、偿债保障措施做出安排的，也应当在决议事项中载明。

(2)发行价格

公司债券公开发行的价格或利率以询价或公开招标等市场化方式确定。发行人和主承销商应当协商确定公开发行的定价与配售方案并予公告，明确价格或利率确定原则、发行定价流程和配售规则等内容。

(3)发行方式

公司债券可以公开发行，也可以非公开发行。公开发行公司债券，可以申请一次注册，分期发行。采用分期发行方式的，发行人应当在后续发行中及时披露更新后的债券募集说明书，并在每期发行完成后 5 个工作日内报中国证监会备案。证监会同意注册的决定自做出之日起两年内有效，发行人应当在注册决定有效期内发行公司债券，并自主选择发行时点。

公开发行公司债券的募集说明书自最后签署之日起 6 个月内有效。发行人应当及时更新债券募集说明书等公司债券发行文件，并在每期发行前报证券交易所备案。

(4)信用评级

取消公司债券强制评级的要求。非公开发行公司债券是否进行信用评级由发行人确定。

(5)担保

对公司债券发行没有强制性担保要求。

(6)其他

债券募集说明书及其他信息披露文件所引用的审计报告。资产评估报告、评级报告，应当由依法向中国证监会备案的机构出具。债券募集说明书所引用的法律意见书，应当由律师事务所出具，并由两名执业律师和所在律师事务所负责人签署。

3. 非公开发行公司的特殊安排

根据中国证监会 2021 年 2 月 26 日发布的《公司债券发行与交易管理办法》，非公开发行公司的要求如下：

(1)非公开发行的公司债券应当向专业投资者发行，不得采用广告、公开劝诱和变相公开方式，每次发行对象不得超过 200 人。

(2)承销机构应当按照中国证监会、证券自律组织规定的投资者适当性制度，了解和评估投资者对非公开发行公司债券的风险识别和承担能力，确认参与非公开发行公司债券认购的投资者为专业投资者，并充分揭示风险。

(3)非公开发行公司债券，承销机构或依照《公司债券发行与交易管理办法》第 39 条规定自行销售的发行人应当在每次发行完成后5个工作日内向中国证券业协会报备。中国证券业协会在材料齐备时应当及时予以报备。报备不代表中国证券业协会实行合规性审查,不构成市场准入,也不豁免相关主体的违规责任。

(4)非公开发行公司债券,可以申请在证券交易场所、证券公司柜台转让。非公开发行公司债券并在证券交易场所转让的,应当遵守证券交易场所制定的业务规则,并经证券交易场所同意。非公开发行公司债券并在证券公司柜台转让的,应当符合中国证监会的相关规定。

(5)非公开发行的公司债券仅限于专业投资者范围内转让。转让后,持有同次发行债券的投资者合计不得超过200人。

(6)非公开发行公司债券,募集资金应当用于约定的用途;改变资金用途,应当履行募集说明书约定的程序。

(7)中国证券业协会应当制定非公开发行公司债券承销业务的风险控制管理规定,根据市场风险状况对承销业务范围进行限制并动态调整。

(三)发行的程序

1. 企业债券的发行

按照新《证券法》和《关于企业债券发行实施注册制有关事项的通知》有关要求,企业债券发行由核准制改为注册制。国家发展改革委为企业债券的法定注册机关,发行企业债券应当依法经国家发展改革委注册。国家发展改革委指定相关机构负责企业债券的受理、审核。其中,中央国债登记结算有限责任公司为受理机构,中央国债登记结算有限责任公司、中国银行间市场交易商协会为审核机构。确立以信息披露为中心的注册制监管理念,明确发行人是信息披露的第一责任人。按照注册制改革的需要,取消企业债券申报中的省级转报环节,落实省级发展改革部门监管职责。对于新《证券法》施行前已受理的企业债券项目,国家发改委按原核准制有关要求继续推进,稳妥做好新旧制度衔接。

企业债券具体发行程序如下:

(1)准备阶段

①企业明确发债意愿;②确定主承销商;③设计、论证、确定融资方案;④确定会计、律师、评级、担保(若有)等中介机构。

(2)尽调阶段

中介机构尽职调查;发行人配合中介机构提供相关资料;中介机构完成申报材料制作。

(3)申报阶段

优质企业债:如果完全符合优质企业债指标的企业,直接报中央国债登记结算公司受理;不完全符合优质企业债指标的企业,首先与省级发改委沟通并提供相关材料;然后省级发改委择优选择,向国家发改委出具推荐意见。

一般企业债:募集资金不用于固定资产投资项目的(如基金债、债转股专项债、小微企业增信集合债等),直接报中央国债登记结算公司受理;募集资金用于固定资产投资项目的,首先向省级发改委提供相关材料;然后省级发改委针对募投项目出具专项意见。

(4)受理、审核、注册阶段

①受理:发行人、主承销商将企业债券申报材料提交中央国债登记结算公司受理;②审核:中央国债登记结算公司、银行间市场交易商协会作为审核机构审核申报材料,并反馈审核意见,发行人、主承销商回复意见;③注册:通过审核后,由国家发改委出具注册通知。

(5)发行阶段

根据发行人需要，在注册有效期内择机发行，

优质企业债采用，“先核准债券规模、后备案项目发行”的模式，发行人对发行品种、期限、募集资金用途的选择更加灵活。

2. 公司债券的发行

按照中国证监会 2021 年 2 月 26 日发布的《公司债券发行与交易管理办法》，公司债券的发行程序如下：

(1)申报阶段

发行人公开发行公司债券，应当按照中国证监会有关规定制作注册申请文件，由发行人向证券交易所申报。

(2)受理阶段

证券交易所收到注册申请文件后，在 5 个工作日内做出是否受理的决定。自注册申请文件受理之日起，发行人及其控股股东、实际控制人、董事、监事、高级管理人员，以及与本次债券公开发行并上市相关的主承销商、证券服务机构及相关责任人员，即承担相应法律责任。注册申请文件受理后，未经中国证监会或者证券交易所同意，不得改动。发生重大事项的，发行人、主承销商、证券服务机构应当及时向证券交易所报告，并按要求更新注册申请文件和信息披露资料。

(3)审核阶段

证券交易所负责审核发行人公开发行公司债券并上市申请。证券交易所主要通过向发行人提出审核问询、发行人回答问题方式开展审核工作，判断发行人是否符合发行条件、上市条件和信息披露要求。

证券交易所按照规定的条件和程序，提出审核意见。认为发行人符合发行条件和信息披露要求的，将审核意见、注册申请文件及相关审核资料报送中国证监会履行发行注册程序。认为发行人不符合发行条件或信息披露要求的，做出终止发行上市审核决定。

证券交易所应当建立健全审核机制，提高审核工作透明度，公开审核工作相关事项，接受社会监督。

(4)注册阶段

中国证监会收到证券交易所报送的审核意见、发行人注册申请文件及相关审核资料后，履行发行注册程序。中国证监会认为存在需要进一步说明或者落实事项的，可以问询或要求证券交易所进一步问询。

中国证监会认为证券交易所的审核意见依据不充分的，可以退回证券交易所补充审核。

证券交易所应当自受理注册申请文件之日起 2 个月内出具审核意见，中国证监会应当自证券交易所受理注册申请文件之日起 3 个月内做出同意注册或者不予注册的决定。发行人根据中国证监会、证券交易所要求补充、修改注册申请文件的时间不计算在内。

(5)注册后续事项

中国证监会做出注册决定后，主承销商及证券服务机构应当持续履行尽职调查职责；发生重大事项的，发行人、主承销商、证券服务机构应当及时向证券交易所报告。

证券交易所应当对上述事项及时处理，发现发行人存在重大事项影响发行条件、上市条件的，应当出具明确意见并及时向中国证监会报告。

中国证监会做出注册决定后、发行人公司债券上市前，发现可能影响本次发行的重大事项的，中国证监会可以要求发行人暂缓或者暂停发行、上市；相关重大事项导致发行人不符合发

行条件的,可以撤销注册。

中国证监会撤销注册后,公司债券尚未发行的,发行人应当停止发行;公司债券已经发行尚未上市的,发行人应当按照发行价并加算银行同期存款利息返还债券持有人。

二、企业债券的承销

(一)企业债券承销管理

《企业债券管理条例》规定,企业发行企业债券,应当由证券经营机构承销。国家发改委《关于进一步改进和加强企业债券管理工作的通知》规定,发行企业债券应当由具有承销资格的证券经营机构承销,企业不得自行销售企业债券。主承销商由企业自主选择。需要组织承销团的,由主承销商组织承销团。承销商承销企业债券,可以采取代销、余额包销或全额报销方式,承销方式由发行人和主承销商协商确定。

(二)公司债券承销管理

按照中国证监会2021年2月26日发布的《公司债券发行与交易管理办法》,公司债券的承销管理如下:

(1)发行公司债券应当由具有证券承销业务资格的证券公司承销。取得证券承销业务资格的证券公司、中国证券金融股份有限公司非公开发行公司债券可以自行销售。

(2)承销机构承销公司债券,应当依据《公司债券发行与交易管理办法》以及中国证监会、中国证券业协会有关风险管理和内部控制等相关规定,制定严格的风险管理和内部控制制度,明确操作规程,保证人员配备,加强定价和配售等过程管理,有效控制业务风险。

承销机构应当建立健全内部问责机制,相关业务人员因违反公司债券相关规定被采取自律监管措施、自律处分、行政监管措施、市场禁入措施、行政处罚、刑事处罚等的,承销机构应当进行内部问责。

承销机构应当制定合理的薪酬考核体系,不得以业务包干等承包方式开展公司债券承销业务,或者以其他形式实施过度激励。

承销机构应当综合评估项目执行成本与风险责任,合理确定报价,不得以明显低于行业定价水平等不正当竞争方式招揽业务。

(3)主承销商应当遵守业务规则和行业规范,诚实守信、勤勉尽责、保持合理怀疑,按照合理性、必要性和重要性原则,审慎核查对公司债券发行文件的真实性、准确性和完整性,并有合理谨慎的理由确信发行文件披露的信息不存在虚假记载、误导性陈述或者重大遗漏。

主承销商对公司债券发行文件中证券服务机构出具专业意见的重要内容存在合理怀疑的,应当履行审慎核查和必要的调查、复核工作,排除合理怀疑。证券服务机构应当配合主承销商的相关核查工作。

(4)承销机构承销公司债券,应当依照《证券法》相关规定采用包销或者代销方式。

(5)发行人和主承销商应当签订承销协议,在承销协议中界定双方的权利义务关系,约定明确的承销基数。采用包销方式的,应当明确包销责任。组成承销团的承销机构应当签订承销团协议,由主承销商负责组织承销工作。公司债券发行由两家以上承销机构联合主承销的,所有担任主承销商的承销机构应当共同承担主承销责任,履行相关义务。承销团由三家以上承销机构组成的,可以设副主承销商,协助主承销商组织承销活动。承销团成员应当按照承销团协议及承销协议的约定开展承销活动,不得虚假承销。

(6)公司债券公开发行的价格或利率以询价或公开招标等市场化方式确定。发行人和承销机构不得操纵发行定价、暗箱操作；不得以代持、信托等方式谋取不正当利益或向其他相关利益主体输送利益；不得直接或通过其利益相关方向参与认购的投资者提供财务资助；不得有其他违反公平竞争、破坏市场秩序等行为。发行人不得在发行环节直接或间接认购其发行的公司债券。发行人的董事、监事、高级管理人员、持股比例超过5%的股东及其他关联方认购或交易、转让其发行的公司债券的，应当披露相关情况。

(7)公开发行公司债券的，发行人和主承销商应当聘请律师事务所见证发行过程、配售行为、参与认购的投资者资质条件、资金划拨等事项，并出具专项法律意见书。公开发行的公司债券上市后10个工作日内，主承销商应当将专项法律意见、承销总结报告等文件一并报证券交易场所。

(8)发行人和承销机构在推介过程中不得夸大宣传，或以虚假广告等不正当手段诱导、误导投资者，不得披露除债券募集说明书等信息以外的发行人其他信息。承销机构应当保留推介、定价、配售等承销过程中的相关资料，并按相关法律法规规定存档备查，包括推介宣传材料、路演现场录音等，如实、全面反映询价、定价和配售过程。相关推介、定价、配售等的备查资料应当按中国证券业协会的规定制作并妥善保管。

三、企业债券的上市

(一)企业债券上市条件

根据《上海证券交易所公司债券上市规则(2018年修订)》，申请在上海证券交易所上市的企业债券(公司债券)必须满足如下条件：(1)符合《证券法》规定的上市条件；(2)经有权部门核准并依法完成发行；(3)债券持有人符合本所投资者适当性管理规定；(4)本所规定的其他条件。

根据《深圳证券交易所公司债券上市规则(2018年修订)》，深圳证券交易所企业债券(公司债券)上市的条件与上交所基本一致。

(二)企业债券上市申请

1. 准备工作

根据《上海证券交易所公司债券上市规则(2018年修订)》，发行人申请企业上市前应做好一定的准备工作：

(1)债券仅面向合格投资者公开发行并申请上市的，发行人应当在发行前向上交所申请债券上市预审核。

(2)发行人申请债券上市预审核，应当按照《公开发行证券的公司信息披露内容与格式准则第24号——公开发行债券申请文件》的规定及上交所相关要求提交申请文件。

(3)上交所依据相关法律、行政法规、部门规章、规范性文件、本规则及上交所其他相关规定，对债券是否符合上市条件进行预审核并出具上市预审核意见。

(4)发行人提交的上市预审核申请文件应当真实、准确、完整。承销机构应当严格遵守执业规范和监管规则要求，全面核查债券发行上市相关情况，出具核查意见，并对其应承担的责任做出安排和承诺。为上市预审核申请出具有关文件的专业机构及其相关人员，应当恪守职业道德和执业规范，按规定和约定履行职责，保证其所出具文件的真实性、准确性和完整性。

(5)上交所出具上市预审核意见后，发行人应当在限期内取得有权部门核准债券发行的文件。

(6)上交所受理上市预审核至发行人完成发行期间，债券发行人发生重大事项的，发行人及承销机构应当及时向本所报告,承销机构应当按规定核查并出具核查意见。重大事项导致债券可能不符合上市条件的,按照上交所有关规定办理。

根据《深圳证券交易所公司债券上市规则(2018年修订)》,深证证券交易所的准备工作与上交所基本一致。

2. 申请上市提交的文件

根据《上海证券交易所公司债券上市规则(2018年修订)》,债券发行后,发行人应当及时向上交所所提交上市申请。承销机构应当协助发行人申请债券上市,确保债券上市符合上交所相关规定。

申请债券上市,应向本所提交下列文件:

债券上市申请书;有权部门核准债券发行的文件;发行人有权机构做出的申请债券上市的决议;公司章程;公司营业执照复印件;债券募集说明书、财务报告和审计报告、评级报告、法律意见书、债券持有人会议规则、受托管理协议、担保文件(如有)、发行结果公告等债券发行文件;上市公告书;债券实际募集数额的证明文件;上交所要求的其他文件。

发行人为上市公司的,可免于提交公司章程;公司营业执照复印件。债券分期发行的,可以仅提交有更新内容的申请文件。

根据《深圳证券交易所公司债券上市规则(2018年修订)》,深圳证券交易所企业申请上市的文件与上交所基本一致。

(三)债券上市核准

债券上市由证券交易所核准,交易所收到上市申请后,审核债券上市申请,并在5个交易日内做出同意上市或者不予上市的决定。交易所审核同意的,发行人应当在上市前与交易所签订证券上市协议,明确双方的权利义务和自律管理等有关事项。债券上市交易前,发行人应当按规定在交易所网站披露债券募集说明书、上市公告书等文件,并将上市公告书、核准文件及有关上市申请文件备置于指定场所供公众查阅。

第四节　非金融企业债务融资工具的发行

2008年4月9日,中国人民银行颁布了《银行间债券市场非金融企业债务融资工具管理办法》,《短期融资券管理办法》《短期融资券承销规程》和《短期融资券信息披露规程》同时终止执行。非金融企业债务融资工具,是指按照《银行间债券市场非金融企业债务融资工具管理办法》,由具有法人资格的非金融企业在银行间债券市场发行的,约定在一定期限内还本付息的有价证券。

一、非金融企业债务融资工具分类

非金融企业债务融资工具主要包括短期融资券、超短期融资券、中期票据、中小非金融企业集合票据等。

(1)短期融资券:是指具有法人资格的非金融企业在银行间债券市场发行的,约定在1年内还本付息的债务融资工具。

(2)超短期融资券,是指具有法人资格、信用评级较高的非金融企业(以下简称企业)在银行间债券市场发行的,期限在270天以内的短期融资券。

(3)中期票据:是指具有法人资格的非金融企业在银行间债券市场按照计划分期发行的,

约定在一定期限还本付息的债务融资工具。

(4)集合票据,是指2个(含)以上、10个(含)以下具有法人资格的企业,在银行间债券市场以统一产品设计、统一券种冠名、统一信用增进、统一发行注册方式共同发行的,约定在一定期限还本付息的债务融资工具。

二、债务融资工具的发行注册

按照《非金融企业债务融资工具注册发行规则》(2020年12月修订版),企业发行债务融资工具应在中国银行间市场交易商协会(以下简称交易商协会)注册。债务融资工具可以在银行间债券市场公开发行,也可以定向发行。

(一)公开发行注册

债务融资工具公开发行注册实行注册会议制度,由注册会议决定是否接受债务融资工具发行注册。

1. 注册文件

企业应当按照交易商协会关于公开发行债务融资工具信息披露内容与格式的规定编制注册文件,并通过符合条件的承销机构将注册文件送达注册办公室。注册文件包括:(1)企业公开发行债务融资工具的注册报告(附企业章程性文件规定的有权机构决议);(2)主承销商推荐函;(3)募集说明书;(4)企业其他拟公开披露文件;(5)交易商协会规定的其他文件。

2. 注册办公室受理与预评

注册办公室对符合要求的注册文件办理受理程序,并预评注册文件拟披露信息的完备性。注册办公室可以建议企业或相关中介机构做出解释说明,或者补充、修改注册文件。公室完成预评后,将注册文件提交注册会议评议。注册会议评议注册文件拟披露信息的完备性,不对债务融资工具的投资价值及投资风险做实质性判断。

3. 注册会议

注册会议由注册办公室从注册专家名单中随机抽取5名注册专家参加。注册专家以个人身份参加注册会议,听取注册办公室预评报告并讨论,对会议所评项目独立发表意见。

注册专家意见分为"接受注册""有条件接受注册""推迟接受注册"三种。5名注册专家均发表"接受注册"意见的,会议结论为接受注册;2名(含)以上注册专家发表"推迟接受注册"意见的,会议结论为推迟接受注册;除上述两种情形外,会议结论为有条件接受注册。

注册会议评议结论为有条件接受注册的,企业或相关中介机构按照注册专家意见补充、修改注册文件,并通过注册办公室发送至原发表"有条件接受注册"或"推迟接受注册"意见的注册专家。注册专家评议注册文件补充信息情况,发表"接受注册"或"推迟接受注册"的意见。2名(含)以上注册专家发表"推迟接受注册"意见的,会议结论为推迟接受注册;其他情形下,会议结论为接受注册。

注册会议评议结论为接受注册的,交易商协会向企业出具接受注册通知书,注册有效期2年。注册会议评议结论为推迟接受注册的,企业可于3个月后重新提交注册文件。

公开发行注册有效期内,企业发生重大事项,或者发生非重大、但可能对投资价值及投资决策判断有重要影响的事项,需要补充披露相关信息的,应及时通报注册办公室,并报送修改完毕的注册文件。需要再次提交注册会议评议的,注册办公室将企业修改完毕的注册文件提交注册会议,由注册会议决定企业既有注册是否继续有效。

（二）定向发行注册

1. 注册文件

企业应当按照交易商协会关于定向发行债务融资工具信息披露内容与格式的规定编制注册文件，并通过符合条件的承销机构将注册文件送达注册办公室。注册文件包括：(1)企业定向发行债务融资工具的注册报告(附企业章程性文件规定的有权机构决议)；(2)主承销商推荐函；(3)定向发行协议；(4)企业其他拟定向披露文件；(5)交易商协会规定的其他文件。

2. 定向发行对象

企业可以在银行间债券市场向债务融资工具专项机构投资人(简称专项机构投资人)或债务融资工具特定机构投资人(简称特定机构投资人)发行定向工具。

专项机构投资人，是指除具有丰富的银行间市场投资经验和风险识别能力外，还熟悉定向工具风险特征和投资流程，具有承担风险的意愿和能力，自愿接受交易商协会自律管理的机构投资人。专项机构投资人由交易商协会按照市场化原则，根据常务理事会确定的程序遴选产生。

专项机构投资人投资定向工具，视为签署该定向发行协议，接受该定向发行协议约定的权利与义务，认可该定向发行协议信息披露的具体标准。

特定机构投资人是指了解并能够识别某发行人发行的特定定向工具风险特征和投资流程，具有承担该定向工具投资风险的意愿和能力，自愿接受交易商协会自律管理的机构投资人。特定机构投资人由发行人和主承销商遴选确定，并向交易商协会出具书面确认函。

3. 其他事项。

单只定向工具的投资人数量应符合国家法律规定。

定向工具信用评级和跟踪评级的具体安排由发行人与定向投资人协商确定，并在定向发行协议中明确约定。

4. 注册办公室受理

注册办公室对符合要求的定向发行注册文件办理接收程序，并核对注册材料的形式完备性。注册办公室可以建议企业或相关中介机构做出解释说明，或者补充、修改注册文件。

企业定向发行注册文件形式完备的，交易商协会接受注册，并向企业出具“接受注册通知书”，注册有效期 2 年。

三、债务融资工具发行承销的操作要求

按照《非金融企业债务融资工具注册发行规则》(2020 版)，债券融资工具的发行的操作要求如下：

(1)企业在注册有效期内，可以簿记建档方式、招标方式一次发行或分期发行债务融资工具。

根据《银行间债券市场短期融资券业务指引(2021 版)》，企业发行短期融资券应由已在中国人民银行备案的金融机构承销。

根据《银行间债券市场超短期融资券业务指引(2021 版)》，企业发行超短期融资券可设主承销团，每期发行可设一家联席主承销商或副主承销商。

根据《银行间债券市场中期票据业务指引(2021 版)》，企业发行集合票据应由符合条件的承销机构承销。中期票据可以分次发行。

根据《银行间债券市场中小非金融企业集合票据业务指引(2009 版)》，企业发行集合票据

由符合条件的承销机构承销，一次注册、一次发行。

(2)企业采用簿记建档方式发行的，应使用债务融资工具集中簿记建档系统规范开展相关工作。企业采用招标方式发行的，应按照规定使用相关债券发行系统规范开展相关工作。

(3)企业、承销商等发行参与方应明确专门的机构和人员负责发行工作，并制定规范的内部管理制度和发行操作规程。

(4)企业公开发行债务融资工具，应通过交易商协会认可的平台公布当期发行文件。首次公开发行债务融资工具，应至少于发行日前 3 个工作日公布发行文件；非首次公开发行债务融资工具，应至少于发行日前 2 个工作日公布发行文件；公开发行超短期融资券，应至少于发行日前 1 个工作日公布发行文件。

(5)企业定向发行债务融资工具，应通过交易商协会认可的方式向定向投资人定向披露当期发行文件。

(6)企业在债务融资工具发行完成后，应通过交易商协会认可的途径披露本期债务融资工具的发行结果。

四、信息披露

2021 年 3 月 26 日，中国银行间市场交易商协会发布了《银行间债券市场非金融企业债务融资工具信息披露规则(2021 版)》《银行间债券市场非金融企业债务融资工具存续期信息披露表格体系(2021 版)》《非金融企业债务融资工具募集说明书投资人保护机制示范文本(2021 版)》，该规则及附件自 2021 年 5 月 1 日起施行。变动最大的是《银行间债券市场非金融企业债务融资工具信息披露规则(2021 版)》，与 2017 年版本相比，首先条文由 39 条增加到 67 条，内容上增加要求企业设置信息披露事务负责人、增加对信用增进机构履行披露职责的规定等条款，着重强调了遵循信息披露五大原则和着履行信息披露义务的重要性，变化如下：

(1)强化信息披露主体与人员责任，规范承继方、加强机构的内控机制建设，新增控股股东、实际控制人的配合义务，明确信息披露违规责任。

(2)完善细化定期报告中非财务信息的披露内容，根据市场形势与监管政策变化调整重大事项披露标准，针对无偿划转、资产重组等事项强化披露，遏制利用关联关系逃废债行为。

(3)顺应市场发展，规范违约处置及投资者保护机制的披露要求，并针对破产企业设置差异化披露要求，降低破产成本。

(4)强化定向发行产品的规则约束，允许定向发行产品约定定期报告披露频次、重大事项类型等内容，提升产品灵活性。

具体信息披露内容可参见各信息披露条款。

第五节　证券公司债券与可转债的发行

一、证券公司债券的发行

(一)证券公司债券的发行的法律依据

证券公司债券是指证券公司依法发行的、约定在一定期限内还本付息的有价证券。

现行证券公司债券的发行与承销是在中国证监会 2021 年 2 月 26 日发布的《公司债券发行与交易管理办法(2021 版)》下规范，关于其发行条件、条款设计、发行的申报程序、申请文件等要求同公司债券的相关规定。

（二）证券公司次级债券的发行条件

证券公司借入或发行次级债应符合以下条件：

（1）借入或募集资金有合理用途。

（2）次级债应以现金或中国证监会认可的其他形式借入或融入。

（3）借入或发行次级债数额应符合相关规定，即长期次级债计入净资本的数额不得超过净资本（不含长期次级债累计计入净资本的数额）的50%；净资本与负债的比例、净资产与负债的比例等各项风险控制指标不触及预警标准。

（4）募集说明书内容或次级债务合同条款符合证券公司监管规定。

（三）证券公司债券的发行操作

证券公司债券的公开发行和一般公司债券公开发行一样推行注册制，因此其注册程序以及发行承销管理、信息披露和企业债券发行的内容基本一致。

二、可转换公司债券的发行

可转换公司债券又称为可转债，是指上市公司依法发行、在一定期间内依据约定的条件可以转换成股份的公司债券，可转债的特点是债权性、股权性、可转换性。

现行的可转债的发行与承销是在2021年4月26日中国证券监督管理委员会发布的《上市公司发行可转换公司债券实施办法》下规范，该办法自发布之日起施行。

（一）可转债发行的一般原则

1. 监督管理

中国证监会依法监督管理上市公司可转换公司债券发行上市等活动。

2. 发行条件

（1）发行人发行可转换公司债券，应当符合下列条件：

①最近3年连续盈利，且最近3年净资产利润率平均在10%以上；属于能源、原材料、基础设施类的公司可以略低，但是不得低于7%。

②可转换公司债券发行后，资产负债率不高于70%。

③累计债券余额不超过公司净资产额的40%。

④募集资金的投向符合国家产业政策。

⑤可转换公司债券的利率不超过银行同期存款的利率水平。

⑥可转换公司债券的发行额不少于人民币1亿元。

⑦国务院证券监督管理机构规定的其他条件。

（2）担任主承销商的证券公司应重点核查发行人的以下事项，并在推荐函和核查意见中予以说明：

①在最近三年特别在最近一年是否以现金分红，现金分红占公司可分配利润的比例，以及公司董事会对红利分配情况的解释。

②发行人最近三年平均可分配利润是否足以支付可转换公司债券一年的利息。

③是否有足够的现金偿还到期债务的计划安排。

④主营业务是否突出。是否在所处行业中具有竞争优势，表现出较强的成长性，并在可预见的将来有明确的业务发展目标。

⑤募集资金投向是否具有较好的预期投资回报。前次募集资金的使用是否与原募集计划

一致。如果改变前次募集资金用途的，其变更是否符合有关法律、法规的规定。是否投资于商业银行、证券公司等金融机构（金融类上市公司除外）。

⑥发行人法人治理结构是否健全。近三年运作是否规范，公司章程及其修改是否符合《公司法》和中国证监会的有关规定，近三年股东大会、董事会、监事会会议及重大决策是否存在重大不规范行为，发行人管理层最近三年是否稳定。

⑦发行人是否独立运营。在业务、资产、人员、财务及机构等方面是否独立，是否具有面向市场的自主经营能力；属于生产经营类企业的，是否具有独立的生产、供应、销售系统。

⑧是否存在发行人资产被有实际控制权的个人、法人或其他关联方占用的情况，是否存在其他损害公司利益的重大关联交易。

⑨发行人最近一年内是否有重大资产重组、重大增减资本的行为，是否符合中国证监会的有关规定。

⑩发行人近三年信息披露是否符合有关规定，是否存在因虚假记载、误导性陈述或者重大遗漏而受到处罚的情形。

(3)发行人有下列情形之一的，中国证监会不予核准其发行申请：

①最近三年内存在重大违法违规行为的。

②最近一次募集资金被擅自改变用途而未按规定加以纠正的。

③信息披露存在虚假记载、误导性陈述或重大遗漏的。

④公司运作不规范并产生严重后果的。

⑤成长性差，存在重大风险隐患的。

⑥中国证监会认定的其他严重损害投资者利益的情形。

3. 申报及核准程序

(1)发行人申请发行可转换公司债券，应由股东大会做出决议。股东大会做出的决议至少应包括发行规模、转股价格的确定及调整原则、债券利率、转股期、还本付息的期限和方式、赎回条款及回售条款、向原股东配售的安排、募集资金用途等事项。

(2)发行人及有关中介机构应按照中国证监会的有关规定制作申请文件。

(3)主承销商负责向中国证监会推荐，出具推荐意见，并负责报送发行申请文件。

(4)为发行人发行可转换公司债券提供服务的中介机构应认真履行义务，并承担相应的法律责任。主承销商还应核查可转换公司债券发行申请文件。有关核查的程序和原则应参照股票发行内核工作的有关规定执行。主承销商应向中国证监会申报核查中的主要问题及其结论。

(5)在报送申请文件前，主承销商及其他中介机构应参照股票发行的有关规定在尽职调查的基础上出具推荐函。推荐函的内容至少应包括：明确的推荐意见及其理由，对发行人发展前景的评价，有关发行人是否符合可转换公司债券发行上市条件及其他有关规定的说明，发行人主要问题和风险的提示，简介证券公司内部审核程序及内核意见（同时提供有关申请文件的核对表），附参与本次发行的项目组成人员及相关经验等。

(6)发行人律师在按照有关规定出具的法律意见书和律师工作报告中，除满足规定的一般要求外，还应针对可转换公司债券发行的特点，核查验证可转换公司债券发行上市的实质条件、发行方案及发行条款、担保和资信情况等情况，明确发表意见。

(7)发行人最近三年财务会计报告均由注册会计师出具了标准无保留意见审计报告的，发行人应在申请文件中提供最近三年经审计的财务会计报告；发行申请于下半年提出的，还应提供申请当年公司公告的中期财务会计报告。如最近三年财务会计报告被注册会计师出具非标准无保留意见审计报告的，则所涉及的事项应对发行人无重大影响或影响已经消除，违反合法性、公允性和一贯性的事项应已纠正；发行人应在申请文件中提供最近三年经审计的财务会计报告，及由注册会计师就非标准无保留意见审计报告涉及的事项是否已消除或纠正所出具的补充意见；发行申请于下半年提出的，还应提供申请当年经审计的中期财务会计报告；发行申请于上半年提出，预计发行时间在下半年的，应在中期报告公布后，补充申请当年经审计的中期财务会计报告。上市未满三年及重大重组后距本次发行不满一个会计年度的上市公司，应依据前款规定提供财务会计报告。

(8)发行可转换公司债券的核准参照中国证监会有关股票发行核准的规定执行。

(二)上交所科创板发行可转债

2020 年 12 月 4 日，上交所发布了《关于科创板上市公司向不特定对象发行的可转换公司债券转股环节投资者适当性管理相关事项的通知》，适用于科创板非定向发行可转债转股环节的投资者适当性管理要求，按照科创板股票的投资者适当性管理要求执行。2020 年 12 月 18 日，上交所制定发布《上市公司自律监管规则适用指引第 4 号——向特定对象发行可转换公司债券》(以下简称《指引》)，适用于上交所上市公司(含科创板上市公司)向特定对象发行可转债发行、挂牌转让、转股、信息披露规则，《指引》自发布之日起施行。2022 年 1 月 7 日，上交所发布《上市公司自律监管指引第 12 号——向特定对象发行可转换公司债券》，适用于上交所创业板上市公司向特定对象发行可转债信息披露、发行及挂牌转让等事项业务办理指南。

1. 科创板非定向发行可转债转股环节的投资者适当性管理要求

参与科创板可转债转股的投资者，应当符合科创板股票投资者适当性管理要求。投资者不符合科创板股票投资者适当性管理要求的，不能将所持可转债转换为股票，投资者需关注并知晓不能转股可能造成的影响。

2. 向特定对象发行可转换公司债券的发行操作

(1)上市公司取得中国证监会关于发行定向可转债的核准或者注册文件后应当及时披露。定向可转债采用网下发行方式，由上市公司与承销机构或者财务顾问自行组织。

(2)定向可转债发行完成后，上市公司应当及时向上交所申请定向可转债代码并向中国结算申请登记。上市公司向上交所申请定向可转债代码应当提交以下材料：代码申请书；中国证监会的核准或者注册文件；上交所要求的其他文件。

(3)同一核准或者注册文件下发行的定向可转债存在不同定价条款的，上市公司应当视情况申请多个定向可转债代码，原则上不超过两个。

(4)上市公司应当在定向可转债登记完成后及时披露发行结果公告，并重点提示定向可转债的特殊条款、不同代码的定向可转债的条款差异和定价差异，并向上交所报送下列文件：中国结算出具的“证券登记证明”；验资报告；上交所要求的其他文件。

3. 向特定对象发行可转换公司债券的挂牌转让

符合《上海证券交易所投资者适当性管理办法》规定的专业投资者可以参与定向可转债转让。上市公司的董事、监事、高级管理人员及持股比例超过 5%的股东参与本公司发行的定向可转债转让的，不受前述投资者适当性的限制。

投资者不满足科创板股票投资者适当性要求的，所持科创板定向可转债转股后，仅可卖出该等股票，不得买入科创板股票。

通过上交所交易系统转让定向可转债的申报时间为每个交易日的 9:30—11:30、13:00—

15:00。

4. 向特定对象发行可转换公司债券的转股

上市公司应当明确定向可转债的转股期限、转股价格、转股价格修正条件和转股来源；投资者申报转股的可转债数量大于其实际可用可转债余额的，按其实际可用可转债余额办理转股登记；上市公司实施权益分派期间，定向可转债暂停转股。

5. 向特定对象发行可转换公司债券的信息披露

(1)上市公司、投资者等相关信息披露义务人应当根据法律、行政法规、部门规章、规范性文件及上交所相关规定，及时、公平地披露信息，并保证所披露信息的真实、准确、完整。

上市公司应当按照上交所《股票上市规则》关于可转换公司债券信息披露的有关规定，及时披露定向可转债相关重大事项。

(2)上市公司及其控股股东、实际控制人应当诚实守信，上市公司的董事、监事、高级管理人员，以及保荐机构、承销机构、财务顾问等证券服务机构及其相关人员应当勤勉尽责，按照《指引》的规定和相关约定履行义务，维护投资者权利。

(3)定向可转债挂牌转让期间，尚未解除限售的定向可转债满足解除限售条件的，应当在有关定向可转债解除限售前3个交易日披露公告。

(4)因重组业绩承诺未实现等原因，上市公司需对定向可转债实施回购注销的，上市公司应当及时办理并披露。

(5)投资者因持有或者买卖定向可转债中有权转股部分导致所持上市公司权益发生变动的，应当根据《上市公司收购管理办法》的规定及时履行权益变动报告、公告和其他法定义务。

(6)定向可转债暂不作为约定购回式证券交易和股票质押式回购交易的标的证券，暂不纳入融资融券业务可充抵保证金的证券。

(三)深交所创业板发行可转债

2020年6月21日，深交所发布《深圳证券交易所上市公司业务办理指南第5号——向不特定对象发行可转换公司债券》，适用于深圳证券交易所主板上市公司向不特定对象发行可转债信息披露、发行、登记、上市等事项业务办理指南。2020年6月21日，深交所发布《创业板上市公司业务办理指南第12号——向特定对象发行可转换公司债券》，适用于深交所创业板上市公司向特定对象发行可转债信息披露、发行及挂牌转让等事项业务办理指南。

1. 创业板发行可转债审核注册阶段信息披露要求

(1)发行可转债募集资金

①上市公司提出发行申请后，出现下列情形之一的，应当在次一个交易日予以公告：收到中国证监会终止发行注册决定；收到中国证监会注册或者不予注册决定；上市公司撤回证券发行申请。

②深交所受理证券发行上市申请文件当日，公司应当披露受理公告，并同时披露募集说明书、发行保荐书、上市保荐书、审计报告、法律意见书。

③上市公司应当以临时公告的形式及时披露对本所审核问询的回复。

④上市公司收到深交所具有明确审核意见的函件或决定后，应当以临时公告的形式及时对外披露。如为符合发行条件、上市条件和信息披露要求的审核意见，公司应在公告中声明："公司本次向特定对象发行可转换公司债券尚需中国证监会注册，敬请广大投资者注意投资风险。"

⑤上市公司披露收到中国证监会予以注册决定的公告时，应当说明取得注册批文的日期、

注册发行的债券数量等，并公告本次发行的保荐人，公开上市公司和保荐人指定办理本次发行的负责人及其有效联系方式。

⑥上市公司应当在收到中国证监会予以注册决定后的两个交易日内，以临时公告的形式披露经证监会同意注册的募集说明书。

(2)发行可转债购买资产或配套募集资金

上市公司根据《重组办法》规定发行可转债购买资产或配套募集资金的，重组审核注册阶段应按照《深圳证券交易所创业板上市公司重大资产重组审核规则》和《深圳证券交易所上市公司信息披露指引第3号——重大资产重组》相关要求披露信息。

2. 创业板发行可转债组织发行

(1)发行可转债募集资金或重组配套募集资金的，上市公司应当在注册批文的有效期内，按照《证券发行与承销管理办法》《深圳证券交易所创业板上市公司证券发行与承销业务实施细则》等有关规定组织发行。

(2)上市公司根据《重组办法》规定发行可转债购买资产的，相关发行事宜参照发行股份购买资产办理。

3. 创业板申请证券代码和证券简称

上市公司在可转债发行结束后，应及时向创业板公司管理部提交可转债证券代码和证券简称申请。可转债的代码范围为“124000～124999”，证券简称为“××定转”。上市公司发行的可转债代码应按顺序编制，“××”汉字取自该可转债对应的基础证券简称。如上市公司多次向特定对象发行可转债，后续发行的可转债简称为“××定02”“××定03”，以此类推。

创业板公司管理部核对申请材料完备性，符合相关规定的，联系上市公司确定该期可转债代码和简称。

4. 创业板披露发行结果及债券登记

(1)发行可转债募集资金

①上市公司发行可转债募集资金的，应当在本次发行结束后两个交易日内向创业板公司管理部提交以下文件，并履行信息披露义务：发行情况报告书(上网)；保荐人出具的关于本次发行过程和认购对象合规性的报告(上网)；律师关于本次发行过程和认购对象合规性的报告书(上网)；符合《证券法》规定的会计师事务所出具的验资报告(报备)；可转债证券代码和证券简称申请(报备)。

②发行人应按照《公开发行证券的公司信息披露内容与格式准则第36号——创业板上市公司向特定对象公开发行证券募集说明书和发行情况报告书》第三章的规定编制本次发行情况报告书的详细内容。

③可转债发行结束并确定可转债代码和简称后，上市公司应及时向中国结算公司深圳分公司申请办理新增可转债登记，具体流程参照中国结算公司深圳分公司相关规定执行。

(2)发行可转债购买资产或配套募集资金

①上市公司发行可转债购买资产或配套募集资金的，发行结束并确定可转债代码和简称后，上市公司应及时向中国结算公司深圳分公司申请办理新增可转债登记，具体流程参照中国结算公司深圳分公司相关规定执行。

②可转债登记完成后，上市公司应当及时向创业板公司管理部报送以下文件，并履行信息披露义务：重组可转债发行结果暨登记完成的公告(上网)，至少应包括可转债代码、简称、发行的具体情况、可转债的重要条款等内容；独立财务顾问出具的专业意见(上网)；律师关于本次

发行过程和认购对象合规性的报告书(配套募集资金时适用)(上网);符合《证券法》规定的会计师事务所出具的验资报告(募集配套资金时适用)(报备);可转债证券代码和证券简称申请(报备);资产转移手续完成的证明文件(购买资产时适用)(报备);中国结算深圳分公司对可转债已登记的书面确认文件(报备);中国证监会和深交所要求的其他文件。

(四)北交所发行可转债

2021年11月15日,北京证券交易所发布并实施《北京证券交易所上市公司向特定对象发行可转债业务细则》。根据《北京证券交易所上市公司向特定对象发行可转债业务细则》,北交所可转债的发行与挂牌的流程如下:

(1)上市公司申请向特定对象发行可转债,应当聘请具有证券承销和保荐业务资格的证券公司承销与保荐。

(2)可转债应当具有期限、面值、利率、债券持有人权利、转股价格及调整原则、赎回及回售、转股价格修正等要素。

(3)向特定对象发行可转债应当采用竞价方式确定利率和发行对象,发行可转债购买资产的除外。

(4)在发行期首日前一工作日,上市公司和承销商可以向符合条件的特定对象提供认购邀请书,认购邀请书发送对象至少应当包括:已经提交认购意向书的投资者;上市公司前20名股东;合计不少于10家证券投资基金管理公司、证券公司或保险机构。上市公司和承销商的控股股东、实际控制人、董事、监事、高级管理人员及其控制或者施加重大影响的关联方不得参与竞价。

(5)认购邀请书发送后,上市公司及承销商应当在认购邀请书约定的时间内收集特定投资者签署的申购报价表。在申购报价期间,上市公司及承销商应当确保任何工作人员不泄露发行对象的申购报价情况。申购报价结束后,上市公司及承销商应当对有效申购按照利率由低到高累计统计,按照利率优先及董事会确定的原则合理确定发行利率和发行对象。

(6)向特定对象发行可转债的转股价格应当不低于认购邀请书发出前20个交易日上市公司股票交易均价和前一个交易日的均价,且不得向下修正,发行可转债购买资产的除外。

(7)上市公司应当制定可转债持有人会议规则,并与向特定对象发行可转债募集说明书(以下简称可转债募集说明书)同时披露。可转债持有人会议规则应当公平、合理。可转债持有人会议规则应当明确可转债持有人通过可转债持有人会议行使权利的范围,可转债持有人会议的召集、通知、决策机制和其他重要事项。债券持有人会议按照本细则的规定及会议规则的程序要求所形成的决议对全体债券持有人有约束力。

(8)上市公司应当在可转债募集说明书中约定受托管理事项。上市公司聘请受托管理人的,受托管理人应当按照《公司债券发行与交易管理办法》的规定以及可转债受托管理协议的约定履行受托管理职责。

(9)上市公司董事会审议向特定对象发行可转债有关事项时,应当不存在尚未完成的股票发行、可转债发行、收购、股份回购事宜。

(10)上市公司董事会应当就本次向特定对象发行可转债的具体方案做出决议,并提请股东大会批准。股东大会决议必须经出席会议的股东所持表决权的2/3以上通过。上市公司应当对出席会议的中小股东表决情况单独计票并予以披露。上市公司应当提供网络投票的方式,还可以通过其他方式为股东参加股东大会提供便利。上市公司监事会应当审核董事会编制的向特定对象发行可转债发行文件并提出书面审核意见,独立董事应当就可转债发行事项的必要性、合理性、可行性、公平性发表专项意见。上市公司股东大会就可转债发行做出的决议，至少应当包括下列事项：本次发行证券的种类和数量(数量上限)；发行方式、发行对象或范围、现有股东的优先认购安排(如有)；定价方式或者价格区间；债券利率；债券期限；赎回条款；回售条款；还本付息的期限和方式；转股期；转股价格的确定和修正；限售情况；募集资金用途；对董事会办理本次可转债发行具体事宜的授权；决议的有效期；其他必须明确的事项。

(11)上市公司向特定对象发行可转债的申请与受理、审核、注册等相关程序，适用《再融资办法》《再融资审核规则》的有关规定。

(12)上市公司可转债的发行与挂牌，本节未做规定的，参照北交所对股票的有关规定办理。

资料卡　科创板首只可转债发行

2021 年 2 月 23 日，科创板第一只可转换公司债券——由嘉元科技发行的 12.4 亿元可转债——启动了网上发行。这只可转债的期限为 6 年，票面利率为第一年 0.4%、第二年 0.6%、第三年 1.0%、第四年 1.5%、第五年 2.5%、第六年 3.0%，到期赎回价格为票面面值的 115%。转股期自发行后 6 个月起至到期日，初始转股价格为 78.99 元/股，当日嘉元科技股票收报 80.26 元/股。

值得注意的是，普通投资者可以参与这次可转债投资，但如果想要转股，投资者还是需要符合科创板股票投资者适当性管理要求，即 2 年证券投资经验、50 万元资金门槛，否则可转债持有人将不能将其所持的可转债转换为公司股票。

小　结

本章小结

1. 国债的发行方式有竞争性招标方式和承销包销方式。竞争性招标方式是通过投标人的直接竞价确定发行价格(或利率)水平，发行人将投标人的标价，自高价向低价排列，或自低利率排到高利率，发行人从高价(或低利率)选起，直到达到需要发行的数额为止。招标方式曾经出现过以价格为标的的荷兰式招标、以价格为标的的美国式招标、以缴款期为标的的荷兰式招标、以缴款期为标的的美国式招标、以收益率为标的的荷兰式招标、以收益率为标的的美国式招标六种。

2. 记账式国债发行招标通过财政部政府债券发行系统进行，发行系统包括中心端和客户端。国债承销团成员应当承担最低投标、承销责任。中央国债登记结算有限责任公司为记账式国债债权总托管机构，同时为银行间债券市场(含商业银行柜台)的记账式国债债权分托管机构，中国证券登记结算有限责任公司为交易所债券市场的记账式国债债权分托管机构。

3. 记账式国债的承销方式有招标和分销两种，分销又分为交易所市场发行国债的分销和银行间债券市场发行国债的分销。凭证式国债是一种不可上市流通的储蓄型债券，由具备凭证式国债承销团资格的机构承销。

4. 金融债券的发行主体有两大政策银行——中国进出口银行、中国农业发展银行；商业银行；企业集团财务公司和其他金融机构。金融债券在全国银行间债券市场公开发行或定向发行。金融债券的发行可以采取一次足额发行或限额内分期发行的方式。

5. 企业债券是指企业依照法定程序发行、约定在一定期限内还本付息的有价证券，包括依照《公司法》设立的公司发行的公司债券和其他企业发行的企业债券。企业债券发行需具备一定的条件。企业发行债券的总面额不得大于该企业的自有资产净值。公司公开发行公司债券需具备一定的条件，最近三年平均可分配利润足以支付公司债券一年的利息。公司债券和企业债券发行都是注册制。企业债券可以在交易所市场或银行间市场上市流通。

6. 非金融企业债务融资工具，是指按照《银行间债券市场非金融企业债务融资工具管理办法》，由具有法人资格的非金融企业在银行间债券市场发行的，约定在一定期限内还本付息的有价证券，主要包括短期融资券、超短期融资券、中期票据、中小非金融企业集合票据等。债务融资工具公开发行注册实行注册会议制度，由注册会议决定是否接受债务融资工具发行注册。

7. 证券公司债券是指证券公司依法发行的、约定在一定期限内还本付息的有价证券。发行必须具备一定的条件，包括财务指标和募集资金投向等。证券公司债券的公开发行和一般公司债券公开发行一样推行注册制。可转换公司债券又称为可转债，是指上市公司依法发行、在一定期间内依据约定的条件可以转换成股份的公司债券，可转债的特点是债权性、股权性、可转换性。可转债在上交所、深交所、北交所的发行方式都有区别。

知识结构图

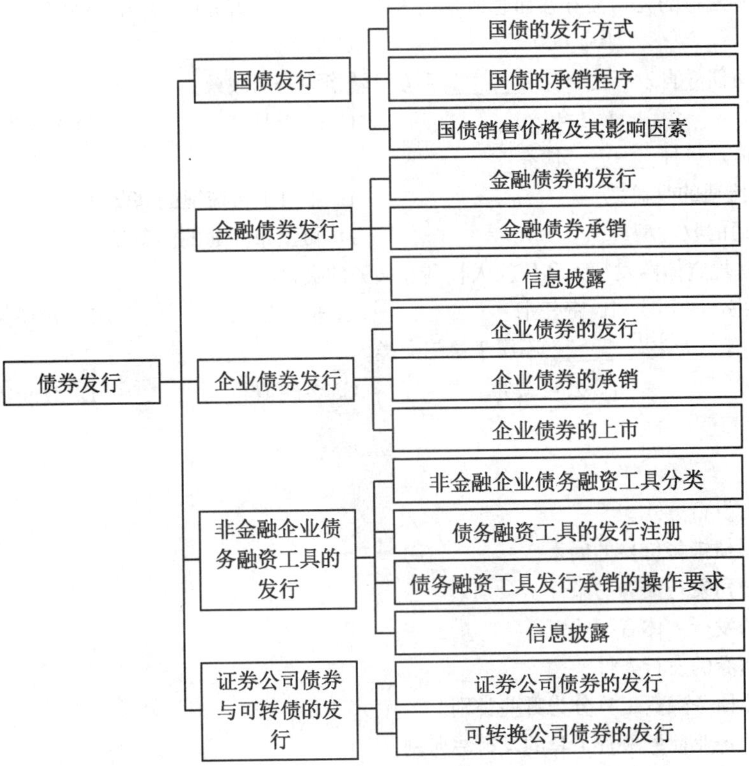

习题

一、选择题

1. 公司债券的发行规模由________确定。

A. 国务院　　B. 中国证监会

C. 国家发展和改革委员会　　D. 国家经贸委

2. 目前,我国国债承购包销方式主要运用于________。

A. 记账式国债　　B. 无记名国债　　C. 凭证式国债　　D. 特种国债

3. 承销金额超过人民币________元,承销团成员超过________,可设 2～3 个副主承销商。

A. 5 000 万,8 家　　B. 5 000 万,10 家　　C. 3 亿,8 家　　D. 3 亿,10 家

4. 股份有限公司发行债券其净资产额不低于人民币________万元。

A. 6 000　　B. 3 000　　C. 4 000　　D. 5 000

5. 发行公司债券筹集的资金用于________方面,则必须经有关部门的批准才可以进行。

A. 弥补亏损　　B. 非生产性支出

C. 与本企业无关的风险性投资　　D. 固定资产投资

6. 向社会公开发行的公司债券票面总值超过人民币________万元的,应由承销团承销。

A. 5 000　　B. 4 000　　C. 3 000　　D. 6 000

7. 可转换公司债券自发行之日起________后方可转换为公司股票。

A. 6 个月　　B. 1 年　　C. 10 个月　　D. 1.5 年

8. 凭证式国债是一种________债券。

A. 不可上市流通的收益型　　B. 不可上市流通的储蓄型

C. 可上市流通的收益型　　D. 可上市流通的储蓄型

9. ________是规定债券发行人和债权人权利和义务的文件。

A. 发行合同书　　B. 责任书　　C. 信托证书　　D. 责任保证书

10. 债券主要有三大类,________不属于这三大类。

A. 个人债券　　B. 公司债券　　C. 金融债券　　D. 政府债券

二、思考题

1. 简述国债的发行方式。
2. 简述影响国债销售价格的因素。
3. 简述证券公司发行债券的条件。
4. 金融债券的发行主体有哪些?
5. 简述企业债券的发行条件。
6. 非金融企业债务融资工具分为哪些类别?
7. 简述非金融企业债务融资工具的发行注册制。
8. 简述可转换公司债券的发行流程。

第四篇　证券交易

第十三章　证券交易基础

学习目标

通过本章学习，了解证券交易基础知识；了解证券的基本交易方式和交易品种；熟悉证券代码；了解证券价格指数的由来和主要证券价格指数及其作用。

证券是用来证明证券持有人有权取得相应权益的凭证。证券交易是指买卖已经发行并经投资者认购的证券的活动。

证券交易的特征主要表现为三个方面，即证券的流动性、收益性和风险性。证券只有通过流动才具有较强的变现能力，而证券之所以能够流动，是因为它可以为持有者带来一定的收益，同时，市场存在各种不确定因素，给持有者带来损失的风险。

第一节　证券交易方式

早期证券交易主要采取现货交易方式，但随着商品经济及资本市场的发展，证券交易形式呈现出由低级向高级、由简单向复杂、由单一向复合的发展趋势。各国证券交易方式的分类标准出现多元化趋势，既可按单一标准分类，又可兼用多种标准分类，并形成了现货交易、期货交易和信用交易等并存的交易形式。

一、现货交易

现货交易又称现金现货交易，是买卖双方在证券市场上达成交易后，即时办理钱券交割手续的交易方式。现货交易双方分别为持券待售者和持币待购者。持券待售者意欲将所持证券转变为现金，持币待购者则希望将所持货币转变为证券。现货交易最初是在成交后即时交割证券和钱款，为“一手交钱、一手交货”的典型形式。

在现代现货交易中，证券成交与交割间通常都有一定时间间隔，时间间隔长短依证券交易所规定的交割日期确定。证券成交与交割日期可在同一日，也可不是同一日期。在国际上，现货交易的成交与交割的时间间隔一般不超过 20 日。

证券交易所为了确保证券交易所和证券公司有合理时间处理财务事宜（包括准备证券交付和款项往来），都会规定证券成交和交割的时间间隔。但为防止该时间间隔过长而影响交割安全性，交割日期主要有当日交割、次日交割和例行交割。当日交割，也称“$T+0$”交割，为成交当日交割；次日交割则称“$T+1$”交割，为成交完成后下一个营业日办理交割；例行交割，则依照交易所规定确定，往往是成交后5个营业日内交割。

在现货交易中，证券的卖方必须持有证券，证券的买方必须持有相应的货币，成交日期与交割日期相对比较接近，交割风险较低。现货交易作为历史上最古老的证券交易方式，适于信用制度相对落后和交易规则相对简单的社会环境，有助于减少交易风险，是一种较安全的证券交易形式，也是目前场内交易和场外交易中广泛采用的证券交易形式。

现货交易的特点是：(1)成交和交割通常间隔时间很短，如次日交割或几天后交割。(2)它是一种实物交易，买卖双方需交割实际的钱和券，一般不能对冲。(3)投机性相对较小。

二、信用交易

信用交易是指投资者凭借自己提供的保证金和信誉，取得经纪人信用，在买进证券时由经纪人提供贷款，在卖出证券时由经纪人贷给证券，在获利后再向证券商归还贷款或贷券的交易方式。典型的信用交易必须是保证金交易，即投资者向经纪人交付一定数额的保证金，并在此基础上交易，故信用交易也称保证金交易。经纪人向投资者提供借款购买证券或者经纪人提供证券以供出售，所以证券信用交易也称“融资融券交易”。

(一)信用交易的分类

1. 保证金买空

保证金买空是指投资者预计证券行市将上涨并准备在现在价格较低时买进一定数量的证券，但因资金不足，可通过向证券经纪商支付一定比率保证金而取得证券经纪商贷款并委托经纪商代理买入这种证券。如果证券经纪商资金不足，可用代理客户买入的证券作为质押品向银行取得贷款。待证券价格上升，投资者委托证券经纪商卖出该证券，证券经纪商扣除买卖手续费和对投资者贷款的利息，余下即为投资者的投资收益。保证金买空的投资者称为多头。

2. 保证金卖空

保证金卖空是指投资者预计证券行市将下跌并准备在现在价格较高时卖出一定数量的证券，但手中没有该证券，可通过向证券经纪商支付一定比率保证金而向证券经纪商借入证券并委托经纪商卖出此证券。待证券价格下跌，再按市场价格买入相同种类、相同数量的证券归还给证券经纪商，并支付借入证券应付的利息和买卖手续费，买卖差额扣除一定的费用后，即为投资者的收益。保证金卖空的投资者称为空头。

(二)信用交易的特征

(1)可以在资金匮乏的情况下及时实现大规模的证券买卖，只需付出少量的保证金，就可融通大量的资金或证券，具有很强的投机性。

(2)信用交易是一种信用行为。投资者取得的贷款或者融券必须在一定时期内偿还，一般不超过6个月。为保证投资者如期如数归还证券，证券经纪商需要把投资者买入的有价证券或收回的价款作为质押留在经纪商处，待投资者偿还贷款或融券时再取回。借款时投资者需付息，而借券时，证券经纪商需对投资者价款付息。

(3)保证金可以用现金或者证券支付。用现金支付，保证金比例较低；用证券支付，因证券价格会波动，所以保证金比例相对较高，以防证券价格下跌导致保证金数额减少。

(4)采用信用交易融资买进时为保证金买空交易；融券卖出时称为保证金卖空交易。买空交易在投资者预计行情趋势好时采用，卖空交易在投资者预计行情趋势看跌时采用。

证券信用交易具有活跃市场、创造公正市场价格和满足投资者需求的优点，但因存在投资风险，须均衡证券信用交易优劣，设置合理和周严的风险控制制度，给证券信用交易以适当的地位，扬长避短。

三、期货交易

金融期货是指交易双方在有组织的交易所内以公开竞价方式达成的，在未来某一特定时间以事先约定的价格、买卖某一标准数量特定金融工具的协议。

(一)分类

1. 外汇期货交易

外汇期货是指协议双方同意在未来某一时期，根据约定价格(汇率)买卖一定标准数量的某种外汇的标准(合约)。外汇期货又称货币期货。

2. 利率期货交易

利率期货是指协议双方同意在约定的未来某个日期按约定条件买卖一定数量的某种利率工具的标准(合约)。

3. 股权类期货交易

股权类期货是以单只股票、股票组合或股票价格指数为基础资产的期货合约，包括股票价格指数期货、单只股票期货和股票组合期货。

(二)特点

(1)期货交易对象不是证券本身，而是期货合约，即未来购买或卖出证券并交割的合约。期货合约属于期货交易所制定的标准合约。根据期货合约，一方当事人应于交割期限内向持有期货合约的另一方交付期货合约指定数量的金融资产。

(2)期货交易条件约定于现在，在将来某一时间实际交割。期货合约期限通常比较长，有些金融资产的期货合约期限可能长达数月，甚至一年。在合约期限来临前，期货合约持有人可依公开市场价格向他人出售合约，并借此转让期货合约项下权利。所以，在合约期限来临前，合约持有人可因转让期货合约而发生若干变化。

(3)期货交易的达成必须以买卖双方对股价变动趋势做不同方向的预期为条件。在实际交割时，若价格上升则买方获利，卖方亏损；若价格下降，则卖方获利，买方亏损。

(4)期货交易一般在期货交易所以公开竞价的方式完成，为保持交割安全性，期货交易双方需存入一定数额的保证金。

由于期货交易具有预先成交、定期交割和价格独立的特点，买卖双方在达成证券期货合约时并无意等到指定日期到来时实际交割证券资产，而是企盼在买进期货合约后的适当时机再行卖出，以谋取利益或减少损失，从而出现“多头交易”和“空头交易”。多头交易与空头交易是站在对期货价格走势不同判断的基础上分别而言的，但均属于低买高卖并借此谋利的交易行为。

四、期权交易

金融期权是指买方向卖方支付一定费用，在约定期限内享有按事先确定的价格向卖方买进或卖出某一特定金融工具的权利的契约。它以金融商品或金融期货合约为标的物，购买者在向出售者支付一定费用后，就获得了能在规定期限内以某一特定价格向出售者买进或卖出一定数量的某种金融商品或金融期货合约的权利。

（一）期权合约

期权合约包含期权标的物、标的物数量、合约的期限、协议价格等。

（1）标的物。金融期权的标的物有股票、股票价格指数、外汇、利率、期货合约等。

（2）标的物的数量。各种标的物的数量应该标准化，已经确定在期权的存续期不能修改。股票期权发生股票分割或发放股票票息时需按一定的比例对期权合约的数量和价格调整的除外。

（3）期限。期权合约期限一般为3个月、6个月、9个月。期权合约会规定期权合约的失效日，即买方提出履约的最后期限或者说合约的最后交易日。到期后合约自动失效。

（4）协议价格。协议价格又称履约价格，是期权合约中标的物的买卖价。期权买方有权按此价格购买或出售相应的标的物，卖方不得拒绝。

（二）期权费用

期权费是期权的买方买入在一定期限内按协议价格买卖某种金融资产的权利而付出的代价。期权的卖方收取期权费作为准备履约义务的补偿。期权费有两种表示方式，以"点"表示或者以货币单位表示。利率期权、外汇期权、股指期权等都是用点表示。期权费必须以现金支付，不得以其他有价证券冲抵，也不得融资。

第二节　证券交易代码

一、股票交易代码

（一）A股股票代码

A股股票即人民币普通股，是由我国境内公司发行的、供境内机构、组织或个人以人民币认购和交易的普通股股票。A股市场于1990年成立。

在上海证券交易所上市交易的A股股票交易代码由600×××数组成。

在深圳证券交易所上市交易的A股股票交易代码由00××××这六位数组成。00表示A股证券，第3位到第6位为顺序编码区。

2004年深圳证券交易所推出的中小企业板的代码为002×××，其中，2表示中小企业板，后三位表示上市顺序。

（二）B股股票代码

B股股票是以人民币标明流通面值，发行公司注册地和上市地在境内，以外币认购和交易，投资者为境外或者中国香港、中国澳门或中国台湾投资者。

在上海证券交易所挂牌交易的B股股票以美元为计价单位，在深圳交易所挂牌交易的B股股票以港元为计价单位。在上海证券交易所挂牌交易的股票代码由900×××这6位数组成，900代表在上海证券交易所交易的B股股票。在深圳证券交易所交易的B股股票由20××××这6位数组成，其中20代表B股股票，第3位至第6位为编码区。

（三）新三板股票代码

新三板股票交易代码最早的是43××××，2014年5月21日开始83开头；2016年11月21日之后是87××××；之后还会有88××××的，具体启用时间要看三板挂牌进度；注意目前基础层和创新层中43、83、87、88开头的是正常股票。

（四）科创板股票代码

科创板发行股票代码为688×××，发行CDR存托凭证代码为689×××，而网上申购代码通常为787×××。科创板股票或存托凭证不安排选号，上交所发行承销管理部按发行方案审核通过顺序排号，逢4、13结尾可跳号。同时，科创板新增扩位证券简称，最多为8个汉字（16个字符）。

（五）沪伦通股票代码

交易设置独立的交易代码段，代码为600×××、601×××，证券简称以中文命名，总长度不超过4个汉字。

（六）港股通股票代码

港股通指投资者通过内地的证券向中国香港联合交易所申报购买的在香港市场上市的股票，其中通过沪交所与香港联合交易所连接购买的叫沪市港股通，通过深交所与香港市场连接购买的股票叫深市港股通。

港股通（H股）的股票的位数通常是5位数，其代码范围是从0001～3999，目前只是在四位数前简单地加个0。

（七）创业板股票代码

2009年10月30日，中国创业板在深圳证券交易所正式上市。创业板，又称二板市场，是专为暂时无法在主板市场上市的创业型企业提供融资途径和成长空间的证券交易市场。创业的股票代码一直是300×××。

（八）北交所股票代码

北交所股票来源于新三板原精选层，因此北交所股票代码和新三板股票代码很像，也是43、83、87等开头。

二、债券交易代码

（一）国债

上海证券交易所国债现货的证券代码由01××××组成，中间两位数字为该国债的发行年份，后两位为顺序编号，2000年以前上海证券交易所国债现券代码由00××××组成。

深圳证券交易所国债现券代码由10××××组成，中间两位为该国债的发行年份，后两位数字为顺序编号。2001年15期以前国债代码为1019加年号（1位数）加上当年国债发行上市期数（1位数）。

（二）企业债券、金融债券及代码

在上海证券交易所挂牌交易的企业债券代码由120××××、122××××、124××××、127××××、139××××组成，中间两位为该债券的上市年份，最后两位数字为该债券的上市顺序编号。

在上海证券交易所挂牌交易的金融债券代码由01××××、02××××组成，中间两位为该债券的上市年份，最后两位数字为该债券的上市顺序编号。

在深圳证券交易所挂牌交易的企业债券代码由11××××组成，其中11表示债券，第3位到第6位为顺序编码区。

（三）可转换公司债券及代码

在上海证券交易所交易的可转换债券代码为以100×××或110×××开头的6位数。后面三位为该可转换债券发行公司的A股股票代码号。

在深圳证券交易所交易的可转换债券的代码为120×××，后3位为该可转换债券发行公司的A股股票代码号。

(四)债券回购品种及代码

在上海证券交易所挂牌的国债回购一共有1天、2天、3天、7天、14天、28天、91天、182天8个回购品种，证券代码是以201开头的6位数。

在上海证券交易所挂牌的企业债券回购一共有1天、3天、7天3个回购品种，代码分别为202001、202003、202007。

在深圳证券交易所挂牌交易的国债回购一共包括1天、2天、3天、7天、14天、28天、63天、91天、182天、273天等11个回购品种，代码由13××××组成，其中13代表国债回购，第3到第6位为顺序编码区。

在深圳证券交易所挂牌的企业债券回购一共包括1天、2天、3天、7天4个回购品种，代码为13××××，其中13代表国债回购，第3位到第6位为顺序编码区。

(五)地方债

地方债的主要特点与国债相同，但流动性较差。编码规则：上海130＋发行顺序(如09新疆债01—130000)，深圳109＋发行顺序(如09新疆债01—109001)。

(六)分离债

产品数量较少，全部由上市公司发行，资质较好，票面利率低，较一般债券税负低。编码规则：上海126＋发行顺序(如06马钢债—126001)，深圳115＋发行顺序(如国安债1—115002)。

三、基金交易代码

基金的类型有多种，每一种基金都有自己独立的编码规则，且同一只基金在深交所和上交所的编码规则也存在差异，在基金交易的不同阶段，又分为认购代码、申赎代码、交易代码等不同类型。

(一)传统封闭式基金

在上海证券交易所交易的证券投资基金代码由500×××这6位数组成，在深圳证券交易所挂牌交易的证券投资基金代码由18××××这6位数组成，其中18代表证券投资基金，第3位到第6位为顺序编码区。

(二)LOF

深交所以16开头，中间两位代表基金管理公司代码，后两位代表该公司发行的顺序号，顺序号是根据基金公司成立时间顺序排列的，也就是说顺序号越靠前的公司成立时间越早。

(三)ETF

深交所以15开头，申赎代码和认购代码相同；上交所以51开头，申赎代码最后一位为1，交易代码最后一位为0。投资者操作货币基金套利时需要修改最后一位数字就是这个原因。

(四)分级基金

深交所以15开头。

(五)REIT基金

上交所以508开头。

(六)其他基金

深交所以16开头。

以上六类基金均为上市基金，即可像股票一样挂牌交易的基金。综合来看，上市基金在深交所通常以15、16、18开头，上交所则以50、51开头。

（七）非上市基金

包括一般开放式和上证通基金，其中一般开放式基金编码的前两位为TA编码，后四位为产品流水号。上证通基金的挂牌代码和申赎代码以519开头，认购代码以521开头。

第三节　证券价格指数

一、股票价格指数

（一）股票价格平均数和股票价格指数

股票价格平均数，又称股价平均数，是将某一证券交易所上市的全部股票或部分股票按一定方法计算而得到的在某一时点的价格平均值。

股票价格指数是运用统计学中的指数方法编制而成，将计算期的股价或市值与某一基期的股价或市值相比较得到一个相对值，反映股市总体价格或某类股价变动和走势的指标。股票价格指数不仅能够衡量股票市场总体价格水平及变动趋势，同时也是反映一个国家或地区政治、经济发展状况的灵敏信号。

股票价格平均数与股票价格指数的区别在于：股价平均数是反映多种股票价格变动的一般水平，通常以算术平均数表示。人们通过对不同时期股价平均数的比较，可以认识多种股票价格变动水平。而股票指数是反映不同时期的股价变动情况的相对指标，也就是将第一时期的股价平均数作为另一时期股价平均数的基准的百分数。通过股票指数，人们可以了解计算期的股价比基期的股价上升或下降的百分比率。由于股票指数是一个相对指标，因此就一个较长的时期来说，股票指数比股价平均数能更为精确地衡量股价的变动。

（二）股票价格指数的计算方法

股票指数通常是将报告期的股票价格与基期价格相比，并将两者的比值乘以基期的指数值，即为该报告期的股票指数。股票指数的计算方法有三种：相对法、综合法、加权法。

1. 相对法

相对法又称平均法，就是先计算各样本股票指数，再加总计算总的算术平均数。其计算公式为：

$$股票指数=n\ 个样本股票指数之和/n$$

英国的《经济学家》普通股票指数就使用这种计算法。

2. 综合法

综合法是先将样本股票的基期和报告期价格分别加总，然后相除求出股票指数。其计算公式为：

$$股票指数=报告期股价之和/基期股价之和$$

从相对法和综合法计算股票指数来看，两者都未考虑到由于各种采样股票的发行量和交易量的不同，而对整个股市股价的影响不一样等因素，因此，计算出来的指数亦不够准确。为使股票指数计算精确，需要加入权数。

3. 加权法

加权股票指数是根据各期样本股票的相对重要性予以加权，其权数可以是成交股数、股票发行量等。按时间划分，权数可以是基期权数，也可以是报告期权数。以基期成交股数（或发行量）为权数的指数称为拉斯拜尔指数；以报告期成交股数（或发行量）为权数的指数称为派许指数。拉斯拜尔指数偏重基期成交股数（或发行量），而派许指数则偏重报告期的成交股数（或发行量）。目前世界上大多数股票指数都是派许指数。

（三）股票价格指数的编制方法

目前股价指数编制的方法主要有算术平均法、几何平均法和加权平均法三种。

算术平均法是先选定具有代表性的样本股票，以某年某月某日为基期，并确定基期指数，然后计算某一日样本股票的价格平均数，将该平均数与基期对应的平均数相比，最后乘以基期指数，即得出该日的股票价格平均指数。

几何平均法与算术平均法方法类似，但在几何平均法中，报告期和基期的股票平均价采用样本股票价格的几何平均数。

加权平均法首先按样本股票在市场上的不同地位赋予其不同的权数，即地位重要的权数大，地位次要的权数小；然后将各样本股票的价格与其权数相乘后求和，再与总权数相除，得到按加权平均法计算的报告期和基期的平均股价；最后据此计算股票价格指数。加权平均法权数的选择，可以是股票的成交金额，也可以是它的上市股数。若选择计算期的成交量因素作为权数，则被称为派许加权法。

（四）我国主要的股票价格指数

1. 中证指数公司及其指数

（1）沪深 300 指数

沪深 300 指数是从上海和深圳证券市场中选取 300 只 A 股作为样本编制而成的成分股指数。沪深 300 指数样本覆盖了沪深市场六成左右的市值，具有良好的市场代表性。沪深 300 指数是沪深证券交易所第一次联合发布的反映 A 股市场整体走势的指数。指数基准日为 2004 年 12 月 31 日，基点为 1 000 点。上海代码：000300；深圳代码：399300。沪深 300 指数一般在 1 月和 7 月初调整，调整方案每次比例不超过 10%，排名在 240 名以内新样本优先进入，排名在 360 名之前的老样本优先保留。最后一次财务报表亏损的股票原则上不进入新选样本，除非该股票影响指数有代表性。总之，沪深 300 指数具有如下特点：严格的样本选择标准，定位于交易性成分指数；采用自由流通量为权数；采用分级靠档法确定成分股权重；样本股稳定性高，调整设置缓冲区；指数行业分布状况基本与市场行业分布比例一致。

（2）中证规模指数

中证规模指数包括中证 100 指数、中证 200 指数、中证 500 指数、中证 700 指数、中证 800 指数和中证流通指数。中证 100 指数是从沪深 300 指数样本股中挑选规模最大的 100 只股票组成样本股，以综合反映沪深证券市场中最具市场影响力的一批大市值公司的整体状况。2006 年 5 月 29 日发布中证 100 指数（CSI100 INDEX）。指数代码：000903（沪市）、399903（深市）。中证 100 指数和中证流通指数以 2005 年 12 月 30 日为基准日，基点为 1 000 点。中证 100 指数成分股原则上每半年调整一次，每次调整比例一般不超过 10%。样本设置缓冲区，排名 80 以内的新样本优先进入，排名在 120 名以前的老样本优先保留。中证 200 指数、中证 500 指数、中证 700 指数、中证 800 指数皆于 2007 年 1 月 15 日正式发布，以 2004 年 12 月 31 日为基准日，基点为 1 000 点。

（3）沪深 300 行业指数

沪深 300 行业指数于 2007 年 7 月 2 日发布，借鉴国际主流行业划分方法，将上市公司划分为10个行业，因而，沪深300行业指数又包括沪深300能源指数、沪深300原材料指数、沪深300工业指数、沪深300可选消费指数、沪深300主要消费指数、沪深300医药卫生指数、沪深300金融地产指数、沪深300信息技术指数、沪深300电信业务指数、沪深300公用事业指数10只。

2. 上海证券交易所股票价格指数（主板与中小企业板）

(1)样本指数

样本指数类包括上证成分指数、上证50指数、上证红利指数、上证180金融股指数、上证公司治理指数等。

①上证成分指数

上证成分指数简称上证180指数。它从上海证券交易所上市的股票中选择180只有代表性的股票为计算对象，以流通股数为权数计算加权综合股价指数，基期为2002年6月28日收盘指数，基点为3 299.05点，上证180指数于2002年7月1日正式发布，是上证30指数的延续。

②上证50指数

上证50指数于2004年1月2日发布，以2003年12月31日为基准日，基点为1 000点。

③上证红利指数

上证红利指数简称"红利指数"。上证红利指数挑选在上海证券交易所上市的现金股息率高、分红比较稳定、具有一定规模及流动性的50只股票作为样本，以反映上海证券市场高红利股票的整体状况和走势。上证红利指数于2005年首个交易日发布，以2004年12月31日为基准日，基点为1 000点。

(2)综合类指数

综合类指数包括上证综合指数、新上证综合指数。

①上证综合指数

上证综合指数是由上海证券交易所编制的，以上海证券交易所挂牌的全部股票为计算范围，以发行量为权数的加权综合股价指数，于1991年7月15日开始发布。该指数以1990年12月19日为基准日，基点为100点，反映了上海证券交易所上市的全部A股和全部B股的股票走势。在上证综指的计算当中，新股上市一个月以后方列入计算范围。

②新上证综合指数

新上证综合指数简称新综指，代码为000017，于2006年1月4日首次发布，新上证综合指数是一个全市场指数，不仅包括A股，还包括B股。新综指以2005年12月30日为基准日，以总市值为基准，基点为1 000点，新上证综指采用派许加权方法。

(3)分类指数类

分类指数类包括A股指数、B股指数及工业类、商业类、地产类、公用事业类和综合分类指数等。

①上证A股指数

上证A股指数选择全部上市A股为样本股，以1990年12月19日为基准日，以该日所有A股的市价总值为基期，基点为100点，反映了A股的股价整体变动状况，A股指数于1992年2月21日正式发布。

②上证B股指数

上证B股指数选择全部上市B股为样本股，以1992年2月21日为基准日，基点为100

点。上证 B 股反映了 B 股的股价整体变动状况，于 1992 年 2 月 21 日正式发布。

资料卡 上证系列主要指数列表

指数代码	指数名称	基准日	基 点
	样本指数类		
000010	上证 180	2002 年 6 月 28 日	3 299.06
000016	上证 50	2003 年 12 月 31 日	1 000
000015	红利指数	2004 年 12 月 31 日	1 000
000018	180 金融	2002 年 6 月 28 日	1 000
000019	治理指数	2007 年 6 月 29 日	1 000
000021	180 治理	2007 年 6 月 29 日	1 000
000020	中型综指	2007 年 12 月 28 日	1 000
000025	上证 180 基建指数	2002 年 6 月 28 日	1 000
000026	上证 180 资源指数	2002 年 6 月 28 日	1 000
000027	上证 180 交通运输指数	2002 年 6 月 28 日	1 000
	综合指数类		
000001	上证指数	1990 年 12 月 19 日	100
000017	新综指	2005 年 12 月 30 日	1 000
	分类指数类		
000002	A 股指数	1990 年 12 月 19 日	100
000003	B 股指数	1992 年 2 月 21 日	100
000004	工业指数	1993 年 4 月 30 日	1 358.78
000005	商业指数	1993 年 4 月 30 日	1 358.78
000006	地产指数	1993 年 4 月 30 日	1 358.78
000007	公用指数	1993 年 4 月 30 日	1 358.78
000008	综合指数	1993 年 4 月 30 日	1 358.78
	其他指数类		
000011	基金指数	2000 年 5 月 8 日	1 000
000012	国债指数	2002 年 12 月 31 日	100
000013	企债指数	2002 年 12 月 31 日	100
000022	沪公司债	2007 年 12 月 31 日	100
000023	沪分离债	2007 年 12 月 31 日	100

3. 深圳证券交易所股票价格指数(主板与中小企业板)

(1)样本指数类

①深证成分指数

深证成分指数以深市所有股票中抽取的具有代表性的40家上市公司作为计算对象，并以流通股为权数计算得出的加权股份指数，综合反映深交所上市A股、B股的股价走势，深证成分指数于1995年1月23日开始发布，并于1995年5月5日正式启用。1994年7月20日为基准日，基点为1 000点。2007年5月23日，深交所调整了成分股样本。

②深证A股指数

深证A股指数以成分A股为样本，以成分A股的可流通股数为权数，采用加权方法编制而成。深证A股指数以1994年7月20日为基准日，基点为1 000点，起始计算日为1995年1月25日。

③深证B股指数

深证B股指数以成分B股为样本，以可流通股数为权数，采用加权平均法，以1994年7月20日为基准日，基点为1 000点，起始计算日为1995年1月25日。

④深证100指数

2003年初深圳信息公司发布深证100指数。深圳证券交易所选中100只A股股票作为成分股，以成分股的可流通A股数为权数，采用派许综合法编制。深圳100指数以2002年12月31日为基准日，基点为1 000点。

(2)综合指数类

综合指数类包括深证综合指数、深证新指数、中小企业板指数。

①深证综合指数

深圳证券交易所综合指数包括深证综合指数、深证A股指数、深证B股指数。分别以在深圳证券交易所上市的全部股票、全部A股、全部B股为样本，深证综合指数、深证A股指数以1991年4月3日为基准日，深证B股指数以1992年2月28日为基准日，基点均为100点，以指数股计算日股份数为权数进行加权平均计算。计算公式为：

综合指数＝计算日指数股总市值/基准日指数股总市值

另外，遇新股上市，第二天纳入指数计算；暂停买卖的股票，剔除指数计算；如遇突然停牌，以最后成交价计算综合指数。

深证指数因编制采用的是先进的加权指数法，且抽样广泛，代表性强，不仅具有长期可比性，而且能正确反映股价运动的总趋向。

②深证新指数

深圳证券交易所2006年2月26日正式编制和发布深证新指数，代码是399100。样本剔除了ST股票以及被管理层认为经营有重大异常类的股票，以流通股为权重。深证新指数以2005年12月30日为基准日，基点为1 107.23点。

③中小企业板指数

中小企业板指数代码为399101，以2005年6月7日为基日，基点为1 000点，以2005年11月30日收市价计算发布点位，于2005年12月1日起正式对外发布。

(3)分类指数类

分类指数类包括农林牧渔指数、采掘业指数、制造业指数、建筑仓储业指数、信息技术指数等13类。深圳分类指数以1994年4月3日为基准日，基点为1 000点，起始计算日为2001年7月2日。

资料卡 深证系列指数列表

指数代码	指数名称	基准日	基点
399001	深证成分指数	1994 年 7 月 20 日	1 000
399002	成分 A 股指数	1994 年 7 月 20 日	1 000
399003	成分 B 股指数	1994 年 7 月 20 日	1 000
399004	深证 100 指数	2002 年 12 月 31 日	1 000
399005	中小板指数	2005 年 6 月 7 日	1 000
399100	深证新指数	2005 年 12 月 30 日	1 107.23
399101	中小板综指	2005 年 6 月 7 日	1 000
399106	深证综合指数	1991 年 4 月 3 日	100
399107	深证 A 股指数	1991 年 4 月 3 日	100
399108	深证 B 股指数	1992 年 2 月 28 日	100
399110	农林牧渔指数	1991 年 4 月 3 日	1 000
399120	采掘业指数	1991 年 4 月 3 日	1 000
399130	制造业指数	1991 年 4 月 3 日	1 000
399131	食品饮料指数	1991 年 4 月 3 日	1 000
399132	纺织服装指数	1991 年 4 月 3 日	1 000
399133	木材家具指数	1991 年 4 月 3 日	1 000
399134	造纸印刷指数	1991 年 4 月 3 日	1 000
399135	石化塑胶指数	1991 年 4 月 3 日	1 000
399136	电子指数	1991 年 4 月 3 日	1 000
399137	金属非金属指数	1991 年 4 月 3 日	1 000
399138	机械设备指数	1991 年 4 月 3 日	1 000
399139	医药生物指数	1991 年 4 月 3 日	1 000
399140	水电煤气指数	1991 年 4 月 3 日	1 000
399150	建筑业指数	1991 年 4 月 3 日	1 000
399160	运输仓储指数	1991 年 4 月 3 日	1 000
399170	信息技术指数	1991 年 4 月 3 日	1 000
399180	批发零售指数	1991 年 4 月 3 日	1 000
399190	金融保险指数	1991 年 4 月 3 日	1 000
399200	房地产业指数	1991 年 4 月 3 日	1 000
399210	社会服务指数	1991 年 4 月 3 日	1 000
399220	传播文化指数	1991 年 4 月 3 日	1 000
399230	综合类指数	1991 年 4 月 3 日	1 000

续表

指数代码	指数名称	基准日	基点
399300	沪深 300 指数	2004 年 12 月 31 日	1 000
399305	深市基金指数	2000 年 6 月 30 日	1 000
399481	巨潮企债指数	2002 年 12 月 31 日	100

4. 创业板指数

(1)创精选 88。由创业板市场中盘市值的 88 只股票组成,其中财务稳健指标作为重要筛选依据,可见其属于创业板中盘风格。

(2)创业蓝筹。全称叫创业板低波蓝筹指数,从盈利、会计稳健、投资稳健、违约风险和低波动五个维度综合选取 50 只创业板股票,同时个股权重占比较高。

(3)创业板 50。选取创业板最近半年的 A 股日均成交金额排名在前 50 名的股票,可见其属于创业板大盘股风格。

(4)创成长。全称叫创业板动量成长指数,由创业板中具有良好成长能力和动量效应的 50 只股票组成。

(5)创业板指。由创业板中市值大、流动性好的前 100 只股票组成。

(6)创业板综。选取了所有在创业板上市的股票。

5. 科创板指数

科创板指数是指科创 50 指数,全称上证科创板 50 成分指数,代码为 000688。启用日期为 2020 年 7 月 23 日,指数基点为 1 000,成分股数量 50 个。上证科创板 50 成分指数由上海证券交易所科创板中市值大、流动性好的 50 只证券组成,反映最具市场代表性的一批科创企业的整体表现。

6. 新三板指数

(1)三板成指和三板做市

全国中小企业股份转让系统(即新三板)于 2015 年 3 月 18 日正式发布指数行情,首批指数为全国中小企业股份转让系统成分指数(指数简称:三板成指,指数代码:899001)和全国中小企业股份转让系统做市成分指数(指数简称:三板做市,指数代码:899002)。这两只指数均综合考虑市值及股票流动性,剔除了无成交记录的挂牌公司;指数计算采用流通股本加权法;采用市值覆盖标准(不固定样本数)确定样本股数量;样本股选取综合考虑市值和股票流动性指标,按季度调整;指数样本股行业分类参照全球行业分类系统(简称 GICS)标准;以 2014 年 12 月 31 日为基期,选取基准日收盘后所有样本股的调整市值,基点为 1 000 点。成为新三板成指的指数样本股,需满足“挂牌以来有成交”以及“流通股本不为零”两个条件,并按过去 3 个月日均成交金额和总市值的综合排名降序排列,按照市值覆盖全部挂牌公司总市值 85%来确定样本数量。该指数从 3 月份开始每季度调整一次,样本股调整实施时间均为第二个星期五收盘后的下一个转让日。

(2)五大指数

2019 年,1 月 14 日,创新成指(899003)、三板龙头(899301)、三板制造(899302)、三板服务

(899303)、三板医药(899304)五大指数正式上线。五大引领指数之中,除了创新成指以外,其他四大指数的选样方法不同以往,并非侧重成交额和总市值等交易属性,而是侧重营业收入和研发指标。对于成交未做要求,重点是突出行业表征。实际上,A股的各类指标(上证50、沪深300等),基本上是采用成交额和总市值的指标度量指数成分,三板做市指数和三板成指也采用了类似方式。

三板龙头、三板制造、三板服务和三板医药这四大指数和传统的二级市场指数相比创新点主要有:①采取营收规模+研发费用率的指标遴选龙头公司,囊括了优质但无交易或交易不活跃的公司,扩大优质标的范围;②不采用市值度量,规避了新三板公司市值失真以及交易间隔长的问题;③样本股审核周期每半年一次,一定程度上保证了样本股的稳定性;④设置了备选名单,考虑了新三板公司摘牌频繁的市场特有问题,用备选名单保证了指数能够快速调整,加强指数的连续性。

7. 中国香港恒生指数

中国香港恒生指数是香港股票市场上历史最久、影响最大的股票价格指数,由香港恒生银行于1969年11月24日开始发布。

恒生股票价格指数从香港500多家上市公司中挑选出来的33家有代表性且经济实力雄厚的大公司股票作为成分股,分为四大类:4种金融业股票、6种公用事业股票、9种地产业股票和14种其他工商业(包括航空和酒店)股票。这些股票占香港股票市值的63.8%,因该股票指数涉及香港的各个行业,具有较强的代表性。

恒生股票价格指数是以1964年7月31日为基期,因为这一天香港股市运行正常,成交值均匀,可反映整个香港股市的基本情况,基点确定为100点。其计算方法是将33种股票按每天的收盘价乘以各自的发行股数为计算日的市值,再与基期的市值相比较,乘以100就得出当天的股票价格指数。

由于恒生股票价格指数所选择的基期适当,因此,不论股票市场狂升或猛跌,还是处于正常交易水平,恒生股票价格指数基本上能反映整个股市的活动情况。

二、债券价格指数

(一)中证全债指数

中证全债指数由中证指数有限公司于2007年12月17日起发布,以上海证券交易所、深圳证券交易所及银行间债券市场上市的剩余期限在1年以上,信用级别为投资级以上的国债、金融债及企业债为样本。指数基准日为2002年12月31日,基点为100点。

(二)中证国债指数、中债金融债指数、中证企业债指数

中证国债指数、中债金融债指数、中证企业债指数于2008年1月28日正式发布,指数基准日为2002年12月31日,基点为100点,都以中证全债指数样本券为选样空间。中证国债指数样本选取银行间和交易所市场所有满足条件的国债;中债金融债指数样本选取银行间和交易所市场所有满足条件的金融债;中证企业债指样本数选取银行间和交易所市场所有满足条件的企业债。

(三)上证国债指数

上证国债指数由上海证券交易所于2003年1月2日发布,以在上海证券交易所上市的、剩余期限在1年以上的固定利率国债和一次还本付息国债为样本,按照国债发行量加权,基准日为2002年12月31日,基点为100点。

(四)上证企业债指数

上证企业债指数由上海证券交易所于 2003 年 6 月 9 日发布，以在沪、深证券交易所上市交易的固定利率付息和一次还本付息，剩余期限在 1 年以上(含 1 年)，信用评级为投资级以上的非股权连接类企业债券为样本，以 2002 年 12 月 31 日为基准日，基点为 100 点。

(五)中国债券指数

中国债券指数由中央国债登记结算有限责任公司于 2002 年 12 月 31 日发布，指数体系包括国债指数、企业债指数、政策性银行金融债指数、银行间国债指数、交易所债券指数、中短期债券指数和长期国债指数等，包含交易所市场和银行间市场所有发行额在 50 亿元人民币以上、待偿期限在 1 年以上的债券，指数样本债券每月末调整一次。该指数系列以 2001 年 12 月 31 日为基准日，基点为 100 点。

三、基金指数

(一)中证基金指数

中证基金指数由中证指数有限公司于 2008 年 2 月 4 日发布，包括中证开放式基金指数、中证股票型基金指数、中证混合型基金指数和中证债券型基金指数。4 只指数均以 2002 年 12 月 31 日为基准日，基点为 1 000 点。

(二)上证基金指数

上证基金指数于 2000 年 5 月 9 日发布，选样范围为上海证券交易所上市的所有证券投资基金。以 2000 年 5 月 8 日为基准日，指数代码为 000011，基点为 1 000 点。

(三)深证基金指数

深证基金指数于 2000 年 7 月 3 日发布，其样本包括已在深圳证券交易所上市的所有证券投资基金，新上市的基金自上市后第 2 个交易日起纳入指数计算范围。以 2000 年 6 月 30 日为基准日，基点为 1 000 点。

第四节　国际主要股票指数

一、道琼斯股票指数

道琼斯股票指数是世界上历史最悠久的、目前世界上影响最大、最有权威性的股票指数，它的全称为道琼斯股票价格平均指数，1884 年由道琼斯公司的创始人查理斯·道开始编制。现在的道琼斯股票价格平均指数以 1928 年 10 月 1 日为基期，道琼斯股票价格平均指数共分四组。第一组是工业股票价格平均指数，它由 30 种有代表性的大工商业公司的股票组成，且随经济发展而变大，大致可以反映美国整个工商业股票的价格水平，这也就是人们通常所引用的道琼斯工业股票价格平均指数。第二组是运输业股票价格平均指数，它包括 20 种有代表性的运输业公司的股票，包括 8 家铁路运输公司、8 家航空公司和 4 家公路货运公司。第三组是公用事业股票价格平均指数，由代表着美国公用事业的 15 家煤气公司和电力公司的股票组成。第四组是平均价格综合指数，它综合前三组股票价格平均指数 65 种股票而得出综合指数，该综合指数直接反映了优等股票的市场状况。现在通常引用的是道琼斯工业股票价格平均指数。

二、标准普尔股票价格指数

除了道琼斯股票价格指数外，标准普尔股票价格指数在美国也很有影响，它是美国最大的证券研究机构标准普尔公司编制的股票价格指数。该公司于1923年开始编制发表股票价格指数。最初采选了230种股票，编制两种股票价格指数。到1957年，这一股票价格指数的范围扩大到500种股票，分成95种组合。其中最重要的四种组合是工业股票组、铁路股票组、公用事业股票组和500种股票混合组。从1976年7月1日开始，改为400种工业股票、20种运输业股票、40种公用事业股票和40种金融业股票。几十年来，虽然有股票更迭，但始终保持为500种。标准普尔公司股票价格指数以1941－1943年抽样股票的平均市价为基期，以上市股票数为权数，按基期加权计算，其基点为10点。以目前的股票市场价格乘以股票市场上发行的股票数量为分子，用基期的股票市场价格乘以基期股票数为分母，相除之数再乘以10就是股票价格指数。

三、纽约证券交易所股票价格指数

纽约证券交易所股票价格指数是由纽约证券交易所编制的股票价格指数。它起自1966年6月，先是普通股股票价格指数，后来改为混合指数，包括在纽约证券交易所上市的1 500家公司的1 570种股票。具体计算方法是将这些股票按价格高低分开排列，分别计算工业股票、金融业股票、公用事业股票、运输业股票的价格指数，最大和最广泛的是工业股票价格指数，由1 093种股票组成；金融业股票价格指数包括投资公司、储蓄贷款协会、分期付款融资公司、商业银行、保险公司和不动产公司的223种股票；运输业股票价格指数包括铁路、航空、轮船、汽车等公司的65种股票；公用事业股票价格指数则有电话电报公司、煤气公司、电力公司和邮电公司的189种股票。

纽约证券交易所股票价格指数是以1965年12月31日确定的50点为基点，采用的是综合指数形式。纽约证券交易所每半个小时公布一次指数变动情况。虽然纽约证券交易所编制股票价格指数的时间不长，但因它可以全面及时地反映其股票市场活动的综合状况，较为受投资者欢迎。

四、日经道琼斯股价指数

日经道琼斯股价指数是由日本经济新闻社编制并公布的反映日本股票市场价格变动的股票价格平均数。该指数从1950年9月开始编制。

最初根据东京证券交易所第一市场上市的225家公司的股票算出修正平均股价，当时称为“东证修正平均股价”。1975年5月1日，日本经济新闻社向道琼斯公司买进商标，采用美国道琼斯公司的修正法计算，这种股票指数也就改称“日经道琼斯平均股价”。1985年5月1日在合同期满10年时，经两家商议，将名称改为“日经平均股价”。

按计算对象的采样数目不同，日经道琼斯股价指数分为两种，一种是日经225种平均股价。其所选样本均为在东京证券交易所第一市场上市的股票，样本选定后原则上不再更改。1981年定为制造业150家，建筑业10家，水产业3家，矿业3家，商业12家，路运及海运14家，金融保险业15家，不动产业3家，仓库业、电力和煤气4家，服务业5家。由于日经225种平均股价从1950年一直延续下来，因而其连续性及可比性较好，成为考察和分析日本股票市场长期演变及动态的最常用和最可靠指标。该指数的另一种是日经500种平均股价。从

1982 年 1 月 4 日起开始编制，由于其采样包括 500 种股票，代表性更为广泛，但是它的样本不固定，每年 4 月要根据上市公司的经营状况、成交量和成交金额、市价总值等因素更换样本。

五、《金融时报》股票价格指数

《金融时报》股票价格指数的全称是“伦敦《金融时报》工商业普通股股票价格指数”，由英国《金融时报》公布发表。该股票价格指数包括在英国工商业中挑选出来的具有代表性的 30 家公开挂牌的普通股股票。它以 1935 年 7 月 1 日作为基期，其基点为 100 点。《金融时报》股票价格指数以能够及时显示伦敦股票市场情况而闻名于世。

六、富时中国 A50 指数

新华富时中国 A50 指数于 2010 年更名为富时中国 A50 指数，是由全球四大指数公司之一的富时指数有限公司（现名为富时罗素指数），为满足中国国内投资者以及合格境外机构投资者（QFII）需求所推出的实时可交易指数。富时中国 A50 指数包含了中国 A 股市场市值最大的 50 家公司，其总市值占 A 股总市值的 33%，是最能代表中国 A 股市场的指数，许多国际投资者把这一指数看作衡量中国市场的精确指标。富时中国 A50 指数于 1999 年由富时指数编制。

富时对指数使用透明的计算方法及管理，确保所有指数具有可投资性以及直接可追踪性。富时指数的指导性原则如下：所有成分股都经过自由流通量调整；所有成分股都经过流动性筛选；为交易及投资决策提供最为相关及方便使用的行业分类系统；所有指数都有清晰而公开的编制规则，可以在所有可预见的情况下管理指数。

A50 指数是根据富时 A 股指数编制规则，从 A 股市场选择合格的最大 50 家公司组成的指数。其各项指标，包括业绩表现、流动性、波动性、行业分布和市场代表性均处于市场领先水平。该指数是以沪深两市按流通比例调整后市值最大的 50 家 A 股公司为样本，以 2003 年 7 月 21 日为基期，以 5 000 点为基点，每年 1 月、4 月、7 月和 10 月定期调整样本股。

小　结

本章小结

1. 证券交易方式包括现货交易、信用交易、期货交易和期权交易。现货交易是买卖双方在证券市场上达成交易后，即时办理钱券交割手续的交易方式。信用交易是指投资者凭借自己提供的保证金和信誉，取得经纪人信用，在买进证券时由经纪人提供贷款，在卖出证券时由经纪人贷给证券，在获利后再向证券商归还贷款或贷券的交易方式。信用交易可分为保证金买空和保证金卖空两种。金融期货是指交易双方在有组织的交易所内以公开竞价方式达成的、在未来某一特定时间以事先约定的价格、买卖某一标准数量特定金融工具的协议。金融期货交易包括外汇期货交易、利率期货交易、股权类期货交易。金融期权是指买方向卖方支付一定费用，在约定期限内享有按事先确定的价格向卖方买进或卖出某一特定金融工具的权利的契约。

2. 上海证券交易所上市交易的 A 股股票交易代码由 600×××这 6 位数组成；深圳证券交易所上市交易的 A 股股票交易代码由 00××××这 6 位数组成；上海证券交易所挂牌交易的股票代码由 900×××这 6 位数组成；深圳证券交易所交易的 B 股股票由 20××××这 6 位数组成。新三板股票交易代码以 43、83、87、88 开头。科创板股票代码为 688×××，CDR 存托凭证代码为 689×××，而网上申购代码通常为 787××

×。沪伦通交易设置独立的交易代码段,代码为 600×××、601×××。港股通(H 股)的股票的位数通常是 5 位数,其代码范围是从 0001—3999,目前只是在四位数前简单地加个 0。创业的股票代码一直是 300×××。北交所股票代码和新三板股票代码很像,也是 43、83、87 等开头。

3. 上海证券交易所国债现货的证券代码由 01××××组成;深圳证券交易所国债现券代码由 10××××组成;在上海证券交易所挂牌交易的企业债券代码为 12××××;在上海证券交易所挂牌交易的金融债券代码为 11××××;在深圳证券交易所挂牌交易的企业债券代码为 11××××;在上海证券交易所交易的可转换债券代码为以 100×××或 110×××开头的 6 位数;在深圳证券交易所交易的可转换债券的代码为 120×××。在上海证券交易所挂牌的国债回购一共有 8 个回购品种,证券代码是以 201 开头的 6 位数;在上海证券交易所挂牌的企业债券回购一共有 3 个回购品种,代码分别为 202001、202003、202007。在深圳证券交易所挂牌交易的国债回购一共 11 个回购品种,代码由 13××××组成;在深圳证券交易所挂牌的企业债券回购一共 4 个回购品种,代码为 13××××。

4. 上交所交易的传统封闭式基金代码为 500×××,在深交所挂牌交易的封闭式基金代码为 18××××。LOF,深交所以 16 开头。ETF,深交所以 15 开头,申赎代码和认购代码相同;上交所以 51 开头,申赎代码最后一位为 1,交易代码最后一位为 0。分级基金,深交所以 15 开头。REIT 基金,上交所以 508 开头。其他上市基金,深交所以 16 开头。非上市基金,上证通基金的挂牌代码和申赎代码以 519 开头,认购代码以 521 开头。

5. 股票价格平均数是将某一证券交易所上市的全部股票或部分股票按一定方法计算而得的在某一时点的价格平均值。股票价格指数是运用统计学中的指数方法编制而成,将计算期的股价或市值与某一基期的股价与市值相比较得到一个相对值,反映股市总体价格或某类股价变动和走势的指标。我国股票价格指数体系由中证指数公司及其指数、上海证券交易所股价值数(包括科创板指数)、深圳证券交易所股价指数(包括创业板指数)、新三板股价指数等构成。除了股票指数还有债券指数、基金指数。

6. 国际主要股票指数有道琼斯股票指数、标准普尔股票价格指数、纽约证券交易所股票价格指数、日经道琼斯股价指数、《金融时报》股票价格指数、富时中国 A50 指数等。

知识结构图

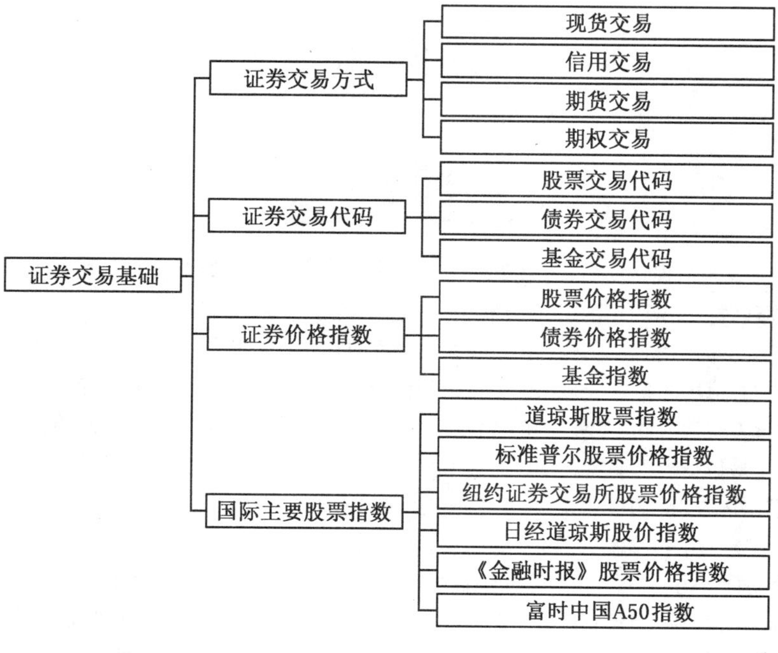

习题

一、选择题

1. 金融期货交易是指以________为对象的流通转让活动。

A. 金融产品　　B. 金融期货　　C. 金融衍生工具　　D. 金融期货合约

2. 世界上最早、最有影响的股价指数是________。

A. 道琼斯股价指数　　B. 恒生指数

C. 日经指数　　D. 纳斯达克指数

3. 从国际上来看，金融期货主要有三种，下列不属于金融期货的是________。

A. 期权期货　　B. 外汇期货

C. 利率期货　　D. 股票价格指数期货

4. 投资者凭借自己提供的保证金和信誉，取得经纪人信用，在买进证券时由经纪人提供贷款，在卖出证券时由经纪人贷给证券，在获利后再向券商归还贷款或贷券的交易方式称为________。

A. 期货交易　　B. 期权交易　　C. 信用交易　　D. 股票交易

5. 买方向卖方支付一定费用，在约定期限内享有按事先确定的价格向卖方买进或卖出某一特定金融工具的权利的契约称为________。

A. 权证　　B. 金融远期　　C. 金融期货　　D. 金融期权

6. 以下不属于股票代码的是________。

A. 600×××　　B. 900×××　　C. 12××××　　D. 00××××

7. 将计算期的股价或市值与某一基期的股价与市值相比较得到一个相对值，反映股市总体价格或某类股价变动和走势的指标称为________。

A. 股票价格平均数　　B. 股票价格指数　　C. 上证指数　　D. 算术平均数

二、思考题

1. 证券交易方式有哪些？
2. 简述期货交易的特点。
3. 简述股票价格平均数与股票价格指数的区别。
4. 简述我国股票价格的指数体系。
5. 简述国际主要证券价格指数。

第十四章　证券交易程序

学习目标

通过本章学习，了解股票、债券、证券投资基金、期货及期权的主要交易程序和基本方法。

在证券交易活动中，投资者要按照一定的程序在证券市场上买卖证券。证券交易程序就是指投资者在二级市场上买卖已上市证券时应该遵循的过程。

第一节　股票交易程序

在电子化交易形式下，股票交易的基本过程可以分为开户、委托、竞价与成交、清算与交收四个阶段。

一、开户

开户包括开立证券账户和开立资金账户。在电子化交易形式下，证券和资金记录在相应的账户中，投资者应当开立实名账户。同一投资者开立的证券账户和资金账户的姓名或名称应当一致。

投资者买卖证券的第一步是要向证券登记结算公司申请开立证券账户，用来记录投资者所持有的证券种类、数量及相应的变动情况。证券登记结算公司可以委托证券公司代办证券账户的开立手续。自然人和一般机构投资者开立证券账户由开户代理机构受理，证券公司和基金公司等机构开立证券账户，由证券登记结算公司受理。

开立证券账户后，投资者还不能直接买卖证券，必须开立资金账户。资金账户用来记载和反映投资者买卖证券的货币收付和结存数额。以前，投资者一般是在经纪商处开立资金账户，通过开立资金账户可以建立投资者和经纪商的委托代理关系，但随着市场规范化的深入发展，投资者交易结算资金已经实行"第三方存管制度"，"第三方存管"是指证券公司将客户证券交易结算资金交由银行等独立的第三方存管。实施客户证券交易结算资金"第三方存管制度"的证券公司，将不再接触客户证券交易结算资金，而由存管银行负责投资者交易清算与资金交收。客户证券交易资金、证券交易买卖、证券交易结算托管三分离是国际上通用的"防火"规则。这一制度的引入可以在一定程度上防范经纪商挪用投资者交易结算资金的现象，起到保护投资者利益的作用。

开立证券账户和资金账户后,投资者买卖证券所涉及的证券和资金变化就会在相应的账户中得到反映。

二、委托

在证券交易所市场,投资者买卖证券是不能直接进入交易所办理的,而必须通过证券交易所的会员来进行,即投资者需要通过经纪商才能在证券交易所买卖证券。在这种情况下,投资者向证券经纪商下达买卖证券的指令,称为"委托"。

(一)委托指令基本要素

(1)证券账号。投资者在买卖上海证券交易所上市的证券时,必须填写在中国结算上海分公司开设的证券账户号码;买卖深圳证券交易所上市的证券时,必须填写在中国结算深圳分公司开设的证券账户号码。

(2)日期。投资者委托买卖的日期,填写年月日。

(3)时间。投资者填写委托单的具体时点,也可由经纪商填写委托时点,即上午或下午×点×分,这是检查证券经纪商执行时间优先原则的依据。

(4)品种。投资者委托买卖证券的名称。填写证券名称的方法有全称、简称和代码三种。这是填写委托单的第一要点。

(5)数量。根据买卖证券的数量,可分为整数委托和零数委托。整数委托,是指委托买卖证券的数量是一个交易单位的整数倍。一个交易单位,俗称"一手"。零数委托,是指投资者委托证券经纪商买卖证券时,买进或卖出的证券不足交易所规定的一个交易单位。

(6)价格。委托买卖证券的价格,是委托能否成交和盈亏的关键。根据委托价格限制,可分为市价委托和限价委托。市价委托是指投资者向证券经纪商发出买卖某种证券的委托指令时,要求证券经纪商按证券交易所内当时的市场价格买进或卖出证券;限价委托是指投资者要求证券经纪商在执行委托指令时,必须按照限定的价格或比限定的价格更有利的价格买卖证券,即必须以限价或低于限价的价格买入,以限价或者高于限价的价格卖出证券。

(7)有效期间。如果委托指令未能成交或未能全部成交,证券经纪商应继续执行委托,委托有效期满,委托指令自然失效。根据委托时效限制,可分为当日委托、当周委托、无限期委托、开市委托和收市委托等。

(8)签名。投资者签名以示对所做的委托负责,若预留印鉴,则应盖章。

(9)买卖方向。根据买卖证券的方向,可分为买进委托和卖出委托。

(10)委托人的身份证号码、股东账号、资金账号等。

(二)委托形式

委托的形式可以分为四种:柜台递单委托、电话自动委托、自助终端委托和远程终端委托。

(1)柜台递单委托就是带上身份证和账户卡,到开设资金账户的证券营业部柜台填写买进或卖出证券的委托书,然后由柜台的工作人员审核后执行。

(2)电话自动委托就是用电话拨通开设资金账户的证券营业部柜台的电话自动委托系统,用电话上的数字和符号键输入想买进或卖出股票的代码、数量和价格,从而完成委托。

(3)自助终端委托就是在证券营业部设置的专用委托电脑上亲自输入买进或卖出证券的代码、数量和价格,由电脑执行委托指令。

(4)远程终端委托就是通过与证券柜台电脑系统联网的远程终端或互联网下达买进或卖

出指令。

除了柜台递单委托方式是由柜台的工作人员确认身份外，其余3种委托方式则是通过交易密码确认身份，所以一定要保管好交易密码，以免造成不必要的损失。当身份确认后，便将委托传送到交易所电脑交易的撮合主机。交易所的撮合主机检测接收到的委托的合法性，然后按竞价规则，确定成交价，自动撮合成交，并立刻将结果传送给证券商，这样就能知道委托是否已经成交。不能成交的委托按照“价格优先，时间优先”的原则排队，等候成交。

(三)委托受理与执行

证券经纪商接到投资者的委托指令后，首先要进行各项审查，主要包括验证、审单和资金及证券验证。

验证主要是审查证券委托买卖的合法性和同一性。委托买卖的合法性审查主要包括对投资主体的合法性审查和程序合法性审查。前者主要是指验证投资者本人的身份证及证券账户卡等；后者是指委托程序必须根据交易场所规则进行，证券经纪商不得受理未按照程序或者违反有关规则的委托。同一性审查是指委托人、证件和委托单之间的一致性审查，包括委托人与所提供的证件一致及证件与委托单一致两个方面。

审单主要是审查委托单的合法性和一致性。证券营业部应审查该项委托买卖的品种、数量和价格是否属于全权委托，记名证券是否办妥过户手续。对全权委托或记名证券未办妥过户手续的委托，证券营业部一律不得受理。同时，注意审查委托单上买卖证券代码与名称是否一致，有无涂改或字迹不清，委托种类、品种、数量和价格是否合理。

另外，投资者在买入证券时，证券经纪商应审查投资者是否已按规定存入必需的资金；而在卖出证券时，必须查验投资者是否有相应的证券。审查完毕后，即可在委托单上注明受托时间，由经办人签字盖章后，作为正式受托。

审查合格后，经纪商要将投资者委托指令的内容传送到证券交易所撮合。这一过程称为“委托的执行”，也称“申报”或“报盘”。

证券交易所在证券交易中接受报价主要有口头报价、书面报价和电脑报价三种。目前我国通过证券交易所进行的证券交易采用电脑报价方式。其做法是：证券公司将买卖指令输入计算机终端，并通过计算机系统传给证券交易所的交易系统电脑主机，电脑主机接收后即配对处理，若买卖双方有合适的价格和数量，电脑主机便自动撮合成交。

在委托未成交之前，委托人可以变更或者撤销委托。证券营业部申报竞价成交以后，买卖即告成立，成交部分不得撤销。

三、竞价与成交

(一)竞价原则

1. 价格优先原则

价格优先原则表现为：价格较高的买进申报优先于价格较低的买进申报，价格较低的卖出申报优先于价格较高的卖出申报。

2. 时间优先原则

时间优先原则表现为：同价位申报，依照申报时序决定优先顺序，即买卖方向、价格相同的，先申报者优先于后申报者。

(二)竞价方式

目前，证券交易所一般采用两种竞价方式，即集合竞价方式和连续竞价方式。上海证券交易所、深圳证券交易所、北京证券交易所三家交易所股票竞价方式一样，每个交易日的 9:15—9:25 为开盘集合竞价时间，9:30—11:30，13:00—14:57 为连续竞价时间，14:57—15:00 为收盘集合竞价时间。但上交所的基金、债券、债券回购交易，每个交易日的 9:15—9:25 为开盘集合竞价时间，9:30—11:30、13:00—15:00 为连续竞价时间。

1. 集合竞价

所谓集合竞价，是指在规定的一段时间内一次集中撮合处理接受的全部有效委托的过程。集合竞价确定成交价的原则为：

(1)可实现最大成交量的价格；

(2)高于该价格的买入申报与低于该价格的卖出申报全部成交的价格；

(3)与该价格相同的买方或者卖方至少有一方全部成交的价格。

如果有两个以上申报价格同时符合上述条件的，深圳证券交易所取距前收盘价最近的价位为成交价；上海证券交易所则规定使未成交量最小的申报价格为成交价格，若仍然有两个以上价格符合上述条件的，其中间价为成交价格。如果两个以上价格符合上述条件的，北京证券交易所取在该价格以上的买入申报累计数量与在该价格以下的卖出申报累计数量之差最小的价格为成交价。若买卖申报累计数量之差仍存在相等情况的，取最接近最近成交价的价格为成交价；当日无成交的，取最接近前收盘价的价格为成交价。不论是上交所、深交所还是北交所，集合竞价的所有交易以同一价格成交。

2. 连续竞价

所谓连续竞价，是指对买卖申报逐笔连续撮合的竞价方式。按照我国证券交易所的有关规定，开盘集合竞价期间未成交的买卖申报，自动进入连续竞价。深圳证券交易所还规定，连续竞价期间未成交的买卖申报，自动进入收盘集合竞价。连续竞价的成交价格确定原则为：

(1)最高买入申报与最低卖出申报价位相同，以该价格为成交价；

(2)买入申报价格高于即时揭示的最低卖出申报价格时，以即时揭示的最低卖出申报价格为成交价格；

(3)卖出申报价格低于即时揭示的最高买入申报价格时，以即时揭示的最高买入申报价格为成交价格。

另外，竞价申报时还涉及证券价格的有效申报范围。买卖有价格涨跌幅限制的证券，在价格涨跌幅限制以内的申报为有效申报，超过价格涨跌幅限制的申报为无效申报。目前三个交易所的价格涨跌幅都不一样，具体可参考第六章第二节。

(三)竞价结果

竞价的结果有三种可能：全部成交、部分成交和不成交。

1. 全部成交

委托买卖全部成交，证券公司应及时通知委托人按规定的时间办理交割手续。

2. 部分成交

委托人的委托如果未能全部成交，证券公司在委托有效期内可继续执行，直到有效期结束。

3. 不成交

委托人的委托如果未能成交，证券公司在委托有效期内可继续执行，直到有效期结束。对委托人失效的委托，证券公司须及时将冻结的资金或证券解冻。

四、清算与交收

证券交易成交后，首先需要计算买方在资金方面的应付额与在证券方面的应收种类和数量，同时也要计算卖方在资金方面的应收额与在证券方面的应付种类和数量，这一过程属于清算，包括资金清算和证券清算。清算结束后，需要完成证券由卖方向买方转移和对应的资金由买方向卖方转移。这一过程属于交收。清算和交收是证券结算的两个方面。

对不记名证券而言，完成了清算和交收，证券交易过程即告结束。对记名证券而言，还有一个登记过户的环节。完成了登记过户，证券交易过程才告结束。

（一）清算与交收的联系和区别

(1)清算与交收的联系：从时间发生及运作的次序看，清算是交收的前提，交收是清算的后续步骤。正确的清算结果能确保顺利交收；而只有通过交收，才能最终完成证券或资金收付，完成交易过程。

(2)清算与交收最根本的区别：清算是对应收应付证券及价款的轧差计算，其结果是确定应收应付净额，并不发生财产实际转移；交收则是证券与价款的实际转移。

（二）清算与交收的原则

(1)净额清算。净额清算原则又称差额清算，就是在一个清算期中，对每个证券公司价款的清算只计其各笔应收、应付款项相抵后的净额，对证券的清算只计每一种证券应收、应付相抵后的净额。差额清算方式的主要优点是可以简化操作手续，提高清算效率。

(2)共同对手方。共同对手方，又称中央对手方或者共同交收对手方，是指结算过程中介入证券买卖双方之间，成为“买方的卖方”和“卖方的买方”的机构。多边净额结算一般要求结算机构作为共同对手方，成为所有结算参与人的唯一交收对手方。共同对手方制度的核心内容是担保交收。共同对手方介入买卖双方合同关系后，即承担对结算参与人的履约义务，且不以任何一个对手方正常履约为前提。如果买卖中的一方不能正常向共同对手方履约，共同对手方也应当先对守约一方履约，然后按照结算规则对违约方采取相应的处置措施，弥补其违约给自身带来的损失。

(3)货银对付。货银对付制度又称“款券两讫”“钱货两清”，通俗地说就是“一手交钱，一手交货”，证券登记结算机构与结算参与人在交收过程中，当且仅当资金交付时给付证券，证券交付时给付资金。在此机制下，一旦结算参与人发生资金或证券交收违约，证券登记结算机构可以暂不向违约参与人交付其买入的证券或应收的资金，从而防范本金损失的风险，大大提高证券交易的安全性。目前，银货对付已经成为各国(地区)证券市场普遍遵循的原则。

(4)分级结算。证券和资金结算实行分级结算原则。证券登记结算机构负责其与结算参与人之间的集中清算交收；结算参与人负责办理其与客户之间的清算交收。但是，结算参与人与其客户的证券划付，应当委托证券登记结算机构代为办理。

（三）会计日交收和滚动交收

证券交易从结算的时间安排看，可以分为会计日交收和滚动交收。会计日交收是指在一段时间内的所有交易集中在一个特定的日期交收。滚动交收要求某一交易日成交的所有交易有计划地安排在距成交日相同营业日天数的某一营业日交收。例如，在 $T+1$ 滚动交收中，要求 T 日成交的证券交易交收在成交日后的第 1 个营业日完成。滚动交收已经被各国证券市场广泛采用。美国采用 $T+3$；中国香港采用 $T+2$；我国内地 A 股、基金、债券和回购交易等采用 $T+1$，B 股(人民币特种股票)采用 $T+3$。

（四）深沪股市的股市行情表

股市行情表及时反映了证券交易和证券价格变动情况，是投资者必须认真研究的信息。深沪两地行情表大致相同。上海证券交易所行情报表与深圳证券市场行情不同之处在于：(1)上海第一栏是证券代码，每一种证券的代码是三位数，其中第一位数字代表证券类别，如6代表上市股票，0代表国债，120、122等代表上市企业债券，688代表科创板，900代表B股；(2)上海行情表中有一栏是开业至今最高、最低价，指交易所开业至今各种股票成交的最高价格与最低价格；(3)上海证券交易所有"发行股数"一栏，指股票发行时的总股本，包括国家股、法人股、个人股；(4)市价总额指当时收盘价乘以发行股数之积；(5)上海行情表上方的数据是所有各栏目当时的汇总数。其中成交笔数是各类证券当日成交业务量汇总数；上市品种与成交品种表示批准在交易所上市的证券种类和当日成交的证券种数，上市总额指被批准在证券交易所上市的各类证券的发行数面额计算的汇总数。

第二节　债券交易程序

债券的交易程序有五个步骤：开户、委托、成交、清算和交割、过户。

第一步：开户

债券投资者要进入证券交易所参与债券交易，首先必须选择一家可靠的证券公司，并在该公司办理开户手续。

开户合同应包括如下事项：委托人的真实姓名、住址、年龄、职业、身份证号码等；委托人与证券公司之间的权利和义务，并同时认可证券交易所营业细则和相关规定以及经纪商公会的规章作为开户合同的有效组成部分；确立开户合同的有效期限，以及延长合同期限的条件和程序。

在投资者与证券公司订立开户合同后，就可以开立账户，为自己从事债券交易做准备。我国上海证券交易所允许开立的账户有现金账户和证券账户。现金账户只能用来买进债券并通过该账户支付买进债券的价款，证券账户只能用来交割债券。因投资者既要开展债券的买进业务又要开展债券的卖出业务，故一般都要同时开立现金账户和证券账户。上海证券交易所规定，投资者开立的现金账户，其中的资金要首先交存证券商，或者证券商指定的银行，其利息收入将自动转入该账户；投资者开立的证券账户，则由证券商免费代为保管。

第二步：委托

投资者在证券公司开立账户以后，要想真正上市交易，还必须与证券公司办理证券交易委托关系，这是债券交易的必经程序。

投资者与证券公司之间委托关系的确立，其核心程序就是投资者向证券公司发出"委托"。证券公司接到委托后，就会按照投资者的委托指令，及时传输到交易所。委托方式分为：买进委托和卖出委托、当日委托、限价委托、撤销委托、整数委托。

第三步：成交

证券公司在接受投资者的有效委托后，通过卫星直接传至交易所主机撮合成交。

债券成交的原则为：在证券交易所内，债券成交就是要使买卖双方在价格和数量上达成一致。这一程序必须遵循特殊的原则，又称竞价原则。这种竞价规则的主要内容是"三先"，即价格优先、时间优先、客户委托优先。价格优先就是证券公司按照交易最有利于投资委托人的利益的价格买进或卖出债券；时间优先就是要求在相同的价格申报时，应该与最早提出该价格的一方成交;客户委托优先主要是要求证券公司在自营买卖和代理买卖之间,首先代理买卖。竞价的方式为计算机终端申报竞价。

第四步:清算和交割

债券交易成交以后就必须进行券款的交付,这就是债券的清算和交割。

债券的清算是指对在同一交割日对同一种债券的买和卖相互抵消,确定应当交割的债券数量和应当交割的价款数额,然后按照“净额交收”原则办理债券和价款的交割。

债券的交割就是将债券由卖方交给买方,将价款由买方交给卖方。在证券交易所交易的债券,按照交割日期的不同,可分为当日交割、普通日交割和约定日交割三种。目前,深沪证券交易所规定为当日交割。当日交割是在买卖成交当天办理券款交割手续。

第五步:过户

债券成交并办理了交割手续后,最后一道程序是完成债券的过户。过户是指将债券的所有权从一个所有者名下转移到另一个所有者名下。基本程序包括:

(1)债券卖出方在完成清算交割后,在其现金账户上增加与该笔交易价款相等的金额,在证券账上扣减相同数量的该种债券。

(2)债券买入方在完成清算交割后,在其现金账户上减少价款,同时在其证券账户上增加债券的数量。

一、国债交易

(一)国债分类

国债的种类繁多,按国债的券面形式可分为三大品种,即无记名式(实物)国债、凭证式国债和记账式国债。其中无记名式国债已不多见,而后两者则为目前的主要形式。

1. 无记名式(实物)国债

无记名式国债是一种票面上不记载债权人姓名或单位名称的债券,通常以实物券形式出现,又称实物券或国库券。

发行时通过各银行储蓄网点、财政部门国债服务部以及国债经营机构的营业网点面向社会公开销售,投资者也可以利用证券账户委托证券经营机构在证券交易所场内购买。

无记名国债的现券兑付,由银行、邮政系统储蓄网点和财政国债中介机构办理;或实行交易场所场内兑付。

无记名式国库券的一般特点是:不记名、不挂失,可以上市流通。由于不记名、不挂失,其持有的安全性不如凭证式和记账式国库券,但购买手续简便。由于可上市转让,流通性较强。上市转让价格随二级市场的供求状况而定,当市场因素发生变动时,其价格会产生较大波动,因此具有获取较大利润的机会,同时也伴随着一定的风险。一般来说,无记名式国库券更适合金融机构和投资意识较强的购买者。

2. 凭证式国债

凭证式国债是指国家采取不印刷实物券,而用填制“国库券收款凭证”的方式发行的国债。我国从1994年开始发行凭证式国债。凭证式国债其票面形式类似于银行定期存单,利率通常比同期银行存款利率高,具有类似储蓄、又优于储蓄的特点,通常被称为“储蓄式国债”,是以储蓄为目的的个人投资者理想的投资方式。

凭证式国债通过各银行储蓄网点和财政部门国债服务部面向社会发行,主要面向老百姓,从投资者购买之日起开始计息,可以记名、可以挂失,但不能上市流通。

投资者购买凭证式国债后如需变现，可以到原购买网点提前兑取，提前兑取时，除偿还本金外，利息按实际持有天数及相应的利率档次计付，经办机构按兑取本金的0.2%收取手续费。对于提前兑取的凭证式国债，经办网点还可以二次卖出。

3. 记账式国债

记账式国债又称无纸化国债，它是指将投资者持有的国债登记于证券账户中，投资者仅取得收据或对账单以证实其所有权的一种国债。

由于记账式国债的发行、交易特点，它主要是针对金融意识较强的个人投资者以及有现金管理需求的机构投资者进行资产保值、增值的要求而设计的，投资者将其托管在指定券商的席位上，便于流通交易，变现能力强，不易丢失，还可以通过低买高卖获得高额利润。

无记名式、凭证式和记账式三种国债相比，各有其特点。在收益性上，无记名式和记账式国债要略好于凭证式国债，通常无记名式和记账式国债的票面利率要略高于相同期限的凭证式国债。在安全性上，凭证式国债略好于无记名式国债和记账式国债，后两者中记账式又略好些。在流动性上，记账式国债略好于无记名式国债，无记名式国债又略好于凭证式国债。

无记名国债和记账式国债均可通过交易所交易系统公开发行。国债发行期间，投资者可以到指定的证券商处办理委托手续，通过交易所交易系统直接认购，也可向认定的国债承销商直接认购。

（二）申购规则

投资者需要通过深、沪证券账户或基金账户认购深、沪证券交易所上市发行的国债，需经过证券商委托。沪市的申购代码是751×××，深市的申购代码是1016××或1017××，申购代码指的是分销证券商的代码，而非证券的上市代码。具体规则见表14—1。

表14—1　国债申购规则

发行方式	国债采用挂牌分销和合同分销两种方式。 挂牌分销为承销商在交易所交易市场挂牌卖出，各会员单位自营或代理投资者通过交易席位申报认购；合同分销为承销商同其他机构或个人投资者签订分销合同进行分销认购
申购账户	深、沪证券账户或基金账户
申购代码	深市：1016××或1017×× 沪市：751×××
申购价格	挂牌认购价格为100元
申购单位	以“张”为单位（以人民币100元面额为1张），债券卖出最小申报数量单位为1张，债券买入最小申报数量单位、债券回购买卖最小申报数量单位为10张
申购费用	无须缴纳任何费用

（三）操作要点

（1）投资者认购深、沪证券交易所上市发行的国债需经过证券商委托。

（2）投资者需通过深、沪证券账户或基金账户认购深、沪证券交易所上市发行的国债。

（3）深市挂牌国债的申购代码为分销证券商的代码，并不是证券的上市代码。

（4）上网申购发行的国债申报数量以“张”为单位（以人民币100元面额为1张）。

（5）采用挂牌分销方式认购国债的委托、成交、清算等手续均按交易所业务规则办理。

（6）投资者办理交易所上网发行国债的认购手续时不需缴纳手续费用。

(7)投资者通过场内认购的国债,其债权由交易所所属的证券登记结算公司直接记录在其证券账户或基金账户内,待该国债发行期结束后即可上市流通交易。投资者通过场外认购的国债,必须指定一个证券商办理国债的托管手续,并待该国债发行期结束上市后,方可委托该证券商在交易所交易市场上进行国债现货交易。

(四)国债托管及支付利息

中央国债登记结算有限责任公司为全国国债市场法定国债托管人并建立相应国债集中托管制度。债券现货交易采取先托管、后交易的原则,债券卖出前必须先将债券托管在中央国债登记结算公司深、沪证券登记公司的名下。

支付利息办法:分期付息的记账式附息国债每半年或一年付息一次。交易所一般会在付息日期前几天发出支付利息的通知,确定债权登记日,投资者要注意债权登记日及付息日期,因为这是决定是否享有本次利息的关键。

付息的方式是由交易所通过证券商将息款直接转到投资者证券账户或基金账户、国债专户。

支付利息流程是:支付利息通知—债权登记—利息资金清算—除息。

(五)国债本金兑取

国债现货到期兑付时,投资者可根据国债到期兑付及付息公告,到其所指定的证券商直接办理。

本金兑取办法是:上市国债到期兑付时,交易所于到期兑付前一个工作日摘牌,并根据债权登记日登记在册的投资者对其支付本息。

本金兑取流程是:兑付本金通知—债权登记—资金清算—取得本息。

对到期兑付的国债,交易所在收到相应资金后,根据债权登记日各交易商国债账户余额将国债本息划入其在交易所的结算头寸账户。投资者在其托管的证券商处领取国债本息。

资料卡 登记与托管

债券托管,即债券托管人受债券持有人的委托,对债券持有人持有的债券品种和数量在其债券账户中进行账务记载,并管理和监护相关权益的行为。

1. 托管体制

根据《中华人民共和国国债托管管理暂行办法》中条款的定义:"国债托管实行全国集中、统一管理的体制,财政部授权中央结算公司依本办法按照不以营利为目的的原则主持建立和运营全国国债托管系统,并实行自律性管理。"中央结算公司作为专门的中央托管机构,负责全国债券的集中统一托管和结算。中央结算公司根据国内债券市场不同交易场所的特点,确立了由中央结算公司负责债券的总托管和一级托管业务,二级托管人和分托管人在总托管账务的统驭下负责债券的二级托管业务或分托管业务。

2. 托管业务基本流程

债券托管的基本流程依次为招标与投标、承销额度注册、债券分销、承分销余额增托管确认。

(1)招标与投标

招标日,承销商参与债券的招投标。投标结束后,债券发行系统自动生成"债券发行认购额和缴款一览表"。发行人通过其他途径发行债券的,直接将"债券发行认购额和缴款一览表"交国债登记公司。

(2)承销额度注册

通过债券发行系统发行的债券,簿记系统由发行系统直接导入发行结果数据,并自动将承销额度记入承销商的托管账户承分销科目,生成"债券承销额度注册通知单"。

发行人通过其他途径发行债券的,中央结算公司手工将承销额度录入承销商的托管账户承分销科目,生成"债券承销额度注册通知单"。

(3)债券分销

在债券分销期内,承销商根据与认购人的分销协议,通过簿记系统客户端发送债券分销过户指令;簿记系统根据分销指令减少承销商承分销科目余额,增加认购人承分销科目余额,并生成"债券分销过户确认单"。

(4)承分销余额增托管确认

在债券上市流通之前,中央结算公司根据发行人提供的承销款缴款及债权确认后,进行承分销余额增托管确认,即将各债券账户的承分销债券转为债权,并生成"债券增托管确认单"。

——资料来源:中国债券信息网。

二、企业债券的交易

企业债券是公司依照法定程序发行、约定在一定期限还本付息的有价证券。通常泛指企业发行的债券,我国一部分发债的企业不是股份公司,一般称这类债券为企业债。

根据深、沪证券交易所关于上市企业债券的规定,企业债券发行主体可以是股份公司,也可以是有限责任公司。申请上市的企业债券必须符合规定条件。

企业债券不利用证券交易系所电脑系统上网发行,企业债券的发行地点、发行方式以企业发行公告为准。投资者要认购企业债券需阅读相关的发行公告。企业债券经过发行后经允许可以在沪深证券交易所挂牌上市。

(一)利息支付

利息支付程序是:支付利息通知(支付利息前一周)—债权登记—利息资金清算(停市一天)—除息。

(二)本金兑付

本金兑付流程是:本息兑付通知—债权登记(债权登记日)—本息兑付(本息兑付)—摘牌。

(三)操作要点

(1)债权登记日指以日终债券余额作为权益,享受权利的登记日期,包括付息登记日和付息兑付登记日。

(2)为保证企业债券的顺利兑付,深市一般在公布兑付有关事项的同时,公布停止办理该债券转托管业务。

(3)企业债券到期前一周摘牌。

(4)交易所在收到本期债券的兑付金额的次日将其划入各证券商在交易所的清算头寸账户,并由证券商将兑付金额尽快划入各投资者的资金账户。

三、可转换债券的交易

可转换公司债券是指由公司发行的，投资者在一定时期内可选择一定条件转换成公司股票的公司债券，通常称作可转换债券或可转债。这种债券兼具债权和股权双重属性。目前在深、沪证券交易所已发行上市的可转换公司债券的发行方式有两种情况：一种是对社会公众发行，采用在交易所上网定价发行的方式；另一种是上市公司采用向截止股权登记日登记在册的股东配售与对社会公众发行相结合的发行方式。

（一）申购

1. 上网定价发行的申购

可转换公司债券上网定价发行主要参照A股的上网定价发行办法，即通过证券交易所的证券交易系统上网按面值平价发行。投资者应当在详细阅读可转换公司债券募集说明书和发行公告的基础上按照发行公告的提示申购。

(1)申购程序

①申购当日(T 日)，投资者凭证券账户卡申请认购可转换公司债券(每个账户的申购不少于1 000元面值，超过1 000元面值的，必须是1 000元的整数倍，每个账户的认购上限为公开发行总额的1‰)，并由交易所反馈认购情况。

②$T+1$ 日，由交易所结算公司将申购资金冻结在申购专户中。

③$T+2$ 日，由主承销商和有从事证券业务资格的会计师事务所对申购资金进行验资，并由会计师事务所出具验资报告；交易所开展申购配号工作。

④$T+3$ 日，由主承销商负责组织摇号抽签，并于当日公布中签结果。

⑤$T+4$ 日，对未中签的申购款予以解冻。

(2)申购规则

①转债申购单位为“手”，每10张为1手。每个账户申购可转换公司债券不少于1 000元面值，超过1 000元面值的，必须是1 000元面值的整数倍，每个账户认购上限为不超过公开发行的可转换公司债券总额的1‰。

②每个股票账户只能申购一次，委托一经办理不得撤单。多次申购的(包括在不同的证券交易网点申购)，视第一次申购为有效申购。

③投资者申购可转换公司债券，不收取任何手续费。

④深市可转换公司债券发行申购代码为125×××。

2. 配售与上网定价结合发行的申购

上市公司发行可转换债券对股权登记日股东(亦即老股东)优先配售的方式，与配股和增发新股一样，是上市公司再融资方式的一种，与配股缴款、增发新股的操作有相类似的地方。此外，还可同时向证券投资基金定向发售和上网定价发行。上市公司发行可转换债券，投资者申购操作应以公司发布公告为准。

(1)配售流程

①配售权登记日(T 日)：确定可以享有本次可转债配售的股东。

②配售缴款日($T+1$ 日)：配售缴款期仅为1天，一般在股权登记日后的第二个交易日。

(2)配售规则

可转换债券的配售规则见表14－2。

表 14—2　可转换债券申购规则

配售对象	配售权登记日登记在册的股东。
配售价格	人民币 100 元。
配售单位	认购单位为 1 手(即 10 张,每张面值 100 元)。
配售比例	①以截至配售权登记日收市后登记持有的股份数,按每股 A 股股票配售×元可转债的比例配售。优先配售采取取整的办法,实际配售量以 1 000 元为单位,凡按照配售比例计算出配售量不足千元的部分,视为投资者放弃。 ②按每 100 股可认购××张的比例计算,以四舍五入原则取整为 1 手的整数倍。 社会公众股股东可配售的转债手数计算公式为: 可配售可转债手数=股权登记日收市后持有股数×××/1 000(四舍五入取整)
配售申报	每个股票账户的认购数量不得低于 1 手(10 张),超过 1 手的必须为 1 手(10 张)的整数倍。
缴款时间	配售缴款期仅为 1 天,一般在配售权登记日后的第二个交易日。
缴款地点	具有配售权的社会公众股股东在规定的缴款期间,办理认购缴款手续。
认购办法	投资者认购转债时,可根据自己的意愿决定认购可配售转债的全部或部分,但每个账户中认购额不得超过规定的限额。
配售名称与代码	深市:名称为"××配债",代码为 128×××(如鞍钢配债 128898) 沪市:名称为"××配债",代码为 7×××××(如机场配债 700009)

(3)注意事项

①不同公司对社会发行可转换债券的方式多样,对不同的投资者(如机构投资者、个人投资者、股东)发行方式和内容又不一样,因此,投资者应当注意招募说明书的内容。

②无论是上网定价方式还是配售方式,每个股票账户的认购数量不得低于 1 手(10 张),超过 1 手的必须为 1 手(10 张)的整数倍;不足 1 手的视投资者自动弃权处理。

③上网定价方式或配售方式的缴款时间很短,只有一天,逾期未缴视为自动放弃认购或配售权,因此,投资者必须注意缴款时间。

④上网定价方式的申购应注意每个账户只能申购一次,重复申购为无效申购。配售申报允许多次申报。

(二)转股

1. 可转换债券先上市的转换债券转股

目前深、沪市可转换债券转股分两种情况:一种是公司的可转换债券先上市,公司股票未上市,转股手续在公司股票上市后方可办理,以及目前仍挂牌交易、公司股票尚未上市的;另一种是公司股票已经上市,上市公司发行可转换债券,在可转换债券发行之日起 6 个月后可转股。在发行和上市可转换债券时其公司股票并未上市,直至公司股票挂牌上市交易才可以实行转股程序。

(1)转股程序

根据交易所规定,发行可转换公司债券的公司在其股票上市时,其上市交易的可转换公司债券即可转换为该公司股票,转换的主要步骤如下:

①申请转股。投资者可以将自己账户上持有的可转换债券的全部或部分申请转换为公司的股票,通过证券交易所交易系统以交易申报方式提交转股申请。深市转股时投资者应向其

转债所托管的证券经营机构填写转股申请，代码与可转换债券的代码相同，无须填写新代码。沪市转股时，投资者应向其指定交易的证券经营机构申报。深市转股时，大多数券商要求只能到柜台转股，需要带身份证和股东卡，到开户地柜台填表申请转股。此外，有的券商支持网上转股，如银河证券、宏源证券等。也有的券商支持电话转股，如光大证券。

②接受申请，实施转股。交易所接到报盘并确认其有效后，减计投资者的债券数额，同时记加投资者相应的股份数额。

③转换股票的上市流通。转换后的股份可于转股后的下一个交易日上市交易。

(2)转股规则

可转换债券转股规则见表14－3。

表14－3 可转换债券转股规则

申报时间	一般为公司股票上市日至可转换债券到期日，但公司股票因送红股、增发新股、配股而调整转股价格公告暂停转股的时期除外
申报单位	投资者申请转股的可转换债券最小单位须是1手(1 000元面额)或1手的整数倍，申请转换成的股份须是整数股(每股面值1元)，所转换的股份的最小单位为1股，不足转换1股的债券金额，继续享受付息及公司最终还本的权利
转股费用	债转股不收取任何手续费
申报名称与代码	深市：名称、代码与转债同，125××× 沪市：名称"××转股"，代码181×××
交易结算	即日买进的可转换债券当日可申请转股，当日转股的股票将在第二个交易日自动计入投资者账户内，并可以在该日卖出

(3)操作要点

①可转换公司债券在自愿申请转股期内，可转债交易不停市。

②根据现有规定，沪市转股申请不得撤单；深交所规定投资者可于当日交易时间内撤销转股申请。

③如投资者申请转股的可转换公司债券数额大于投资者实际拥有的可转换公司债券数额，交易所确认其最大的可转换股票部分转股，申请剩余部分予以取消。

④可转换公司债券上市交易期间，未转换的单只可转换公司债券数量少于3 000万元时，交易所将立即予以公告，并于3个交易日后停止其交易。可转换公司债券在停止交易后、转换期结束前，持有人仍然可以依据约定的条件申请转股。

⑤发行人因增发新股、配股、分红派息而调整转股价格时，交易所将停止该可转换公司债券转股，停止转股的时间由发行人与交易所商定，最长不超过15个交易日，同时交易所还依据公告信息调整其转股价格，并于股权登记日的下一个交易日恢复转股。恢复转股后采用调整后的转股价格。

⑥可转换债券转股不收取经手费和佣金。

2. 上市公司可转换债券转股

上市公司发行的可转换债券是股票先上市、可转债后上市，转股规则及操作要点与股票后上市的可转换债券转股规则及操作要点基本一样，所不同的是上市公司的可转换债券明确其上市6个月以后可以办理转股手续。

(1)转股规则

上市公司可转换债券转股规则见表 14－4。

表 14－4　上市公司可转换债券转股规则

申报时间	自可转换债券发行结束后 6 个月至可转换债券到期日止的交易日内
申报价格	价格为 100 元
申报单位	单位为手，一手为 1 000 元面额。每次申请转股的“转债”面值数额须是一手(1 000 元面额)或一手的整数倍，转换成股份的最小单位为一股
交易结算	即日买进的转债当日可申请转股；当日(T 日)转股的股票可在 $T+1$ 日卖出
转股费用	债转股不收取手续费
申报名称与代码	深市：名称、代码与转债同，125××× 沪市：名称“××转股”，代码 181×××

(2)操作要点

①转股申报，深市可以撤单，沪市不可以。

②同一交易日内多次申报转股的，将合并计算转股数量。

③“转债”的买卖申报优先于转股申报，即“转股”的有效申报数量以当日交易过户后其账户内的“转债”持有数为限，也就是当日“转股”按账户合并后的申请手数与“转债”交易过户后的持有手数比较，取较小的一个数量为当日“转股”有效申报手数。

④“转债”转换成股票的股份数(股)＝转债手数×1 000÷转股初始价格。

⑤当公司送红股、增发新股、配股或降低转股价格时，初始转股价格将调整，具体情况由公司另行通知。

⑥若出现不足转换 1 股的“转债”余额时，继续享受付息及公司最终还本的权利。

⑦可转换公司债券转换期结束日前的 10 个工作日停止交易。可转换公司债券停止交易后、转换期结束前，不影响持有人依据约定的条件转换股份的权利。

(三)赎回

赎回是指发行人股票价格在一段时期内连续高于转股价格达到某一幅度时，发行人按事先约定的价格买回未转股的可转换公司债券。赎回条款是为了保护发行人而设计的，旨在迫使转债持有人提前将转债转换成公司股票，从而达到增加股本、降低负债的目的，也避免了利率下调造成的利率损失。

1. 赎回规则

赎回条款一般又分无条件赎回(即在赎回期内按照事先约定的赎回价格赎回转债)和有条件赎回，即在基准股价上涨到一定程度(通常为正股股价持续若干天高于转股价格 130%～200%)，发行人有权行使赎回权。

根据规定，发行人每年可按约定条件行使一次赎回权。每年首次满足赎回条件时，发行人可赎回部分或全部未转股的可转换公司债券。但若首次不实施赎回的，当年不应再行使赎回权。

2. 赎回程序

(1)赎回条件满足时，发行人可以全部或按一定比例赎回未转换为股份的可转换公司债券，也可以不行使赎回权。

(2)当可转换公司债券赎回条件满足、发行人刊登公告行使赎回权时，交易所于赎回日停止该债券的交易和转股。

(3)发行人根据停止交易后登记在册的债券数量，于赎回日后3个交易日内将赎回债券所需的资金划入交易所指定的资金账户。

(4)交易所于赎回日后第四个交易日将资金划入券商清算头寸账户，同时减计投资者相应的可转换公司债券。

(5)各券商于赎回日后第五个交易日将兑付款划入投资者开设的资金或保证金账户。

(6)未赎回的可转换公司债券，于赎回日后下一个交易日恢复交易和转股。

(四)回售

回售条款是指发行人股票价格在一段时间内连续低于转股价格后达到一定的幅度时，转债持有人按事先约定的价格将所持有的债券卖给发行人。投资者应特别关注这一条款，因为这是一种保护投资者利益的条款，设置目的在于可以有效地控制投资者转股不成带来的收益风险，同时也可以降低转债的票面利率。

1. 回售规则

通常发行人承诺在正股股价持续若干天低于转股价格或非上市公司股票未能在规定期限内发行上市，发行人以一定的溢价(高于面值)收回持有人持有的转债。这种溢价一般会参照同期企业债券的利率来设定。

2. 回售程序

(1)可转换公司债券存续期内，可转换公司债券持有人只能在每一年度回售条件首次满足时行使回售权。

(2)当回售条件每年首次满足时，发行人应当在两个交易日内公告。发行人公告后，可转换公司债券持有人可以全部或部分回售未转换为股份的可转换公司债券，也可以不行使回售权。

(3)可转换公司债券持有人行使回售权时，应当在公告后的10个交易日内以书面形式通过托管券商正式通知发行人，券商审核确认后，冻结可转换公司债券持有人相应的可转换公司债券数额。

(4)券商将回售数据以报盘的方式传送交易所，交易所于当日处理数据，并于回售申请终止日后第二个交易日将数据传给发行人，通知发行人按回售条件生效的价格将相应资金划入交易所指定的资金账户，交易所收到资金后再划入券商清算头寸账户，同时减计投资者相应的可转换公司债券数额。

(5)当交易所在一天内同时收到可转换债券持有人的交易、转托管、转股、回售报盘时，按以下顺序处理数据：交易、回售、转股、转托管。

(五)本息兑付

可转换公司债券的本息兑付是指设置强制性转股条款的可转债发行人每年向未转换成该公司股票的可转债持有人支付利息，或者非强制性转股的可转换公司债券发行人向到期未转换成该公司股票的可转债持有人一次性还本付息。

本息兑付程序为：

(1)到期一次性还本付息的可转换公司债券，交易所于转换期结束时自动终止交易后两个交易日内，将交易结束时的债券数据通知发行人，发行人于到期日前将相应本息款划入交易所指定的资金账户。

(2)交易所于到期日后第三个交易日将本息款划入券商清算头寸账户，各券商于到期日后第五个交易日将本息款划入投资者开设的资金或保证金账户。

(3)设置强制性转股条款的可转换公司债券，每年兑付利息期间，债券交易不停市，付息办法参照A股派息程序执行。

第三节　基金交易程序

一、封闭式基金的申购程序

（一）办理申购

（1）已有深、沪股票账户或基金账户的投资者可直接申购。

（2）没有深、沪股票账户或基金账户的投资者，需在申购前持本人身份证到当地开户网点办理股票账户或基金账户的开户手续。只买基金的投资者，可以只开设证券交易所基金账户。

（3）投资者根据自己的计划申购量，在申购前向自己的资金账户中存入足够的资金。一经办理申购手续，申购资金即被冻结。

（4）委托申购上网定价发行基金的申购手续与上网发行股票的申购手续相同。投资者可通过填写申购委托单、电话委托或磁卡委托方式在其开立资金账户的证券经营机构办理申购委托。

（二）确认中签并解冻资金

T 日：申购日；

T+1 日：将申购资金划入登记结算公司资金专户；

T+2 日：验资并出具验资报告，确认为有效申购；

T+3 日：摇号抽签；

T+4 日：公布中签结果，对未中签的申购款予以解冻。

（三）基金申购规则

基金申购规则见表14—5。

表14—5　基金申购规则

发行方式	上网定价发行。
发行对象	中华人民共和国境内自然人、法人和其他组织（法律、法规及有关规定禁止购买者除外）
发行面值	1.00元/份
发行费用	0.01元/份
申购价格	1.01元/份
申购地点	深、沪证券交易所
申购单位	每份基金单位
申购份数	每一账户的申购量最少不得低于1 000份；超过1 000份的，须为1 000份的整数倍
申购限制	每一账户申购不设上限，投资者可以多次申购，但每笔申购不得超过99.9万份。同一账户多次申购的，将多次申购的数量全部累加后，对同一账户的申购连续配号
配号方式	分段配号、统一抽签

（四）申购配号分配

（1）当有效申购总量大于申购总量下限而小于或等于发行总量时，按每1 000份配1个号。

(2)当有效申购总量大于发行总量时,在每个申购账户的所有申购委托加总后,根据每个账户的有效申购量的大小分段配号。具体包括下列四种情况:

①有效申购量在5万份以下(含5万份)的账户,每1 000份配1个号。

②有效申购量在5万份至35万份(含35万份)的账户。5万份以内为第一段,每1 000份配1个号(共50个);超过5万份的部分为第二段,按每1 500份配1个号。两段配号数相加即为该账户的总配号数。

③有效申购量在35万份至99.8万份(含99.8万份)的账户。5万份以内(第一段)每1 000份配1个号(共50个);5万份至35万份的部分(第二段)按每1 500份配1个号(共200个);超过35万份的部分为第三段,按每1 800份配1个号。三段配号数相加即为该账户的总配号数。

④有效申购量在99.8万份以上的账户。5万份以内(第一段)每1 000份配1个号(共50个);5万份至35万份的部分(第二段)按每1 500份配1个号(共200个);35万份至99.8万份的部分(第三段)按每1 800份配1个号(共360个);超过99.8万份的部分为第四段,按每2 000份配1个号。四段配号数相加即为该账户的总配号数。各账户有效申购量按以上方法配号后,不足配1个号的余数,皆配1个号。

(五)注意事项

(1)已开设股票账户的投资者不得再开设基金账户,否则将给自身的申购和交易造成不便或损失。

(2)一个投资者只能开设和使用一个资金账户,并只能对应一个股票账户或基金账户,不得开设和使用一个或多个资金账户对应多个股票账户或基金账户申购。

(3)沪市投资者(使用沪市股票账户或基金账户的)必须在申购前办理完成上海证券交易所指定交易手续。

(4)投资者完成申购委托后,不得撤单。

二、开放式基金的认购程序

投资者买卖开放式基金的方式与封闭式基金有很大不同。通过证交所买卖封闭式基金,买卖行为发生在基金投资者之间。而开放式基金不在交易所上市,投资者向基金管理人申请购买或赎回基金。

开放式基金正式发行首日,投资者参与认购分办理开户、认购、确认三个步骤。

(一)办理开户

1. 个人投资者开户手续

个人投资者申请开立基金账户一般须提供以下材料:本人身份证件;代销网点当地城市的本人银行活期存款账户或对应的银行卡;已填写好的账户开户申请表。

2. 机构投资者开户

机构投资者可以选择到基金管理有限公司直销中心或基金管理公司指定的可办理代理开户的代销网点办理开户手续。机构投资者申请开立基金账户须提供以下材料:已填写好的基金账户开户申请书;企业法人营业执照副本原件及复印件,事业法人、社会团体或其他组织则须提供民政部门或主管部门颁发的注册登记书原件及复印件;指定银行账户的银行开户许可证或开立银行账户申报表原件及复印件;法人授权委托书;加盖预留印鉴的预留印鉴卡;前来办理开户申请的机构经办人身份证件原件。

开户注意事项由于不同的开放式基金在发布招募说明书时内容各不相同，因此，具体的开户注意事项应以对应的基金公告为准。

（二）认购

1. 个人投资者认购流程

个人投资者认购基金必须提供以下材料：本人身份证件；基金账户卡（投资者开户时代销网点当场发放）；代销网点当地城市的本人银行借记卡（卡内必须有足够的认购资金）；已填写好的银行代销基金认购申请表（个人）。

2. 机构投资者认购流程

（1）直销中心认购流程

①机构投资者认购基金必须提供以下材料：已填写好的认购申请书；基金账户卡；划付认购资金的贷记凭证回单复印件或电汇凭证回单复印件；前来办理认购申请的机构经办人身份证件原件。

②缴款。机构投资者申请认购开放式基金，应先到指定银行账户所在银行，主动将足额认购资金从指定银行账户以"贷记凭证"或"电汇"方式，按规定划入"基金管理人申购专户"，并确保在规定时间内到账。

（2）代销网点认购流程

代销网点认购基金的机构投资者必须提供以下材料：已填写好的银行代销基金认购申请表；基金账户卡；在代销银行存款账户中存入足额的认购资金；经办人身份证件原件。

（三）确认

投资者可以在基金成立之后向各基金销售机构咨询认购结果，也可以到各基金销售网点打印成交确认单。此外，基金管理人将在基金成立之后按预留地址将"客户信息确认书"和"交易确认书"邮寄给投资者。

三、开放式基金日常申购与赎回程序

（一）申购和赎回的原则

1."未知价"原则，即申购、赎回价格以申请当日的基金单位资产净值为基准计算。

2."金额申购、份额赎回"原则，即申购以金额申请，赎回以份额申请。

3. 基金存续期间单个基金账户最高持有基金单位的比例不超过基金总份额的10%。由于募集期间认购不足，存续期间其他投资者赎回或分红再投资等原因而使单个账户持有比例超过基金总份额的10%时，不强制赎回，但限制追加投资。

4. 基金存续期内，单个投资者申购的基金份额加上上一开放日其持有的基金份额不得超过上一开放日基金总份额的10%，超过部分不予确认。

（二）申购和赎回的步骤

（1）提出申购或赎回的申请。投资者必须根据基金销售网点规定的手续，在工作日的交易时间段内向基金销售网点提出申购或赎回的申请，填写申购申请表、赎回申请表。

（2）日常申购和赎回申请的确认。基金管理人以收到申购和赎回申请的当天作为申购或赎回申请日（T 日），并在 $T+2$ 工作日前（包括该日），确认该交易的有效性。投资者可在 $T+2$ 工作日之后（包括该日）的工作日向基金销售网点进行成交查询。

（3）日常申购和赎回申请的款项支付。投资者申请申购时，通过指定账号划出足额的申购款项。申购采用全额交款方式，若资金未全额到账，则申购不成功，基金管理人将申购不成功或无效款项退回。投资者赎回申请成交后，成功赎回的款项将在 $T+7$ 个工作日之内向基金持有人（赎回人）划出。

第四节 金融期货交易流程

期货交易流程包括：开户与下单、竞价、结算、平仓和交割四个环节。

一、开户与下单

（一）开户

（1）签署“期货风险揭示书”，单位客户开户要盖单位公章，并提交单位法定代表人签署的同意参与期货交易的批准文件。

（2）与期货经纪公司签订委托交易协议书，协议书明确规定期货经纪公司与客户之间的权利和义务。

（3）填写期货交易登记表，投资者把自己的一些基本情况填写在表格上。这张表格将由经纪公司提交给交易所，为投资者开设一个独一无二的期货交易客户码。

（4）缴纳保证金。保证金用途：依据客户要求支付可用资金；为客户交存保证金，支付手续费、税款；国务院期货监督管理机构规定的其他情形。

（二）下单

下单指投资者在每笔交易前向期货公司下达交易指令，说明拟买卖合约的种类、方向、数量、价格等的行为。

二、竞价

竞价方式分为公开喊价和计算机撮合成交两种。

期货交易的早期，交易所都采用公开喊价方式，由场内交易员在交易池中通过手势和大声喊价竞价。在计算机技术普及后，世界各国的交易所纷纷改弦更张，采用计算机代替原先的公开喊价方式。计算机撮合成交是根据公开喊价的原理设计而成的一种自动化交易方式，它具有准确、连续、速度快、容量大等优点。中国金融期货交易所就采用的是计算机撮合成交方式。

计算机撮合成交按照价格优先、时间优先的原则。撮合成交价是买入价、卖出价、前一成交价三者居中的一个价格。

开盘集合竞价是在开市前 5 分钟内进行。其中前 4 分钟为期货合约买卖价格指令申报时间，后 1 分钟为集合竞价撮合时间，开市时产生开盘价。开盘集合竞价采用最大成交量原则，即以此价格成交能够得到最大成交量。高于集合竞价产生的价格的买入申报全部成交；低于集合竞价产生的价格的卖出申报全部成交；等于集合竞价产生的价格的买入或卖出申报，根据买入申报量和卖出申报量的多少，按少的一方的申报量成交。

收盘集合竞价是在收市前 5 分钟内进行，其中前 4 分钟为期货合约买卖价格指令申报时间，后一分钟为集合竞价撮合时间，收市时产生收盘价。

三、结算

结算是指根据交易结果和中金所有关规定对会员、投资者的交易保证金、盈亏、手续费及其他有关款项，计算、划拨的业务活动。

当日结算准备金余额＝上一交易日结算准备金余额＋上一交易日保证金－当日交易保证金＋当日盈亏＋入金－出金－手续费等

当日盈亏＝平仓盈亏＋持仓盈亏

平仓盈亏＝平历史仓盈亏＋平当日仓盈亏

平历史仓盈亏＝∑{(卖出平仓价－上一交易日结算价)×卖出平仓量}＋∑{(上一交易日结算价－买入平仓价)×买入平仓量}

平当日仓盈亏＝∑{(当日卖出平仓价－当日买入开仓价)×卖出平仓量}＋∑{(当日卖出开仓价－买入平仓价)×买入平仓量}

持仓盈亏＝历史持仓盈亏＋当日开仓持仓盈亏

历史持仓盈亏＝(当日结算价－上一交易日结算价)×持仓量

当日开仓持仓盈亏＝∑{(卖出开仓价－当日结算价)×卖出平仓量}＋∑{(当日结算价－买入开仓价)×买入平仓量}

当日交易保证金＝当日结算价×当日交易结束后的持仓总量×交易保证金比例

四、平仓和交割

平仓是指投资者通过买入或者卖出与其所持有的股指期货合约的品种、数量相同但交易方向相反的合约，以此了结交易的行为。交割是指投资者在合约到期时通过现金结算方式了结交易的行为。

交割方式包括现金交割和实物交割。实物交割是指交易双方在交割日转移合约所载商品的所有权，按规定了结未平仓合约的过程。而现金交割是指交易双方在交割日对合约盈亏以现金方式结算的过程。在期货市场中，商品期货通常都采用实物交割方式，金融期货中有的品种采用实物交割方式，有的品种则采用现金交割方式。现金交割由于不交收实物，只是以交割时的现货价格作为交易盈亏和资金划拨的依据，因此，实行现金交割的品种，其现货标的价格应具有可确定性特点，而且是标准的、唯一的。

实物交割又分集中交割和滚动交割。集中交割是指所有到期合约在交割月份最后交易日过后一次性集中交割；滚动交割是指除了在交割月份的最后交易日对所有到期合约全部配对交割外，在交割月的第一交易日至最后交易日之间的规定时间也可以交割。

交割结算价指的是交割时用于商品交收时所依据的基准价格。具体各个品种采用方式不尽相同。

交割的原则有：时间优先、数量取整、就近配对、统筹安排。

第五节　金融期权交易程序

一、发出期权交易指令

期权交易指令内容主要项目包括：(1)开仓或平仓；(2)买进或卖出；(3)执行价格；(4)合约月份；(5)交易代码；(6)看涨期权或看跌期权；(7)合约数量；(8)权利金；(9)指令种类。

指令种类分为市价指令、限价指令和取消指令等。

当某客户发出交易指令，买进或卖出一份期权合约，经纪公司接受指令，并将其传送到交易所。

交易者发出交易指令时，很重要的一点是选择执行价格。选择执行价格的一个重要方面是交易者对后市的判断。对于买进看涨期权来说，执行价格越高，看涨预期越大。对于买进看跌期权来说，执行价格越低，看跌预期越大。

二、下单与成交

(一)下单

交易者向其经纪公司发出下单指令，说明要求买进或卖出期权数量、看涨期权或看跌期权以及期权的执行价格、到期月份、交易指令种类、开仓或平仓等。

(二)成交

交易指令通过计算机按照成交原则撮合成交。权利金竞价原则同期货合约的竞价原则，即价格优先、时间优先的竞价原则。计算机撮合系统首先按照竞价原则分买入和卖出指令排序，当买价大于等于卖价，则自动撮合成交，撮合成交价等于买价、卖价和前一成交价三者中居中的一个价格。

成交后，会员经纪公司将成交情况告知交易者。

(三)期权头寸的了结方式

1. 对冲平仓

期权的对冲平仓方法与期货基本相同，都是将先前买进(卖出)的合约卖出(买进)。只不过，期权的报价是权利金。

如果买进看涨期权，则卖出同执行价格、同到期日的看涨期权对冲平仓。如果卖出看涨期权，则买进同执行价格、同到期日的看涨期权对冲平仓。如果买进看跌期权，卖出同执行价格、同到期日的看跌期权对冲平仓。如果卖出看跌期权，买进同执行价格、同到期日的看跌期权对冲平仓。

期权的平仓盈亏也与期货基本类似，是买卖期权的权利金差价，卖出价减去买入价只要是正数就赚钱，是负数就亏钱，是零就不盈不亏(不考虑交易手续费)。

2. 执行与履约

期权的买方(客户通过其开户的期货经纪公司)在合约规定的有效期限内的任一交易日闭市前均可通过交易下单系统下达执行期权指令，交易所按照持仓时间最长原则指派并通知期权卖方(客户由其开户的期货经纪公司通知)，期权买卖双方的期权头寸在当日收市后转换成期货头寸。

对于看涨期权多头，按照执行价格获得多头期货头寸；对于卖出看涨期权，按照执行价格，卖方获得空头期货头寸。

对于买进看跌期权，按照执行价格，买方获得空头期货头寸；对于卖出看跌期权，按照执行价格，卖方获得多头期货头寸。

如果到期时，期权没有对冲平仓，也没有提出执行，在当日结算时，投资者的期权持仓就会被自动了结。按照惯例，在期权到期时，实值期权会被自动执行。因此，买方放任到期的一般为虚值期权。

根据需要，期权买方可以不执行期权，让期权到期。而期权卖方除对冲平仓和应买方要求履约外，只能等待期权到期。

随着到期日的临近，期权的时间价值呈加速衰减。在到期日，期权的时间价值为0。因此，时间是期权卖方的“朋友”，是期权买方的“敌人”。对于期权的买方，应尽量避免看对了方向、看错了时间，当期货价格向有利方向变动时，期权已经到期了。

小　结

本章小结

1. 股票交易的基本过程可以分为开户、委托、成交、结算四个阶段。

2. 委托指令基本要素有：证券账号、日期、时间、品种、数量、价格、有效期间、签名、买卖方向、委托人的身份证号码、股东账号、资金账号等。委托的形式有四种：柜台递单委托、电话自动委托、自助终端委托和远程终端委托。

3. 竞价原则有价格优先和时间优先原则。价格优先原则表现为：价格较高的买进申报优先于价格较低的买进申报，价格较低的卖出申报优先于价格较高的卖出申报。竞价方式有集合竞价方式和连续竞价方式。集合竞价是指对在规定的一段时间内一次集中撮合处理接受的全部有效委托的过程。连续竞价是指对买卖申报逐笔连续撮合的竞价方式。竞价的结果有三种可能：全部成交、部分成交和不成交。

4. 证券交易成交后，首先需要计算买方在资金方面的应付额和在证券方面的应收种类和数量，同时也要计算卖方在资金方面的应收额和在证券方面的应付种类和数量，这一过程属于清算，包括资金清算和证券清算。清算与交收的原则有净额清算、共同对手方、货银对付、分级结算。

5. 债券的交易程序有五个步骤：开户、委托、成交、清算和交割、过户。

6. 封闭式基金的申购程序：办理申购、确认中签并解冻资金、申购配号分配、完成申购委托。开放式基金的认购程序：办理开户、认购、确认。开放式基金日常申购与赎回程序：提出申购或赎回的申请、日常申购和赎回申请的确认、日常申购和赎回申请的款项支付。

7. 金融期货交易流程为：开户与下单、竞价、结算、平仓和交割。

8. 金融期权交易程序为：发出期权交易指令、下单与成交。

知识结构图

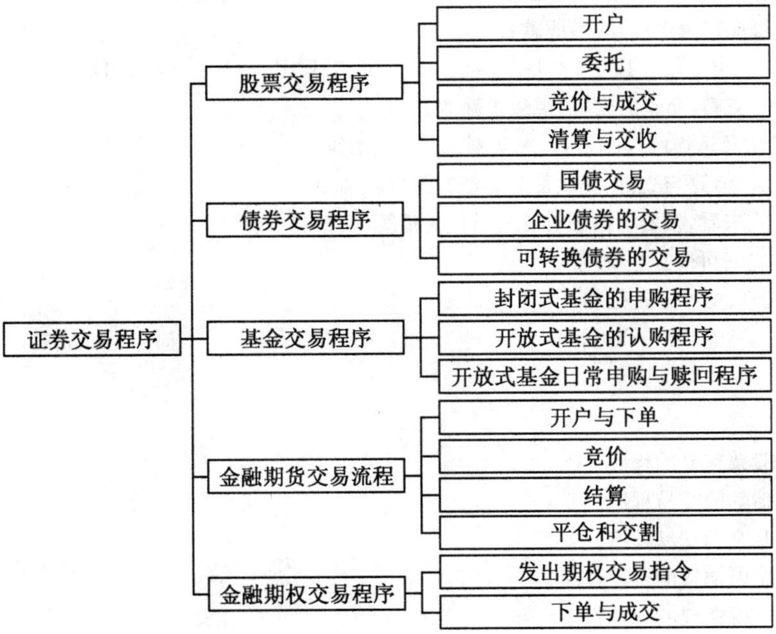

习 题

一、选择题

1. 关于交易单位,说法错误的是________。

A. 股票 100 股为一手　　B. 基金 100 单位为一手

C. 债券 1 000 元面值为一手　　D. 基金 1 000 股为一手

2. 集合竞价确定成交价的原则是________。

A. 价格优先原则　　B. 时间优先原则

C. 价格优先和时间优先原则　　D. 最大成交量原则

3. 对清算、交割、交收的说法错误的是________。

A. 证券的收付称为交割　　B. 资金的收付称为交收

C. 先清算后交割、交收　　D. 先交割后清算

4. 我国上海证券交易所的 A 股例行日交割是指交割日为________。

A. 当日　　B. 次日　　C. 第三日　　D. 第四日

5. 在我国,股票账户可以买卖的对象是________。

A. 股票　　B. 债券　　C. 基金　　D. 以上都可以

6. 开立证券账户的基本原则是________。

A. 合法性和公正性　　B. 合法性和真实性　　C. 真实性和公开性　　D. 公正性和公平性

7. 对连续竞价的申报方法,错误的说法是________。

A. 无论买入或卖出,按现行规定,股票、基金类证券在一个交易日内的交易价格相对上一个交易日收市价格的涨跌幅度不得超过 10%

B. 如买入或卖出有一方无揭示价格,则申报价格以另一方的即时揭示价格上下一定百分比为限

C. 如果买卖双方均无揭示价格,则按最新一笔成交价为申报价格的基准,如当日无成交价,取前一日平均价为申报价格的基准

D. 国债连续竞价的价位为在前一笔成交价的基础上涨跌幅度不超过 10%

8. 在新股配售操作程序中,收缴股款日是________。

A. $T+1$ 日　　B. $T+2$ 日　　C. $T+3$ 日　　D. $T+0$ 日

9. 关于清算与交割、交收的联系,说法正确的是________。

A. 从时间发生及运作的次序来看,先交割、交收,后清算

B. 从内容上看,清算与交割、交收都分为证券与价款两项

C. 从处理方式来看,投资者由证券交易所代为清算、交割、交收

D. 证券公司之间可以互相交割

10. 清算是交割、交收的基础和________。

A. 保证　　B. 后续　　C. 内容　　D. 完成

二、思考题

1. 简述我国股票交易的程序。
2. 简述我国债券的交易程序。
3. 简述我国基金的交易程序。
4. 简述我国金融期货的交易程序
5. 简述我国金融期权的交易程序。

参考资料

1. 陈传兴:《国际金融管理》,上海外语教育出版社 2007 年版。
2. 陈火金:《中国新股民必读全书》,中国纺织出版社 2007 年版。
3. 陈洁:《证券法》,社科文献出版社 2006 年版。
4. 高建宁:《我国证券发行监管制度及其有效性分析》,南京大学出版社 2008 年版。
5. 葛正良:《证券投资学》,立信会计出版社 2008 年版。
6. 谷秀娟:《现代投融资——理论、工具与策略》,立信会计出版社 2007 年版。
7. 何孝星:《证券投资理论与实务》,清华大学出版社 2004 年版。
8. 何伟、徐仲坤:《证券期货投资理论与实务》,上海财经大学出版社 2007 年版。
9. 侯旭华、侯宇英:《基础会计理论与实务》,北京大学出版社、中国林业出版社 2007 年版。
10. 扈企平:《资产证券化:理论与实务》,中国人民大学出版社 2007 年版。
11. 胡荣振:《证券投资学》,上海财经大学出版社 2005 年版。
12. 霍文文:《金融市场学教程》,复旦大学出版社 2005 年版。
13. 李国强、李雯:《证券投资分析》,机械工业出版社 2008 年版。
14. 李心愉、冯旭南:《公司融资》,中国发展出版社 2007 年版。
15. 梁峰:《证券投资学》,东北财经大学出版社 2002 年版。
16. 罗孝玲:《期货与期权》,高等教育出版社 2006 年版。
17. 史蒂夫尼森著,丁圣元译:《日本蜡烛图技术》,地震出版社 1998 年版。
18. 姚铮:《证券与期货》,清华大学出版社 2008 年版。
19. 张亦春、郑振龙:《证券投资理论与技巧》,厦门大学出版社 2004 年版。
20. 张元萍:《金融衍生工具教程》,首都经济贸易大学出版社 2007 年版。
21. 中国证券业协会:《证券发行与承销》,中国财政经济出版社 2007 年版。
22. 中国证券业协会:《证券基础知识》,中国财政经济出版社 2008 年版。
23. 中国证券业协会:《证券交易》,中国财政经济出版社 2008 年版。
24. 中国证券业协会:《证券投资分析》,中国财政经济出版社 2008 年版。
25. 中国证券业协会:《证券投资基金》,中国财政经济出版社 2008 年版。
26. 刘诚:《投资要义》,人民邮电出版社 2017 年版。
27. 弗兰克·J. 法博奇著,俞卓菁译:《金融工具手册》,格致出版社 2018 年版。
28. 陈靓秋:《证券投资项目实验教程》,西南财经大学出版社 2018 年版。
29. 中国证券投资基金业协会:《基金》,中信出版集团 2019 年版。
30. 彭冬初:《证券交易教程》,广东经济出版社 2019 年版。

31. 赵文君、李莹:《证券投资理论与实务》,人民邮电出版社 2020 年版。
32. 中国证券业协会:《金融市场基础知识》,中国财政经济出版社 2019 年版。
33. 中国证券业协会:《金融市场基础知识》,中国财政经济出版社 2020 年版。
34. 中国证券业协会:《证券市场基本法律法规》,中国财政经济出版社 2019 年版。
35. 中国证券业协会:《证券市场基本法律法规》,中国财政经济出版社 2020 年版。
36. 上海证券交易所法律法规。
37. 深圳证券交易所法律法规。
38. 北京证券交易所法律法规。
39. 中国银行间交易商协会法律法规。